U1021002

前厅与客房管理（第二版）

Management of Front Office and House Keeping

蔡万坤 编著

北京大学出版社
PEKING UNIVERSITY PRESS

图书在版编目(CIP)数据

前厅与客房管理/蔡万坤编著. —2版. —北京:北京大学出版社,2014.4
(21世纪经济与管理规划教材·旅游管理系列)
ISBN 978-7-301-23881-3

Ⅰ.①前… Ⅱ.①蔡… Ⅲ.①饭店—商业管理—高等学校—教材 ②客房—商业管理—高等学校—教材 Ⅳ.①F719.2

中国版本图书馆CIP数据核字(2014)第020556号

书　　名	前厅与客房管理（第二版） QIANTING YU KEFANG GUANLI
著作责任者	蔡万坤　编著
责任编辑	赵学秀　宋　霜
标准书号	ISBN 978-7-301-23881-3
出版发行	北京大学出版社
地　　址	北京市海淀区成府路205号　100871
网　　址	http://www.pup.cn
电子信箱	em@pup.cn　　QQ:552063295
新浪微博	@北京大学出版社　@北京大学出版社经管图书
电　　话	邮购部010-62752015　发行部010-62750672　编辑部010-62752926
印刷者	北京虎彩文化传播有限公司
经销者	新华书店
	787毫米×1092毫米　16开本　20.75印张　479千字
	2006年8月第1版
	2014年4月第2版　2019年1月第2次印刷
印　　数	3001—4000册
定　　价	38.00元

丛书出版前言

作为一家综合性的大学出版社，北京大学出版社始终坚持为教学科研服务，为人才培养服务。呈现在您面前的这套“21世纪经济与管理规划教材”是由我国经济与管理领域颇具影响力和潜力的专家学者编写而成，力求结合中国实际，反映当前学科发展的前沿水平。

“21世纪经济与管理规划教材”面向各高等院校经济与管理专业的本科生，不仅涵盖了经济与管理类传统课程的教材，还包括根据学科发展不断开发的新兴课程教材；在注重系统性和综合性的同时，注重与研究生教育接轨、与国际接轨，培养学生的综合素质，帮助学生打下扎实的专业基础和掌握最新的学科前沿知识，以满足高等院校培养精英人才的需要。

针对目前国内本科层次教材质量参差不齐、国外教材适用性不强的问题，本系列教材在保持相对一致的风格和体例的基础上，力求吸收国内外同类教材的优点，增加支持先进教学手段和多元化教学方法的内容，如增加课堂讨论素材以适应启发式教学，增加本土化案例及相关知识链接，在增强教材可读性的同时给学生进一步学习提供指引。

为帮助教师取得更好的教学效果，本系列教材以精品课程建设标准严格要求各教材的编写，努力配备丰富、多元的教辅材料，如电子课件、习题答案、案例分析要点等。

为了使本系列教材具有持续的生命力，我们将积极与作者沟通，争取三年左右对教材不断进行修订。无论您是教师还是学生，您在使用本系列教材的过程中，如果发现任何问题或者有任何意见或者建议，欢迎及时与我们联系（发送邮件至 em@pup.cn）。我们会将您的宝贵意见或者建议及时反馈给作者，以便修订再版时进一步完善教材内容，更好地满足教师教学和学生学习的需要。

最后，感谢所有参与编写和为我们出谋划策提供帮助的专家学者，以及广大使用本系列教材的师生，希望本系列教材能够为我国高等院校经管专业教育贡献绵薄之力。

北京大学出版社

经济与管理图书事业部

2012年1月

第二版前言

本书自2006年由北京大学出版社出版发行以来，经过三次印刷，受到全国高等院校旅游专业师生和全国饭店宾馆管理人员的广泛欢迎。前厅与客房管理既是饭店宾馆业务管理的中心工作，又是高等院校旅游专业的主要专业课程。就饭店前厅和客房部门的实际工作而言，本书的内容选择和结构安排与企业的实际情况是比较吻合的。为此，本次修改保留了第一版全书内容的科学体系和三大基本特点。同时又为适应企业管理的形势发展和旅游专业教育更加注重案例教学的要求，进行了适当修改。在坚持原书创新性、先进性和实用性的基础上，重点做了三个方面的修改和调整：一是每章前面增加了内容架构和学习目标，用图表形式反映出来，让学生和读者一目了然。二是各章每节增加了一个案例和点评，配合每节内容引入正题研究，开阔了学生思路和视野、增强了教材案例教学的实用性和可操作性。三是调整了部分章节的内容结构。这主要表现在第二章预算管理，第三章的客房预订费用处理，第四章的客房销售技巧、商务楼层和礼宾服务管理、第十一章的客房商品价格管理。这些章节的内容有的是增、有的是删减、有的是结构调整，从而更好地体现了教材内容的科学性、实用性和可操作性。四是进行了系统审读，对原书各章节个别错误的文字、公式符号和数字进行了修改。我们相信，经过修改补充和调整的第二版一定会更好地适应全国高等院校旅游专业广大师生和饭店宾馆管理人员的需要。

本书由北京联合大学旅游学院旅游管理专业资深教授蔡万坤主编，参加编写和修改的还有蔡华莹、刘胜玉、蔡华程、常娜、刘思晗等。由于编者水平有限，缺点错误之处，欢迎批评指正。

主编　蔡万坤

2013年9月

前　言

本书是由北京大学出版社策划和组织出版的高等院校旅游专业教材,适合于旅游管理和饭店管理专业本专科学生使用,也可作为饭店宾馆客务总监、前厅部和客房部在职经理的培训教材和业务指导用书。与同类教材比较,本书有三个特点:

(一)教材内容的科学性和创新性。本书以理论为指导,以前厅和客房业务管理为重点、以客人住店活动规律为主线。采用理论、方法和案例结合、定性分析和定量分析相结合的形式来安排全书内容结构。全书在阐明前厅与客房管理基本原理、人员编制和部门预算的基础上,重点阐述了以客房预订销售为龙头,以柜台接待和礼宾服务为引导,以房务管理和日常服务为支撑,以设备用品和价格控制为手段,以提高前厅和客房管理的经济效益为依归的教材内容和结构体系。全书将经济学、管理学、市场学的基本原理以及预算管理、财务管理、计算机网络操作等现代科学技术的精神实质运用于前厅与客房业务管理中,形成了符合实际情况的一些理论和方法。因此,本书具有内容全面,逻辑清晰,科学性和创新性较强的特点。

(二)体例与方法的新颖性和先进性。本书作为专业教程采用了较新的写作体例。每章开头都根据本章内容增加了“知识要求”和“技能要求”。每章结尾都安排了“复习思考题”和“案例作业题”。而且全书各章节的整体结构和体例都比较新颖。同时,本书在前厅与客房管理的方法技能阐述中,脱离了传统的以手工操作为主的经验式、运动式方法的束缚,总结了国际国内先进饭店的经验,广泛采用了计算机网络操作方法,系统地介绍了预算指标的定量预测、人员编制与弹性用人、平均房价的科学预测与调整、客房基价制定与实际出租价格形成模式等各种比较先进和实用的方法和技术。所以,本书具有教材体例和方法技术的先进性。

(三)业务与技术的实用性和可操作性。本书从前厅与客房管理的机构设置、人员编制、预算管理到客房预订、柜台接待、礼宾服务,以及房务管理、洗衣房管理、价格管理、部门核算各章节的业务内容及管理技术和方法,都来源于我国先进饭店宾馆的实际,又通过总结提炼,增强了相关内容的条理性和可操作性。同时在有关章节还安排了各种定性和定量分析的案例。所以,本教材具有较强的实用性和可操作性。在教学中,可以根据教学要求实现师生之间的教学互动,让学生参与到管理实践中,对于有一定经验的在职学员,这样的教学安排能够提高他们的业务水平。

本书由北京旅游学院旅游管理专业资深教授蔡万坤先生编著。参加编写的还有刘胜玉、蔡华程、刘超等。由于作者水平有限,书中难免存在缺点错误之处,欢迎广大读者批评指正。

编　者

2006 年 7 月于北京

目　录

第一章

前厅与客房管理导论

内容架构与学习目标

内容架构

- 前厅与客房管理导论
  - 前厅与客房管理的特点和任务
    - 前厅和客房管理的任务
    - 前厅和客房管理的基本特点
    - 前厅和客房管理的性质
  - 前厅与客房管理的工作内容和基本要求
    - 前厅与客房管理的基本条件与要求
    - 前厅与客房管理的工作内容
    - 前厅和客房管理的业务流程
  - 前厅与客房管理的机构设置和人员编制
    - 前厅与客房管理人员编制的案例分析
    - 前厅与客房管理的人员编制
    - 前厅与客房管理的机构设置

<table>
<tr><td>学习目标</td><td colspan="1">通过本章学习,你应该能够达到下列目标</td></tr>
<tr><td>知识目标</td><td>技能目标</td></tr>
<tr><td>1. 掌握前厅与客房管理的3个性质、4个特点、5项任务、4项要求
2. 掌握前厅与客房机构设置的3个原则、3项依据
3. 掌握前厅与客房人员编制的基本方法</td><td>1. 根据饭店性质、规模选择不同机构形式设计前厅和客房管理组织机构
2. 运用人员编制方法拟定中型饭店前厅部门的人员编制表
3. 根据客房及其出租率编制楼层客房人员配备,并检验人员使用状况</td></tr>
</table>

第一节　前厅与客房管理的特点和任务

案　例

目标任务设置的重要性

有人做过一个实验，组织3组人分别步行到20公里外的一个村庄，因目标任务设置方法不同，结果大不一样。

甲组人员只知道要跟向导步行到一个地方去。他们对村庄的名称、路途的长短等一无所知。结果，刚走了四五公里就有人叫苦，走到一半时大家都愤怒了，抱怨为什么要走这么远，何时能走到。当走到离终点还有三四公里时，很多人都坐在路边不走了。坚持按时走到终点的人连一半也没有。

乙组人员知道村庄的名称和距离。但路边没有标记。结果，走到一半时大多数人就想知道已经走了多远，还有多远。议论一下后大家又继续前行，走到四分之三时，很多人情绪低落、感觉疲惫不堪。当有人说："快到了！"大家又振奋起来，加快了脚步。

C组人员不仅知道村庄的名称和路程，而且路上每一公里路程都设有标记。结果，人们边走边看里程碑。每走一段路程便有一小阵快感，他们还用歌声和笑声来消除疲劳，一路情绪高涨，很快到达了目的地。

点 评

企业和部门管理都是围绕着目标和任务来展开的。酒店前厅与客房管理也是如此。但目标任务的设置方法、明确程度不同，其管理效果是不相同的。案例中三组人员的试验结果就是证明。酒店前厅与客房管理的具体工作很多。我们在导论中首先要介绍的内容就是根据前厅与客房管理的性质、特点而设置的管理任务、工作内容、基本要求，进而介绍其机构设置和人员编制，以便广大学员对《前厅与客房管理》有一个整体认识，明确方向和目标，便于为以后各章的内容展开打下良好的基础。同时也避免案例中目标任务设置的盲目性与模糊性。

一、前厅和客房管理的性质

（一）前厅与客房部门简介

前厅部是设在饭店前台，销售客房产品、提供预订、接待和礼宾应接服务，调度饭店业务的一个专业管理部门。前厅部由设在饭店前部的大堂和前厅办公室两大部分组成。大堂面积主要根据客房数量来确定。其标准最低为每间客房0.4—0.6平方米，最高为每间客房0.8—1.0平方米。大堂设有接待、问询、行李、收款等不同柜台。要求装饰美观、舒适、典雅，具有个性特色。办公室一般设在大厅柜台后面或旁边。与柜台相通。办公室内分设经理室、预订处、接待处、总出纳处等机构。

客房部又称房务部、房口部、管家部。是专门负责客人住宿服务、客房与公区卫生、安全服务、物品管理的一个专业管理部门。客房部一般由楼层客房、公共卫生、客房服务中心、洗衣房或布巾室等几个小部门组成。是饭店宾馆的一个重要业务管理部门。

（二）前厅和客房管理的性质

（1）经济属性。饭店前厅部和客房部都是为出售产品，满足客人住店需要，提高客房出租率，获得优良经济效益而设置的。因而必然具有经济属性。这种经济属性要求前厅和客房管理都必须十分重视经济效益。要始终把增加客源、提高客房出租率；调整优化客源构成，提高实际平均房价；在保证饭店星级、接待规格和质量标准的前提下，降低成本、费用消耗这三项工作放在十分重要的位置，逐日、逐周、逐月、逐季地做好检查控制，保证预期目标的实现，才能充分体现前厅和客房管理的经济属性，切实提高经济效益。

（2）公众属性。前厅和客房既是饭店宾馆的重要组成部分，又是为社会公众服务的。因而必然具有公众属性。这种公众属性要求前厅和客房管理都必须始终把对客服务和质量管理放在十分重要的位置。为此，必须充分认识到服务质量是饭店的生命、客人是饭店的衣食父母。前厅和客房管理只有坚持“宾客至上、服务第一”的经营宗旨，重视前厅环境质量、接待服务质量、客房卫生、安全和客人住宿服务质量，充分满足客人物质和心理的消费需求，才能提高饭店声誉，广泛吸引和招徕客源，获得优良经济效益。

（3）超前属性。现代饭店宾馆既是一种综合性较强的公共服务设施，又是建筑精美、设备先进、环境美观、条件舒适、享受功能突出的高级消费场所。因而必然具有超前属性。这种超前属性又必然在饭店前厅、客房、餐厅、宴会、康乐设施等各部门、各方面表现出来。这种超前属性反过来又要求前厅和客房管理必须树立超前意识。必须做到设施设备的配置和装饰布置要超前，前厅和客房的环境美化和装饰装修要超前，对客服务和质量管理要超前，即必须提供先进设备、优美环境和优良服务，才能适应客人的消费需求，增加客源、提高客房出租率，从而获得优良经济效益。

二、前厅和客房管理的基本特点

饭店前厅和客房的部门设置主要有两种形式：一是大中型以上的饭店宾馆大多将前厅和客房分设为两个相对独立的部门。二是中小型饭店因其规模和用人较少，大多将前厅和客房统一设为一个部门。不管属于哪一种，它们都是饭店客房系统管理的组成部分，与一般工商企业和饭店内部的餐饮、商品和康乐部门管理比较，具有四个基本特点：

（1）产品销售关联度高，客房出租配合性强。销售饭店产品，提供住宿服务、提高客房出租率及其经济效益是饭店前厅和客房管理的共同任务和中心工作。但饭店产品，特别是客房销售及其出租率的高低是由饭店公关销售部、前厅部和客房部等三大部门的管理好坏共同决定的。因此，饭店前厅和客房管理必然具有“产品销售关联度高、客房出租配合性强”的共同特点。这种特点要求客房出租管理必须以公关销售部的客源组织为龙头，以前厅部的客房预订、旅客接待和房间分配为引导，以客房部的客人住宿服务、客房卫生、安全管理和旅客离店、获得优良经济效益为归宿。三大部门紧密相关、相互配合，并通过科学合理的、三大部门的职权分配，管理制度制定和紧密相连的工作程序来正确处理其相应联系，搞好协调配合，才能搞好前厅与客房管理，提高客房出租率和平均房价，获得优良经济效益。

（2）接待过程社会化程度高，对客服务感情色彩较重。在客房预订销售的基础上，饭店前厅和客房管理从客人入住接待、房间分配、前厅各种礼宾应接服务到客人住店服务，房间清扫与安全服务，直到旅客离店，是一个完整的社会化接待服务过程。在这一过程中，预订→接待→分房→住店→退房等，每个环节的工作都是互相联系、互相依存、互为条件，密切配合的。因而其社会化程度很高。与此同时，前厅和客房管理中的服务对象都是各种类型的客人，他们是有思想、有感情、有个性、有不同宗教信仰、生活习惯和身份地位、消费水平、支付能力的活生生的人。因此，其对客服务必须针对不同客人的个性、特点、心理需求、生活习惯、兴趣爱好，注重与客人的沟通和感情交流，注重个性化和感情化服务，才能提高服务质量，提高饭店声誉。

（3）工作内容零星琐碎、员工劳动标准难于掌控。饭店前厅和客房管理，就其工作内容而言，大多是零星琐碎的，前厅管理包括预订、接待、问询、留言、行李、门卫、收款、邮电、电话总机、商务中心等各种各样。其工作内容十分零星琐碎。客房管理则包括楼层服务、房间清扫、客衣服务、客房酒水、擦皮鞋、借用物品、公区卫生、棉织品洗涤等等。其工作内容都是客人的吃、喝、拉、撒、睡等十分零星琐碎的事情。正因为如此，饭店前厅和客房管理又形成了较多的小部门和众多工种。每个部门、每个工种的劳动方式不仅区别较大，而且其劳动标准很难掌握和控制。除客房清扫人员的劳动标准外，其他如预订人员、柜台接待员、行李员、总机服务员、公卫服务员等等，都很难确定他们每天必须完成的工作量，也很难用定量标准来考核他们的工作成绩。为此，前厅和客房管理只有做好人员编制，将优质服务和节省劳动要求结合起来，加强人员组织和日常工作的计划性，才能提高服务质量和员工劳动效率，降低劳动消耗，提高经济效益。

（4）经营与消费过程同时进行，服务质量不易控制。饭店前厅和客房服务都以“运动形式”的服务为主，因而其经营管理过程就是客人的消费过程，它们在时间和空间上都是同时发生的。这和一般企业管理中产品的生产——交换——消费互相分离的情况完全不同。另一方面，由于前厅和客房的接待服务过程社会化程度高，影响服务质量的因素又是多种多样的，包括前厅的大堂设计、装修美化、环境质量、设备配备、服务程序、操作要求、客房的设备质量、环境质量、用品配备、清洁卫生、客房安全和员工的服务态度、着装仪表、礼节礼貌、语言动作、职业道德等等。正因为如此，饭店前厅和客房管理的服务质量都是不易控制的。为此，管理人员和全体员工都必须牢固树立“宾客至上、服务第一”的思想，牢固树立“只有员工第一，才有宾客至上”的思想，切实抓好接待服务过程中的质量管理和质量控制，才能提供优质服务。

三、前厅和客房管理的任务

饭店前厅和客房管理的总体任务是在总经理领导下，以预算指标和目标管理为中心，创造优良前厅和客房服务的接待环境，认真做好客房预订、旅客接待、客人住店、日常服务到旅客离店等系列服务过程的组织，加快客房周转、提供优质服务、降低劳动消耗，获得优良经济效益。前厅和客房管理的这些任务具体表现为：

(一) 研究制订计划指标、明确管理目标

饭店客房出租的计划指标是由销售部、前厅部、客房部三个部门共同完成的。因此，其计划指标包括年季月度的客房出租率、客源构成、平均房价、房租收入等指标是由饭店财务部牵头，汇同销售、客房、前厅三大部门共同完成编制，经总经理批准纳入全店计划而形成管理目标的。前厅和客房管理的任务都是紧紧围绕这些计划指标的完成而展开的。

除客房出租计划外，前厅部的计划任务以日常工作计划为主。其中，收入计划主要有电话总机、商务中心的收入指标和零星收入。费用计划以订房费用、办公费用和部门人工成本为主。日常工作计划则以客房预订、房间分配、房价控制、销售统计、服务质量管理等工作任务的完成为主。客房部的计划任务除客房出租计划外，以费用指标和服务质量为主。其中，收入计划主要有客房酒水收入、洗衣房收入和其他零星收入。费用计划以部门直接费用、包括水电能源费用、客房物品消耗、部门人工成本、清洁费用、洗涤费用等为主。服务质量则以优质服务、客房卫生达标率、客人满意程度为主，这些计划指标都是饭店客房管理的重要任务。

(二) 搞好客房销售管理、提高客房出租率

饭店客房销售是由公关销售部和前厅预订与接待部门共同完成的。前者以团队、会议、大中型活动销售为主。后者以客房预订、旅客接待、房间分配、房价掌控为主。客房部则主要负责客人住店期间的各项服务工作。所以，在客房销售过程中，前厅部的主要任务是各类客房的预订推销和客人住店的房间分配、房价掌握，客房部的主要任务则是通过客人住店期间的各种服务保证客房出租率指标的最终完成。

(三) 做好房务管理、满足客人住店需求

饭店房务管理的任务主要由客房部门来完成。前厅部只起配合作用。前厅完成房间分配。客人进入房间后，在客房停留的时间最长，所需要的服务最多最杂，如房间布置、每日清扫、用品更换、客房酒水、客衣洗涤、棉织品洗涤、客人借用物品、擦皮鞋、婴儿看护、失物招领等各种房务管理工作都是客房管理的重要任务。也是始终保持各类客房每日清洁、美观、舒适、静雅、安全，保证客人住店需求的必要条件。

(四) 做好相关礼宾应接服务管理、提供全面优质服务

前厅和客房管理的工作内容是零星琐碎的，除上述任务外，做好相关礼宾应接服务管理，提供全面优质服务，也是前厅和客房管理的重要任务。其中，前厅部的礼宾应接服务主要包括客人到店时的迎接、引导、开拉门服务、客人行李接送、保管服务、问询、邮件、咨询、留言服务、大堂客际关系、金钥匙服务等等。客房部的礼宾应接服务包括客人入住时的迎接、引导服务；房间茶水供应，用品借用、登记、归还服务；客人问询、咨询、会客引导；设备临时维修服务等等。只有做好这些以客房出租为中心的相关礼宾应接服务的组织管理工作，才能满足客人全面优质服务的要求，提高前厅与客房管理的声誉。

(五) 做好劳动组织，降低消耗而提高经济效益

前厅和客房管理都必须做好员工劳动组织。具体包括不同工作岗位的劳动定额、工作标准、定员编制、工作分配、人员安排、员工排班、每日工作督导与检查、员工激励方法运

用等等。要通过这些员工劳动过程的组织来充分调动前厅和客房各岗员工的主动积极性。确保通过他们的劳动来为客人提供优质服务。与此同时,前厅和客房管理还要加强各种设备的维护保养,合理制定各种用品的消耗定额,控制各种物品的领取、发放、使用、回收、控制水电能源消耗。从而降低前厅和客房管理的费用开支,不断提高经济效益。这些也是饭店前厅与客房管理的重要任务。

第二节　前厅与客房管理的工作内容和基本条件与要求

案　例

这家酒店前厅与客房设置的先天不足

天缘大酒店是一家有260间客房、餐厅与之配套的三星级酒店。酒店是2006年利用城市拆迁一处办公楼经过近1年的装修改造而形成的。由于基础设施和非酒店专业人员的改造思维影响。开业5年多来,酒店客房出租率虽然达到当地平均水平,但淡季和平季的闲置率很高,经济效益与同星级酒店比较存在较大差距。走进酒店细致观察、与有关人员了解,发现酒店的前厅朝西,并不面对大街。前厅面积只有100多平方米,层高3.2米。门前建了一个小门斗没有挡雨停车的天篷设施,没有单独的停车场,倒像一个比较好一点的酒楼门前设计。大厅室内因面积较小,除接待柜台、行李柜台、通道过道、公共卫生间等固定设施外,客人休息处只有2个座位的沙发。前厅办公室与大厅接待处也不配套,因而客人进出感觉很不方便。大厅的采光也比较差。

进入客房楼层。客房是一种偏南北走向,中间是楼道,两边是客房的6层建筑。但楼道比较狭窄、中间一览无余。客房几乎全是只有18平方米左右的标准间,每层楼各有1个套间和1个三人间。窗式空调因客房面积小,房租价格上不去,也比较单一,比较严重地影响了经济效益。

点　评

现代酒店,特别是三星及其以上的酒店都具有超前消费的性质,其前厅、客房、餐厅、厨房等设施设备、装修装饰、环境美化等,都是专业性较强的工作,也必须具备与其星级高低相适应的硬件与环境条件。案例中的酒店因利用原建办公楼,又未得到熟悉酒店专业的改造设计与施工,因而存在明显的先天不足:一是前厅面积太小,整体设计和布局较差,客人不方便;二是前厅及其门前环境一般化,缺乏美感与享受成分;三是客房类型单一,标准客房面积太小,只能接待国内档次较低的团队客人或少量散客;四是客房装修和环境享受程度较低,必然影响客房出租价格和经济效益……案例为本节内容带来了启示。为此,我们在承接前面特点任务的基础上,从前厅与客房管理的业务流程和工作内容出发,介绍前厅与客房管理的基本条件与要求。

一、前厅与客房管理的业务流程

饭店前厅与客房管理的任务和各项工作,都是紧紧围绕客房出租这个中心来展开的。从客人订房、旅客到店、房间分配到客人进房、住宿服务直至客人离店是一个完整的前厅与客房管理的业务流程。前厅和客房管理的各项工作任务都是围绕这一业务流程展开的。我们可以将这一流程简单概括为图 1-1:

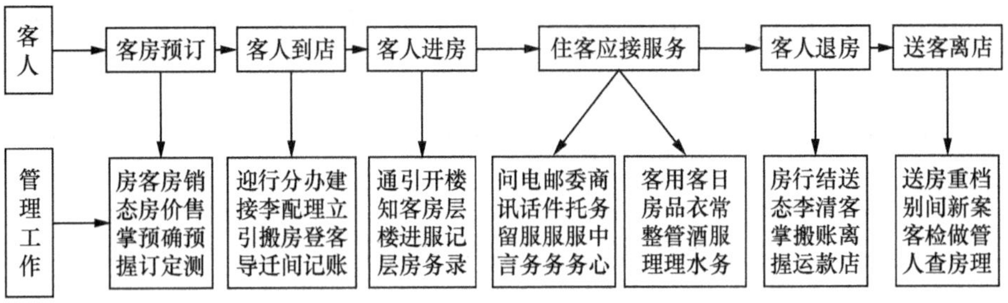

图 1-1　饭店前厅与客房管理业务流程

二、前厅与客房管理的工作内容

(一) 前厅管理的工作内容

饭店前厅管理的工作任务和工作内容都是以前厅部经理为中心来展开的。其具体工作内容主要包括:

(1) 贯彻落实客房出租计划指标。包括客房预订、客人入住、预期平均房价和客房出租率、客人结构等指标,与销售部和客房部门配合,保证客房出租计划、收入计划的顺利完成。

(2) 制订部门月季工作计划。即按饭店经营方针和营销策略制订部门工作计划,并按计划做好部门各项工作及其人员的劳动组织,保证前厅各部门各项工作的正常和顺利开展及计划任务的完成。

(3) 做好客房预订与销售管理。建立和完善预订与销售管理的工作体系、工作程序、操作步骤,并做好督导检查,不断提高客房预订和销售管理水平。

(4) 加强各项礼宾应接服务的组织工作。即督导各有关部门、各岗位员工做好迎接、引导、门卫、行李、问询、留言、电话、商务、票务、邮件、通信等各项服务,满足客人需求,切实提高服务质量。

(5) 做好业务经营的调度工作。督导客房预订预测报表、客房接待报告、收入统计、销售分析、团队资料、团队与会议客人用餐通知单、VIP 客人预报及接待方案等报表的制作、审核与分发,以便通过这些报表或电脑传递调度饭店业务经营。促进各部门有关服务工作的协调发展。

(6) 协调前厅管理与各部门的关系。包括客房预订和客人入住与销售部的关系。房间分配与客房部的关系,客账管理与各部门账单传递关系,团队会议用餐安排与餐饮部门的关系,设备维修、安全管理与职能部门的关系等等。要通过这些关系的协调与处理,保证前厅与有关部门工作的密切配合,确保提供优质服务。

(7) 做好成本费用消耗控制。重点是前厅订房费用、办公费用、电费消耗、纸张消耗等费用控制,以节省费用开支,提高经济效益。

(8) 加强例会与专题会议管理。重点是前厅部各部门、各班组的每日例会督导,部门每周例会召开,每月前厅服务质量和工作总结专题例会等。通过这些例会和专题会议的督导、召开与管理,随时掌握前厅部各项工作的进展情况、工作成绩、存在问题,并及时分析原因,提出改进措施,从而不断提高前厅各项工作的管理水平。

(二) 客房管理的工作内容

饭店客房管理的工作内容与前厅管理是密切相关的。其管理工作内容同样要以客房部门经理的工作为中心,主要包括:

(1) 根据客房出租计划制订和贯彻实施部门工作计划。即将客房部门的收入指标和费用指标分解落实到各月各季。同时提出月季工作计划,并督导贯彻实施,保证客房部门的房务管理、公卫管理、洗衣房管理等各项工作的正常和顺利开展与计划任务的完成。

(2) 做好楼层房务管理,保证客人住宿期间的优质服务。其具体工作内容包括客房布置、每日房间整理、用品更换、棉织品洗涤、每日客房卫生检查、客房酒水、客衣洗涤管理、日常零星服务等等。

(3) 加强公区卫生管理,创造优良接待服务环境。饭店公共卫生一般由客房部门的公卫主管统一负责,实行专业化管理。其工作内容主要包括前厅、楼道、门厅、过道、餐厅、宴会厅、会议室等的大面卫生、地面清洗、地毯洗涤、门窗玻璃擦拭等等。做好这些公共卫生的整理、擦拭、洗涤、花草布置、环境美化、内庭花园绿化与美化等,才能为客人创造一种美观、清洁、典雅、舒适的饭店接待服务环境,满足客人超前消费的需要。

(4) 做好洗衣房的业务管理,增加收入,降低饭店成本消耗。饭店洗衣房大都归客房部门管辖,是客房部门管理的重要组成部分。其业务管理的工作内容主要是做好客衣洗涤,饭店各部门的棉织品和员工制服的洗涤工作。保证业务周转对棉织品更换需要。这样,既可增加客房部门的洗衣费收入,又能降低饭店棉织品外送洗涤的费用开支。从而有利于提供客房管理的经济效益。

(5) 督导客房各楼层、各部门做好防火、防盗、防事故等管理工作,保证客人、员工的人身安全和饭店的财产安全。其中,重点是客房楼层、各工作间、布巾室和洗衣房的防火、防盗工作。

(6) 做好客房部门各种用品管理、降低费用消耗。其中,重点是各种客用物品、清洁用品,服务用品的定额使用、发放、保管、回收和水电燃料、洗涤费用的消耗控制。从而达到降低客房部门经营费用,提高经济效益的目的。

(7) 开好部门例会和专题分析会议,掌控部门工作情况和问题,及时提出改进措施。其中,重点是督导各班组的每日例会,召开部门每周的服务质量工作例会和每月客房部门经营活动专题分析会议。通过这些会议,传达上级指示,听取工作汇报、肯定工作成绩、分析存在问题及其原因、及时提出改进措施,即可保证客房各项管理工作的顺利开展。

(8) 搞好客房部门与饭店各相关部门的协调配合。包括前厅部、餐饮部、工程部、保安部、财务部等。及时处理工作中发生的关系和问题。保证设备维修,安全事故处理,物品采购管理等各项工作的协调发展。

(9) 督导各部门每日做好各种报表管理。包括楼层出租统计,用品消耗记录、每日房间核对,房间清扫整理、客衣洗涤、酒水消耗、VIP 客人接待等各种报表的填写、审核、传递使用、留档保管等工作。

(10) 做好员工劳动组织管理。包括劳动安排、工作表现评估、员工业务培训。按制度和标准做好部门员工工资奖金、福利的发放与管理,采取各种激励手段,充分调动员工积极性,提高劳动效率和工作效率。

三、前厅与客房管理的基本条件与要求

饭店前厅与客房管理都是紧紧围绕客房出租这个中心及其业务流程来开展的。为此,要完成前厅与客房管理的任务和工作内容,确保为客人提供全过程的优质服务,必须具备并遵循以下基本条件和要求:

(一) 前厅大堂和客房服务环境必须美观、整洁、典雅

前厅大堂的总台设置、整体布局、环境美化、清洁卫生等都是为客人服务的。大堂接待服务环境的好坏,既影响饭店形象和声誉,又直接影响对客服务和工作效率。客房楼层的环境好坏则直接影响客人住店需求和客人印象。所以,前厅与客房管理必须始终保持大堂和客房接待环境的美观、整洁和典雅,始终保持与星级标准的要求一致,才能适应客人的消费需求,提供优质服务。

(二) 前厅与客房的设施设备必须舒适完善与完好

设施设备是饭店前厅与客房提供优质服务的物质基础,也是前厅与客房管理必备的条件和基本要求。为此饭店前厅柜台设计和布局、客房预订、接待、问询、收款、总机房的计算机联网系统设备、通讯设备、家具设备和客房与卫生间的各种设施设备、办公室的电脑、打印设备、客房内的客用电脑等,都必须做到舒适、先进、完好、方便。其完好率和有效性必须始终达到98%以上、趋于100%。凡是在规定时间内不能维修好而影响对客服务和使用的前厅与客房设备,必须立即更换。

(三) 必须拥有一支前厅与客房管理和服务的员工队伍

员工队伍是饭店前厅与客房管理和优质服务的人员保证。为此,做好前厅与客房管理,首先要选拔、聘用、培养一支以部门经理为首,以各级主管、领班为主体的管理人员队伍。这些管理人员必须为人正派、诚实可靠、公正廉洁、具有各项专业管理技术和能力,才能做好前厅与客房管理。其次,要培养和造就一支优良的前厅和客房服务人员队伍。这些员工要熟悉客房预订、旅客接待、礼宾行李服务、房间分配、客房清扫、公区卫生、洗衣房操作等专业服务知识,具有较强的实际操作能力和良好的服务态度、职业道德、语言礼貌知识,才能为客人提供优质服务,做好前厅与客房管理。

(四) 必须健全与完善前厅与客房管理的制度程序与规程

饭店前厅与客房管理都离不开规章制度、工作程序和操作规程。没有规矩、不成方圆。只有健全和完善这些管理制度、工作程序、操作标准和规程,才能保证前厅与客房管理达到制度化、程序化、标准化、规范化的科学管理水平。前厅和客房管理的规章制度、工作程序、

质量标准、操作规程的具体项目和内容很多，需要由前厅部和客房部经理组织人员分别制定与贯彻实施，并逐步修改与完善。这也是做好前厅与客房管理的基本要求和必要条件。

第三节 前厅与客房管理的机构设置和人员编制

案 例

一家五星级酒店层次分明的前台部组织机构图

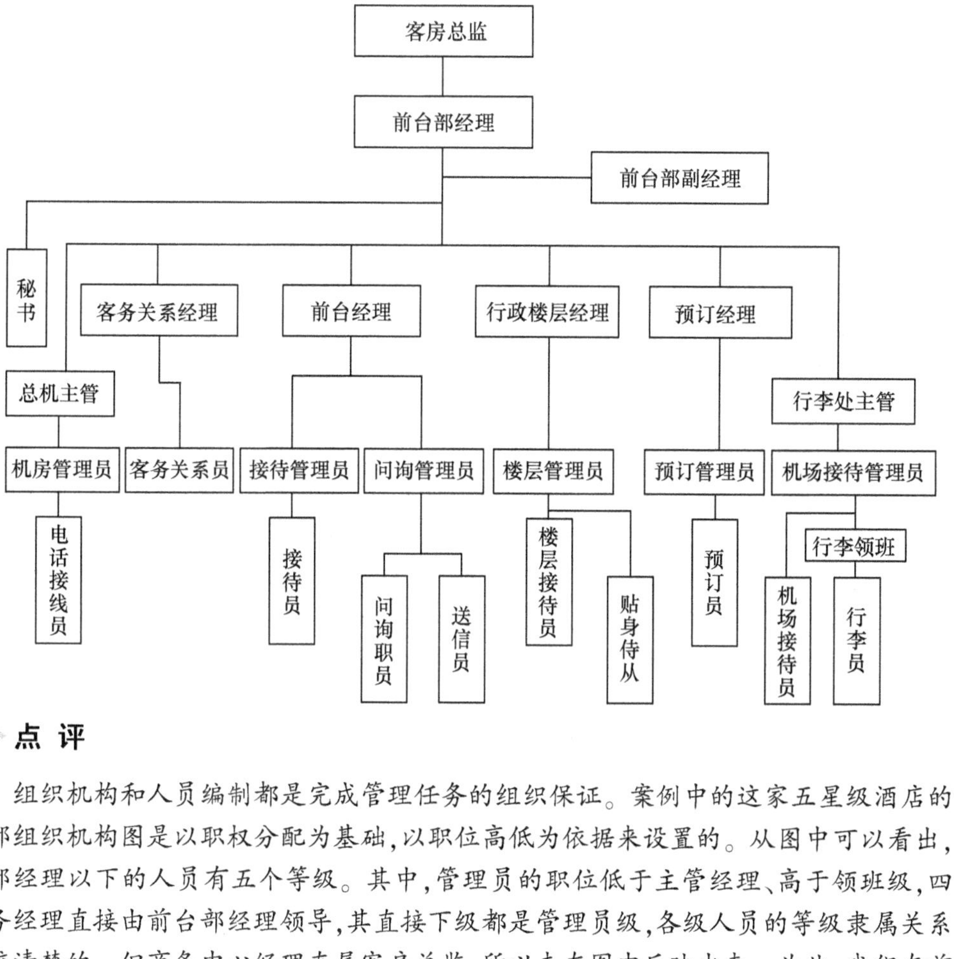

点 评

组织机构和人员编制都是完成管理任务的组织保证。案例中的这家五星级酒店的前台部组织机构图是以职权分配为基础，以职位高低为依据来设置的。从图中可以看出，前台部经理以下的人员有五个等级。其中，管理员的职位低于主管经理、高于领班级，四名业务经理直接由前台部经理领导，其直接下级都是管理员级，各级人员的等级隶属关系是比较清楚的。但商务中心经理直属客房总监，所以未在图中反映出来。为此，我们在前厅与客房管理的任务、工作内容和基本条件与要求已经明确的基础上，来介绍前厅与客房管理的机构设置和人员编制，以为后面各章的专业化管理的内容介绍提供人力资源保证，案例中的机构设置可以作为参考。

一、前厅与客房管理的机构设置

（一）前厅与客房组织机构的设置原则

前厅和客房的组织机构都是完成其管理任务的组织保证。也是以前厅和客房管理的业务流程为中心来安排的。为此，其组织机构设置要充分考虑这两个部门的关系，形成既有分工又有协作的有机整体，并遵循以下基本原则：

(1) 统一领导、分级管理的原则。前厅和客房管理的组织机构都是为保证客房出租及其相关服务的完成而设置的，因而其机构设置应该遵循统一领导、分级管理的原则。其具体要求是：首先，要从系统观念出发，将客房和前厅的机构设置、部门划分、人员配备等都统一纳入全店组织管理之中，统一划归饭店总经理或主管副总经理领导。其次是分级管理，不管是前厅机构或客房部门组织机构，都要合理确定管理层次和管理幅度，将部门划分、项目管理、班组划分等结合起来。明确各级各部门、各项目和各班组的工作内容和岗位职责，由此形成分级管理，逐级负责的责任体系，从而保证前厅与客房管理任务的顺利完成。

(2) 专业分工和协调配合的原则。饭店前厅与客房的机构设置都要充分重视专业分工，如前厅部的预订、接待、礼宾、总机房，客房部的楼层房务、公共卫生、洗衣房管理等。其专业分工程度和各专业项目在组织机构中的归属则要根据饭店规模、星级高低、全店管理体制的要求来确定。与此同时，又要充分重视前厅与客房之间、内部各机构之间及其与饭店销售、餐饮、工程、财务等部门之间的协调与配合，才能保证前厅与客房管理的协调与顺利开展。

(3) 职权结合与信息畅通的原则。饭店前厅和客房管理的机构设计都要坚持职责、权限相结合、保证信息畅通的原则。在机构设置中，前厅和客房各级、各部门、各岗位的职责、权利、义务、责任和利益等都应形成制度和规范。以防止以“人治”为主形成的“长官意志”代替职责规范和法规制度，防止“一朝天子一朝臣”的现象发生。与此同时，还要重视以客房出租和与客房管理的“业务流程”为中心的各种信息管理的需要，将前厅与客房的机构设置、人员安排、信息渠道的建立、信息传递和计算机系统管理结合起来，做到信息灵、情况明、决策准，才能做好前厅与客房管理。

（二）前厅与客房组织机构的设置依据

(1) 饭店规模大小和客房接待能力。这是组织机构设置的主要依据。大型和中型以上的饭店，前厅与客房可以分开设置成两个独立的部门，两个部门内部又可以设置较多的小部门。反之，小型饭店则可以将前厅和客房设计成一个部门，以减少人员编制和专业分工，节省人事成本。

(2) 投资结构和星级高低。在市场经济条件下，投资结构直接决定饭店管理体制，从而必然影响前厅和客房管理的机构设置，部门经理和客务总监的人事任免。与此同时，饭店星级越高、质量要求越高、专业化程度越高，必然影响前厅和客房的用人多少。所以，饭店投资结构和星级高低，也是前厅与客房机构设置的客观依据。

(3) 等级规格和服务项目。饭店等级规格越高、服务项目越多、专业化程度越高。大中型高星级饭店前厅部需要设置客务关系经理、礼宾部、服务项目齐全的商务中心。低档小型饭店则只设大堂经理。无须设置礼宾部,甚至也可不设行李处和商务中心。与此同时,小型饭店的客房部可以和前厅部合二为一。客房部可以不设洗衣房而只设一个布巾室即可。

（三）前厅和客房组织机构一般模式

饭店前厅和客房的组织机构受饭店规模大小、星级高低、管理体制、服务项目多少等多种因素的影响,其组织机构的一般模式有两种类型,多种形式。

1. 前厅和客房统一设部的机构模式

这种形式是将饭店前厅和客房机构统一设为一个综合性客房部。它主要适用于大型饭店和小型饭店,前者是为了缩小饭店高层管理幅度,增加层次,推行系统化管理。后者是为了减少饭店的部门设置,简化机构,节省人事成本,其结构形式可参阅图 1－2 和图 1－3。

（1）大型饭店综合性客房事务部形式。

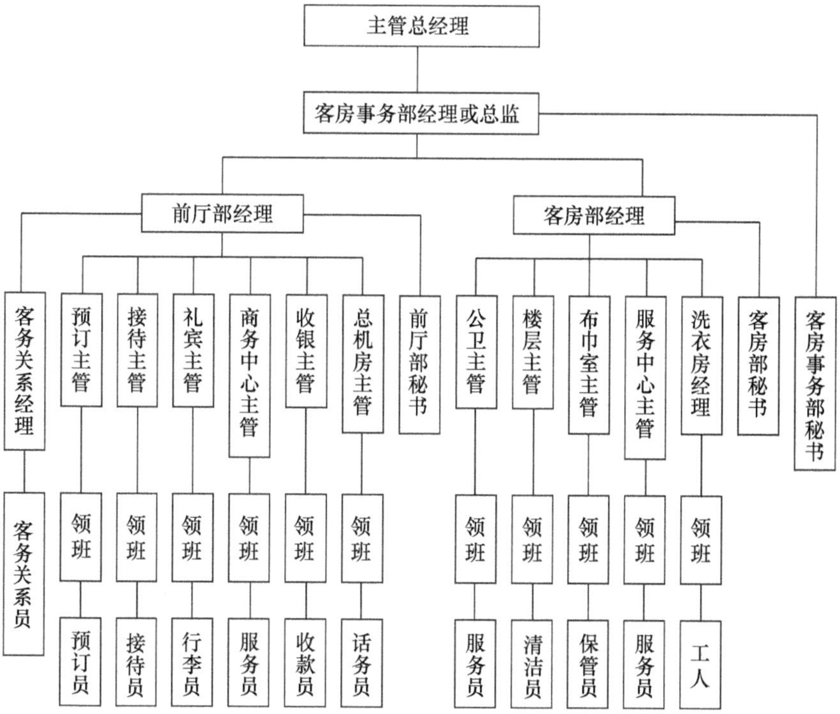

图 1－2　大型饭店综合性客房事务部组织机构图

(2) 小型饭店综合性客房部形式。

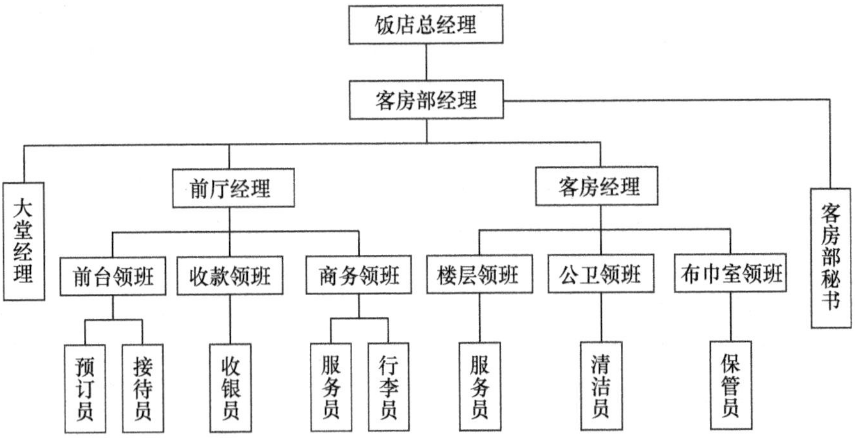

图1-3　小型饭店综合性客房部组织机构图

2. 前厅与客房独立设部的机构模式

这种形式主要适用于300—800间客房以上的大中型饭店。其方法是将饭店前厅和客房分别设置成两个互相独立的部门,它们之间互不隶属,都直接接受总经理或客务总监(大型饭店才设客务总监)的领导,其中,前厅部和客房部根据其饭店规模和客房多少不同,其常用形式也不一样。

(1) 大型饭店独立设置的前厅部机构形式。

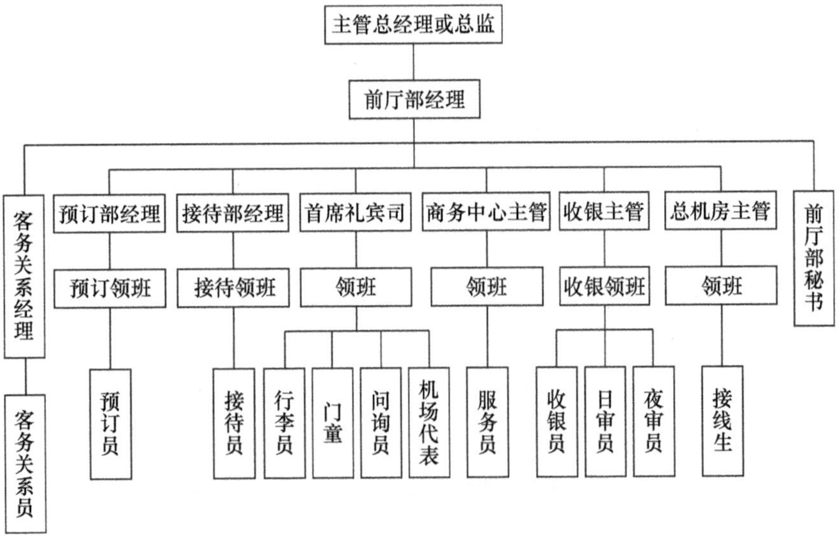

图1-4　大型饭店独立设置的前厅部组织机构图

（2）中型饭店独立设置的前厅部形式。

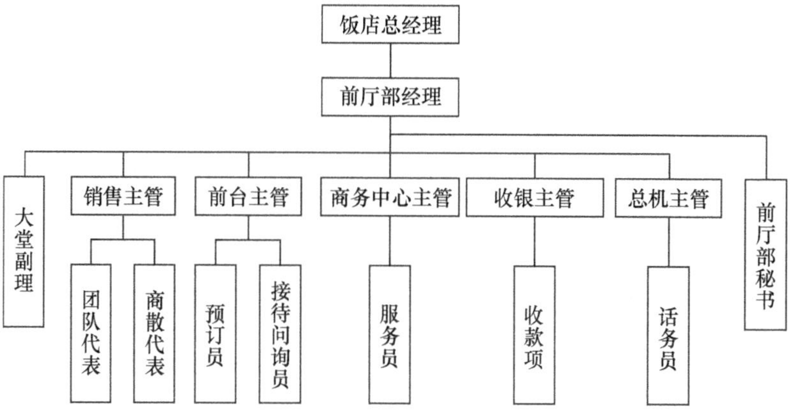

图1-5 中型饭店独立设置的前厅部组织机构图

（3）大型饭店独立设置的客房部形式。

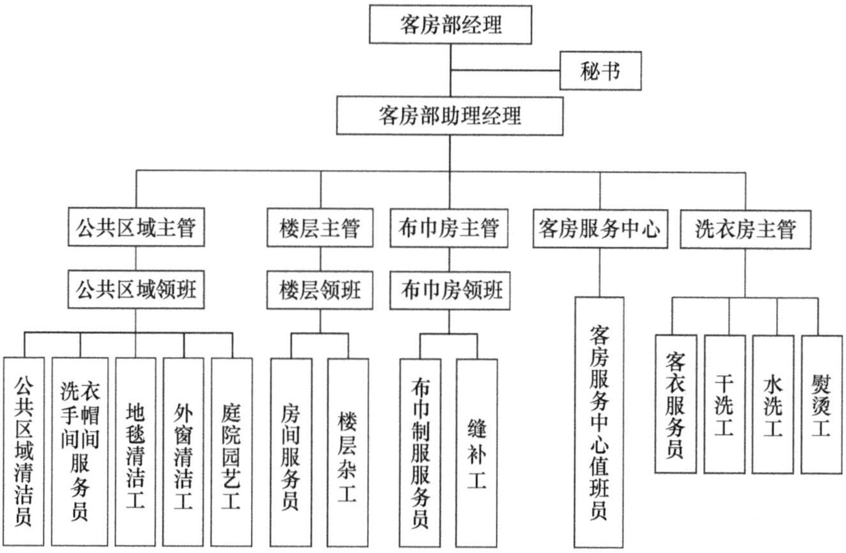

图1-6 大型饭店独立设置的客房部组织机构图

(4) 中型饭店独立设置的客房部形式。

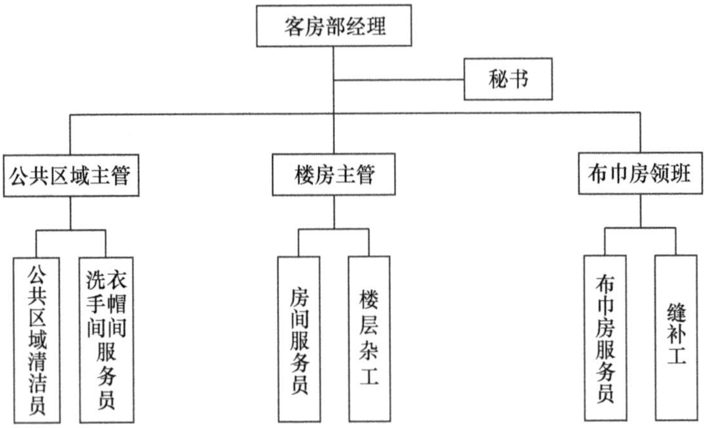

图 1-7　中型饭店独立设置的客房部组织机构图

二、前厅与客房管理的人员编制

(一) 影响前厅与客房人员编制的因素

前厅与客房的人员编制是做好管理与服务工作的前提和基础,也是影响其工作效率和人事成本的重要条件,饭店前厅和客房管理人员编制的影响因素多种多样,主要包括:

1. 饭店规模与等级高低

饭店规模越大,等级越高,前厅面积和客房数量则越大和越多。前厅和客房管理的专业化程度越高,分工越细致,服务质量要求也越高,因而必然多用人。反之,则人员需求量越少。所以,饭店规模和等级高低是影响其人员编制的主要因素。

2. 市场供求及出租率的高低

饭店市场环境越好,求大于供,供求关系以卖方市场为主,则客房出租率必然越高,前厅和客房特别是客房服务所需要的人员会相对较多。反之,供大于求,以买方市场为主,竞争激烈,则客房出租率低,其人员需求量也会相对减少。两者都会影响饭店前厅和客房管理的人员编制。

3. 班次安排和季节波动程度

班次的多少是影响用人多少的重要因素。饭店前厅与客房要求 24 小时提供服务。而每天的具体班次编排和人员安排,必然影响其人员编制。与此同时,客房经营季节波动性较大,淡季出租率低,旺季出租率高,客观上要求实行弹性用人制,必然影响客房人员编制和季节用人数量。

4. 楼层客房管理模式选择

主要指客房楼层是设置"楼层服务台模式"还是选择"客房服务中心模式",前者在每个客房楼层设服务台,值台服务和客房清洁整理服务分开,24 小时值班。后者是集中设置客房服务中心,不设 24 小时值台的楼层服务。两种模式对客房楼层管理的人员编制和用人多少会有较大影响,也是影响客房人员编制的重要因素。

（二）前厅与客房人员编制的基本方法

人是生产力中最积极、最活跃的因素。做好人员编制，合理确定人员数量和结构，并选择最恰当的人员到合适的岗位，既是做好前厅与客房管理的前提和基础，又是搞好前厅与客房经营的重要条件之一。前厅与客房部门的人员岗位不同，其人员编制的具体方法也不同。其主要方法有以下几种：

1. 岗职人数定员法

这种方法主要根据客房系统各部门的组织机构设计，确定编制岗位名称和各岗人员数量，最后形成人员编制。它主要适用于前厅与客房部门的管理人员编制：

（1）客房销售部门主管以上人员——包括主管经理、总监、部门经理等管理人员的编制。

（2）前厅部主管以上人员——包括部门经理、大堂副理、各级主管等管理人员的编制。

（3）客房部（或称管家部、房务部）主管以上人员——包括总监、部门经理、经理助理等管理人员的编制。

需要说明的是采用这种方法确定人员编制必须做到三定：即定岗位名称，定职级人数，定用人期限。三定编制一经确定，不能随长官意志随意增减定编人员，必须将它作为企业组织管理法规来遵守。

2. 上岗人数定员法

这种方法是根据前厅和客房组织机构设计，事先分析各部门需要设置的工种和岗位，分析不同工种和岗位需要完成的工作量，确定岗位设置和上岗人数。如一家小饭店的客房预订岗，根据客房数量和预订设备每班需要设置2名预订人员。一家有800间客房的大型饭店前厅接待岗，根据客房周转和服务工作需要，每班需要设置4名接待人员等。在此基础上，再根据不同工种和岗位的班次安排和倒休来确定岗位定编人数。这种方法主要适用于：

（1）销售部需要倒班的各销售代表、公关代表等人员。

（2）前厅部领班以下的各工种、各岗位人员，包括预订人员、接待人员、行李人员、商务中心和总机房人员等。

（3）客房部楼层值班人员、客房服务中心人员、布巾室人员、公区卫生和洗衣房人员等。

采用上岗人数定员法的计算公式为：

$$Q=\frac{X\cdot n\times 7}{5}\div e$$

式中：Q——各岗位定编人数，　X——每班上岗人数，
　　e——计划出勤率，　n——每天班次。

3. 劳动标准定员法

这种方法是根据客房部门有关工种和岗位的工作总量，通过动作研究和工时消耗分析，确定员工劳动标准（即劳动定额）。在此基础上核定上岗人数和定员人数。它主要适用于楼层客房清扫服务人员、洗衣房的衣物洗涤与熨烫人员编制。现以客房清洁服务人员为例，说明其编制方法：

(1) 选择不同类型人员进行动作研究。测定他们在客房清扫服务中各项动作所消耗的时间。

(2) 根据动作研究记录,对各项劳动消耗时间进行归类与统计。将劳动时间分为四类,即:

t_1——准备作业时间, a——间房基本作业时间,

t_2——结束交接班时间, b——间房随机服务时间。

(3) 根据8小时工作制和服务质量要求,确定客房清扫服务人员的劳动标准。计算公式为:

$$X = \frac{T - (t_1 + t_2)}{(a + b) \cdot (1 + f)} \qquad (1)$$

式中:X——劳动标准, T——规定劳动时间每天8小时,

f——休息系数。

(4) 根据客房预测和计划出租率、出勤率和员工倒休安排,确定不同季节的客房定员人员,体现弹性用人原则。其计算公式为:

$$Q = \frac{D \cdot r}{X \cdot e} \times \frac{7}{5} \qquad (2)$$

式中:Q——定员人数, r——计划出租率,

D——客房总数, e——计划出勤率。

三、前厅与客房管理人员编制的案例分析

(一) 客房销售人员编制案例

饭店客房销售人员大多归销售部或公关销售部,也有一些中小型饭店在前厅部设销售人员,现以销售部为例,说明其人员编制方法的运用。

▶ **案例1** 销售人员编制案例

某饭店是一家有340间套客房的四星级饭店,根据饭店组织机构设计、市场环境和客房销售工作量分析,饭店销售部的管理干部编制和岗位人员设置如下表,请核定部门人员编制。

表1-1 资料(1)销售部干部编制和岗位设置

干部岗位名称	定编人数	员工岗位名称	每班上岗	班次
部门正副经理	2人	信息员与统计员	2人	1班
部门秘书	2人	各销售代表	4人	2班
主管级经理	4人	公关与美工	2人	1.5班

案例分析:

1. 凡是干部定编人员,包括正副经理、主管和秘书人员,按干部编制定员法,其编制人数不变。

2. 凡是普通员工,包括市场信息员、统计员、各销售代表、公关代表和美工设计师,其定编人数要考虑不同工种的员工班次,星期天不能够停业等因素,形成人员编制。编制结果如下表(部门计划出勤率设定为98%):

表 1-2　销售部管理干部与员工定员编制

干部编制	定编人数	员工编制	班次	每班上岗	定编人数	合计人数
市场营销部经理	1人	—	—	—	—	1人
营销部副经理	1人	—	—	—	—	1人
文秘人员	2人	—	—	—	—	2人
市场部经理	1人	信息员和统计员	1班	2人	2人	3人
销售部经理	2人	各销售代表	2班	4人	12人	14人
公关部经理	1人	公关代表和美工	1.5班	2人	5人	6人
合计	8人	合计	—	—	19人	27人

▶ **案例2**　前厅部人员编制案例

某饭店是一家有680间套客房的五星级饭店。饭店以接待商务散客、高档旅行团和商业会议客人为主，设有商务楼层。饭店前厅部设施先进豪华，服务项目比较齐全完善。根据饭店组织机构设计和前厅部各部门各项工作的任务量分析，前厅部的管理干部编制和各工种、各岗位的班次安排及每班上岗人数如下表。请核定部门人员编制(计划出勤率98.5%)。

表 1-3　资料(2)前厅部干部编制和岗位设置

干部与领班岗职名称	定编人数	员工岗职名称	每班上岗	班次
1. 前厅部正副经理	2人	—	—	—
前厅部秘书内勤	2人	—	—	—
2. 客务关系经理	1人	客务关系人员	1人	3班
3. 预订部经理	1人	预订人员	2人	2班
预订部领班	2人	接待职员	2人	3班
4. 接待部经理	1人	商务中心服务员	2人	2班
接待部领班	3人	总机房话务员	2人	3班
5. 商务中心主管	1人	行李服务员	2人	2班
商务中心领班	2人	问讯处服务员	1人	2班
6. 总机房主管	1人	前厅门童	2人	2班
总机房领班	3人	安全调度员	1人	2班
7. 礼宾部经理	2人			
行李问询领班	2人			

案例分析：

1. 凡属干部编制的主管以上的人员和领班，其定员编制人数不变。

2. 凡属一般员工需要安排班次上班的人员，根据每班上岗人数和班次、计划出勤率，按公式计算，编制结果见下表：

表1-4　前厅部管理干部和员工定员编制

管理干部	定编	领班	定编	员工	每班上岗	班次	编制人数	合计人数
前厅部经理	1人	—	—	—	—	—	—	1人
前厅部副经理	1人	—	—	—	—	—	—	1人
前厅部秘书	2人	—	—	—	—	—	—	2人
客务关系经理	1人	—	—	客务关系人员	1人	3班	5人	6人
预订部经理	1人	预订领班	2人	预定人员	2人	2班	6人	9人
接待部经理	1人	接待领班	3人	接待职员	2人	3班	9人	13人
商务中心主管	1人	中心领班	2人	中心服务员	2人	2班	6人	9人
总机房主管	1人	总机领班	3人	话务员	2人	3班	9人	13人
礼宾部经理	1人	—	—	—	—	—	—	1人
金钥匙礼宾司	1人	行李领班	1人	行李员	2人	2班	6人	8人
—	—	问讯处领班	1人	服务员	1人	2班	3人	4人
—	—	—	—	门童人员	2人	2班	6人	6人
—	—	—	—	调度员	1人	2班	3人	3人
—	—	机场代表	1人	—	—	—	—	1人
商务楼层主管	1人	商务楼层领班	3人	服务员	2人	3班	9人	13人
合计	12人	合计	16人	合计	—	—	62人	90人

▶ **案例3**　客房部清扫人员编制案例

某饭店是一家有580间客房的三星级饭店。管理人员选了快、中、慢三种类型的服务员进行动作研究。经测定，小组人员每天班前准备10分钟，班后交接5分钟，计划出勤率98.5%；夜班人员每天劳动标准60间/人，白班人员平均每清扫一间客房各项动作的平均时间见下表：

表1-5　资料(3)客房清扫人员动作研究　　单位：分钟

分类 / 分钟 / 步骤	单人房		标准房		套房		统计	
	住	走	住	走	住	走	合计	平均
检查换气	1.2	1.3	1.5	1.6	1.7	1.8	9.1	1.52
做床	2.0	2.2	3.8	4.2	3.8	4.4	20.4	3.40
擦拭整理	4.2	4.8	5.4	5.8	6.8	7.6	34.6	5.77
卫生间	9.8	10.6	10.4	11.2	10.6	11.4	64.0	10.67
吸尘	3.8	3.8	4.2	4.8	4.6	5.4	26.6	4.43
检查填表	1.2	1.2	1.3	1.3	1.5	1.5	8.0	1.33
合计	22.2	23.9	26.6	28.9	29.0	32.1	162.7	27.12
随机服务	4.2		4.8		5.2		14.2	4.73

客房清扫服务员每周工作5天，每天工作8小时。请完成以下编制与计算（休息系数$f=0.12$）。

1. 以动作研究时间为基础,核定客房清扫人员劳动标准。

2. 经预测,酒店下年旺季、平季和淡季的平均出租率分别为 92.5%、74.6% 和 58.4%。请按劳动标准核定不同季节的客房人员需求量(白班和夜班)。

3. 饭店上月前半月客房出租率 74.5%,后半月 79.8%,客房部用了白班清扫人员 48 人,问他们每人每天实际清扫了多少间客房,是否完成了劳动标准?

4. 下月进入旺季,饭店预测前半月的客房出租率可达 88.2%,后半月可达 96.8%,问按劳动标准下月需要配多少名白班和夜班服务员?

5. 饭店实行休假制,按饭店规定店龄 2 年以上的可享受企业年假 7 天,店龄 5 年以上的可享受企业年假 14 天,其人数分别占员工总数的 50% 和 45%,问实行休假制后,按不同季节的客房出租率各需多少客房清扫人员?

案例分析:

1. 核定白班服务员的劳动标准:

$$X = \frac{T-(t_1+t_2)}{(a+b)\times(1+f)} = \frac{480-(10+5)}{(27.12+4.73)\times(1+0.12)}$$

$$=13.04 \approx 13(\text{间/人·天})$$

2. 列表计算不同季节人员需求量

表 1-6　不同季节人员需求量

白班	旺季	平季	淡季
出租率	92.5%	74.6%	58.4%
出租间数	536.5	432.68	338.72
劳动标准	13.04	13.04	13.04
白班人数	41.14	33.18	25.98
夜班	上限	中限	下限
劳动标准	60	60	60
夜班人数	8.94	7.21	5.65
合计人数	50.08	40.39	31.63
定编人数	71.18	57.41	44.96
进位	72	58	45

3. 上月日出租间数 $=580\times\frac{74.5+79.8}{2}\% = 447.47$(间)

上月白班上岗人数 $=\frac{48\times 98.5\%\times 5}{7} = 33.77$(人)

上月每人日清扫客房 $=\frac{447.47}{33.77} = 13.25$(间/人·天)

4. 下月日出租间数 $=580\times\frac{88.2+96.8}{2}\% = 536.5$(间)

下月需配服务员数 $=\left(\frac{536.5}{13.04}+\frac{536.5}{60}\right)\times 7\div 5\div 98.5\% = 71.19\approx 72$(人)

5. 客房服务员开工系数 $=\dfrac{365-115-7\times50\%-14\times45\%}{365}=65.81\%$

休假后旺季用人 $=\left(\dfrac{536.5}{13.04}+\dfrac{536.5}{60}\right)\div0.6581\div98.5\%=77.26\approx78$（人）

休假后平季用人 $=\left(\dfrac{432.68}{13.04}+\dfrac{432.68}{60}\right)\div0.6581\div98.5\%=62.31\approx63$（人）

休假后淡季用人 $=\left(\dfrac{338.72}{13.04}+\dfrac{338.72}{60}\right)\div0.6581\div98.5\%=48.78\approx49$（人）

▶ **案例 4** 客房部公共卫生，客房服务中心和洗衣房人员编制案例

某饭店有客房 520 间，根据机构设置和工作测定，饭店客房部的客房服务中心、公共卫生和洗衣房的管理人员编制和员工上岗人数如下表，请核定其人员编制。（员工出勤率 98%）

表 1－7 资料(4)客房服务中心、公共卫生和洗衣房岗位设置

干部领班人员设置	定编人数	普通员工岗位设置	每班上岗	班次
1. 客房服务中心主管	1 人	客房服务中心服务员	2 人	3 班
客房服务中心领班	3 人	公共卫生服务员	4 人	2 班
2. 公共卫生主管	1 人	洗衣房干洗工	1 人	1.5 班
公共卫生领班	2 人	洗衣房水洗工	2 人	1.5 班
3. 洗衣房经理	1 人	洗衣房压平工	2 人	1.5 班
干洗领班	1 人	洗衣房熨烫工	2 人	1.5 班
水洗领班	1 人	洗衣房勤杂工	1 人	1.5 班
熨烫压平领班	1 人	裁缝	1 人	1 班

案例分析：按领班以上管理人员编制不变，普通员工根据班次和出勤率直接计算，结果如表 1－8 所示。

表 1－8 客房服务中心、洗衣房和公共卫生人员编制

管理干部	定编	领班	定编	普通员工	每班上岗	班次	定编	合计
客房服务中心主管	1	领班	3	服务员	2	3	9	13
公共卫生主管	1	领班	2	服务员	4	2	12	15
洗衣房经理	1	领班	4	干洗工	1	1.5	3	8
—	—	—	—	水洗工	2	1.5	5	5
—	—	—	—	压平工	2	1.5	5	5
—	—	—	—	熨烫工	2	1.5	5	5
—	—	—	—	裁 缝	1	1	2	2
—	—	—	—	勤杂工	1	1.5	3	3
合计	3	—	9	合计	17	—	44	56

复习思考题

1. 请您对饭店前厅与客房管理的经济属性、公众属性和超前属性分别举例谈谈其主要表现及其对管理工作带来的要求。

2. 您已经学习过饭店前厅与客房的机构设置，现有一家客房数量200间，前厅面积85平方米，以国内商务和会议客人为主要目标市场的二星级饭店，采用前厅与客房综合为一个部门的管理体制，请您为这家饭店设计一份客房部门的组织机构，并列出主要岗位及其人员编制。

3. 方园大酒店是一家有386间套客房的四星级饭店，客房部单独设置，下设楼层主管、公共卫生、洗衣房、客房服务中心。请您按客房出租率80%，客房清洁员工劳动定额14间/人·天的标准，为这家饭店客房部设计和编制一份人员需求表。

4. 皇家大酒店是一家有680间客房的五星级饭店。现正处旅游旺季，饭店客房清洁员每人每天规定清扫15间房。夜班服务员每晚负责70间客房巡视。计划出勤率98%。饭店上月出租率为82.5%。客房楼层用了白班服务员62人、夜班服务员13人。问按劳动标准，他们每人每天是否完成了定额。有没有剩余劳动力。如果下月出租率预测能达到94.8%，问客房楼层的白班和夜班人员能否满足需要。若人手不够，可采取哪些措施来保证客房服务需要。

第二章

前厅与客房部门的预算管理

内容架构与学习目标

内容架构

- 前厅与客房部门的预算管理
  - 客房出租率和平均房价预算管理
    - 平均房价和房租收入预算方法
    - 客房出租率预算指标预测确定方法
    - 客房出租率和平均房价预算管理体制
  - 前厅部门预算编制方法
    - 前厅部门预算方案编制方法
    - 前厅部门直接费用预算方法
    - 前厅部门营业项目收入预算方法
  - 客房部门预算编制方法
    - 客房部门预算方案编制方法
    - 客房部门直接费用预算方法
    - 客房部门营业项目成本预算方法
    - 客房部门营业项目收入预算方法
  - 前厅与客房部门预算目标的贯彻实施
    - 客房部门预算目标的贯彻实施
    - 前厅部门预算目标的贯彻实施
    - 客房出租预算目标的贯彻实施

学习目标	通过本章学习,你应该能够达到下列目标
知识目标	技能目标
1. 掌握客房出租与平均房价的管理体制、客房出租构成、价格体系构成等专业知识 2. 掌握客房出租率和平均房价预算指标的预测确定程序 3. 掌握前厅和客房预算编制的内容和工作步骤	1. 能举例运用实际数据做出平均房价预算、客房出租率预测,形成计划指标 2. 能够结合实际举例编制小型饭店前厅部或客房部的预算方案 3. 能够抓好小型饭店前厅或客房预算目标实施的工作步骤

第一节 客房出租率和平均房价预算管理

案 例

谁将获得巨额奖金

英国一家报纸举办一项高额奖金的有奖征答活动。题目是:在一个充气不足的热气球上载着三位关系人类兴亡的科学家,三人中,甲是环保专家,他的研究可以拯救环境污染而身陷死亡的无数人的厄运。乙是原子专家,他有能力防止全球性的原子战争,使地球免遭毁灭。丙是医学专家,他有能力研究出应对SABS的疫苗,从而控制这种病毒蔓延而拯救无数人的生命。

由于充气不足,载着三位科学家的热气球即将坠毁,必须丢出去一个人减轻载重。

奖金丰厚,应答信件众说不一,莫衷一是。巨额奖金的得主却是一个小男孩,他的答案是:把最胖的那位科学家丢出去。

点 评

企业管理就像日常生活一样,解决任何问题都必须找准问题的角度、抓住关键、本质和核心。案例中,大量应答信件之所以众说纷纭,莫衷一是,原因就在于他们在讨论哪位科学家的工作更重要,没有抓住问题的本质。而小男孩则一矢中的,抓住了问题的关键和本质。酒店前厅和客房部门预算是很重要的,解决这一问题的关键是客房出租率和平均房价预算指标的预测和确定。所以我们首先来研究和介绍其具体预测和确定方法及案例,希望引起广大学员和业内同仁的重视。

一、客房出租率和平均房价预算管理体制

客房是饭店的基本设施和重要组成部分,是饭店经济收入的重要来源和利润的主要源泉,也是带动饭店各项经营活动的枢纽。做好客房出租和平均房价预算管理、合理确定预算指标和计划目标,是做好客房系统管理、获得优良经济效益的前提和基础,也是前厅和客房部门推行目标管理的重要条件。

现代饭店客房管理是一个社会化劳动过程,客房出租管理的计划任务和目标、平均房价的预算和掌握,都是由饭店销售部、前厅部和客房部三个部门共同完成的。因此,现代饭店客房出租和平均房价的预算和实施也应该由这三个部门来共同完成。其预算管理体制可以简单概括为:在饭店经营方针和营销策略指引下,实行总经理负责、部门为基础、财务部牵头,会同销售、前厅和客房部门共同做好客房出租和平均房价预算,逐月考核完成效果,确保客房出租计划指标顺利完成的一种预算管理体制。这种预算管理体制包括三

个基本要点:

(1)总经理对客房出租和平均房价预算管理负领导责任。即客房出租和平均房价预算要认真贯彻总经理制定的饭店经营方针和营销策略、其出租率和平均房价的高低、客源构成比例和房租收入、客房利润等预算和计划指标,都必须由总经理最后审核确定。

(2)财务部负责预算编制的牵头组织、方案制定和指标考核工作。饭店客房出租管理由于是由前厅部、销售部和客房部三个部门共同完成的。其中,销售部主要负责团队、会议和商务客房销售,前厅部主要负责客房预订和出租接待工作,客房部则主要负责客人住店服务。三个部门谁也无法独立完成客房出租管理工作。所以,必须由财务部牵头、会同三个部门共同完成客房出租和平均房价的制定、指标编制。报总经理审批纳入全店预算后,再根据管理体制将客房出租和平均房价预算指标分解到前厅客房和销售等部门。而在执行过程中,财务部要每月提供各部门的考核指标和完成结果。

(3)三大部门参与指标编制、承担完成计划任务的经济责任。即前厅、销售和客房部要以部门为基础,参加客房出租和平均房价各项指标的预算工作,要根据市场供求关系、与财务部一起共同确定计划指标。并承担各自的计划指标完成的经济责任。即积极组织业务活动的开展,大量销售客房、掌握客人消费结构和平均房价,控制费用消耗、保证计划任务的顺利完成。

二、客房出租率预算指标预测确定方法

客房出租率是预算期限内已出租的客房间次与可供出租的客房间次之间的比率。客房出租率是客房预算管理的主要指标。其预算预测确定方法可大致分为三个步骤:

(一)根据经济形势和旅游发展动向,分析市场供求关系

我国饭店经营面向国际国内两个市场。高中档饭店以海外客源市场为主,中低档饭店以国内市场为主。其客房出租率的高低受国家和地区经济形势和旅游发展规模、特点和动向等多种因素的影响。因此,编制客房出租率计划要由饭店财务部经理牵头,销售部、前厅部和客房部经理参加,共同分析预算期内的经济发展形势、旅游市场动向和市场供求关系,其中,经济发展形势重点是分析国家和地区国民经济发展的政策、法规、国民经济发展指标和国民收入增长指标,地区安排的大型经济、外交、文化、商贸活动对旅游发展的影响及其带来的旅游发展商机。旅游发展动向重点是分析前1—3年地区旅游发展规模、接待人次、客源构成及其发展趋势,发展速度对本饭店客房出租率带来的影响和本饭店能够争取达到的市场份额。而旅游市场供求关系重点是分析地区不同等级、不同类型的饭店的市场竞争程度。饭店客房接待能力,前1—3年同类饭店出租率已达到的水平,计划年度能够争取达到的市场份额等,通过上述三个方面的分析,即可为客房出租率预算指标的预测确定提供客观依据。

(二)根据饭店客房类型和主要目标市场,研究确定客房价格水平

在市场经济条件下,价格是影响客房出租率高低的重要因素。因此,编制客房出租率预算指标,必须事先确定客房价格水平。而现代饭店客房出租价格并不是一个单一的产品价格,而是一种在不同季节、针对不同类型的客人的复合型价格。为此,研究确定客房

出租价格水平要特别注意三个问题：一是客房类型的结构比例，即在客房总量中单人房、双人房、标准间、套房、豪华套房等的不同数量和比例。因为客房类型不同，其价格水平不同。二是客人类型及其出租构成。即在客房出租总量中散客、商务、团队、会议、长住等不同类型的客人租用客房比例的高低。因为客房价格是针对不同类型的客人来制定的。在房价既定的条件下，客人类型及其出租构成不同，其预算平均房价也不同。三是针对不同类型的客人在不同季节应该制定的价格高低，即客房计划出租价格水平。这种复合型价格的制定要根据饭店市场供求关系、竞争程度，上一年度已经达到的水平和计划年度的客房推销能力，由饭店财务部、销售部、前厅部、客房部经理共同研究制定，形成淡季、旺季不同的价格体系，报饭店总经理审批确定后，才能作为正式的客房出租价格，从而为客房出租率预算指标的预测确定价位基础，才能保证客房出租率计划指标和房价水平相适应。

（三）以月季为基础，预测和确定客房出租率预算指标

饭店客房经营管理的季节波动性较强。客房出租率预算指标的预测确定必须以月季为基础。其预测和预算编制方法是：以前 1—3 年各月各季已经达到的客房出租率为基础，根据市场供求关系、旅游发展动向和趋势，已经制定的房租价格水平，逐月预测客房出租率。其方法可以以月度为基础，由销售部、前厅部、财务部经理分别预测可能达到的最高、最可能、最低出租率，然后经过综合分析，形成各月预算出租率指标。其综合分析的方法可以采用主观概率法预测公司：

$$y_i = \sum E \cdot P$$

$$y_t = \frac{\sum y_i \cdot D}{\sum D}$$

式中：y_i——预测人员综合预测值　　E——预测人员三种预测值

P——预测人员三种预测概率　　D——预测人员权重值

▶ **案例 1**　长岭饭店上年 5 月客房实际出租率为 78.69%。经对今年市场环境和发展趋势分析，饭店财务部、销售部、前厅部经理预测今年 5 月计划出租率如表 2－1 所示：

表 2－1　长岭饭店 5 月计划出租率

财务部经理	最高 81.3%	最可能 79.2%	最低 78.4%
权重 1.4	概率 0.34	概率 0.42	概率 0.24
销售部经理	最高 80.59%	最可能 78.6%	最低 77.8%
权重 1.8	概率 0.37	概率 0.45	概率 0.18
前厅部经理	最高 82.4%	最可能 81.4%	最低 79.2%
权重 0.8	概率 0.28	概率 0.44	概率 0.28

案例分析：

1．三种预测综合分析值

（1）财务部经理＝81.3%×0.34＋79.2%×0.42＋78.4%×0.24＝79.72%

（2）销售部经理＝80.5%×0.37＋78.6%×0.45＋77.8%×0.18＝79.16%

(3) 前厅部经理 =82.4% ×0.28 +81.4% ×0.44 +79.2% ×0.28 =81.06%

2. 三种人员加权分析值

$$y_t = \frac{79.72 \times 1.4 + 79.16 \times 1.8 + 81.06 \times 0.8}{1.4 + 1.8 + 0.8} = 79.74\%$$

主观概率法主要适用客房销售处于随机型市场。如果饭店面临的是稳定型市场,则主要采用修正移动平均法,加权修正平均法等以平均数为基础的方法来预测。其方法运用比较简单。如果饭店面临的是趋势型市场,则可采用变动趋势法、平均增长率法、一元回归法和二元回归法等方法来预测。饭店开业后的前几年以趋势型市场为主,竞争达到一定程度后又以稳定型市场为主,2—3 年后,饭店就会进入装修改造,重新投入使用后又会进入趋势型市场→稳定型市场,只有特殊时期因市场环境发生重大变化才会面临随机型市场。现以趋势型市场为例,运用一元回归法预测客房出租率。

▶ **案例 2** 华晨饭店是一家有 560 间客房的四星级酒店,前 5 年客房出租率呈增长趋势,分别为 62.5%、68.4%、73.8%、79.69% 和 84.3%,预测下年市场环境仍然较好。各月客房出租的波动程度相对稳定,其季节指数分别为 1 月 5.2%、5 月 7.8%、9 月 9.2%(其他月份略)请用一元回归法预测下年及各月的客房出租率。

一元回归法的预测公式为:

$$y_t = a + bt \tag{1}$$

$$a = \frac{\sum y}{n} \tag{2}$$

$$b = \frac{\sum yt}{\sum t^2} \tag{3}$$

式中:y_t——预测值　　y——基期实际值

a——时间坐标上的截距　　b——时间坐标上的斜率

t——时间代号　　n——期数和

案例分析:

1. 列表计算待定参数 a、b 的值

期数	y(出租率)	t(时间)	$y-t$	t^2
1	62.5	-2	-12.5	4
2	68.4	-1	-68.4	1
3	73.8	0	0	0
4	79.6	1	79.6	1
5	84.3	2	168.6	4
$n=5$	$\sum y = 368.6$	$\sum t = 0$	$\sum y \cdot t = 54.8$	$\sum t^2 = 10$

$$a = \frac{\sum y}{n} = \frac{368.6}{5} = 73.72, \quad b = \frac{\sum yt}{\sum t^2} = \frac{54.8}{10} = 5.48$$

2. 将 a、b 的值代入公式，求客房出租率的预测值

$$y_t = a + bt = (73.72 + 5.48 \times 3) \times 100\% = 90.16\%$$

3. 根据季节指数求下年各月客房出租率

(1) 1 月客房出租率 $= \dfrac{560 \times 90.16\% + 365 \times 5.2\%}{560 \times 31} \times 100\% = 55.2\%$

(2) 5 月客房出租率 $= \dfrac{560 \times 90.16\% + 365 \times 7.8\%}{560 \times 31} \times 100\% = 82.8\%$

(3) 9 月客房出租率 $= \dfrac{560 \times 90.16\% + 365 \times 9.2\%}{560 \times 30} \times 100\% = 100.92\%$

客房出租率的预测要根据当年面临的市场类型来选择不同的方法。然后再进一步分析市场供求关系和饭店能够挖掘的市场潜力，对预测结果做出调整，从而确定其预算指标。

饭店客房出租率预测指标确定后，还应适当调整并根据上年各月客房双开率预测本年各月双开率和接待客人的人次，其出租率预算指标表的格式可仍以前题为例，调整后的指标参阅表 2－2(长岭饭店客房为 584 间)。

表 2－2　客房出租率预算

月份	上年出租率(%)	本年预算出租率(%)	预计双开率(%)	出租间次	接待人次
1	52.85	53.26	25.4	9 642.20	12 091.31
2	59.42	61.32	28.6	10 027.05	12 894.78
3	64.36	62.98	32.5	11 401.90	15 107.52
4	71.24	73.25	36.8	12 833.40	17 556.09
5	78.60	79.74	45.3	14 436.13	20 975.70
6	69.58	71.46	43.7	12 519.79	17 990.94
7	68.35	69.24	46.2	12 535.21	18 326.48
8	89.72	89.92	64.5	16 279.12	26 779.15
9	95.38	96.34	72.8	16 878.77	29 166.51
10	97.25	97.86	73.4	17 716.57	30 720.54
11	91.56	79.48	42.5	13 924.90	19 842.98
12	65.44	66.35	39.6	12 012.00	16 768.76
合计		75.16	48.7	160 207.04	238 220.76

三、平均房价和房租收入预算方法

预算客房平均房价是指计划期内预测每出租一间客房的平均收入。做好客房平均房价预算，是编制饭店房租收入的前提和基础，也是检查和控制房价政策执行情况的客观依据。饭店客房平均房价的高低受多种因素的影响，其预算方法主要包括四个步骤：

(一) 根据客房平均房价的影响因素制定客房出租价格

现代饭店客房出租价格是一种复合型的组合产品价格。它是在分析各种影响因素的

基础上,分别制定出不同类型的客房在不同季节销售给不同类型的客人的不同价格或收费标准。现代饭店客房出租价格是由财务部、销售部和前厅部经理等人员在分析其各种影响因素的基础上制定的。这些影响因素主要包括五种:一是客源市场的供求关系。如果供大于求,以买方市场为主,则房价较低。二是饭店客房类型与结构。客房类型不同,售给不同类型的客人的价格水平不同。在客房总量中,某一类型的客房结构比例越高,则必然影响最终的平均房价。三是客房经营淡旺季的长短。为调节市场供求关系,在不同季节针对不同类型的客人所制定的价格是不相同的。旺季价格高、淡季价格低,淡旺季的长短不同,必然影响全年平均房价的高低。四是不同类型的客房双开率的高低。双开率是双人租用的客房出租间数占出租总间数的比率。同一类型的客房,单开和双开的房价水平是不相同的。双开率越高,房租收入越高。反之,单开率越高、房租收入减少,也会影响平均房价。五是饭店客人的出租构成,饭店客源有散客、团队、商务、会议、长住等不同的类型。客人类型不同、牌价高低不同。因而不同类型的客人的出租构成不同,也会影响全年平均房价。在分析上述影响因素的基础,以上年已经达到的客房出租构成、双开率、各类客人在不同季节的价格水平为基础,分别制订不同季节的客房出租计划和客房牌价,就为饭店客房的平均房价预算提供了价格基础。

饭店客房价格制定后,由销售部或财务部经理报总经理审批后,方可实施。其中,散客房价在饭店前厅柜台公布,团队、商务、会议、长住等客人的价格由销售和前厅部内部掌握或提前发给与饭店签定出租合同的客户。现仍以前题为例,在长岭饭店的584间客房中,其客房构成分别为单人房80间、双人房100间、标准房290间、套房72间、豪华套房42间,假定该饭店的客房出租计划和牌价已经制定并经总经理审批同意。其客房出租价格的格式可以参阅表2-3。

表2-3 长岭饭店客房出租与牌价 单位:美元

客人类型	季节	出租构成	双开率	单人房价	双人房价		标准房价		套房价		豪华套房价	
					1人住	2人住	1人住	2人住	1人住	2人住	1人住	2人住
散客	淡	18%	15%	38	40	50	66	80	106	160	212	240
	旺	25%	20%	42	48	58	77	120	160	240	320	479
商务	淡	16%	8%	40	45	55	73	100	130	200	266	400
	旺	23%	16%	45	50	63	84	140	186	280	372	420
团队	淡	12%	65%	30	35	45	60	86	130	173	190	253
	旺	6%	84%	35	40	56	105	140	210	280	310	412

(二)根据客房构成和牌价计算各类客人的客房基价

客房基价是根据客房构成和与之对应的客房牌价计算出来的平均一间客房的单开或双开时的价格水平,它是预算计划期内应达到的平均房价的基础。所以称为客房基价,它不考虑其他条件,在实际计算时,如果没有淡、旺季,每类客人至少有2个基价。如果有淡旺季,每类客人至少有4个基价。其计算公式为:

$$客房基价 = \sum 房间构成 \times 对应牌价$$

▶ **案例 3** 仍以长岭饭店为例。饭店计划接待散客、商务、团队三种类型的客人,其客房牌价如上表 2-3 所示,请计算客房基价。

案例分析:

1. 计算散客淡季客房基价

表 2-4 散客淡季 1 人住时的客房基价

类型	客房	房间数	房间构成	牌价	单房分摊	基价
单开基价	单人房	80	13.7%	38	5.21	73.15 美元
	双人房	100	17.12%	40	6.85	
	标准房	290	49.66%	66	32.78	
	套房	72	12.33%	106	13.07	
	豪华套房	42	7.19%	212	15.24	

表 2-5 散客淡季 2 人住的客房基价

类型	客房	房间数	房间构成	牌价	单房分摊	基价
双开基价	双人房	100	19.84%	50	9.92	98.8 美元
	标准房	290	57.54%	80	46.03	
	套房	72	14.29%	160	22.86	
	豪华套房	42	8.33%	240	19.99	

2. 计算散客旺季客房基价

表 2-6 散客旺季 1 人住时的客房基价

类型	客房	房间数	房间构成	牌价	单房分摊	基价
单开基价	单人房	80	13.7%	42	5.75	94.95 美元
	双人房	100	17.12%	48	8.22	
	标准房	290	49.66%	77	38.24	
	套房	72	12.33%	160	19.73	
	豪华套房	42	7.19%	320	23.01	

表 2-7 散客旺季 2 人住时的客房基价

类型	客房	房间数	房间构成	牌价	单房分摊	基价
双开基价	双人房	100	19.84%	58	11.51	154.76 美元
	标准房	290	57.54%	120	69.05	
	套房	72	14.29%	240	34.3	
	豪华套房	42	8.33%	479	39.9	

以下商务客人和团队客人淡旺季的客房基价计算方法相同。计算过程省略,结果如表 2-8 所示。

表 2-8 商务和团队客人客房基价

客人	季节	住人	基价	住人	基价
商务	淡季	单开	84.59	双开	130.35
	旺季	单开	106.12	双开	168.05
团队	淡季	单开	69.59	双开	104.21
	旺季	单开	111.97	双开	166.00

(三) 根据客房计划双开率计算各类客人在不同季节的平均房价

不同类型的客人在不同季节的平均房价是在客房基价预算的基础上,根据客房计划双开率和单开率的不同计算出来的平均房价。它既是预测全年平均房价的基础,又是控制不同类型的客人在不同季节的实际出租价格的客观依据。对检查饭店价格政策的执行情况具有重要作用。其计算公式如下:

$$客人季节平均房价 = 单开基价 \times 单开率 + 双开基价 \times 双开率$$

▶ **案例 4** 仍以上题长岭饭店为例。根据不同类型的客人基价和计划双开率,计算客人平均房价。

案例分析:

根据前题已知客人计划双开率和客房基价直接计算:

1. 散客不同季节平均房价

淡季平均价 = 73.15 × 85% + 98.8 × 15% = 77.0(美元)

旺季平均价 = 94.95 × 80% + 154.76 × 20% = 106.91(美元)

2. 商务客人不同季节平均房价

淡季平均价 = 84.59 × 92% + 130.35 × 8% = 88.25(美元)

旺季平均价 = 106.12 × 84% + 168.05 × 16% = 116.03(美元)

3. 团队客人不同季节平均房价

淡季平均价 = 69.59 × 35% + 104.21 × 65% = 92.09(美元)

旺季平均价 = 111.97 × 16% + 166.0 × 84% = 157.36(美元)

4. 根据客房出租构成预算全年平均房价

在计算出不同类型的客人在不同季节的平均房价的基础上。由于不同类型的客人在不同季节的出租构成不同,它们也会影响全年平均房价。因此,将这两个方面的因素综合考虑,即可预算出全年客房平均房价和房租收入,其计算公式为:

$$年度预算平均房价 = \sum 各类客人平均房价 \times 出租构成$$

$$客房年度计划收入 = 客房数 \times 出租率 \times 平均房价 \times 365$$

▶ **案例 5** 仍以本节长岭饭店为例,预算各类客人平均房价和年度计划收入。

案例分析:

预算年度平均房价 = 77.0 × 18% + 106.91 × 25% + 82.25 × 16%
+ 116.03 × 23% + 92.09 × 12% + 157.36 × 6%
= 100.93(美元)

预算年度客房收入 = 584 × 75.16% × 100.93 × 365
= 1 617.01(万美元)

第二节　前厅部门预算编制方法

案　例

合资饭店前厅部单项营业项目预算编制

北京×××饭店是中美合资的五星级酒店。在每年的年度预算中,其前厅部门预算方法是:

1. 预算项目。将总机房、商务中心等有收入的项目单独列为预算项目,每个项目采用一张损益预算表,分别按1—12月和全年列出预算额。

2. 预算指标。主要分为4个部分:(1) 综合项目有职工人数、出租客房、出租率、宾客人数4项;(2) 收入项目有部门收入(房租)电话服务费收入、直线电话租金收入(若是商务中心,则列出复印、打字、电传等单项收入)、收入合计、收入/间天和收入/人夜次等项;(3) 人工成本项目有员工工资、奖金、副食、福利等项;(4) 费用项目有杂项开支、印刷文具、租金与维修、制服、低值易耗品、营业税、费用合计、部门费用总计等。以上项目均按1—12个月和全年列出预算额。

3. 营业净收益。即收入—人工成本—各项费用—税金后的余额,也按1—12个月和全年逐一预算。

点　评

单项营业项目是指具有一定独立性的有营业收入的单个项目,如饭店总机房、洗衣房、商务中心,美容美发室、保龄球、健身房等。案例中的单项营业项目预算是部门预算的基础。我们在客房出租率和平均房价预测确定的基础上来介绍前厅部门的预算编制方法。而其中的单项收入、费用预算就是以案例为基础的。从前厅部门角度的预算内容看主要包括收入、费用和利润,三个方面又用预算表格表现出来。学习时,学员可以和案例介绍结合起来,以拓宽思路。

一、前厅部门营业项目收入预算方法

饭店前厅部以客房预订、旅客接待和提供礼宾、电话、行李、商务中心等应接服务为主要业务内容,除房租收入外,其营业项目较少,主要营业项目的收入预算大致包括三种,预算方法如下:

(一) 电话总机收入预算

饭店总机房的营业收入主要是客人国际国内长途电话、长住客人租用电话租金和部分客人在前厅公用电话亭的零星收入。其预算方法是租金收入单列。电话费收入一般以

前1—3年，主要是上一年度已经完成的收入为基础，分析平均每出租一间客房可以获得的电话收入。然后根据客房计划出租率和出租间次，确定其计划营业收入。公式为：

电话收入＝间/天客房电话收入×客房出租间次

(二) 商务中心收入预算

饭店前厅商务中心主要提供复印、打字、电传、传真、电脑处理、秘书服务等服务项目，这些服务项目的多少和收费标准饭店不尽相同。随着电讯设备和电脑普及率的提高，饭店商务中心的功能和客人利用率有逐步弱化的趋势。其营业收入的预算方法一般是以上一年已达到的收入水平，经过适当调整后而大致确定的。公式为：

$$商务中心收入 = \sum 各项服务上年收入 \times (1 \pm 计划增长率)$$

(三) 零星服务收入预算

饭店前厅部门除电话总机和商务中心，其他零星服务主要是指代办票务、行李保管收入、代客服务手续费等，其收入很少。预算方法一般以上一年已经完成的收入为基础，大致确定即可。

饭店前厅部因管理体制不同，如果有其他收入项目，则应根据营业项目的不同，逐项单独做好收入预算。如有的小型饭店在前厅部设有小卖部，南方大中型饭店在前厅部下设饭店出租车队等。这些需要根据本饭店的管理体制和营业项目不同而区别对待、做好预算，并纳入本店前厅部预算管理之中。

二、前厅部门直接费用预算方法

直接费用是指部门直接耗用，不需要全店统一处理和分摊的费用。主要包括直接消耗、直接人工和直接材料等各个方面。饭店前厅部门的直接费用预算内容和方法主要包括以下各种：

(一) 部门人工成本预算

前厅部门人工成本是其费用消耗的主要项目。其具体内容主要包括四大项：即员工工资、员工福利、社会统筹和国家规定的各种补贴。其中，员工工资包括等级工资、奖金工资，员工福利以膳食、服装为主，社会统筹以三险为主。补贴包括历史遗留的员工副食补贴、物价补贴等。前厅部门人工成本预算是由部门经理和人事部经理共同完成的。前厅部经理预算主要是核定部门员工编制人数，按饭店政策福利。然后由人事部根据全店要求和总经理指示，做出全店和各部门，包括前厅部的各月、各季和年度人工成本预算。报总经理审批后执行。其预算公式为：

部门人工成本＝人均成本额×计划编制人数

(二) 订房费用预算

订房费用主要是指在客房预订管理中产生的来往电话、传真、电传、网上订房、各种函件等费用。它属于销售费用的范畴，是饭店前厅部的大项费用开支。大中型饭店这项费用每年往往要花上百万元，甚至几百万元。其费用预算方法一般是以前1—3年，特别是上一年度的实际消耗额为基础，分析制定出一间客房的平均订房费用，然后根据计划客房预订总间次来确定其计划费用额。公式为：

$$预算订房费 = 间房预订费用 \times 计划预订总间次$$

（三）能源费用预算

饭店前厅能源消耗以电费为主。前厅部各种电器设备很多。如各部门电脑、灯具、商务中心、电话总机的电器设备等。其费用预算方法一般是以上年实际消耗为基础，分析费用合理程度后来大致确定。公式为：

$$预算能源费用 = 上年实绩 \times (1 - 计划费用降低率)$$

（四）办公费用预算

前厅办公费用以各种报表、纸张用品消耗为主，包括管理人员的差旅费、办公用品等。其费用预算方法一般是根据上年实际消耗分析其合理程度，然后大致确定其预算额。

（五）电讯费用预算

前厅电信费用以总机房电话成本、商务中心的电传、传真、网上预订的线路租费等。其中电话收入的85%作为成本支出要交给电话局。其他电信费用则以电路租费为主。根据租用线路数量和租用标准来确定。

（六）资本性支出费用预算

前厅资本性支出是指部门预算期内的设施设备折旧和购置费用支出。其中，购置费用以准备购进的设备项目为基础，单独列支，报总经理批准后购置。其费用预算方法是根据购置计划和询价来确定。预算公式为：

$$设备购置费用 = \sum 计划购进台数 \times 进价 + 安装调试费$$

三、前厅部门预算方案编制方法

前厅部门预算方案是在营业项目收入预算和费用预算的基础上，将各项收入和费用预算结果，填入前厅部门预算报表。以此作为部门计划管理目标。其预算报表格式可参阅下表：

表2-9　前厅部门预算表

项目＼月	1月	2月	……	12月	全年
职工人数					
客房出租率					
出租间天数					
平均房价					
房租收入					
接待人次					
单项营业收入					
电话收入					

（续表）

月 项目	1月	2月	……	12月	全年
商务中心					
其他收入					
营业费用					
电信成本					
人工成本					
订房费用					
能源消耗					
办公费用					
资本性费用					
其他费用					
营业税金					
部门净收益					

第三节　客房部门预算编制方法

案　例

店级、部门和单项业务的三级预算指标关系

现代酒店预算管理实际上有三个层次，即店级预算、部门预算和单项业务预算，从预算指标来看，很多名称是完全相同的，如人工成本中的工薪、膳食、福利、统筹费用。营业费用中的水、电能源费用、办公费用、折旧费用、销售费用、维修费用等。这些费用名称常常在店级、部门或单项业务的损益预算表中不断重复出现。学员有时搞不清楚。本书作者、北京联大旅游学院著名教授、中国旅游管理科学研究的开拓者和奠基人在给学员讲授这些预算指标的关系时指出，重点要从三个方面来理解这种关系：一是三级预算的关系是单项业务预算是起点、部门预算是基础、店级预算是汇总。操作时都必须在总经理和财务部领导下由店级指导部门、部门又以单项业务为基础。二是三级预算指标的内容及其损益关系，即店级需要哪些指标，部门和单项业务需要哪些指标，每级指标的损益关系，都是由财务部主管会计根据饭店会计科目和本店实际提出和拟定的。部门管理人员和广大学员重点是要掌握各项指标的内涵。三是在三级预算中，名称相同的指标之间的关系。其关键是要把握各级预算之间的范围和边界划分。也就是说，每一层级的指标虽然名称相同，但范围或内含，如人工成本中的各项指标，单项业务是指总机房或商务中心，或洗衣房的人工成本。部门预算则是整个部门员工的人事成本。全店预算则是整个饭店各月和全年的人工成本。费用预算的各项指标也一样。把握了这三个要点，酒店和各部门的预算

也就容易开展了。

点 评

酒店和各部门的预算编制都是以预算指标为基础的。我们在前厅和客房部门的预算即损益表中都列出了很多指标,在第二节的“合资饭店前厅部单项营业项目预算编制”的案例中,也列举了不少名称相同的指标。我们必须把握这些指标,特别是名称相同的指标之间的关系。案例中介绍的三个要点,可以帮助我们更好地理解这些指标的关系,有利于我们更好地学习和掌握客房、前厅等部门预算的编制方法。

一、客房部门营业项目收入预算方法

饭店客房部的主要任务是为客人提供以住宿为中心的各项日常服务。除由销售、前厅和客房三大部门共同完成的客房出租和房租收入外。客房部门单独完成的营业项目和其收入都较少,主要包括三项。预算方法是:

(一) 客房酒水收入预算

三星级以上饭店都设有客房酒吧,为客人提供酒水、饮料和简单食品。客房酒水收入预算的方法是以前1—3年实际完成的酒水收入为基础,选择最好年份分析平均每出租一间客房每天的平均收入,然后根据计划年度客房出租间次来确定客房酒水收入预算,公式为:

客房酒水预算收入 = 客房间/天酒水收入 × 计划出租总间天

(二) 洗衣房收入预算

饭店洗衣房的主要任务是负责客衣、棉织品和员工制服的洗涤。不少饭店的洗衣房同时向社会开放、接受外单位的洗涤业务,以此创造营业收入。其收入预算方法分为两种:一是客衣收入预算,方法是以前1—3年的实际收入为基础,确定平均每出租一间客房的客衣收入,然后根据计划出租率预算洗衣房收入,二是对外开放的洗衣房收入,一般根据上年实际完成结果大致确定。预算方法是:

洗衣房收入 = 客房间/天客衣收入 × 计划出租间次 + 外活计划收入

(三) 其他收入预算

饭店客房部门的其他收入主要是指客人租用客房物品的零星收入。其数量极少,甚至没有。此外,因饭店管理体制不同。不少综合服务项目较少的饭店,往往将美容美发室、游泳池、桑拿浴室等少数几个服务项目划归客房部门管辖。遇有这种情况,这些项目的营业收入就成为客房部门其他收入的主要来源。其收入预算方法是根据每个项目前几年完成的实际收入、算出每个项目每出租一间客房的平均收入,再根据计划出租总间天来确定。然后逐项分解到各月各季,形成预算项目营业收入。

二、客房部门营业项目成本预算方法

饭店客房部门的营业项目成本主要包括客房酒水饮料和洗衣房的洗涤成本,其预算方法是：

（一）客房酒水成本预算

客房酒水饮料和小食品的成本属于餐饮原料成本范畴，以进价成本为主。其预算方法是根据前几年客房酒吧实际达到的毛利率高低分析其合理程度，确定计划毛利率和成本额。

计算公式为：

$$客房酒水成本 = 预算酒水收入 \times (1 - 计划毛利率)$$

（二）洗衣房成本预算

洗衣房成本主要是指各种洗涤剂、客衣熨烫后的香水等进价成本。但实际上，洗衣房消耗最大的是水电费用、蒸气费用等直接消耗。在实际工作中，往往将这两个方面的消耗都算为直接成本。其预算方法是根据前几年的实际消耗，先按$\frac{直接成本}{洗衣房收入} = 成本率$，再预算直接成本，计算公式为：

$$洗衣房直接成本 = 洗衣房收入 \times 直接成本率$$

三、客房部门直接费用预算方法

客房部门的直接费用也包括直接人工、直接材料、直接消耗三个方面的费用，但其费用项目则更多，其预算项目和方法是：

（一）客房部门人工成本预算

客房部门的员工人数一般比前厅更多。其人工成本包括楼层客房、公共卫生、洗衣房和客房部办公室的人工成本。人工成本的预算方法也是部门事先根据客房出租率的高低和工作需要，做好计划期内的人员编制，报人事部和总经理批准。然后汇同饭店人事部经理，再根据饭店劳动分配制度和工资标准，确定部门人均人工成本需要量，做出人工成本预算，计算公式与前厅部相同：

$$客房部门人事成本 = 人均成本额 \times 计划编制人数$$

（二）部门能源费用预算

客房部门能源费用主要包括水费、电费、燃料费用三大项，这些费用消耗与客房出租率密切相关。出租率越高，则费用需要量越大。其费用预算方法一般是以上年实际消耗额为基础，分析每出租一间客房每天的平均费用额。然后根据客房出租率确定费用预算额。公式为：

$$部门能源费用 = 间/天能源费用 \times 客房数 \times 计划出租率 \times 营业天$$

（三）客用物品消耗预算

客房部门的客用物品可分为一次性消耗物品和多次性消耗物品两大类。前者包括客人每天消耗的茶叶、卫生纸、牙膏牙刷、一次性拖鞋等。这些物品消耗随客房出租率的高低而变化；后者包括客房杯具、烟缸、暖壶、托盘、指示用品、文具等。这些物品消耗是在用品配备的基础上，确定每年需要购置和更新补充的费用消耗。在实际工作中，要将这两类

物品分开,分别逐项预算。方法是以上年实际费用为基础,分析其费用消耗的合理程度,然后大致确定其费用预算额,计算方法为:

$$客用物品费用 = 上年实绩 \times (1 \pm 计划增减百分比)$$

(四) 服务与卫生用品费用预算

客房服务与卫生用品主要是服务员使用的各种清洁剂、清洁工具,公共卫生的清洁用品等费用消耗。这些费用的预算方法也是以上年实际消耗为基础,根据费用消耗的合理程度来大致确定。计算方法与客用物品相同。

(五) 客房棉织品消耗预算

客房部门的棉织品包括各种床单、枕套、毛巾、浴巾等。客房棉织品的配备一般以客房数量为基础,按3—4套标准配备。一套在用、一套周转、一套洗涤、0.4—1套储备。一套的配备标准是:标准客房床单4条、枕套4条、浴巾2条、方巾2条、垫脚巾1条、洗脸毛巾2条。客房棉织品消耗预算是指每年需要更新补充的棉织品。其预算方法是以全部客房配备的资金占用量为基础,分析更新率,然后大致确定。计算方法是:

$$客房棉织品费用 = 配备资金占用额 \times 年度更新率$$

(六) 客房维修与装饰费用预算

客房维修费用是根据工程部门维修客房后的费用发生额,通过财务转入客房部门费用的。客房装饰费用则主要用于需要特殊布置的装饰用品消耗,如VIP客房、重要贵宾用房等。这两项费用的预算方法都是以上年实际消耗额为基础来大致确定。预算方法是:

$$客房维修与装饰费用 = 上年实际 \times (1 \pm 计划增减百分比)$$

(七) 客房办公费用预算

客房部门办公费用以办公用品、差旅费用、办公电话等费用为主。其预算方法与前厅部门办公费用相同,也是根据上年实际消耗额来大致确定。

(八) 客房部门资本性支出预算

客房部门的资本性支出主要包括客房部门房屋折旧、家具、机器折旧费用和计划年度准备购买的大件设备——即价值在200元以上、使用年限在1年以上的设备支出。其中,大件设备按单项计划申报费用,报总经理审批后纳入部门预算。房屋、家具、电器、机器设备折旧费用由饭店财务部按财务制度计算,再分摊到部门。预算方法是:

$$部门房屋折旧 = \frac{全店预算折旧}{建筑总面积} \times 部门使用面积$$

$$部门家具机器折旧 = \sum \frac{各设备原值 - 残值 + 清理费用}{各项使用年限} \times 同项部门原值百分比$$

四、客房部门预算方案编制方法

客房部门预算方案是以月度为基础来编制的。在客房部门营业项目收入、成本和费用预算的基础上,根据客房出租率和平均房价预算结果,即可编制出客房部门预算方案。其预算方案表的格式可参阅表2-10:

表 2－10　客房部门预算表

		1月	2月	3月	4月	5月	6月	7月	8月	9月	10月	11月	12月	全年
客房出租预算	客房出租率													
	平均房价													
	房租收入													
	服务费													
	出租总收入													
部门营业收入	客房酒水收入													
	洗衣房收入													
	其他收入													
	部门营业收入													
合计总收入														
项目成本	酒水成本													
	洗涤成本													
	成本合计													
部门人事成本	人工成本													
	工薪													
	膳食													
	福利													
	三险													

（续表）

		1月	2月	3月	4月	5月	6月	7月	8月	9月	10月	11月	12月	全年
部门营业费用	能源费用													
	客用物品													
	服务用品													
	卫生用品													
	棉织品													
	维修费用													
	装饰费用													
	办公费用													
	折旧费用													
	其他费用													
费用合计														
营业税金														
部门净收益														

第四节　前厅与客房部门预算目标的贯彻实施

案　例

用智慧战胜对手的马拉松世界冠军

1984年，在东京国际马拉松邀请赛中，名不见经传的日本选手山田本一出人意外地夺得了世界冠军。记者问他为什么取得了如此惊人的成绩，他只说了一句话：用智慧战胜对手。

马拉松赛是体力和耐力的运动，只有身体素质极好又有极强耐性的人才有望夺冠。所以很多人都认为这个矮个子的山田本一是在故弄玄虚。两年后，在意大利米兰市举办的国际马拉松邀请赛，山田本一又代表日本参赛，他又一次获得了世界冠军。记者请他谈自己的经验，不善言谈的山田仍然回答说：用智慧战胜对手。人们对他所谈的智慧都迷惑不解。

过了10年,山田在他的自传中说:每次比赛前,我都要乘车把比赛路线仔细看一遍,在沿途把比较醒目的标志画下来,如第一个标志是银行,第二个是大树,第三个是红房子……直到赛程终点。比赛开始后,我就以百米速度奋力跑向第一个目标。到达后又以同样的速度冲向第二个目标。40多公里的赛程,分成几个小目标,就这样以轻松的心理又极快的速度达到了目标。所以,我的办法是分段实现大目标。

点 评

分段实现大目标是山田本一多次获得马拉松国际大赛的世界冠军的智慧,也是酒店及各部门预算目标贯彻实施的重要方法。在企业管理中,长达1年及以上的远大目标,常常让人感到遥远和渺茫。难度较大、容易懈怠,如果将远大目标分成一些分段实现的小目标,再不断督导检查,促使大家分阶段努力奋斗,其远大目标也就容易实现了。这既是案例中山田本一的"智慧"表现,也是我们本节介绍的前厅与客房预算目标贯彻实施的基本方法。

在前厅与客房预算方案,包括客房出租率、平均房价和房租收入预算编制的基础上,预算指标报财务部和总经理审批后,纳入全店计划中,即形成前厅和客房部门预算目标。其预算目标贯彻实施的过程就是业务管理的实施过程。在这一过程中,重点要做好三个方面的工作。

一、客房出租预算目标的贯彻实施

饭店客房出租的预算目标具体表现为各月各季的客房出租率、平均房价和房租收入三大指标。这三大目标的贯彻实施是由饭店前厅部、销售部和客房部三个部门共同完成的。从目标管理的角度来看,销售部主要负责团队、会议和商务客人,包括长住客人的客房销售;前厅部主要负责客房预订、房间分配和实际销售的具体落实;客房部主要负责客人住宿期间的各项日常服务,保证客房销售收入的最终完成。因此,饭店客房出租预算目标的贯彻实施方法主要分为三个步骤。

(一) 逐月分解落实客房出租预算指标,形成部门计划目标

饭店客房销售是通过逐日、逐周、逐月出租客房来完成的。其客房出租率又转化为客房出租间/天数。逐月分解落实客房出租预算指标,形成部门计划目标的方法是:第一,销售部门的团队、会议和长住客房销售目标分解。基本方法是以月度客房出租率和出租总间天为基础,根据各月计划客房出租构成,即可分解形成销售部门的团队、会议和长住客人的各月计划销售客房间天数,形成计划目标。第二,前厅部的散客预订、无预订客房销售目标分解。基本方法是以月度客房出租率和出租总间天为基础,根据各月客房出租中散客构成和无预订客房销售的大致比例确定计划目标。第三,客房部门的客房出租间/天和房租收入计划目标。客房部门以接待客人、提供住宿服务为主,饭店各月计划出租间天

数和房租收入一般直接作为客房部门的计划目标。通过上述分解落实，即可形成饭店销售部、前厅部、客房部门在客房销售过程中的具体任务。

（二）逐月检查客房出租构成和实际平均房价完成结果，保证客房销售目标顺利完成

饭店客房销售构成是指在客房出租总间天中，散客（包括商务散客）、团队、会议、长住等各类客房出租所占的比例。客房出租构成的合理程度，直接影响实际平均房价和房租收入。为此，销售部、前厅部在计划目标已经确定的条件下，每月必须按照计划目标所规定的散客、团队、会议、长住客房的销售比例和各类客人的计划价格认真做好客房销售和房间预订，严格掌握客人的出租价格。在此基础上，每月由前厅部在每天统计客人的客房销售量和平均房价的基础上，逐月编制客房销售报告，分别统计出每月的客房出租构成和平均房价。并和月度计划指标比较，逐月检查分析各类客人的客房出租构成和实际平均房价，分析存在问题，提出改进措施，由此才能保证散客、团队、会议、长住等各类客房的计划出租目标，保证各类客人的平均房价和客房销售目标的顺利完成、提高客房管理水平。

（三）逐月检查客房出租率和房租收入计划的完成结果

在饭店销售部和前厅部逐月严格掌握和控制各类客房的出租构成和各类客人平均房价的基础上，其客房出租率和房租收入计划是逐月完成的。这时，饭店财务部每月要根据前厅部的客房出租报告，逐月核算客房出租率和房租收入的完成结果，编制客房出租核算报表，并与计划出租率和房租收入比较。在此基础上，每月由总经理或主管副总经理召开一次客房销售市场分析例会。销售部、前厅部、客房部、财务部经理参加，共同分析每月客房出租率、出租构成、平均房价和销售收入的指标完成结果、完成进度、存在问题，进而分析下月市场动向和趋势，提出客房销售的改进措施。从而保证客房出租率和房租收入计划指标的逐月完成。

二、前厅部门预算目标的贯彻实施

除客房出租率和房租收入外，饭店前厅部在预算方案编制的基础上，其预算目标的贯彻实施重点是做好三个方面的工作：

（一）逐月做好客房预订和接待及实际出租价格控制，提高客房出租率和房租收入

在饭店客房管理中，前厅部的主要任务是做好客房预订、旅客接待、房间分配和行李、问询、礼宾等各种日常服务。其中，散客预订是前厅预订部必须完成的销售指标。散客预订的数量和比例越大，实际平均房价越高。为此，前厅部必须逐月完成散客预订和出租的计划间次和比例。团队、会议、长住客房销售主要是由饭店销售部完成的。其预订必须纳入前厅部的统一预订中，也要认真完成。在客房预订的基础上，前厅部要每天做好各类客人的入住接待和房间分配、严格控制各类客人的实际出租价格，只有这样，才能逐月提高客房出租率、平均房价，保证预算指标的逐月顺利完成，获得优良经济效益。这是前厅部预算目标贯彻实施的主要工作和主要方法。

（二）逐月完成单项业务项目收入指标和做好费用消耗控制，提高饭店经济效益

饭店前厅部的收入项目较少，除客房收入是由销售、前厅和客房三个部门共同完成外，其销售收入只有电话总机、商务中心和其他收入等少数营业项目。在收入计划编制的

基础上，要逐月加强销售，提高服务质量，完成各单项业务项目的收入指标。与此同时，其预算目标的贯彻实施重点是控制部门直接成本和费用消耗。其中，重点是客房预订费用、各种报表纸张和办公费用、直接人事成本和水电能源消耗等。其控制方法是每月由财务部定期核算前厅部各种直接费用，编制费用核算报表。并与计划指标比较、分析存在问题，提出降低费用消耗的改进措施。从而达到增加收入、降低消耗、提高经济效益的目的，保证前厅部营业项目收入和费用计划指标的逐月顺利完成。

（三）逐月做好客房销售统计分析，为前厅、客房和销售部门及饭店高层领导提供总反馈

在前厅部门预算目标的贯彻实施过程中，前厅部门的预订、接待、收款和办公室等部门每天要制作各种业务报表，包括各种客房预订的预测报表、客房每天的接待报告，出租统计表、客房每天的收入报表等等。在此基础上，将这些报表整理汇总、每周、每月发给饭店总经理、副总经理和销售、前厅、客房、财务等部门经理，或通过网络系统传到他们的办公电脑之中，就既为他们掌握各项计划指标的完成结果、完成进度提供了准确的信息反馈，又为饭店高中层领导进行市场开发、研究制定和调整销售策略、房租价格等提供了重要的客观依据。这也是饭店前厅部预算目标贯彻实施的重要方法和工作任务。

三、客房部门预算目标的贯彻实施

饭店客房部门的主要任务是在前厅部完成旅客接待和房间分配的基础上，以为客人提供住宿服务、清洁卫生、客衣和棉织品洗涤等房务管理为主。除客房出租和房租收入外，其部门预算目标的贯彻实施重点是做好三个方面的工作：

（一）提供优质房务服务，保证客房出租计划指标的逐月顺利完成

饭店客房部门在客房销售的全过程中以提供房务服务为主。而客房销售和客房服务是相辅相成的。客房销售优良、客源数量较多，如果客房服务质量不好，客人住后不满意，客源肯定会逐步减少。反之，只有客房部门始终能够提供优质服务，才能使客房销售和客房服务形成良性循环。因此，要保证客房部门预算目标的贯彻实施，保证客房出租率和房租收入指标的逐月顺利完成，就必须始终确保提供优质客房服务。为此，客房部门在客房预算方案编制完成的基础上，要始终把优质房务服务放在首位。要从客人进房、住店服务到客房卫生、客房安全、环境卫生、客房酒水、客衣洗涤、公共卫生服务直到客人退房离店的全过程中都认真落实房务管理和服务操作的工作程序、质量标准。每天做好客房卫生、楼面卫生、客衣洗涤、棉织品洗涤和更换等各项服务工作和质量检查，始终保持客房服务质量，让客人切实体验到美观、清洁、舒适、安全、方便和热情周到的住宿服务。才能提高客房声誉、增加回头客，保证客房出租率和房租收入等计划指标的逐月顺利完成。

（二）逐月完成部门单项业务项目收入指标，增加客房经济收入

在客房部门预算目标的实施过程中，除房租收入外，客房部门的单项业务项目收入指标较少，主要包括客房酒水、洗衣房和其他归客房部门管辖的少数项目的计划收入。为此，在客房部门营业项目预算指标编制完成的基础上，要每天保证客房酒水供应，做好客房酒水销售。每天做好客衣洗涤、对社会开放的衣物洗涤，保证洗涤质量，并认真做好归客房部门管辖的有收入的营业项目，如游泳池、美容美发室或桑拿浴室的销售和服务工作，从而增加经济收入，保证客房部门单项业务项目收入指标的逐月顺利完成。

（三）认真做好客房部门成本费用控制，不断提高经济效益

在客房部门预算目标的贯彻实施过程中，认真做好部门成本费用控制、降低消耗，才能提高经济效益、保证客房计划利润目标的顺利完成。客房部门成本只有客房酒水成本和洗衣房的洗涤成本，其数额较小。因此，客房部门预算目标中的直接费用控制是主要的。其中，重点是客房部门的水电燃料费用、客房物品、包括客用物品、卫生用品、服务用品费用、客房棉织品消耗、客房洗涤费用等。其控制方法是要认真控制各种物品和水电燃料的消耗定额和消耗标准。严格发放和使用。每天做好领用发放记录，每天做好可利用物品的回收和再利用，每月做好各种费用消耗的统计与核算。并将各种费用的实际消耗和预算指标比较，肯定成绩，分析存在问题及其原因，并针对存在问题及时提出改进措施，从而保证各项预算费用目标的顺利完成，降低费用消耗，进而保证客房计划利润目标的逐月顺利完成。从而和饭店销售部、前厅部门一起，不断提高客房管理的经济效益。

? 复习思考题

1. 客房出租管理体制的职权划分是怎样的？客房出租率核算方法分为哪几个步骤？
2. 客房平均房价的高低受哪些因素的影响？其平均房价预算分为哪几个步骤？
3. 饭店前厅部门预算的内容是什么？其预算方法分为哪几个步骤？
4. 客房部门预算的内容是什么？其预算管理的工作步骤是怎样的？
5. 滨海酒店是一家有150间客房的三星级酒店，酒店前厅部商务中心和总机房能产生部分收入。请您设计一份前厅部的组织机构图，并编制一份前厅营业项目收入和部门直接费用计划表。
6. 请你以一家四星级饭店为例，说明在客房出租率和房租收入额预算已经完成的基础上，应该怎样做好客房出租和房租收入预算目标的贯彻实施与控制。

? 案例分析题

1. 花园酒店是一家有450间客房的获绿色环保称号的四星级酒店，2005年计划客房出租率82.5%，其客源构成和客房牌价计划如下表。请完成客房平均房价和年度房租收入预算。

资料(1)　花园酒店客房牌价与基价表　　单位：美元

客房	客房数	散客淡季价		散客旺季价		季节	基价	商务基价	团队基价
		1人	2人	1人	2人				
单人房	80	80	—	100	—	淡季	单开	142.78	112.56
标准房	250	120	158	160	212		双开	205.36	168.34
套房	70	180	239	240	320	旺季	单开	184.23	142.17
豪华套	50	230	305	290	385		双开	263.74	231.32

资料(2) 花园酒店客房出租计划表

客人	季节	出租构成(%)	双开率(%)	计划间次	接待人次
散客	淡	21	32	28 456	37 562
	旺	25	38	33 876	46 749
商务	淡	14	10	18 971	20 868
	旺	23	16	31 166	36 153
团队	淡	10	68	13 551	22 630
	旺	7	72	9 487	16 318

2. 仍以前题为例,花园酒店在平均房价预算的基础上,已经收集了客房计划资料,并做出了预算安排。资料如下,请协助酒店完成客房部门预算。

资料(1) 客房销售季节指数

1月	2月	3月	……	12月	全年
5.2%	4.8%	6.5%		7.6%	100%

资料(2) 客房收入与费用资料

项目	占销售收入(%)	项目	占销售收入(%)
服务费收入	10	客房酒水成本	26.4(酒水)
客房酒水收入	1.8(房租)	洗衣房成本	18.2(洗衣房)
洗衣房收入	3.4(房租)	部门人工成本	12.8
水电能源	3.6	维修费用	2.3
客用物品	12.4	装饰费用	0.8
服务用品	8.2	办公费用	0.5
卫生用品	1.8	折旧费用	285.65 万元
棉织品	1.2	其他费用	4.6
接待费用	0.6	营业税金	5.5

附解题表:按下表格式做出预算

项目 \ 年 月	1月	2月	……	12月	全年

第三章

前厅部客房预订业务管理

内容架构与学习目标

内容架构

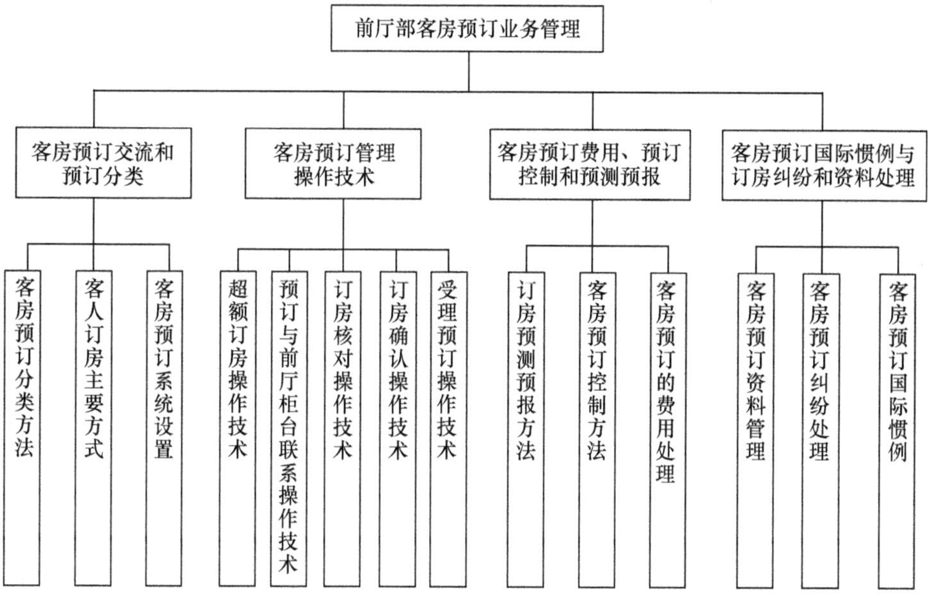

<table>
<tr><td>学习目标</td><td colspan="2">通过本章学习,你应该能够达到下列目标</td></tr>
<tr><td colspan="2">知识目标</td><td>技能目标</td></tr>
<tr><td colspan="2">1. 掌握客房预订系统的电脑设置功能和威特尼系统构成
2. 掌握按订房保证程度和国际惯例的客房预订分类
3. 掌握客房预订的国际惯例和资料管理方法
4. 掌握名词术语:客房预订、网上订房、保证订房、订房确认、超额订房、订房控制、订房预测、客房预订金</td><td>1. 电脑订房的网页制作广告发布、邮件收发、信息录入、制表、统计等技能
2. 受理客人订房、包括电脑预订、电话、电传、传真订房的操作方法
3. 散客和团队订房的确认、核对、订单填写操作方法
4. 超额订房的数量确定和具体处理方法
5. 处理一般订房纠纷的方法</td></tr>
</table>

第一节　客房预订系统和预订分类

案　例

开创计算机联网预订先河的假日饭店集团

由著名饭店投资人和管理专家凯蒙·威尔逊(Kemmons Wilson)创立的美国著名的假日集团是在饭店管理中最早开创联网预订饭店客房的集团企业。早在1965年,他就组建了假日集团计算机联网客房预订中心,建立了自己的第一代计算机预订系统 Holidex Ⅰ为假日集团各个加盟酒店提供客房预订。到70年代,假日集团订房中心的计算机系统进行了系统更新,采用卫星传导先进技术铺设了30万英里的信号传输电缆。由此形成了第二代计算机预订系统,即 HolidexⅡ,其主机采用了两台大型 IBM3600 电子计算机。把遍布世界的数千家假日集团的加盟饭店联系在一起。到21世纪初,又再次进行了功能升级,形成了第三代假日集团预订系统 HolidexⅢ(Holidex2000)。客人可以随时在世界的任何地方通过这一订房中心预订任何一个地方的假日饭店,并在几秒钟内得到确认。每一个加盟假日集团的单体饭店也在利用这一系统为遍布全球的客人提供订房服务,从而提高饭店客房利用率,获得优良经济效益。

点 评

运用计算机联网技术开展客房预订是现代饭店和集团饭店的共用特点。案例中假日集团不惜三次投入巨资运用卫星和大范围电缆及大型计算机设备建立遍布全球的预订网络,也为集团公司及其加盟企业带来了丰厚的经济效益。所以这种集团预订中心的电脑联网预订已普及到全球及国内各个大中型饭店集团及其几千家单体饭店。为此,本章专门介绍饭店前厅部门以计算机为主的客房预订管理及其操作方法。首先介绍客房预订系统的设置和预订分类,以便为后面的具体操作提供前提和基础,希望引起学员与同仁的重视。

一、客房预订系统设置

客房预订系统是指为保证客房预约销售,选用不同设备和操作方法而形成的服务操作系统。这种操作系统大多设在饭店前厅。与客房接待分配、前厅收款、问询、总机、行李等互相联系,归前厅部门管辖。客房预订系统设备配置的先进程度和设置方法主要取决于饭店宾馆规模大小、星级高低、资金实力、客源层次等多种因素。主要有三种:

(一) 电脑联网操作客房预订系统

这种客房预订系统设备先进、操作方便快捷、管理水平高。其方法是将客房预订、柜台接待、前厅收银和问询、行李、总机、经理办公室等各处的电脑与饭店计算机的主机相连,通过系统程序设计，形成电脑联网管理系统。其具体设置又有内外联网和内部联网两种，前者是在内部联网的基础上与国内或海外著名的饭店预订网络中心相连，成为其加盟成员饭店。后者以内部联网为主，未参加国内或海外饭店网络预订中心。但可交费上宽带网预订或发电子邮件。电脑联网操作客房预订系统在饭店中的计算机终端配置可参见图 3－1。

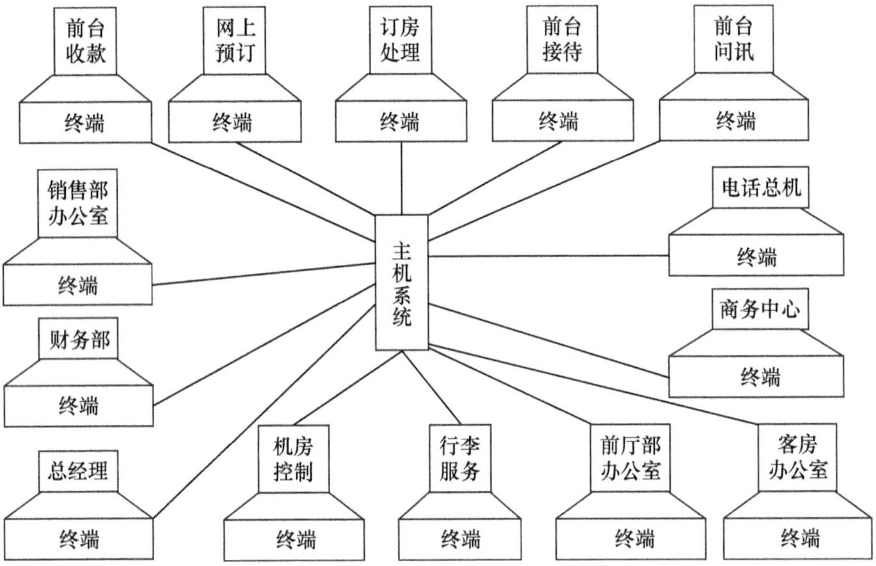

图 3－1　酒店计算机系统

注：——设定有处理功能
——设定查询

电脑联网客房预订系统的功能主要包括三个方面：

(1) 预订功能。在饭店预订部设电脑预订终端，引入宽带设备或加入国际、国内计算机网络预订中心。预订人员可以在预订网站设置饭店网页或网站。在网上开展宣传、介绍饭店设备、环境。推销客房、餐饮、宴会、刊登各种彩色照片、公布客房预订及不同季节的价格、接收预订信息、直接同客户或客人交流，接收预订电子邮件，提供查询、预订服务。以内部联网为主的饭店，也可将客人通过电话、电传、传真、信函等方式的预订信息输入电脑，与网上预订信息接通，按照电脑程序完成预订统计、分类、制表。并将预订信息传到柜台接待、问询、收银、楼层、餐饮部等各处计算机终端。

(2) 信息功能。信息功能主要是根据每台终端机的性质和任务，经过事先设计的电脑程序来形成不同的信息处理功能。预订处的电脑终端功能主要是在接收客房预订的基础上，可以分类统计每天到店和未来不同日期到店的散客、团队、商务、会议等不同客人的预订房间数、客人数、累计数。次日到店的预期入住名单和各种预测报表。接待处的电脑终端功能主要是在客人入住登记、信息录入的基础上，统计每天散客、团队、商务、会议、长住等各类客人租用的房间数、人数、相应的房租收入等。其预订系统各终端的主要信息功能可参阅图 3－2。

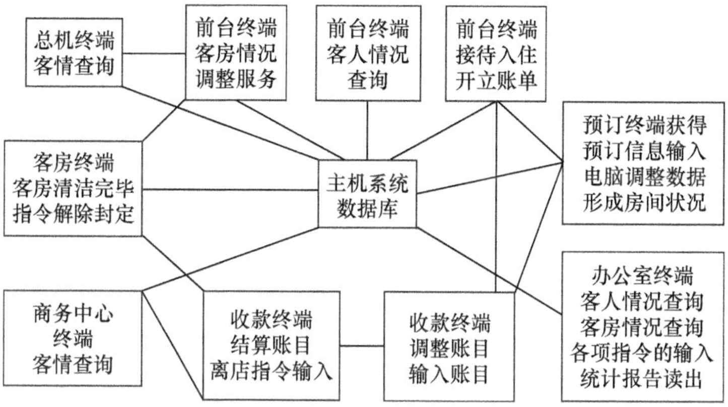

图 3-2　酒店预订系统各终端的主要信息功能

(3) 传递功能。电脑联网客房预订系统的传递功能主要是指在客房预订和入住登记、电脑录入的基础上,各种客房管理的信息,都可以从订房处理开始,以客人住店活动过程为主线,通过事先设计的程序和主机数据库的信息处理形成信息传递。如将预订信息传递给柜台接待,为柜台接待客人、分配房间,开立客账提供依据,然后将住店信息分别传给客房办公室、客房楼层、前台收银、电话总机等。同时全面联网的饭店,其总经理、副总经理、销售部、财务部等各相关部门经理也可从自己办公室的电脑上提取相关信息,从而形成全店信息传递网络,其信息传递功能可参见图 3-3。

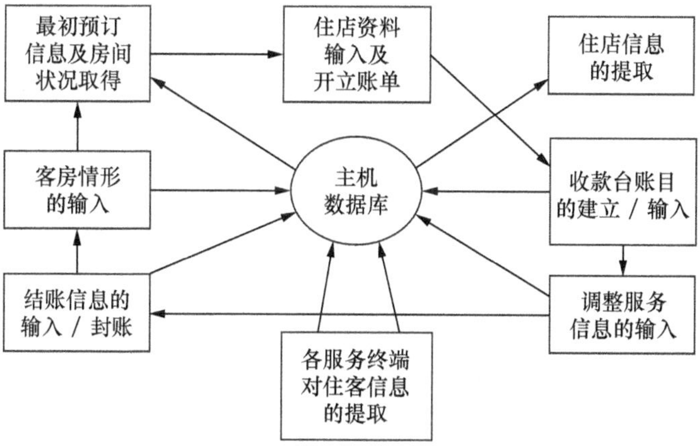

图 3-3　电脑管理系统信息传递流程

(二) 威特尼人机操作客房预订系统

这种操作系统是由美国威特尼(Whitenney Duplicating Checl Co)公司发明的。它以预订、接待、查询三种控制盘作为客房预订和房间分配的主要控制手段,形成互相联系、互相依存的操作控制管理系统。传统的威特尼系统以手工操作为主。随着计算机的逐步普及,采用这种系统的饭店大多在前厅预订处和接待处配上电脑终端机,将手工完成的客房预订信息和房间分配信息资料录入其计算机,以快速完成预订分类和客房销售统计、制表工作,所以称为人机操作预订系统。这种人机操作系统的主要设备如下:

(1) 预订控制盘。一种长方形金属结构,盘上以客房楼层为纵坐标,以客房数和客房类型为横坐标,制成金属小方格,每格代表一个房间。预订时在填写客房预订单和订房纸的基础上,借助预订控制盘来掌握客房预订状况。达到预订控制的目的。

(2) 分房控制盘。结构和预订控制盘相同,但使用方法不同。分房控制盘设在前厅接待处,客人住店,在办理入住登记后,将订房纸转为住房卡,按客人所住房号插在控制盘上。每天根据客人进出和客房出租变化而调整。住房卡又可以根据散客、团队、商务、会议、长住和 VIP 等客人类型不同选用不同颜色的纸张。这样,就可控制整个饭店成百上千间客房的分配和使用。

(3) 查询控制盘。结构和前两种相同。分别设在前厅接待处和电话总机房。设在总机房的控制盘改为可以转动的六柱体,方便使用。操作时与分房控制盘配合使用。这时,分房控制盘按客人所住房号插入住房卡,查询控制盘按住店客人姓名英文字母顺序插入住房卡。这样两者结合,即可随时、快速查找到住店客人,提供查询服务。

(4) 电脑与打印机。采用单机设在预订处和接待处。前者在手工操作完成客房预订的基础上将客人订房资料录入电脑,即可按程序完成客人预订分类统计、报表制作。后者在办理客人入住登记后将客人租房资料录入电脑,即可按程序统计各类客人每天租用客房数量、房租收入,打印各种类型及全部客人的出租统计报表,提高工作效率和各种数据的准确性。威特尼人机操作预订系统的预订控制流程参见图 3-4。

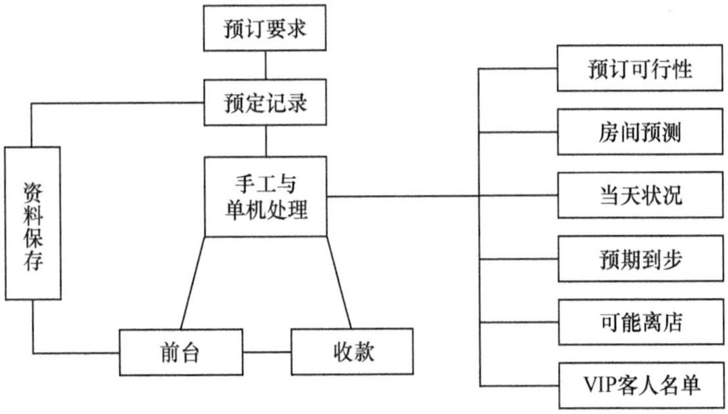

图 3-4　预订控制流程

(三) 营业日记簿表格预订管理方式

这是一种古老而传统的客房预订管理方式。它是事先设计出一种预订记录表格,形成营业日记簿,操作过程中,通过在表上记录、表上画线、手工统计来达到客房预订控制和统计分析的目的。其预订表格的形式可参见表 3-1。

表 3-1　饭店分层预订控制表

日期 房号	1	2	3	4	5	6	7	合计	8	9	10	11	12	13	14	合计	……	31
201		←Cron→						←Cal→										
202				←Luisn→														
203																		
204				←Klana→														
205																		
206				←Hilto→														
207								←Batamu→										
208																		
209																		
…																		
…																		
n																		

现代饭店宾馆客房预订系统大多采用电脑联网操作系统。即使采用威特尼系统的饭店,也在向电脑联网方向发展。只有档次较低的饭店宾馆,才以手工操作方式为主。为此,本书主要介绍以电脑联网操作为主的现代饭店客房预订、接待管理方法。

二、客人订房主要方式

饭店客人或客户预订客房的方式多种多样,根据客人选择的预订手段和饭店设备不同,其主要预订方式可列表比较如下:

表 3-2　饭店客人订房方式比较

主要方式	预订方法	主要特点
网上预订	加入国内外集团预订网,设立网站,设计网页。客人直接在网上订房或订餐	1. 订房联系方便快捷,处理及时 2. 可在网上做宣传广告,图文并茂,形象具体,也可网上交流,确认、核对 3. 电子邮件收发准确、及时
电话预订	客人直接给饭店打电话预订客房,饭店公布和向客户通报电话号码	1. 联系方便快捷,可直接对话,落实客人具体要求 2. 通话语言要准确礼貌、规范、简洁 3. 预订处有电话记录,信誉要求较高
电讯预订	客人采用电传、传真或电报向饭店订房,饭店用同样方式回复确认	1. 联系方便、快捷,信息准确 2. 电传、传真、电报均有文字可查,可以立即确认。操作方便 3. 需要配相应设备,有一定费用消耗
信件预订	客人用信件提出订房要求,饭店回复确认	1. 信息准确要求清楚,处理方便 2. 联系回收时间长,已很少人采用
柜台预订	客人或托人到饭店直接提出订房要求,饭店预订处酌情处理其预订	1. 当面交流、询问沟通方便,有情感交流 2. 多为亲朋好友为他人预订、信息准确性较低 3. 大多需经多次询问核实

三、客房预订分类方法

客房预订分类是为做好预订管理和订房控制服务的。根据其分类目的和考虑问题的角度不同,其分类方法主要有三种:

(一) 按订房控制方法分类

客房预订可以采用不同的方法来控制其预订过程,确保客房预订能够适合客人要求,保证订房准确,防止和减少差错发生。从这种角度来划分,其方法主要有两种:

(1) 分层预订法(Conventional Chart),即客房预订过程中按楼层和房号分类。将固定的楼层和房号预订给要求同样楼层和房号的客人,它可以满足客人对所住楼层、房间、方位、房号、室内设备等具体要求,从而控制客房预订。提供高质量的预订服务。具体操作控制要以楼层、房号为基础,根据客人预订所要求的楼层、方位、房号、时间等来逐日确定。

分层预订法主要适用于饭店规模小、客房类型较多、客源市场稳定、回头客较多、客人住期较长、预订后“取消”和“不到”的情况较少的饭店,如度假型、别墅式、公寓型饭店等。

分层预订法的不足之处在于:如果客人住期较短,又有团队、会议,特别是订房确认后总有客人取消、更改或“预订不到”,就很难做到订房准确,经常造成不必要的客房闲置,影响出租率和经济收入。所以采用这种预订控制方法的饭店较少。

(2) 分类预订法(Density Chart),即在客房预订中按客房等级和种类,如单人房、标准房、双人房、普通套房、复式套房等来分类。客人订房时,只报客房类型与房价,不报具体房号。客人具体住哪一房号,待客人进店后根据当天的客房出租情况来确定。

分类预订法适用各种类型和规模的饭店。它的优点是便于统计和掌握各类房间的预定数量,有利于客人订房后的取消、更改等操作。特别是分配房间时回旋余地大,有利于减少客房闲置,提高客房出租率。不足之处则是不能满足少数客人对客房位置、方位与住宿环境和室内设备的特殊要求。

为了克服分类预订法的不足,也有些高星级饭店同时采用两种方法来控制客房预订。即对贵宾、VIP 客人和老主顾采用分层预订法,而对其他客人在正常情况下,则采用分类预订法。两者兼顾,容易收到良好效果。

(二) 按预订保证程度分类

客房预订保证程度就是根据客人订房后前来住店时,饭店向客人提供所订房间的保证程度和保留时间来划分的一种分类方法。按照国际旅游惯例,饭店客房预订是受法律保护的。所有客人的订房,饭店都应该保证提供所预订的房间。但是,在实际工作中,由于旺季或节假日客房利用率很高,有的客人未到,有的客人晚到,有的已交订金,有的未交订金等,饭店为维护自身利益,对客人订房的保证程度就不完全一样了。因此,按照客人订房后的保证程度来划分,其方法有三种:

1. 保证类订房

保证类订房(Guaranteed Reservation)指客人订房后,不管是否能在预订到达日的当天到店,饭店都将为客人提供所订客房的保留权至预订到达日的第二天中午 12:00 的一类客房预订。饭店判断是否作为保证订房的依据是能否收到客人订房后的第一天的房费。

因此,以下几种情况可以作为保证订房处理。

(1) 信用卡订房。客人订房时,出示信用卡,告之用信用卡结账。饭店记录信用卡种类、号码、持卡人姓名和有效期,并刷卡备案。如客人在预订到达日未能如期到店,饭店可以根据事先授权通过信用卡公司获得房租收入补偿。因此可作为保证订房。

(2) 预付订金。即客人在订房时或进住饭店七天以前向饭店交纳了一定数额的客房预订金,即可作为保证类订房。预付订金的数额,按国际标准是所订客房数一天的房费。交费时间为客人订房的当时至预订到达日以前的七天以前。客人预付订金后未能按饭店规定的有关制度和要求按时到店或取消订房,则预订金转为取消订房的手续费处理。

与预付订金相类似的还有预付保证金。即客人在订房时或预订到达日的七天以前预付了全部或部分房费,也作为保证订房处理。预付保证金的数额无一定限制,但必须高于预付订金。

(3) 饭店集团订房。即饭店加入国际、国内集团预订网络,并与饭店集团订有协议。集团饭店预订中心为加盟饭店所订的客房按保证订房处理。

(4) 商业合同订房。即饭店与有关单位签有商业合同或契约。合同规定签约单位享受饭店规定的优惠价格或佣金,但同时同意为其预订不到的客人承担预订不到或临时取消的房租损失。这类订房有航空公司、旅行社、海外代理机构代理订房、公司订房等各种。

保证类订房的特点是:客人预订完成,饭店给予确认后,向客人提供房间保留权至客人预订到达日的第二天中午 12:00。

2. 非保证类订房

非保证类订房(Non—Guaranteed Reservation)指客人订房后不提供保证类订房的同样时间的房间保留权的普通订房。这类订房主要包括:

(1) 临时订房。指客人在预订入住日的当天或前 1—2 天才提出订房,饭店没有足够时间给客人书面确认,而客人又没有交订金或保证金的订房。

(2) 确认而不提供担保的订房。即客人订房后饭店已发给客人确认信,但又不属于保证订房的范围的客人订房。这类订房和保证订房的区别是:两者都已得到饭店的订房确认函,但保证订房享有客人预订到达日第二天中午 12:00 的客房保留权,确认而不提供担保的订房则没有这种保留权。

3. 未确认的订房。指客人订房时因客房预订已满或其他原因,饭店未发给客人确认信函的订房。一般有两种可能;一是因订房已满,饭店同意列为"候补"或"优先等待"的订房;二是因为订房人地址不清,无法回复客人预订结果的订房。

(三) 按订房时的计价方式分类

按订房时的计价方式分类是指客人订房时将他们在饭店的费用分为房费和餐费两类,如何安排和核定这两种费用的一种分类方法。它主要适用于旅行社、旅游公司或其他客人的团队订房。其具体方法有五种:

(1) 欧陆式计价(European Plan)。指客人订房时只计房价,餐费待客人到店后自行安排。

(2) 大陆式计价(Continental Plan)。指客人订房时,其费用按房费 + 欧陆式早餐核定,午餐和晚餐的费用待客人进店后自行解决。

(3) 美式计价(American plan)。指客人订房时,其费用按房费 + 三餐安排,即所谓大包干,客人三餐都在所住酒店用餐。

(4) 修正美式计价(Modified American plan)。指客人订房时,其费用按房费+早餐+一个正餐安排,另一个正餐待客人进店后自行安排。

(5) 百慕大式计价(Bermudas plan)。指客人订房时,其费用按房费+美式早餐处理,中午餐和晚餐待客人进店后自行安排和处理。

按订房时的计价方式分类是一种国际通行的方法。客人订房时只要报出EP、CP、AP、MP和BP(上述5种方法的简称),即可协商费用。有利于饭店客人费用核定与记录,提高工作效率。

第二节　客房预订管理操作技术

案　例

长城饭店前厅预订员的工作内容摘录

北京长城饭店是由美国喜来登集团与中方北京旅游集团公司共同管理的一家五星级酒店,酒店加入喜来登集团订房中心,采用计算机联网预订方式,其前台部制定的客房预订员的工作内容与职责摘录如下:

1. 按标准接听电话,回复预订信件、传真、电传等。把散客、团队等客人预订信息输入电脑。
2. 查看房间控制版及电脑,掌握客房状态及客人情况。
3. 中班负责第二天抵达的团队预订、核对预订房间数、实到客人数和付款方式、打印出报表。
4. 查阅散客及每份预订、往来函电中的信息是否完整,内容是否正确,并核对VIP客人的预订。
5. 核对应该给旅行社的佣金,按程序及时准确输入电脑。
6. 重要或有疑难的预订,请示预订部经理或管理员,明确指示后具体处理。
7. 每天将预订单按程序和要求整理存档。
8. 每天阅读记事本,当班结束时做好与下一班的交接工作。

点 评

饭店前厅部门客房预订是从整体角度按照预定工作的先后次序逐步深入地介绍预订管理及其操作方法的,案例中介绍的预订员的工作内容是反映了一个岗位员工的预订工作,但它可以作为客房预订管理操作技术的参考。要想了解和掌握具体操作技术,就要按照本节介绍的预订程序及其每一步骤的内容学习其操作方法和技巧。这也是培养学员职业意识和职业技能必不可少的,希望引起学员们的注意。

一、受理预订操作技术

客房预订是指客人为住店及所住房间的要求有保证，事先以某种方式预约，饭店酌情给予承诺的一种预约销售方式。受理预订则是其预订操作的开始。现阶段，我国大多数饭店采用电脑联网订房，采用威特尼系统或手工操作的饭店，也配有计算机设备来统计、制表。因而，其受理预订的操作方法主要包括四个步骤。

（一）受理客人订房前的准备工作

做好客人订房前的准备工作，可以提高工作效率，提高客房预订的准确性，防止差错发生。其准备工作的内容主要包括三个方面：

（1）查阅客房预订可行性报告表。客房预订可行性报告表是根据每天预订结果制定的当日和未来几天饭店哪些客房已经预订、已经入住或即将入住。哪些客房在哪一天可以预订。不管是采用电脑联网、威特尼控制盘或手工操作的饭店，这种表格都必须每天制定并在每天预订前查阅、检查，才能根据客人的预订要求将客人所预订的房间具体落实，防止预订到店和已入住或即将入住的客房之间发生冲突，保证客房预订准确无误。

（2）检查准备好客房预订设备。采用电脑联网的饭店，主要是打开网上预订的网站、网页，检查客人预订信息，转入预订统计程序，检查网上客房预订的宣传稿、广告图片、客房报价等信息是否准确；电脑接收有无问题、差错、有无病毒等。采用威特尼控制盘的饭店，主要是检查控制盘上的客人订房信息是否准确无误。找出当日可以预订的客房类型、房号和时间等，以保证各类客房预订准确。

（3）准备好客房预订用品和工具。主要是指采用手工操作的饭店，预订人员要准备好客房预订单、订房纸、记录本。同时，要检查电话机、电传、传真等通讯设备有无问题，保证预订需要。

（二）受理客人订房申请

饭店客人订房方式多种多样，预订设备不完全相同。因而，接受客人的订房申请要区别不同情况，采用不同操作技巧和方法。

1. 网上预订受理方法

（1）发布预订信息。在网站和网页上事先设计好饭店客房预订信息，其内容主要包括：① 饭店简介，主要有饭店名称、星级、所在城市、地理位置、交通路线、主要服务项目、饭店设施、环境和质量等。② 饭店网址。主要有网址名称、点击方法、查找方法、客房预订方法、电话号码等。③ 饭店客房类型、不同季节和时间的预订房价。④ 客人在网上订房需要填写的预订表格。包括客人或客户的名称、单位、国籍、地址、电话和网址名称、预订人数、时间、所需房间类型、数量、进店与离店时间等。

（2）接受网上邮件。每天从饭店网站上搜寻查找客人发送到网上的电子邮件，阅读审查客人所填的客房预订表格或订单。按电脑程序将客人预订的内容和时间转贴到电脑预订登记的程序上，以便电脑自动按每个预订登记、分类、统计和打印预订报表，如有问题则通过网站或网页与客人或订房人联系，发出电子邮件，请客人修订、填写订房表格。以保证客人订房的准确性。

(3) 网上直接交流。若客人直接在饭店网站、网页上同预订员交流,提出订房要求。订房员则利用网上聊天方式,告之客人订房要填写的订单内容和方法。回答客人问题,咨询并接受客人发回的预订邮件。再将客人预订的内容、时间、要求等按程序转贴到计算机上的预订登记表上。然后由计算机按程序进行预订分类、统计、制表。完成网上客人预订受理。

2. 口头预订受理方法

(1) 做好预订记录。客人用电话或到饭店柜台口头申请订房。由订房员直接受理。接听电话要及时。受理预订要主动问好、礼貌热情。回答客人的问题、询问要清晰、准确,要边听、边谈。详细记录客人姓名、单位、地址、电话,所订房间类型、房型、预订金等。确保客人预订记录准确。若是受托人代客人订房,部分预订要求、人数、时间等不准确,可请受托人先交预订金、回去准确填写预订单、再将订单送回或寄给订房员,以准确处理客人口头预订。

(2) 将预订记录录入电脑。客人用电话或到柜台口头订房的预订记录或客人填写的订单。经审核无误,并在查阅客房预订可行性报告表,确认能够接受客人的订房要求的前提下,订房员要将预订记录按程序输入电脑。以便电脑再按程序进行分类、统计,打印预订报表、完成客人口头预订受理。

(3) 打印订房卡控制客房预订。采用威特尼控制盘而未安装计算机的饭店,在做好客人电话或柜台口头预订记录,填写订房单的基础上,要打印订房卡。将客人的预订要求按房间类型、房号和入住日期等插入订房控制盘,订房卡采用不同颜色区别客人类型(散客、公司、团队、VIP 等),待客人入住的前一天再将客人信息转到每日预期入住名单表上。为前厅柜台接待员准确分房提供客观依据。

3. 函件预订受理方法

(1) 详细阅读函件内容。客人采用电传、传真、电报、信件等函件方式提出订房申请。不管是电脑联网、威特尼控盘或用表格形式采用手工操作的饭店、订房员要详细阅读函件内容,掌握客人基本情况和客房预订的详细要求。并在查阅客房预订可行性报告表的基础上,决定是否接受客人订房要求。

(2) 填写订单和受理预订。在详细阅读函件内容、查阅预订可行性表的基础上。订房员要根据客人的订房要求,按散客预订或团队预订填写客房预订单,在此基础上,对于能够接受的客人订房,要将订单内容逐项录入电脑,采用威特尼控制的饭店,同样要填写订房卡,再插入预订控制盘。旺季或节假日,因客房预订已满而不能接受的客人订房,则要采用与客人来函相同的方式或电话告之客人;或婉拒客人,或列为候补,或作为优先等待处理。

(三) 填写或打印客房预订单

客房预订单是饭店客房预订管理中的客人订房、入住分房、查询服务、记账结账等最初的原始凭证。饭店不管采用哪种预订系统,都需要填写客房预订单。其填写或打印的操作处理方法是:

(1) 网上订房客房预订单处理。饭店采用联网订房,其客房订单是由订房处事先设计好,在网站和网页上公布。客人订房时,先在网上填好预订单,再点击发送按钮,将预订内容和要求发给饭店订房处，订房员在网上收到后，再按电脑程序将客人预订转贴在客人订房登记表上。这时，电脑即可按程序自动分类、统计制表。完成客人预订单处理。网上订房客人预订单内容可参阅表3－3。

表3－3　网上订房散客预订单

广东国际大酒店房价表

房间类型	单/双人房	网上价格	商务套间	网上价格
标准房		¥700		¥850
套房		¥850		¥1 050
豪华客房		¥1 100		¥1 250
总统套房		¥13 000		
加床		¥150		¥150

Guanodons International Hotel Room Rates(in English Please click here)

通过网上订房将按上表中的价格打六折，另外加收20%的附加费。注：在春秋交易会期间(4月14日至30日和10月14日至30日)不按此价。

请根据需求填写下列表项(有"＊"的项必须填)，再点击"发送"按钮提交您的预订要求：

抵达时间*	200 ▼年1▼月1▼日	
离开时间*	200 ▼年1▼月1▼日	
来宾数量*		
房间类型*	标准房▼	
房间数量*		
客人姓名*		
性别*	◎先生　○女士	
支付方式*	支付方式▼	
信用卡种类*	信用卡种类▼	
信用卡号		您可以另行提供这三项内容，但是订房优先权要降低。
有效日期(YY/MM/DD)		
持卡人姓名		
联系电话		请您提供我们与您联系的方法。
传真电话		
E-Mail 地址		
其他要求		

发送

若是团队客人在网上订房,其订单处理方法和散客相同,也是通过电脑在网上完成。其客房预订单内容可参阅表 3 - 4。

表 3 - 4　网上订房团队订单

GROUP BOOKING FORM
团队预订单

□Booking/Tentative 新预订/暂订　　□Amendments 更改
□Confirmation 确认　　□Cancellation 取消
Name of group 团队名称　　Nationality 国籍

Arrival	Departure	Single 单人间		Twin 双人间		Guide Room 陪同间		Suite 套间	
Date 入店日期	Date 离店日期	Number of Room 房数	Rate 房价	Number of Room 房数	Rate 房价	Number Of Bed 床数	Rate 房价	Number of Room 房数	Rate 房价

Complimentary rooms 免费房
Deposit 押金

Room rates subject to 房价不含 Room rates inclusive of 房价包括 Commissionable 回扣 15% surcharge15% 服务费 15% surcharge 15% 服务费 non-Commissionable 无回扣

MEAL REQUESTS 用餐情况	DATE 日期					
	Time 时间					
Oriental 中式早餐	Outlier 地点					
Continental 欧式早餐	Rate 价钱					
America 美式早餐	Pox 人数					

Change to 付款人
Remarks 备注
Sales person 销售人员　　Date 日期

(2) 口头与函件订房客房预订单处理。客人采用电话、电传、传真、电报或到柜台口头申请订房,在做好详细记录或阅读客人函件的基础上。一般由订房员填写或打印出客房预订单再将订单内容录入电脑或直接在计算机上按程序处理。其订单内容可参阅表 3 - 5。

表 3-5 预订处客人订房单

RESERVATION FORM

预 订 单

Sales& Marketing Dept

Fax No.

☐New Booking 新预订 ☐Amendments 更改 ☐On Waiting List 等候

☐Seminar 研讨会 ☐Cancellation 取消

Guest Name 客人姓名	No. of rooms 房间数量	Room Type 房间种类	No. of Guests 客人数量	Rate 房价	Company Name 公司名称
Original Arrival Date 预定到店时间			Original Departure Date 原定离店时间		
New Arrival Date 新到店时间			New Departure Date 新离店时间		
Arrival Flight 到店航班			Departure Flight 离店航班		
Billings 付款方式	ALLC 全付 RMABF 房费含早餐		ROOM ONLY 只付房费 POA 自付 TIX/FAX/LTR/ATTI 已到电传/传真/信件		
Remarks 备注:					
Contact Name 联系人姓名:			Company Name 公司名称:		
Telephone Number 电话号码:			Fax Number 传真号码:		
Taken By 预订人:					
Date Taken 预订日期:			CEM#		

（四）受理客人订房注意事项

（1）函件预订处理。凡是收到客人电传、传真、电报、信函等函件预订申请，均应打上收到时间，按新订、更改、取消分类。一般预订由订房员处理。重要贵宾、团队、VIP 和有疑难的预订由主管处理。所有函件处理不得超过 24 小时。紧急、特殊或涉及当天入住的函件，当即处理。并回答客人是否已接受预订。

（2）婉拒等待处理。所有客房预订必须在查阅客房预订可行性报告表，确定有空房时方可处理，录入计算机。旺季或节假日因预订已满，无法接受时，要礼貌地婉拒客人，也可根据具体情况告之客人，作为候补或作为优先等待处理。

(3) 房价标准处理。客房预订中,不同类型的客人采用不同方式订房,其房价标准是不相同的。网上订房按饭店在网站或网页上公布的房价处理。与饭店签有协议的公司、旅行社订房按协议房价处理。其他客人订房时按柜台价处理。所有客人预订都必须在预订单或订房记录中标明房价,并得到客人认可,以防客人入住时引起纠纷。

二、订房确认操作技术

订房确认是指客人订房后,根据受理预订结果,为防止客人挂念而对准确订房者所做出的一种承诺,它通过向客人或订房人签发确认书的形式来体现。做好订房确认操作处理要注意三个问题。

(一) 订房确认操作原则

(1) 正式确认前认真核对的原则。每个预订受理完成后,正式确认前要认真查阅电脑或"客房预订可行性报告"并与客房出租状况比较,核对客人所订房间在住店时间、房间类型、客人种类、房租价格、住店人数、付费方式和客人待遇等各个方面有无差错,准确无误后报主管批准,方可向客人签发确认书。

(2) 文字简练清楚的原则。为使确认书具有凭证及法律效力,订房确认书要做到格式完美、内容清楚准确、文字简练、语言优美,让客人感到亲切、受重视,从而有利于加强与客人的沟通。

(3) 签发方式合理的原则。原则上,客人订房得到确认后,都该向客人签发确认书。其签发方式原则上与客人订房时的沟通方式相同,即电话对电话、电传对电传、传真对传真。因时间来不及时也可直接电话向客人确认,请客人准时来店。

(二) 订房确认书的格式与内容

订房确认书主要分为"散客订房确认书"和"团体订房确认书"两种。其格式和内容大多是事先设计好的,具体数字则可临时填写或打印。需要注意的是在签发确认书时要根据预订情况,提醒客人提前将客房预订金交到饭店。其具体内容和格式可参见表3-6、表3-7。

表3-6 散客订房确认书

先生/小姐

您于________年________月________日在________饭店所订客房________间,我店已经确认,并已为您做好准备。确认情况如下:

订房数:单人房________间,双人房________间,标准房________间。

日租金:单人房________间,双人房________间,标准房________间。

您所订房间预订金共________元,请于________年________月________日前汇来我店。我们竭诚欢迎您届时光临,十分感谢。附我店银行、账号如下:

饭店地址________开户行________账号________

签发人________

日期________

表 3-7　团体订房确认书

先生/小姐

贵公司/旅行社于_______年_______月_______日在我店所订_______旅行团客房_______间，已经确认，分别如下：

双人房_______间，日租金_______元；标准房_______间，日租金_______元；

套房_______间，日租金_______元；客人总数_______人。

迁入_______航班号_______迁出_______航班号_______

贵公司/旅行社所订客房共_______间天，预订金_______元，请于_______年_______月_______日前汇到我店，我们竭诚欢迎贵团客人届时准时光临，十分感谢，附我店银行账号如下：

饭店地址_______开户行_______账号_______

签发人_______

日期_______

（三）特别确认操作方法

（1）凡是提供信用卡号码的预订、预付订金和保证金的预订，订金和保证金无论是直接付给饭店还是付给与饭店签有协议的代订公司，均作为特别确认处理。在确认书上注明，在预订单上加盖印章，并在电脑处理时对他们所要的房间作管制房号处理。

（2）凡是特价预订、免费预订、有疑难问题的预订，必须按饭店审批权限报批同意后，方可签发确认书。一般审批权限为：有疑难问题的预订，报预订处主管或前厅部经理审批；特价即优惠价预订，按优惠程度分别报领班、主管或部门经理审批；免费预订只有总经理或主管副总经理有审批权。

三、订房核对操作技术

订房核对是指客人订房提前时间较长，从预订后到客人入住期间，为防止少数客人取消、更改、提前、延后到店等可能给饭店带来损失的一种预订管理措施。其核对操作方法如下。

（一）第一次核对

（1）核对前的资料检查。第一次核对要求在客人进店前的一个月。实际上每天都在核对。一般是下午由订房员找出下月同日应该入住的预订单与档案资料，逐一检查填写内容。包括房号、房价、人数、订房类型、付款方式、订金、航班号等有无差错，是否齐全，然后进入核对工作。

（2）网上预订核对方法。网上核对在开通自己的网站、点击网页、找到预订客人的基础上，直接在网上询问客人的预订情况，包括客人数、订房数、进离店日期、航班号等方面有无变化。若有，然后根据本饭店预订的电脑记录看能否满足客人更改需要。能够满足，则直接启动修正程序，按客人更改要求修改电脑记录；并在网上直接回答客人修改后的准确预订，给予确认。如果原预订中有些项目不全或不清，如订房类型、付款方式、未交订金、联系电话等，应在核对中补齐，按程序录入电脑。如果客人取消订房，则在电脑中按程序直接做取消处理，留档备查。如果客人未开机上网，则在饭店自己的网站或网页上公布请该客人或客户核对的信息，等他们看到发出信息后再核对，并回答客人或订房人。

（3）电脑处理核对。指饭店没有参加国际或国内大中型客房预订网络，没有自己的网站或网页，而是采用内部计算机联网方式对客人的订房核对进行的处理。其处理方法除了不能直接在网站询问,而只能通过电话、电传、传真等方式掌握客人的预订变化外,其他在电脑上预订更改和取消订房的操作方法与网上核对操作方法相同。

(4) 威特尼方式订房核对。在核对前的资料检查的基础上,运用电话、电传、传真等方式找客人或订房人,询问客人的预订内容是否有变化、更改或取消。然后根据本店当时的客房预订情况,看能否满足其要求。能够满足更改要求的填写"客房预订更改单",同时用手工方法修改客房预订卡,调整订房控制盘和统计数字,即将预订时曾经做过的工作再重新做一遍。如果不能满足其更改要求,则暂不修改,做好记录,下次修改。如果客人取消订房,则填写"客房预订取消单"调整订房控制盘和统计数字,并将客人预订档案资料取出单独存放、留档备查。

(二) 第二次核对

第二次核对在客人预订住店前一周进行。不论是网上预订、内部电脑联网还是威特尼手工操作预订,其订房核对及操作方法都与第一次核对基本相同,只有以下三点区别。

(1) 核对内容上的区别。第一次核对以客人订房是否有更改或取消为主。第二次核对以客人是否有新变化,如入住时间、交通方式、航班号、预付定金等为主,并尽快告之客人。

(2) 未处理与确认上的区别。对第一次核对中未处理的订房变更,列为候补、优先等待等情况;根据当时客房预订状态,尽快转为准确订房,并复电或复函告知客人准时来店。如果实在无法满足客人的要求,则很快向客人婉拒。这是第一次核对所没有的。

(3) 确定管制房号的区别。对已交订金、保证金、信用卡订房、特别重要的 VIP 客人和有特殊要求的保证类订房,第二次核对时要在电脑上确定其管制房号的开始时间。如果是手工操作方式,则将管制房号直接告之柜台接待人员,以保证这些客人进店当日能住进自己所订的房间。

(三) 第三次核对

第三次核对在客人进店的前一天进行。其询问客人、电脑处理或手工处理的内容和方法与第一次和第二次相同,只有以下三点区别。

(1) 核对联系方式上的区别。因客人明天要进店,其他方式已来不及,一般是用电话同订房人或代理人联系,询问客人是否已出发、有无近期小变化。若有,赶快做好调整和安排。

(2) 封定房间落实上的区别。电话询问或电脑查询前厅接待部,看属于保证类订房的封定房号是否已落实,确保明天客人进店前能及时腾出。若有问题迅速采取调房措施,防止发生预订纠纷。

(3) 订房信息传递上的区别。主要有两种方式:

电脑传递方式。采用网上预订和内部计算机联网的饭店,经过第三次订房核对后,其明日到步客人的信息可以通过电脑程序,自动传递到前厅接待部的电脑上,预订部也可以在电脑上打印出预期到步表给接待部,为前厅接待分房提供准确依据。

打印报表方式。采用威特尼手工操作方式的饭店,经过第三次订房核对后,将手工整理统计后的资料输入单机,即可按单机操作程序打印出预期到步客人表,为接待部的客人房间分配提供客观依据。

（四）超常核对

（1）核对范围。主要适用于客人提前预订时间长、特别重要而预订房间又很多，对饭店经营业务影响大的预订。时间改为第一次在客人进店前 6 个月进行，第二次在客人进店前 3 个月进行，以后进入正常核对。

（2）核对内容和方法。具体内容和方法与正常核对，特别是第一次和第二次核对相同。主要采用电脑或电函方式。

四、预订与前厅柜台联系操作技术

（一）预订部向柜台接待处的通报联系

（1）预订部向柜台提供每日客人预期到步名单（含团队到步表）、VIP 客人名单，提出封定房间的号码建议和时间。柜台按预订部提供的信息表格或电脑传递的信息内容（两者内容与格式是基本相同的）分配房间，落实封定房号。

（2）预订部收到订金、保证金、信用卡等预订，将所订客房作为保证订房后，向柜台提供需要列为管制房号的房间，并与收款处联系。

（3）预订部管理柜台转来的客人订房，落实后纳入全店统一预订之中，防止发生混乱。

（二）柜台接待向预订部的通报联系

（1）柜台接待处理预订部下班后的客人订房，事后通报预订部确认，纳入全店统一订房之中，满足客人晚间或夜里紧急订房要求。

（2）柜台向预订部提供无预订客人接待情况。防止近期预订和无预订客人住店发生房间使用冲突，影响服务质量。

（3）客人延期住宿、提早离店、调换房间后，柜台速与预订部联系，提供每日客房状况表，防止客房预订和客人住宿条件变更后发生房间使用冲突。

（4）前厅收银处收到客人预订金、保证金后及时通知预订部将客人所订房间转为保证订房并确定管制房号。

上述两个方面的联系方法，凡是网上预订和电脑联网的酒店，都可直接在电脑上按规定程序完成。威特尼为主的手工操作方式则用表格或电话、当面查看等方式完成。其相互联系的关系可参阅图 3－5。

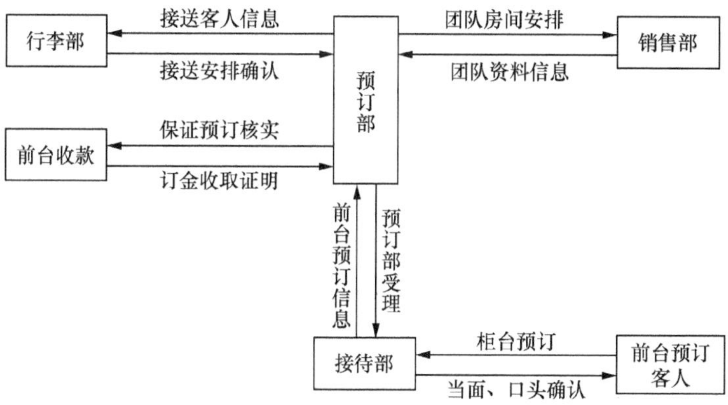

图 3－5　预订部和其他部门的联系示意图

五、超额订房操作技术

(一) 超额订房的概念及其原因

超额订房是指在客房预订已满的条件下,再适当增加订房数量和人数的一种超常预订管理方法。超额订房主要发生在旺季或节假日及某些特殊外界市场环境很好的时候。那么,为什么要进行超额订房呢？其原因在于:

(1) 防止预订后的情况变化可能造成的客房闲置。客房预订是一种预约销售方式。客人订房后到进入饭店投宿期间,虽然经过订房确认、预订核对等技术性处理,但不是所有的订房客人都会按时来住店。由于种种原因会出现三种情况变化造成客房闲置:一是预订不到。即订房后未与饭店联系就不来了,也不知道原因。二是临时取消。即接近入住的当天或前1—2天才告知饭店,客人不来了。饭店再去联系新的客人,事实上已来不及。三是个别客人提前离店使原已出租的房间提前空出。按国际国内饭店经验,预订不到和临时取消者占8%—10%,提前离店者一般占1%—3%,采用超额订房,就可以弥补这些情况变化可能造成的客房闲置。

(2) 抓住有利时机提高客房出租率。超额订房主要发生在旺季、节假日或外部市场环境特别好的某些短暂时期,这是客房销售的最好商机。如果不抓住这些有利商机,运用超额订房方法来减少客房闲置、提高客房出租率,那么,过了这种时机,想提高客房利用率也已失去了商机,必然造成不必要的经济损失。

(二) 超额订房的基本方法

超额订房的基本方法关键是掌握超额的数量。它根据以下两个方面的有关数据来确定。

(1) 超订量的基数确定方法。超额订房只有申请订房的客人数或房间数超过了当日可以预订的床位数或房间数时才可能发生。因此,超额订房的基数确定方法可以用下式来计算:

$$X = Q(r_1 + r_2) - D \cdot f$$

式中:X——超订数量　　Q——预订日可预订量

r_1——预订不到率　　r_2——临时取消率

D——当日应该离店量　　f——延期住宿率

(2) 超订量的实际数量调整。在超订量的基数确定的条件下,影响实际超订数量的主要因素是超订日的团体订房和散客订房的比例。因为团体订房是有计划、有组织安排的,临近住店前发生"预订不到"或"临时取消"的可能性较小。反之,散客预订属于个人行为,随机性较大,"预订不到"和"临时取消"的可能性会大一些。因此,在运用上述公式时,要结合饭店当天团体预订和散客预订的比例不同,适当调整其实际超订数量,才能防止和减少不必要的差错。

(三) 超订过多,客人到店无房时的处理方法

超额订房是一种冒险。超订数量过多或过少,都对饭店不利。过多,会引起客人不

满,影响饭店声誉;过少,则会在市场客源很好的前提下出现客房闲置、降低经济收入。所以,超额订房要尽可能相对准确。如果已经出现超订过多,客人到店房间不够时的处理方法是:

(1) 询问客人预订情况,请客人出示订房确认书,查清客人是否属于准确订房。若不是,向客人解释清楚,告之愿意帮助客人解决。若属于准确订房,则向客人表示歉意,尽快设法在本店解决客人住店。

(2) 如果当天本店实在无房,先向客人找出适当理由说明,尽快在本城市、本地区附近饭店为客人订一间同等规格的客房暂住一晚。如果房价高出本店房价,其差价则由饭店承担。

(3) 派大堂副理或有关人员与客人接触,表示歉意。征得客人同意后,将大件行李留下,送客人到另一家饭店暂住一晚,第二天将客人接回本店。

(4) 第二天大堂副理或客务关系经理在门口迎接客人,将客人接回。

▶ **案例**　某饭店有客房380间,长住客人占用50间。当地举办大型经贸旅游展销会期间的8月6日饭店已客满。8月7日可申请预订180间,应该离店170间。根据已往和最近统计,预订不到的占5%,临时取消者占7%,延期住宿者占4%。在不考虑其他因素条件下,请核定饭店8月7日的客房超订量和超订率。

案例分析:

1. 8月7日客房超订间数

$$X = Q(r_1 + r_2) - D \cdot f = 180 \times (5\% + 7\%) - 170 \times 4\% = 14.8\text{ 间}$$

2. 8月7日客房超订率

$$\text{超订率} = \frac{14.8}{180} \times 100\% = 8.22\%$$

第三节　客房预订费用、预订控制与预测预报

案　例

“事预而立,以变制胜”的兵战启示

“凡兴兵伐敌、所战之地,必预知之;师至之日,能使敌人如期而来,与敌则胜,知战地,知战日,则所恙者专,所守者固。”

“凡兵家之法,要在应变。好古知兵,举动必先料敌。敌无变动,则待之;乘其有变,随而应知,乃利。”

上述两段兵战论述的意识是说:凡出兵攻敌之前要先知道作战地点的地形地貌,到达战场时能调动敌人按我预计时间而来,这样可以战胜敌人。因为预先知道战地战时,能够做到准备充分、防守牢固。

兵家作战的法则,重点是适应变化而克敌制胜。在用兵作战时,必须先侦察和判明敌

情再采取行动,敌情无变化要等待变化,敌情变化时要乘其变动而采取新的对策,这样才有利于取胜。

点 评

商场如战场。案例中的两段兵战论述对饭店预算和前厅预订,接待也是适用的。客房商品具有地理位置的牢固性和所有权的相对稳定性。客房出租是吸引客人前来饭店就地消费而获得经济收入。其客人远离经营者而市场复杂多变。客房预订既是推销客房,又是了解市场,掌握"敌情",即市场竞争状态,做到知战地(客源、客户)、料敌情(市场动向)、"乘其变"的重要手段,客房预订中的控制和预测就是实现上述目的的方法。为此,我们在客房预订程序及其操作技术的基础上,进一步介绍客房预订控制、客情预报和预订资料管理方法,以做到知客房出租的"战地"、"战时"、"敌情",以保证预订的准确性,从而为提高客房出租率创造良好条件。

一、客房预订的费用处理

客房预订管理是一项十分复杂和细致的工作。在按照预订程序的操作过程中,还要解决好客人订房预收费用、订房控制和订房预测预报等三个方面的问题。其中,其订房费用主要有两种,处理方法是:

(一) 客房预订金处理

客房预订金是指客人或客户预订客房后,入住饭店前按国际惯例和饭店规定提前交给饭店的一定费用。预订金的数量标准是客人客户所订客房数 1 天的房费。交费时间按国际惯例是客人入住前 7 天,若提前时间较短,也可提前 1—6 天。

饭店要想收到客房预订金。必须做好两个方面的工作:一是在饭店所印的宣传资料、饭店简介、广告图片、网上的宣传等资料中,在介绍客房预订时要同时刊登客人订房的预订金收取标准、时间和办法,以便客人交纳。二是客人订房时。预订人员在订房确认过程中,包括电话确认、签发确认函件时,都要告之客人预订金的收费标准、数量、时间和方法,以便客人入住前提前预交。

客房预订金的交纳方式主要有三种,其处理方法是:① 现金支付。主要适用于客人或订房人到酒店当面订房和到前台收银处交款。按客人订房数 1 天的房费收取,办理收费手段。② 信用卡支付。主要适用于客人订房时提供了信用卡号码和授权及数量。可由收银处和预订处协调,从银行划拨。③ 邮寄或转账支付。由前厅收款处办理。

前厅收银处凡是收到客人预订金。必须将客人或订房人的姓名、预订房间、预订时间、住期等输入电脑,并通知前厅预订处和柜台接待处,以便将客人的订房转为保证订房处理,确保客人到店能够住进所预订的客房。如果客人订房后不按时到店或临时取消,则客房预订金按规定和国际惯例转为取消订房损失费,不退还客人。

(二) 签约保证金处理

签约保证金是指酒店饭店事先同有资金实力和良好商誉的旅行社、航空公司、商务公司、大使馆等客户签订一定时期(一般为1年或半年)订房合同。合同规定客户单位或客人可以随时订房,饭店给予保证。但如果发生订房不到或临时取消,客户必须事先承诺一定数额的订房保证金。然后按预订不到和临时取消的合同规定(一般按预订金标准计算)由饭店向客户收取订房保证金。所以,客房预订签约保证金的处理重点是注意四个方面:① 必须选择有实力和信誉的客户事先签订合同或协议,明确规定保证金的一定数额和划拨办法。② 保证金可按合同提前1年或半年预交一次,由饭店保存。③ 客户订房时饭店要按合同保证需要,发生预订不到和临时取消时,要按合同规定及时统计损失客房的间天数和应收取的保证金数量,并当天通报客户单位,得到书面认可。④ 签约后发生的保证金可从饭店预收的费用中扣除。若未预先收取,也可按合同规定及时划拨到饭店账户中。同时不要影响合同或协议的继续执行。

二、客房预订控制方法

订房控制是指客房预订管理过程中采取什么办法及措施来保证客房预订的准确性,以确保客人进店后能够住进事先预订的房间。在客房预订管理中,不仅各类客房每天出租状况都处于变化之中,而且订房后还会有取消、更改、提前、延后、增人、减人等各种情况发生。因此,要保证客房预订的准确性,必须针对不同的情况采用正确的控制方法。主要包括:

(一) 各类客房订房数量准确性控制

饭店客房一般有单人房、双人房、标准房、套房等种类。各类客房每天都有预订、更改、入住、迁出等情况,只有准确控制和掌握各类客房每天订房数量和人数,并与住店客人的迁出离店相衔接,才能保证客房出租安排的准确性。各类客房订房数量准确性的控制方法主要有两种。

(1) 电脑统计法。凡是采用网上电脑订房和内部计算机联网的饭店,在接受订房时,只要按团体、散客的订单内容和事先编好的计算机程序将客人预订信息录入电脑,即可通过电脑主机系统的信息处理,在各终端机上直接按电脑程序操作,调出每天、每时各类客房的准确预订量、当日客房出租状况等,并能按需要打印出相关的统计报表。

(2) 手工操作法。主要适用于采用威特尼系统或其他手工操作的饭店。其方法是接受订房时按客房类型将各类客房的预订情况记录在一张表格上,然后分类统计各类客房的准确订房数,逐日进行、逐日累计。表格形式可参阅表3-8。

(二) 订房信息预报准确性控制

订房信息预报是订房预测的主要内容。其预报信息的准确性直接影响客人进店后房间分配的准确性。如次日预期到店客人名单、预期团队客人接待通知单、预期VIP客人通知单等。这些信息预报的准确程度主要取决于最初由预订人员手工记录的预订单内容和订房核对后的记录是否准确和完善。因此,不管是采用电脑还是采用手工操作的饭店,在制作或提取这些信息预报前,都要认真检查、核对原始凭证内容的准确性和完整性,经过调整、修改后,才能控制这些信息预报的准确性。

表 3-8　订房数量控制表

日可订房＿＿＿＿＿　　单人房＿＿＿＿＿　　双人房＿＿＿＿＿
标准房＿＿＿＿＿　　套房＿＿＿＿＿　　豪华套房＿＿＿＿＿

标准房数	5	10	15	20	25	30	35	40	45	50	55
	60	65	70	75	80	85	90	95	100	105	110
	115	120	125	130	135	140	145	150	155	160	165
	170	175	180	185	190	195	200	205	210	215	220
单人房数	5	10	15	20	25	双人房数	5	10	15	20	25
	30	35	40	45	50		30	35	40	45	50
	55	60	65	70	75		55	60			
套房	4	8	12	16	20	豪华套房	5	4	3	2	1
备注	(1) 各类客房按当天实际订房的间数在表中做标记;每订满 5 间作一标记;若有取消,在另一同样表上调整 (2) □=团队预订　□=散客订房　□=取消订房										

(三) 管制房号与客人住房准确性控制

管制房号是指客人订房时提供了担保,迁入饭店时必须住进事先准备好的房号。在客房预订中,有些客人预交了订金、保证金,采用信用卡订房,其中还有不少人是饭店特别重要的 VIP 客人等。对这些客人的预订不仅必须作为保证订房处理,而且在他们进入饭店前,要将他们所订房间作为管制房号,以确保他们进入饭店后能住进事先订好的房间。管制房号的控制方法是:在客人进店 1—5 天以前,确定管制房号。采用电脑操作和联网的饭店,直接在电脑中注明,提醒前台接待人员保证到时腾出房间。采用手工操作的饭店,则将管制房号打印成表交柜台接待人员处理。所有管制房号都根据各人重要程度在客人预订入住前当天或 1—5 天保证腾出房间。

三、订房预测预报方法

订房预测预报是指根据订房结果统计资料,在客人到店前将准确的预订信息整理成电脑资料或信息报表,为前厅接待分房,为饭店销售部经理和总经理提供决策参考的一种管理方法。饭店订房预测预报的内容主要分为近期和中期两种。

(一) 近期预测

近期预测指客人即将入住的 1—5 天的预测。它的主要目的是为前厅接待部和客房部的房间分配使用和客人接待服务提供准确的信息依据。其主要内容、形式及操作方法是:

(1) 次日预期到店客人名单。以即将入店的散客为主,在第三次订房核对后完成。可以直接查阅电脑,也可打印成报表送柜台接待。格式与内容参见表 3-9。

表 3-9 次日预期到步客人名单

预订号	房号	客人姓名	房租	迁入	迁出	航班号	订房来源	备注
0—1								
0—2								
1—3								
……								
n								

审核人＿＿＿＿＿＿ 制表人＿＿＿＿＿＿

日期＿＿＿＿＿＿

(2) 预期团队客人接待通知单。以团队客人为主,在订房核对后、客人进店前完成,为团队客人进店提供依据。制作方法可直接用电脑程序,也可打印成报表。格式和内容参阅表 3-10。

表 3-10 预期团队客人接待通知单

团队名称＿＿＿＿＿ 旅行社名称＿＿＿＿ 领队＿＿＿＿＿	客人数	外宾＿＿＿＿＿人 内宾＿＿＿＿＿人 陪同＿＿＿＿＿人	其中	男＿＿＿＿＿人 女＿＿＿＿＿人 夫妇共＿＿＿＿对
何处来＿＿＿＿＿ 何处去＿＿＿＿＿ 租用间天＿＿＿＿		迁入＿＿＿＿＿ 迁出＿＿＿＿＿ 房租＿＿＿＿＿		航班＿＿＿＿＿ 车次＿＿＿＿＿ 服务费比率＿＿＿＿
客人用房楼层及房号			陪同房号	
用餐安排	早餐＿＿＿＿＿人 正餐＿＿＿＿＿人	标准＿＿＿＿＿ 标准＿＿＿＿＿		风味＿＿＿＿＿ 风味＿＿＿＿＿
费用方式	综合服务＿＿＿＿ 总费用＿＿＿＿＿	全部自理＿＿＿＿ 自理项目＿＿＿＿		全部报销＿＿＿＿ 报销项目＿＿＿＿
接待单位＿＿＿＿＿ 备注＿＿＿＿＿＿＿＿＿＿＿＿＿＿		联系人＿＿＿＿＿ 审核＿＿＿＿＿		电话＿＿＿＿＿ 制表人＿＿＿＿＿

日期＿＿＿＿＿＿

(3) 预期入住 VIP 通知单。又称 VIP 客人名单,在客人进店前 1—3 天制作完成。主要为前厅部、商务楼层(又称行政楼层)和客房部按 VIP 客人的等级规格做好接待服务提供客观依据。其内容格式可参阅表 3-11。

表 3-11　预期入住 VIP 通知单

客人姓名______	职位______	国籍______
客人数______	房号______	房租______
入住日期______	航班______	接站______
离店日期______	航班______	送站______
接待单位______	接待人______	电话______
客人接待规格	(1) 请客房部按______接待 (2) 请餐饮部按 VIP(　　)规格准备花篮______个于______月______日送到______房间 (3) 请餐饮部按 VIP(　　)规格准备水果篮和饮料于______月______日送到______房间	
分送：申请人______ 前台部______ 餐饮部______ 制表人______	批准人______ 客房部______ 收银处______ 日期______	

(4) 预期入住客人接送站通知单。一般每周制作一份预测表，送礼宾部首席礼宾司或机场代表，由他们派行李员或礼宾员(高星级酒店)到机场或车站迎接客人。客人订房时必须提供准确的航班号或车次。它主要适用重要客人。其预测内容与格式参见表 3-12。

表 3-12　预订接送客人通知单

致首席礼宾司/机场/代表/行李主管：

请按下表安排的客人姓名、时间派相关人员到机场、车站接送预订入住的客人。

接送时间	客人姓名	国籍	职衔	VIP(　)	航班或车次	备注

说明：凡机场接送客人必须提前______时间到达机场。凡车站接送客人必须提前______时间到达。

审核人______　　制表人______

日期______

(二) 短期预测预报

短期预测预报主要指未来 1 周至 1 个月的预测。它以分类统计的预期到店客人数和出租间天数为主。其主要目的是为销售部、前厅部、客房部经理、总经理或主管副总经理、客房总监等高中层管理人员提供决策参数或依据。其主要内容有：

(1) 每周预测，提前一周将预订客房出租情况制成报表，分送总经理或主管副总经理及销售部、前厅部、客房部、餐饮部等有关部门参考。此表也可直接从电脑中查阅。内容与格式参见表 3－13。

表 3－13　客房预订每周预测表

分类		单人房		双人房		标准房		套房		用餐预测	
日期＼星期＼预测		可出租	预订	可出租	预订	可出租	预订	可出租	预订	早餐人数	正餐人数
月　日	(一)										
月　日	(二)										
月　日	(三)										
月　日	(四)										
月　日	(五)										
月　日	(六)										
月　日	(日)										
预订总间次＿＿＿＿＿　预测出租率＿＿＿＿＿　预测房租收入＿＿＿＿＿											
审核人＿＿＿＿＿＿　制表人＿＿＿＿＿＿											

(2) 10 天预测。提前 10 天根据订房结果统计。将预订客房出租情况制成预测表，分送高中级管理人员和有关部门。其作用与每周预测相同。

(3) 其他预测。包括半月预测、未来 1 个月订房预测、未来 3 个月出租预测等。采用全面联网的电脑管理方式和网上预订电脑操作方式的饭店，近期预测和短期预测的上述各种表格，都可以根据事先设计的电脑程序直接打印或直接在电脑屏幕上调出阅读或使用。其预测的表格形式这里不再举例。

第四节　客房预订国际惯例与订房纠纷和资料处理

案　例

一场房费纠纷较快得到了解决

9 月 8 日，一位美国商务客人来到北京×××饭店前台，他告诉服务员说：我已有订房，请为我办理入住登记。接待员小李询问了姓名和订房时间，迅速查阅了电脑，知道确有订房。小李很快给他安排了一间商务楼层的大床间商务客房，日租金 140 美元，住 3 天。小李请他先交 500 美元的押金。客人说：对不起，我的住房是由×××公司预订的，费用将由公司结算，不用再交什么押金。

小李是新手，并不了解这一情况，好在他态度很好，当即向客人表示了歉意，并立即请示了主管领导张经理。张经理迅速查阅了电脑记录与合同，知道情况属实。合同规定，酒店与该公司签有客人定期结账的合同，但要有完善的手续。于是张经理让小李迅速为客人办理了入住登记手续，并与签约公司通电话，核实了客人的姓名、在公司的身份和住房签字手续。美国客人愉快地住进了饭店。一场可能将要发生的纠纷得到了解决。

点 评

在客房预订与接待过程中,因各方面的原因,客人与饭店之间发生一些纠纷、报怨是难免的。关键是要正确处理。案例中的美国客人与饭店之间属于协约订房,定期结账。小李因不熟悉而尽快请示主管经理而得到了妥善安排和处理。为此,我们在本章最后介绍饭店客房预订的国际惯例、纠纷处理和订房资料管理。事实上,国际惯例及其有关规定是订房纠纷处理的重要依据,但以事实为依据的各种纠纷处理方法也是十分复杂的。而这些又需订房资料的积累与管理。它们都是提高预订管理质量的重要条件。这也是我们以本节内容作为全章归宿的原因所在。

一、客房预订国际惯例

指在国际上形成的饭店行业共同遵守的客房预订管理的有关规定,它既是保证客房预订工作顺利开展的前提和基础,又是处理客房预订纠纷的重要依据和准则,也是维护供求双方权益的必要条件。这些政策与规定主要包括:

(一) 订房确认规定

(1) 客人向饭店预订客房,不管是直接向饭店预订还是通过饭店代订公司预订,饭店或代订公司都必须向客人或订房人签发订房确认书或确认住房卡(口头确认除外)。

(2) 客人订房时,饭店若采用电话方式向客人确认订房,订房员必须留下书面记录或电脑处理记录。

(3) 客人进店时若发生预订纠纷,饭店在判定客人是否属于准确订房时,以饭店或其代订公司签发的“订房确认书”、“确认住房卡”、电话确认记录或电脑确认记录为准。

(4) 一般确认书的收到时间最迟应在客人进店的当天或前一天。

(5) 客人临近入住的当天或前一天才提出订房,因时间来不及,饭店一般不再邮寄预订确认书。客人订房确认以电话、电传或柜台口头确认为准。

(二) 客房预订金收取政策规定

(1) 客人向饭店提出订房,在得到饭店预订确认的情况下,客人或订房人应在入住饭店7天以前,向饭店交纳客房预订金。客房预订金的交费标准为:所订客房数1天的房租。

(2) 饭店在收到客人事先交纳的客房预订金后,不管客房出租率高低,必须给客人保留房间,确保客人如期进入饭店后能够住进事先预订的客房。若不能保证,饭店承担必要责任。

(3) 如果客人提前预订客房的时间较短,客房订金交纳时间也可放宽到进店前1—6天。凡未交纳预订金的一般订房,饭店不作保证订房处理。

(4) 客人事先向饭店交了预订金,因事或因其他原因未能如期到店,饭店为客人保留房间至预订到达日的18:00—24:00,最晚可至第二天的中午12:00。

（三）订房取消有关规定

1. 散客订房取消

以下是一家饭店订房取消的有关规定，供各饭店参阅。

（1）零散客人订房确认后，因事或其他原因提前取消订房，按以下规定处理：

① 预订入住前三天取消，饭店不再收取订房取消损失费。

② 预订入住前两天取消，因饭店重新寻找新的客人入住事实上很困难，为此，饭店将收取客人预订金 50% 的订房取消损失费。

③ 预订入住前一天取消，饭店将收取客人预订金 80% 的订房取消损失费。

④ 预订入住当天取消，饭店将收取客人预订金的 100% 作为取消订房损失费。

（2）客人订房后取消，一律以书面，包括电传、传真、电报等有文字记载的方式为准，以防发生纠纷。

（3）客人订房取消后的取消预订损失费从客人订金中支付。凡已交预订金的客人订房取消后，按前述提前取消时间和规定比例从客人已交订金中扣除。

（4）客人如果未交客房预订金而又在订房后取消订房。凡与饭店签订合同或协议的客户单位的散客，由签约公司支付其客人取消订房损失费。凡其他散客若未交客房预订金而又在订房后取消预订，其客房预订不作保证订房而作普通订房处理。

（5）客人订房后交了预订金、未给饭店任何取消订房信息而又未如期前来住店，饭店为客人保留房间到预订入住日的第二天中午 12:00。若未交客房预订金，则作“预订不到”处理，其所订客房到预订入住日当天下午 18:00 自动失效。

2. 团队订房取消

以下是一家饭店对团队客户订房取消的有关规定，供各饭店参阅。

（1）团队客户订房确认后取消，饭店按以下规定处理：

① 预订入住前 21 天取消，饭店不再收取取消订房损失费。

② 预订入住前 14—20 天内取消，饭店将收取客房预订金 50% 的取消订房损失费。

③ 预订入住前 7—14 天内取消，饭店将收取客房预订金 80% 的取消订房损失费。

④ 预订入住前 3—6 天内取消，饭店将收取客房预订金 100% 的取消订房损失费。

⑤ 预订入住前 1—3 天以内取消，饭店将收取客房预订金 150%—200% 的取消订房损失费。

（2）团队客户订房取消。无论是全部取消或部分取消，均按上述规定处理。

（3）团队客户订房后取消。一律以电传、传真、书面等文字方式为准，以免引起纠纷。

（4）已交客房预订金的团队客户订房后取消，其取消订房损失费从预订金中支付。订金不足时由客户另行向饭店支付。

（5）未交客房预订金而与饭店签有协议、合同的团队客户订房后取消，其取消订房损失费由饭店向签约客户按合同或协议规定的数量和比例收取。

（6）未交预订金而又未与饭店签订协议或合同的团队客户订房后取消，客户必须按国际惯例向饭店交纳取消订房损失费。否则，此类客户以后再预订团队用房，必须先交保证金或预交房费，饭店才能为客人保留所订客房。

二、客房预订纠纷处理

(一) 住期纠纷

住期纠纷是指客人订房后到达饭店办理入住登记手续时,声称自己的拟住期限与预订登记的住期不同——一般长于饭店确认的住期,而饭店因预订和住客已满,无法满足其要求所引起的纠纷。

客房预订管理中引起住期纠纷的原因主要有四种:一是与饭店签有合同或协议的代订公司将订房客人的住期报错;二是客人自己记错了住期;三是饭店在客人订房确认中发生了差错;四是客人订房后因需要延长住店时间而自己更改了住期。

在饭店接待服务过程中,凡是发生客人住期纠纷,不管其原因如何,前台人员都应先向客人表示歉意,请客人稍候。然后询问客人订房时间、确认时间及具体情况,迅速查阅电脑、预订记录和往来函电,查明原因后有针对性地处理问题。其处理方法是:

(1) 代订公司出错引起。前台接待员迅速与代订公司电话联系,迅速确认客人预订住期。然后,尽量按客人要求安排房间,向客人表示歉意。如果客房很满,可以先住下,待住下后的1—2天再调整住房,满足客人要求。

(2) 客人记错了住期引起。接待人员应先安慰客人,向客人出示订房记录或请客人出示确认书,向客人解释,消除误会,同时给客人先安排住房,若客房预订已满,客人住期延长所需的房间可作为"优先等待"处理,并尽量满足客人延长住期的要求。

(3) 饭店预订差错引起。前台接待人员应向客人表示歉意,按客人住期的要求迅速安排房间。房间不够时,通过以后几天的内部调整保证客人住店,以求得到客人谅解。

(4) 客人订房后更改住期引起。先查预订记录和进一步核对往来函电,告之客人确认的住期,不得与客人争论或争吵。先安排客人住房,客人延长住期的房间从以后各天的"临时取消"和"预订不到"的房间中解决,从而满足客人要求。

(二) 房间数量与类型纠纷

房间数量和类型纠纷是指客人到店后要求租用的房间数量或类型与预订确认记录的数量或类型不同,饭店当时难以满足而引起的纠纷。

引起房间数量和类型纠纷的原因是多种多样的。为此,饭店前台接待人员遇到房间类型和数量纠纷时,首先要向客人表示歉意,迅速检查客人预订记录、来往函电,查明客人所订房间数量、类型和住期,然后针对不同原因进行处理。其处理方法是:

(1) 房间数量纠纷处理。如果客人要求的房间多而预订确认记录的房间少,只要当时有房间,先满足客人住店需要,直接办理客人入住登记手续。如果当时饭店已无房间而又不是饭店预订出错引起的客房数量不足,可以征求客人意见,先安排套房暂住,其房租按散客柜台价标准收取,第二天再按客人要求调整。如果房间数量不足的差错是由饭店预订差错造成的,则房租只能按预订时的标准收取。如果饭店连套房也客满,则可联系附近的同等饭店,让部分客人前去暂住一晚,第二天再接回饭店。

(2) 房间类型纠纷处理。先检查订房确认中的房间类型和房价,然后区别不同情况处理。如果引起房间类型纠纷的原因是饭店预订中的差错造成的,饭店应为客人安排类似房间或更高等级的房间。其第一天的房租差价由饭店以优惠房价方式承担,第二天征求客人意见后按饭店房价政策和标准处理。如果引起房间类型纠纷的原因是客人方面的差错造成的,则应该调整房间类型后,按客人新的要求提供住房,办理登记手续,但不享受房租优惠。

(三)房间费用纠纷

房间费用纠纷是指客人到店办理入住手续时希望支付的房租低于预订确认中的房价标准而引起的纠纷。造成这种纠纷的原因主要有两种:一是客人进店后因各种主客观原因,感觉房价太高,要求降价;二是客人从不同渠道听说或知道了饭店有的协约性房价比他们自己预订的房价低而要求降价。其处理方法是:

(1)客人感觉房价太高的纠纷处理。先检查或查看订房确认中的客人房价标准,耐心细致地向客人解释饭店的房价政策。必要时与国际或周围同等饭店比较,或突出介绍饭店的长处优点,使客人感到价格比较合理。如果是常客或今后能为饭店带来生意的客人,在解释房价政策的同时,也可适当给客人以优惠或提供部分免费服务项目,从而使客人满意,增加潜在客源。

(2)协约性房价外泄的纠纷处理。协约性房价是指饭店与一些代订公司、订房中心或旅行社等客户签订协议或合同,让他们为饭店代订客房而享受的优惠价格,所以又称特价订房。协约性房价外泄纠纷是指一般散客知道了这种价格也要求享受同样的优惠。遇到这种纠纷,前台接待人员应耐心向客人解释,协约性价格只适用于与饭店签有合同、协议的客户机构,不适用于一般散客。但是,在处理过程中要注意两点:一是处理协约性房价外泄纠纷时,要单独与客人交谈而不要在公共场所引起其他客人围观参与,使事态扩大;二是事后查明协约性房价是怎样外泄的,对直接责任人要严肃处理。

(四)付费方式纠纷

付费方式纠纷是指客人到店办理入住登记手续时声称的付费方式与预订记录不符,可能影响饭店房租收入而引起的纠纷。具体包括7种情况:

(1)客人声称公司代付纠纷。指客人进店后声称由×××公司或×××旅行社为他负担全部或部分费用,而饭店预订中没有公司或旅行社的代付记录或与记录不符,因而引起纠纷。其处理方法是:立即与客人声称的代订机构联系,澄清事实真相。如果客人所说的公司代付费用方式属实,检查预订记录是否有错,同时请代付公司立即付费,并出具付费担保的文字证明(电传、传真等)。若客人所讲与代付公司所讲不符,请客人直接与代付公司人员通电话,商量补救措施,或由客人自己付费。

(2)客人出示旅行社凭单纠纷。指客人进店时向饭店出示了代订旅行社的住店凭证,认为自己已经向旅行社支付了费用,但饭店却没有与客人声称的旅行社签订协议或合同而引起的纠纷。遇有这种情况,客人必须当即打电话同他所声称的旅行社联系,明确付费方式。饭店则应采取即刻措施——请该旅行社立即付款,并出具为这位客人承担费用的文字担保材料。这些工作又必须在客人离店以前完成。否则,其住店费用必须全部由客人自付。

(3)客人无代订公司凭单纠纷。指客人进店后声称自己属于协约性订房,但又无代订公司签发的住店凭单而引起的纠纷。这种情况大多是客人将代订公司的凭单丢失或放错了地方,一时找不到。其处理方法是安慰客人、请客人耐心查找,也可以请代订公司补办客人的住店凭证。

(4) 未付订金或改变原订房数量纠纷。主要指团体客人未付客房订金或已付订金而到店后改变订房数量而引起的纠纷。遇有这种情况饭店应先同旅行社联系,核实用房协议、合同和订房数量,为旅行社的客人保留房间。如果旅行社改变原订房间的数量较少,可以满足客人要求。如果减少原订房间的数量较多或者会给饭店带来不必要的经济损失,则应按"团队订房取消"的有关规定处理。

(5) 现付房租改为转账纠纷。指客人预订中同意现付房租,而到店后或结账时又改为×××公司或×××旅行社为他转账而引起的纠纷。其处理方法是根据客人提供的公司或旅行社名称,先检查他们同饭店的信誉程度,并立即采取即刻措施——请客人声称的公司或旅行社立即付款,最少先付50%,并出具为这一客人承担住店费用而转账的文字担保材料。否则,必须由客人自付全部费用。

(6) 客人改变住期与房价标准纠纷。主要指团队、会议客人订房时享受饭店优惠房价,而实际住店过程中,有的客人提前到店、有的客人延期离店,改变了住期而又要求享受同样的优惠价格而引起的纠纷。遇有这种情况的处理方法是:团队或会议客人住店,只享受饭店同旅行社或客户单位预订住房期内的优惠价格。客人提前到店或延期住店,均不享受优惠价格,而应按柜台价格出租,其费用必须由客人自付。如果客人要求旅行社或会议主办单位为其支付费用,可请客人直接同旅行社或主办单位联系,得到同意担保的文字证明材料后,才能不由客人自付而改为旅行社或主办单位付款。

(7) 外汇付款改为人民币付款纠纷。这种情况多为国内接待单位为他们的海外客人代付费用引起。其处理方法是尽量同海外客人直接结账、收取外汇,实在困难时可以直接用人民币结账。

(五) 保证订房和无预订纠纷

(1) 保证订房纠纷。指客人的订房属于保证订房,但客人到店后因客满而无房给客人可住引起的纠纷。这是客房预订管理中不应该发生的差错。其处理方法是尽量找理由安慰客人,表示歉意,并迅速为客人解决住房。实在解决不了可将客人送到附近同等饭店暂住一晚,第二天接回本店。再次道歉,接待周详。

(2) 一保一不保纠纷。指客人有两次订房,第一个是保证订房,已交订金;第二个不是保证订房。而客人在两次订房后又有一个取消了。这时,只要将客人第一个保证订房的预订金转到第二个订房上就可以了,一般也不会引起纠纷了。

(3) 无预订纠纷。指客人进店后坚持说自己有订房而饭店又没有预订记录所引起的纠纷。遇有这种情况的处理方法是:先检查前后几天的客人预订,看是否是客人记错了预订到店的日期,然后尽量安排客人住房。必要时询问客人订房情况,与附近饭店或与本饭店名称发音相近的饭店联系,看是否是客人预订了其他附近饭店的客房。不管属于哪一种情况,都应尽量帮助客人住店。

(六) 超额订房纠纷

超额订房纠纷是指客人到店后因为客满而饭店难以满足订房客人的住店要求所引起

的纠纷。按国际惯例,客人订房是受法律保护的。饭店应该为已订房的客人提供住房。为此,饭店超额订房纠纷的处理方法是:

(1) 客人出示确认凭证纠纷。指客人进店后出示了饭店订房确认书或住宿凭证单,饭店因为无房可租而引起的纠纷。其处理方法是:如果客人的预订是保证订房,则按上条中"保证订房纠纷"处理。如果客人的订房不是保证订房,也应尽量为客人安排住房或按超订客房过多的方法处理(见本章第二节)。

(2) 优先等待与列为候补纠纷。指客人进店后讲自己已有订房,但饭店的订房记录中却记录着因当时订房已满,只同意将客人的预订作为"优先等待"或"列为候补"处理。这实际上不属于准确订房。遇有这种情况,应耐心向客人解释,说明原因,尽可能帮助客人安排住房。实在无房也应帮助客人在附近其他饭店暂住一晚。但处理这种情况时,饭店不为客人承担任何经济责任。

三、客房预订资料管理

(一) 客房预订资料管理的种类

现代饭店预订资料管理大致分为以电脑和光盘为储存方式的资料管理和以文字储存方式为主的档案资料管理两种。前者在一定时期内可以储存在电脑中,需要阅读、使用时按电脑操作程序调出即可。也可以制成光盘储存使用,简单方便。后者以各种文字资料、表格为主。按照一定的方式编排,形成档案资料,也可以为日常管理服务。

(二) 客房预订资料管理的内容和方法

就客房预订资料管理内容而言,采用威特尼手工方式和电脑操作方式没有什么本质的区别。因为现代饭店前厅管理,包括预订、接待、收款、问询等的计算机操作内容都是根据威特尼手工操作的内容,然后运用电子计算机程序而发展起来的。因而,其主要内容和方法是:

(1) 预订资料档案管理。主要内容和编排方法是:将每一份预订单作为一份档案,每份档案的内容按:第一页——预订单;第二页——订房卡(威特尼方式有;电脑操作不用);第三页——客人预订申请函件或电话记录;第四页——订房核对记录或来往函件的顺序编排。然后,按每一份预订单上记录的客人进店时间先后排列。同一天到达的客人档案,则按客人姓名英语大写字母 A、B、C、D 顺序排列。这样,形成完整、清楚、准确的预订档案资料,可以随时查阅使用而不乱。

(2) 协约合同资料管理。主要内容和编排方法是:凡是与客户机构、海外销售网点、预订中心等签订的协议与合同,先按签约单位的性质(如旅行社、航空公司、预订中心、大使馆等)分类。同一类型的签约单位再按单位名称的英语字母顺序编排。而每份档案则按合同协议文本、补充文本、谈判记录等顺序排列,形成档案资料,便于管理和查阅使用。

? 复习思考题

1. 饭店电脑联网预订系统的设备配置是怎样的,其主要功能是什么?
2. 保证订房和非保证订房有何区别和联系,哪些情况的订房可作为保证订房处理?

3. 按国际订房时的计价方式划分,有哪几种计价方法,其费用是怎样确定的?
4. 受理客人订房前要做好哪些准备工作?
5. 在客房预订中,网上预订受理的工作内容是什么?口头预订和函件预订受理的工作步骤是怎样的?
6. 客房预订确认的原则是什么?
7. 饭店客房预订核对的工作步骤是怎样的?怎样做好网上预订核对?
8. 订房控制可以分为哪几种?其方法是怎样的?它和确定管制房号有何不同?
9. 订房预测有何作用,其预测报表主要有哪几种?

案例分析题

1. 2005年9月28日。江夏酒店正处于旅游旺季。在酒店380间套客房中,预订部的客房使用和预订情况有如下记录,请你根据这些资料确定9月28日的客房可预订间数和超额订房率。

昨晚出租率:92%　　28日正维修房4间
28日应离店:178间　　预订不到预计5%
临时取消预计8%
延期住宿预计:4%(保留2位小数,最后进整)

2. 长安大厦是一家有250间客房的四星级酒店,2005年5月2日,正值黄金周旅游高峰期,前厅预订部收到Hilton先生打来的长途电话称:5月18日,他计划来西安参加一个学术会议。与他同行者共有4人,需要预订2间标准客房,来店的航班号为B03685。5日后乘飞机到北京。已订航班号为A12784。长安大厦可提供的两种客房牌价如下表。如果你是前厅订房员,请完成Hilton先生的客房预订,并填写客人订房单和签发订房确认书。

客房	1人价	2人价	客房	1人价	2人价
标准间(朝阴)	580	770	套房(朝阳)	1 160	1 543
标准间(朝阳)	650	865	套房(朝阴)	1 280	1 705

3. 丽华大酒店是一家有380间套客房的五星级饭店。10月8日,因一场大雾航班停飞。饭店一个有48人的团队不得不在饭店继续留宿一晚。但因正值旺季,客房利用率已满。前厅部的客房出租和预订情况有如下记录。如果你是前厅当值员工,请你确定当日是否缺房,并协助经理安排客人住宿,提出解决办法。

昨晚占用:298间　　预订不到预计6%
今日应离店:248间　　临时取消预计5%
预计今日到步:326间　　提前离店预计2%
延期住宿预计:5%　　需维修停用房5间
计算保留2位小数,最后进整。解决措施不超过4种。

第四章

前厅部柜台接待业务管理

内容架构与学习目标

内容架构

- 前厅部柜台接待业务管理
  - 客人入住前的准备工作
    - 每日可分房间计算与房号准备
    - 每日柜台房态核对与房态显示
    - 柜台接待设备与用品准备
  - 旅客入住接待服务方法
    - 长住与无预订客人入住接待服务方法
    - 会议客人入住接待服务方法
    - VIP客人入住接待服务方法
    - 团队客人入住接待服务方法
    - 预订散客入住接待服务方法
  - 商务楼层礼宾接待服务管理
    - 商务楼层工作流程和礼宾接待服务方法
    - 商务楼层机构设置和员工素质要求
    - 商务楼层特色及其服务项目设置
  - 柜台分房换房服务和客房销售技巧
    - 柜台接待服务中的特殊情况处理
    - 柜台客房销售技巧
    - 柜台换房服务处理方法
    - 柜台客人入住分房技巧
  - 柜台结账和夜审财务处理方法
    - 防止客人跑账的方法
    - 柜台夜审账务处理方法
    - 客人迁出结账服务方法

学习目标	通过本章学习,你应该能够达到下列目标
知识目标	技能目标
1. 熟知影响每日可分房的主要因素,即刻房态的类型 2. 团队、散客、会议客人接待服务的区别和联系 3. 商务楼层的特色及礼宾接待服务、贴身侍从服务 4. 即刻房态、房态显示、柜台夜审概念	1. 电脑分房信息录入、统计、制表、打印等操作技术 2. 柜台客房销售报价技巧、推销技巧和提高出租率技巧 3. 柜台接待服务中的特殊情况处理方法运用 4. 客人入住分房技巧

第一节　客人入住前的准备工作

案　例

某四星级饭店前台每天的班前例会与督查

北京×××饭店是一家有430间套客房的四星级饭店。饭店客人的进离店及其接待服务由柜台接待处负责。每天当班的接待主管或领班都要召开一次班前例会,并做好会议内容落实的督导检查工作,其例会内容是:

1. 例会时间与主持。时间为每天上午7:50—8:00,中班下午3:30—3:40。这时客人进出前台的人较少,又刚好上班,会议由当班的主管主持。主管不在时由领班主持。

2. 例会内容。一般内容包括:

(1) 检查着装仪表。员工必须提前10—15分钟上班签到、换好工作服、按要求画淡妆。然后在例会开始时接受检查,如有问题,立即改正。

(2) 通报有关情况。主要传达上一天前厅部主管工作会议精神,通报昨天或夜班有关情况,包括接待人次、出租间次、平均房价完成情况,分类客人平均房价等。如有好人好事,也会在会上表扬。

(3) 提请当天注意事项。如重要团队或大型团队入住、重要会议或VIP客人入住,均要提请注意做好各项准备工作,并提请做好交接班工作。

3. 会议督导检查。会后主管或领班会督导有关人员做好柜台电脑设备存档、检查、其他设备检查、柜台客人房态核对,当日可分房间报表检查等工作,以保证当日接待服务需要。

点　评

柜台接待是前厅部门的中心工作。做好接待前的各项准备工作是有针对性地提供优质接待服务,保证分房准确、手续完善,提高服务质量和客房出租率的重要条件。案例中北京某四星级饭店接待处的每日例会制度和内容就是做好客人入住前的准备工作的组织落实,其中的会后督导检查更是很重要的工作。为此,我们在本章开头首先介绍客人入住前的准备工作的具体内容和方法,以为后面的接待服务操作创造条件,确保提供优质服务。

一、柜台接待设备与用品准备

（一）柜台分房设备

现代饭店宾馆前厅柜台的中心任务是做好旅客接待、房间分配、办好入住登记、为客人提供优质入住与迁出服务。其柜台分房设备主要有两种操作系统。

（1）电脑联网操作系统设备。这种电脑联网操作系统是在前厅柜台接待处设接待终端机，与前厅问讯处、收银处、行李处、办公室等终端机联网。其功能有客人入住信息输入、预订信息转存、各种信息分类、储存、调出阅读、制表、房态显示、建立账卡、打印报表等。大中型和高中档饭店的柜台分房设备大多是全面联网的。档次较低的中小型饭店则大多在前厅柜台配1—2台单机。通过电脑程序来完成接待分房、信息分类、储存调用、打印报表等工作。

（2）分房控制盘手工操作设备。这种设备是威特尼系统的重要组成部分。它在前厅柜台接待处设分房控制盘，然后通过使用不同颜色的客人住房卡、房态卡来显示各种客房的利用状况，从而保证客房分配的准确性和房间使用的合理性。与分房控制盘配合，在前厅问讯处，总机房还同时设有查询控制盘。它们和预订处的控制盘结合起来，共同形成一个威特尼系统。采用分房控制盘的饭店，大多同时在前厅接待处设独立操作的计算机和打印机，以提高接待服务的工作效率和统计、制表的准确性。

（二）柜台接待服务设备

现代饭店前厅柜台除上述两种类型的设备外，还需要配备一些必要的接待服务设备。主要有以下几种：

（1）磁卡钥匙制作机。设在柜台接待处，主要功能是为客人制作房门钥匙。为保证饭店客房安全，现代饭店客房大多采用了计算机控制的磁卡或电子锁。客人办理入住登记后，柜台接待员只要把客人的姓名、房号、住期等输入磁卡钥匙制作机，即可得到住客钥匙，确保客人住房安全。

（2）住客账卡架。设在前厅收银处。饭店采用计算机收款后，客人的账户与消费主要储存在电脑中，但客人所交预订金、保证金、押金和住店期间的各种签单消费，既要录入电脑保存，又要运用住客账卡架来保存客人的有关原始凭证，才能满足饭店财务核算需要。

（3）收银机和信用卡压卡机。设在前厅收银处，前者用来录入、记录客人消费，制作客人账卡。后者供使用信用卡预订、结账、交款的客人刷卡时专用。

（4）验钞机和保险柜。设在收银处。为保证收款正确，防止收进假币，专设验钞机供收款员使用。保险柜则主要用来保管前厅收款处、外币兑换处的业务周转金和收入现金，以便每天和财务交接，存入银行。

（5）行李服务设备。主要有行李车、行李架、行李寄存室等。主要用于客人行李运输、暂存、寄存等，以提高工作效率，确保客人行李安全。

（6）贵重物品保管箱。设在前厅柜台处某一位置。采用客人和服务员双保险钥匙为客人保管贵重物品，增加客人安全感。新的现代化饭店其贵重物品保管箱已改在客房内设置，设在前厅已很少有客人使用了。

（三）柜台接待用品准备

随着科学技术的发展，计算机系统设备在饭店的广泛使用，饭店柜台接待用品有逐步减少的趋势。这些用品都以各种表格为主。做好用品准备是提高客人接待服务工作效率、减少和防止差错发生的必要条件，其用品准备的主要内容包括：

（1）客人入住登记卡。由饭店根据公安部门的要求事先印制好的一种宾客住宿登记表，根据接待对象不同，又可分为内宾用、外宾用、团队登记等不同的卡片。

（2）宾客欢迎卡。由饭店印制的向客人表示礼遇、介绍和宣传饭店服务项目、当地旅游景点的一种卡片。印制精美，除起推销宣传作用外，主要用作客人在饭店餐厅、酒吧等各处签单消费的凭证。

（3）行李条。又称行李卡。由前厅印制，放在行李处，主要用于客人入住登记时的行李运输与辨认，防止行李错投。

（4）换房卡和留言条。前者放在接待处，供客人要求换房时填写，作为换房服务和房租记录的依据。后者放在柜台各处，供接待服务过程中客人需要留言时使用，以便转交。

二、每日柜台房态核对与房态显示

每日柜台房态核对是房态显示的前提和基础，而房态显示又是柜台准确分房、提高服务效率、防止差错发生的先决和必备条件。饭店宾馆的各类客房每天都是处于周转变化之中的，柜台接待人员只有每天做好房态核对，保证各种客房的“即刻”房态准确无误，才能有效防止客房分配中的“重房”、“漏房”、“差错房”等现象发生。柜台每日房态核对与房态显示重点要做好三个方面的工作：

（一）分清即刻房态种类

即刻房态是指每天不同时段的各种客房所处的即时状况。由于饭店宾馆的各类客房每天都处于周转变动之中，因而其即刻房态也是多种多样和不断变化的。在客房出租过程中，每天的即刻房态主要有六种：

（1）已出租房态。指该房间已出租，客人已经租用而未离店，需要每天提供住店服务、掌握其房态以防止重复分房。

（2）可出租房态。指该房间已清扫整理完毕，准备就绪，处于随时可供出租的状态。

（3）正清扫中房态。指原租该房的客人已经退房，现正在清扫整理或即将清扫整理的房间。即暂时不能出租，很快就会整理就绪并可出租的客房，所以又称转控中房态。

（4）待修理房态。指该房正在或将要进行维修，当天、近几天或短期内不能出租，要在修理完成打扫干净，整理达标后才能使用的房间。

（5）保留管制房态。指该房间是专为某些重要客人、VIP 客人或特别指定房号预订的客人而保留的房间。

（6）外宿未归房态。指租用该房间的客人在外过夜而未回房间住宿。

（二）做好每日房态核对

饭店每日房态核对至少三次。其核对操作方法是：

（1）楼层客房状态核对。由楼层领班或专人每天至少三次，逐一检查、核对每个楼层的每间客房的即刻房态,如住房、走房、空房、待修理房、清扫中房等。

(2) 柜台每日房态核对。即柜台接待员每天与楼层检查结果的房态核对。其方法有两种:

采用电脑全面联网的饭店。客房楼层将每天每次的核对结果交客房部办公室或客房服务中心,再将核对后的即刻房态输入电脑,与前厅柜台在电脑中核对。这样,柜台即可随时掌握饭店各类客房的即刻房态。

采用分房控制盘的手工操作的饭店。客房楼层将每天每次的核对结果制成房态表,交前厅接待处进行房态核对,以保证柜台接待人员每天随时掌握饭店各类客房的即刻房态,其房态核对报表可参阅表 4－1。

表 4－1　房态报告/房间状况核对表

日期＿＿＿＿＿＿　　星期＿＿＿＿＿＿　　核对时间＿＿＿＿＿＿

房号	即刻房态	房号	即刻房态	房号	即刻房态	房号	即刻房态
201		301		401		501	
202		302		402		502	
203		303		403		503	
204		304		404		504	
205		305		405		505	
⋮		⋮		⋮		⋮	
2nn		3nn		4nn		5nn	

代号:V——空房　　000——待修房　　OC——清扫中房
X——住房　　SO——外宿房　　NB——无行李房

制表人＿＿＿＿＿＿　　主管签字＿＿＿＿＿＿

(三) 掌握柜台每日房态显示

柜台每日房态显示是指柜台接待员每天将核对过的即刻房态在电脑屏幕上或在分房控制盘上显示出来,即可随时准确无误地分配房间,防止“重房”、“漏房”以及其他差错发生。根据柜台接待设备不同,主要有两种方式:

(1) 电脑屏幕显示。主要适用于采用计算机联网的饭店。其方法是每天客房楼层在完成客房即刻房态检查后,将每次检查的各种房态状况录入电脑,通过电脑与前厅柜台的电脑终端机核对房态。这时,柜台接待处的电脑屏幕上即能显示出每间客房的即刻房态,并在电脑中生成每日可分客房报表,为柜台接待员的准确分房提供完整准确的房态信息。

(2) 分房控制盘显示。主要适用于采用威特尼系统的手工操作方式的饭店。其方法是:在前厅柜台的分房控制盘上,饭店全部客房按楼层、房号顺序排列。每个房间设有一个插槽和一张底卡。底卡用不同颜色、符号或缩写语来表示该房号的类型、设备、房价、位置等。底卡表明该房间处于可出租状况。客人租用后,该房号及时插入客人“用房卡”。用房卡上有客人姓名、性别、人数、房租和抵、离店日期等。客人退房后,该房号及时取出客人用房卡,换上正在“清扫房卡”,并通知客房楼层及时清扫整理。如果该房间需要维修,则换上“待修房卡”。如果该房号需要保留管制以出租给某些特别客人,则及时换上

"保留房卡"或"管制房卡"。当该房间又处于可出租状态时,其他各种房卡都已取出,又显露出底卡表示可以出租了。通过上述手工操作方式,在柜台分房控制盘上也能准确显示出饭店各类客房每天的即刻房间状态,为柜台人员的接待分房提供准确的房态信息,防止差错发生。

三、每日可分房间计算与房号准备

每日可分房间是指前厅柜台每天可以出售给无预订客人的房间。饭店各类客房销售既要保证每天有预订的客人到店的住房需要,又要尽可能满足无预订客人的住房要求。在实际工作中,为防止有预订客人和无预订客人之间发生冲突,前厅柜台接待人员每天都必须事先计算出当天的可分房间,以便做好准备工作,保证客人住房分配的准确性。

影响每日可分房间数量的主要因素包括可出租客房总数、昨晚占用房间数、当日预订房间数、当日应该离店房间数、临时取消、预订不到、延期住店、提前到店和提前离店、待修理房间数等等。

计算每日可分房间数量的方法是根据这些影响因素,以当日可供出租客房总数为基础,计算出当日需占用房间总数,然后用可出租房间总数减去需占用房间数即可。现举例说明:

▶ **案例1**　某酒店有客房480间。9月8日,柜台接待员小李刚上班不久,当班主管让他根据当天客房出租、预订、离店等资料计算一下当日可分房间。他迅速核对有关数据,并计算出了结果,如表4－2中案例一部分所示。请检查一下他的计算结果对不对。如有错误,请在错处画一横线,并重新计算填入表4－3案例一中。

表4－2　前厅柜台可分房间资料

案例 / 项目	案例一	案例二		案例三	
	9月8日	9月16日	9月18日	10月3日	10月5日
客房总数	480	586	586	478	478
长住总数	+15	28	28	36	36
昨晚占用	+460	490	465	431	420
今日应离店	－210	230	243	245	232
今日预订到店	+245	250	262	236	248
延期住店	－4	12	14	3%	2%
临时取消	－12	20	18	8%	7%
提前到店	+6	5	4	2%	3%
预订不到	+10	9	12	5%	6%
失效在修	－16	12	14	4%	5%
当日需占房	472	—	—	—	—
当日可分房	8	—	—	—	—

▶ **案例2**　某酒店有客房586间,长住客人占用28间。9月16日和9月18日的客房预订、当日应离店、预订不到、临时取消、延期住店、提前到店等资料如表4－2中之案例二部分所示,请计算9月16日、9月18日的酒店可分客房数。

▶ **案例3**　长安大酒店有客房478间,长住客人占用36间。10月3日和10月5日,酒店客房出租、预订、当日应离店等有关资料如表4-2中案例三所示。请根据这些资料计算10月3日和10月5日的可供分房数。

案例分析:

根据题目已知条件,将三个案例直接计算,结果填入表4-3中。

表4-3　柜台可分房间计算

案例 项目	案例一		案例二9.16		案例二9.18		案例三10.3		案例三10.5	
	已知	改错	已知	计算	已知	计算	已知	计算	已知	计算
客房总数	480		586		586		478		478	
长住房数	+15		28		28		36		36	
昨晚流动客人占用	+460		490		465		430		420	
今日该走	-210		230		243		245		232	
今日预订到店	+245		250		262		236		248	
预订不到	+10		9		12		5%		6%	
延期住宿	-4		12		14		3%		2%	
临时取消	-12		20		18		8%		7%	
提前到店	+6		5		4		2%		3%	
失效房数	-16		12		14		4%		5%	
可分房数	8		—		—		—		—	
进位	—	—	—	—	—	—	—		—	

计算出每日可分房间后,柜台接待人员应运用电脑或分房控制盘标明哪些房间可以出售给未预订的客人,并与预订客人留出的房间核对,准备好每日可出租的房间和房号,每日可分房态显示表,以确保每日客房销售的准确性。采用电脑联网的饭店也可运用电脑程序直接用电脑计算出每日可以分房,并在电脑屏幕上直接显示出来。

第二节　旅客入住接待服务方法

案　例

北京喜来登长城饭店柜台接待员的工作内容

北京喜来登长城饭店是一家有近千间客房的五星级饭店,在引进西方饭店管理技术、结合国情运用中,饭店形成了一套科学先进的管理模式与规范,每个岗位都制定了和落实了具体的岗位职责和工作内容。现摘录其前台部柜台接待员的岗位职责和工作内容要点如下：

（一）岗位职责。为客人办理入住登记及离店结账，并将所有信息录入电脑，保证为客人提供优质服务。

（二）工作内容。完成以下工作：

1. 为预抵客人分配房间、办理入住登记手续，并输入电脑。为客人提供换房服务。

2. 做好贵宾接待的准备工作，为客人提供所有信息，帮助处理客人要求和特殊要求。

3. 将有关资料存档、管理其他部门钥匙。

4. 为客人办理结算手续，并将有关信息输入电脑，为财务部提供所有必需的单据。

5. 保持接待柜台干净整洁，阅读并填写交班日志，认真做好交接班，并完成上级交办的其他任务。

点评

柜台接待是饭店客房销售，产生经济收入的重要工作和最终落实。案例中介绍的工作内容反映了饭店柜台接待的工作要点，并未介绍其具体方法和技巧。本节的目的就是在前节接待服务准备工作的基础上，介绍各类客人入住接待、分配房间、办理登记手续的具体方法步骤。它是前厅柜台接待服务的关键，对于培养学员的职业素养和职业技能也有重要作用。希望引起广大学员的重视。

一、预订散客入住接待服务方法

（一）客人到店时的迎接

（1）门口迎接。客人到达饭店，迎宾兼安全调度员（高档饭店）主动迎接问好，拉开车门，引导客人进入前厅。与此同时，行李员主动为客人接送行李，门童主动开拉门服务。

（2）柜台迎接。客人来到柜台前，接待人员面带微笑，主动问好、热情欢迎客人前来饭店，并询问客人姓名、国籍、单位、有无预订，同时查阅电脑客人资料或“预期到步客人名单”。凡是预订的散客，都能查到客人的订房资料。

（二）检查客人证件与信用

（1）检查客人证件。在确认客人有订房后，礼貌地请客人出示有效证件。其中，外国籍的客人检查护照。国内客人检查身份证，港、澳、台客人和华侨检查回乡证。主要检查真伪和有效期，以贯彻国家公安部门的有关规定，维护饭店和客人安全。

（2）检查客人信用。在检查客人证件的同时，主动热情告知客人，饭店已按客人预订要求为他（们）准备了合适的房间。同时询问客人以何种方式付款，检查客人信用。其基本信用方式有：

① 信用卡付款。客人提供信用卡，经与发卡银行联系，确认信用卡有效期。信用有效后，方可办理入住登记手续。

② 费用担保付款。指客人通过与饭店签有协议或合同的订房中心或旅行社订房，客人声称自己的费用由订房中心或旅行社代付。这时要请客人出示订房中心或旅行社同意为持有凭单的客人付款，并提供费用担保的书面凭证后，才能为客人办理入住登记手续。

③ 预付订金或保证金。先按客人提供的付款凭证，查明电脑记录或收款记录，确定无误后方可为客人办理入住登记手续。

④ 交付押金。即客人进店时，请他们按登记住期长短和房价交纳一定押金，方可办理入住手续。

（三）办理入住登记手续

(1) 填写客人住宿登记表。饭店客人入住登记表分为国内客人、外籍客人两种。一般由客人填写，柜台接待人员将填写结果与客人的身份证、护照或回乡证对照。其表格内容和格式各饭店基本相同，如表4－4所示。

表4－4　旅客住宿登记表（内宾用）

店徽及酒店名称

<table>
<tr><td>姓名</td><td>性别</td><td>年龄</td><td>籍贯</td><td colspan="3">工作单位及住址</td><td colspan="2">证件号码</td></tr>
<tr><td></td><td></td><td></td><td></td><td colspan="3"></td><td colspan="2"></td></tr>
<tr><td></td><td></td><td></td><td></td><td colspan="3"></td><td colspan="2"></td></tr>
<tr><td></td><td></td><td></td><td></td><td colspan="3"></td><td colspan="2"></td></tr>
<tr><td>何处来</td><td colspan="2"></td><td colspan="2">每日房价</td><td>房号</td><td></td><td>房租</td><td></td></tr>
<tr><td>何处去</td><td colspan="2"></td><td colspan="2">房费合计</td><td colspan="4"></td></tr>
<tr><td>到达日期</td><td colspan="2">年　月　日</td><td colspan="2">备注</td><td colspan="4"></td></tr>
<tr><td>离开日期</td><td colspan="2">年　月　日</td><td colspan="2">值班人员签名</td><td colspan="4"></td></tr>
</table>

如果客人是外籍客人，则一般填写客人临时住宿登记表，如表4－5所示。

(2) 填写欢迎卡。欢迎卡是现代饭店为客人印制的一种消费签单凭证。其内容一般包括三个部分：一是客人入住的基本情况，如姓名、房号、房租、进离店时间等；二是饭店主要服务项目及营业时间；三是当地主要旅游景点简介。欢迎卡的作用：一是作为客人在酒店消费签单的凭证；二是指导或引导客人在饭店消费及在当地旅游。在办理入住登记手续时。客人只要在欢迎卡上签名即可。

(3) 建立客人账卡。凡是采用电脑操作的饭店，先根据住宿登记卡上的姓名、房号、进离店日期、房租等在电脑中找到对应的客人预订资料，然后输入客人姓名、房号、房租、迁入迁出日期等，建立客人账卡。

采用手工操作的饭店，在为客人办完入住登记手续后，手工填写客人分户账单，以便以后每天为客人记录和统计在店消费额。其账单格式请参见表4－6。

表 4－5　临时住宿登记表

REGLSTRATION FORM OF TEMPORARY RESIDENCE

<table>
<tr><td>英文姓
Surname in English</td><td colspan="2">英文名
Name in English</td></tr>
<tr><td>中文姓名
Name in Chinese</td><td>性别
sex</td><td>出生年月
Date of birth</td></tr>
<tr><td>房号
Room No.</td><td colspan="2">国籍
Nationality</td></tr>
<tr><td>证件种类
Type of travel document</td><td colspan="2">证件号码
No. of travel document</td></tr>
<tr><td>签证种类
Type of visa</td><td colspan="2">签证有效期
Date of expiry</td></tr>
<tr><td colspan="3">永久地址
Permanent address</td></tr>
<tr><td>何日何处抵
Date of arrival where from</td><td colspan="2">何日去何处 拟住天数 Days
Date of departure
Where to</td></tr>
<tr><td>停留事由
purpose fill in block letters</td><td colspan="2">接待单位
Received by</td></tr>
<tr><td>请用正楷填写
Please fill block letters</td><td colspan="2">宾馆名称</td></tr>
<tr><td>工作处所</td><td>职业、职务</td><td>籍贯省市区</td></tr>
<tr><td rowspan="2">ON CHECKING OUT MY ACCOUNT WILL BE SETTLED BY：
离店时我的账目结算将用
CASH 现金
TRAVELLERSCHEQUE 旅行支票
CREDIT CARD 信用卡
T/A VOUCHER 旅行社凭单
OTHERS 其他</td><td colspan="2">ROOM RATE 房价</td></tr>
<tr><td colspan="2">CHECK OUT TIME IS 12:00
退房时间是中午十二时整
FOLIO NO.
账单编号
GUEST SIGNATURE</td></tr>
<tr><td colspan="3">MONEY,JEWEL. S AND OTHER VALUABLES MUST BE PLACED IN A HO-TEL SAFETY DEPOSIT BOX. THE MANAGEMENT WILL. NOT BE RESPONSIBLE FOR ANY LOSS
金钱、珠宝及其他贵重品必须放在宾馆的保险箱内，否则宾馆将对任何遗失不负责任</td></tr>
<tr><td>REMARKS 备注</td><td colspan="2">CLERK'S INITIAL
职员签名</td></tr>
</table>

表 4-6　宾客分户账单

<table>
<tr><td>房号
ROOM NO.</td><td></td><td>姓名
NAME</td><td></td><td></td><td></td><td></td><td rowspan="2">备注
REMARKS
押金:元</td><td rowspan="2">××HOTEL
地址:ADD
电话:TEL
电传:TELEX
传真:FAX</td></tr>
<tr><td>房租
ROOM
RATE</td><td></td><td>抵店日期
DATE OF
ARR</td><td></td><td>离店
日期</td><td></td><td></td></tr>
</table>

<table>
<tr><td rowspan="2">日期
DATE</td><td colspan="9">借方</td><td rowspan="2">贷方
CREDID</td><td rowspan="2">余额
BALA
NCEDUE</td></tr>
<tr><td>房租
ROOM
RATE</td><td>服务费
RSC</td><td>餐饮
R&B</td><td>洗衣
LAUN
DRY</td><td>电话
TEL</td><td>电传传真
TLX&FAX</td><td>汽车
TAXI</td><td>其他
MISC</td><td>小计
TOTAL</td></tr>
<tr><td></td><td></td><td></td><td></td><td></td><td></td><td></td><td></td><td></td><td></td><td></td><td></td></tr>
<tr><td></td><td></td><td></td><td></td><td></td><td></td><td></td><td></td><td></td><td></td><td></td><td></td></tr>
<tr><td></td><td></td><td></td><td></td><td></td><td></td><td></td><td></td><td></td><td></td><td></td><td></td></tr>
<tr><td></td><td></td><td></td><td></td><td></td><td></td><td></td><td></td><td></td><td></td><td></td><td></td></tr>
<tr><td></td><td></td><td></td><td></td><td></td><td></td><td></td><td></td><td></td><td></td><td></td><td></td></tr>
</table>

<table>
<tr><td>住店签名
GUEST
SSIGNATURE</td><td></td><td>地址
ADDRESS</td><td></td><td rowspan="2">钥匙请交服务台
HAVE YOU RETURNED
YOUR KEY ?

NO. 0038287 第　页</td><td rowspan="2">↑
最终余额
LAST BALANCE IS
AMOUNT DUE
第　页</td></tr>
<tr><td>付款单位
CHARGE TO</td><td colspan="3"></td></tr>
</table>

(4) 收取客人押金。随着市场经济的发展,饭店宾馆的收款方式已经从过去的客人离店时统一结账改为先收押金。为此,在为客人建立分户账单的同时,要根据客人住期长短,先请客人交纳一定数量的押金,并开临时收据。然后根据客人实际消费在客人离店时统一结账,多退少补。

(四) 填写开房通知单与资料处理

1. 填写开房通知单

柜台接待员根据分房结果填写开房通知单,交给行李员,并电话通知客房楼层为客人开房。

2. 客人住房资料处理

(1) 文字资料。住宿登记表先按客人入住日期顺序排列,每天再按客人姓名大写字母顺序排列,存档备查,并报临时户口;客人分户账单交收款处保存为客人记录在店消费;客人押金及收款存根由收款处保管。

(2) 电脑资料。按电脑操作程序将客人住宿登记表的内容及时录入电脑。特别注意录入的内容必须完整、准确、无任何差错。特别是客人姓名和有关内容必须与预订资料完全一致。客人的分户账单也要按规定程序输入收款机,以便通过电脑为客人记账。

3. 手工操作的住客资料处理

采用分房控制盘的手工操作的饭店,其资料处理方法是:文字资料处理中的宾客住宿登记表、客人分户账单、客人押金的文字凭证等资料处理方法与电脑联网的饭店处理方法相同。只有两点区别:

(1) 填写客人住房卡。即在客人进房后,柜台接待员要根据宾客住宿登记表的内容填写“客人住房卡”。

（2）调整分房控制盘和查询控制盘。即根据客人住房卡上的姓名和房号，将离店客人的房卡取出，按所住房号（分房控制盘）或客人姓名英文字母顺序（查询控制盘）将新入住的客人住房卡插入控制盘。同时注意不同客人所用的房卡的颜色。

（五）预订散客入住接待注意事项

（1）客人信用与房价。办理入住登记过程中如果客人的信用发生问题，必须先请示主管，得到同意后再处理，不可擅自做主。如果客人的房价属于饭店签约公司的协约性房价，不要写在客人住宿登记表或欢迎卡上。

（2）客人住期变更。客人提出延长或缩短住期，应注意是否会引起房租变更，并在尽可能满足客人要求的情况下通知预订部门，防止客人住期变更后与新的客房预订发生冲突。

（3）服务质量与效率。办理客人入住登记过程中，要始终坚持微笑服务、站立服务，始终坚持热情、礼貌、大方、周详，注重工作效率。一般散客每客接待登记时间应在3分钟左右。

二、团队客人入住接待服务方法

（一）团队客人到店迎接

（1）车辆调度。团队客人到达，安全调度员（高星级饭店）或门卫员引导调度车辆，表示欢迎，并引导客人下车，行李员帮助卸下行李。

（2）客人迎接。客人下车时，团队协理员（以团队客人为主的高星级饭店）或大堂副理或客务关系员到门口迎接客人，与导游、领队联系，表示欢迎，并引导客人进入前厅，到团队接待室或指定地点，等候办理入住登记手续。

（3）行李搬运。行李处人员同时将客人行李装车，轻拿轻放，送入前厅，等候客人办理入住登记手续。如客人行李先到人后到，则与旅行社行李员办理交接手续后按行李服务程序处理。

（二）核对团队名单与检查证件

（1）核对名单。按事先准备好的团队接待方案及名单，与团队导游、领队逐一核对实际到达客人数，检查预分方案与实际到达的客人数所需房间数是否一致。若不符，迅速做出调整，然后与导游协商分房。

（2）检查证件。在核对团队名单与用房的基础上，请导游或领队协助，检查客人有效证件。方法与散客入住相同。

（三）办理团队入住登记手续

（1）填写团队客人住宿登记表。团队客人入住，可以填写集体“团队人员住宿登记表”，也可以分别填写“临时住宿登记表”。方法是根据事先准备好的预分方案，在核对名单的基础上，用电脑打印出来即可。如果是请客人分别填写，则请导游或领队发给客人，填好后收回即可。集体登记的住宿登记表如表4－7所示。

表 4－7　团队人员住宿登记表

店徽及酒店名称
REGISTRATION FORM OF TEMPORARY
RESIDENCE FOR GROUP
团队名称：________日期：　年　月　日至　月　日
NAME OF GROUP DATE YEAR MON DAY TILL MON DAY

房号 Room No.	姓名 Name in full	性别 sex	出生年月日 Date of Birth	职业 Profession of Occupation	国籍 Nationality	护照号码 Passport No.
何处来何处去 where from and to						

留宿单位：　　　　　　　　酒店：　　　　　　　　接待单位：

(2) 分配客人住房。在填定客人住宿登记表的同时,告知导游或领队客人的房号。至于每位客人具体住哪间房,请导游或领队与客人协商后确定。然后封定电脑中的客人房号,以保证每个团队在电脑中的信息独立,防止互相混淆。

(3) 制作客用钥匙卡。在分配客人房号的基础上,运用柜台钥匙制作机,按客人住宿登记表制作客用钥匙。方法是按操作程序逐一将客人姓名、房号、房价,迁入与迁出时间录入钥匙制作机,每人一次,即可完成。

(4) 送客人进房。在分配房号、制作钥匙的基础上,请行李人员按房号将行李卡系在客人行李上,然后由团队协理员或大堂副理与导游领队一起陪客人进房。行李人员则为客人搬运和分发行李,送到客人房间。

(四) 客人进房后的工作与资料处理

1. 安排客人用餐

客人进房后,柜台接待人员与导游或领队协商安排团队客人用餐,确定每天客人的早餐、正餐风味、时间、人数、餐费标准,以便餐饮部门做好准备。

2. 建立团队账户

团队客人住店,一般建立团队账户记录团队消费,通过银行转账获得收入。如果团队客人中有个人单独消费,则分别为客人建立分户账单,按散客办法处理。团队客人账户内容可参阅表 4－8。

3. 协商团队服务事宜

客人进房后,柜台接待人员还要与导游或领队协商有关服务事宜。主要包括:导游人员的用房、用餐安排及费用标准,是否记入团队消费和费用处理方法;客人是否需要叫醒服务,若要则打印具体房号和时间;团队客人何时收行李等。

4. 团队资料处理

客人进房后,柜台人员根据团队客人入住安排制作团队资料。方法是:

(1) 采用电脑操作的饭店。按电脑操作程序将团队名称、人数、房间数、房价、用餐安排、叫醒服务等输入电脑,逐一读出。核对无误后打印出“团队客人资料”,分送行李、总机、客房、餐饮等部门。

（2）采用手工操作的饭店。一般设有独立而未联网的电脑。其团队资料制作方法与采用电脑联网的饭店基本相同。团队资料内容如表 4－9 所示。

表 4－8　团队客人账单

团队名称________　旅行社名称________　电话________
团队人数________　旅行社地址________　电传________
进店日期________　离店日期________　传真________

团队费用	借方							贷方	金额
	客人用房(间)	导游用房(间)	日租金	早餐费用	正餐费用	其他费用	小计		
合计									

导游签字________　收款员________
付款单位________　收款单位________
付款方式________　付款时间________
最终余额

表 4－9　团队客人入住资料

分送部门________
团队名称________　旅行社名称________
团队人数________　入住房数________
单人房________　双人房________　标准房________　套房________
领队________　房号________　导游________　房号________
到店日期________　离店日期________
本地接待单位________　联系电话________

日期	早餐			午餐			晚餐		
	人数	标准	时间	人数	标准	时间	人数	标准	时间

叫醒时间________
收行李时间________　制表人________
________年________月________日

(五) 团队客人入住接待注意事项

(1) 团队未到,陪同提前到店要求用房。必须请销售部人员与陪同协商,在明确费用支付方式后方可给房,否则不能开房。

(2) 团队到店后要求增加房间的房费。必须请导游或陪同与销售部联系确定房价后,所增加的房间费用可记入团队费用。否则,所增加的房费应按柜台价请客人现付。

(3) 团队到店后要求减少房间。可以减房,但应请销售与导游或陪同协商后,按团队用房协议收取减少房间的损失费。其损失费计入第二天的房租收入。

(4) 团队离店后要求延期住店。在客房允许的条件下可以留住,但客人不应再享受团队优惠价,应按柜台价收取延期住宿的房租。

(5) 团队航班取消而陪同要求用房。按销售部协议安排房间,次日团队到达后按团队程序处理,并通知销售部。

(6) 团队陪同要求增加免费房或价格优惠房间。按团队协议人数处理。若有房间出租,可以给房,但增加的房间不享受团队优惠,按柜台价出租。若销售部另有通知,按销售部通知房价标准执行。

(7) 团队要求提前开早餐。由陪同填写早餐提前时间更改单。接待员审阅后提前一天通知餐饮部,所有更改时间均以书面通知为准。

(8) 团队客人就餐人数增加。由陪同填写团队客人就餐人数增加卡。提前通知餐饮部,因增加人数而增加的餐费(按团队人均标准)计入团队餐费中,否则由客人现付。

(9) 团队客人提出变更餐种。应与餐饮部协商。因餐种变化引起的差价必须记入团队餐费或请客人现付,否则不予变更。

(10) 上述所有特殊情况处理后应做好记录,并在团队入住登记卡上注明。凡涉及团队费用变更,均需通知前厅收银员在团队客人账户及团队交班表上注明,并请导游或陪同签字,做好交接班。

三、VIP 客人入住接待服务方法

(一) 客人到店前的准备工作

(1) 打印 VIP 客人接待通知单。在饭店管理中,常客、贵宾都作为 VIP 客人,然后再根据他们的重要程度确定其具体的接待等级和规格。为此,在客人到达前 1—5 天左右,柜台接待人员要在确定其接待等级和规格的基础上,为每一批 VIP 客人打印接待通知单,发到总经理室、大堂经理、客房部等各有关部门和人员,以便他们提前做好准备。其内容与格式可参见表 4-10。

(2) 做好 VIP 客人入住准备。主要包括四个方面:一是根据 VIP 接待方案及有关资料,填写客人临时住宿登记表和欢迎卡,只留下客人签名处不填;二是按分配的房号为客人制作好磁卡钥匙,连同登记卡和欢迎卡一起装入信封;三是按事先封定的房号检查、询问楼层 VIP 房间的清扫、卫生、赠品等的准备情况,确保万无一失;四是根据 VIP 客人接待等级规格催请总经理、副总经理或有关人员按时前来大厅迎接客人。

（二）客人到店后的接待服务

（1）到店迎接。VIP 客人到店，门卫或调度人员主动拉车门，伸手护住车门上方，引导客人下车。相关迎接人员主动向客人问好，表示热烈欢迎，并做自我介绍，引导客人进入前厅。与此同时，行李处派专人接送客人行李送到房间。

（2）办理入住登记。根据 VIP 客人的接待等级和规格及饭店性质不同，又分两种：

表 4－10　酒店 VIP 贵宾接待通知书

姓名	国籍	身份	到达日期时间及航班、车次		离店日期时间及航班、车次		安排房号		房号
			一元	二元		三元	四元		五元以上

接待规格

1. 迎送：A. 大堂经理□
B. 部门经理□
C. 副总经理□
**D. 总经理 □
2. 入住　A. 总台登记□
B. 客房登记□
C. 陪同登记□
*D. 专 梯 □
**E. 团队迎接□
3. 看望　A. 部门经理□
*B. 副总经理 □
**C. 总经理 □
4. 致意　A. 总经理名片□
B. 贵宾优惠卡□
C. 欢迎标语 □
5. 影像　*A. 照片 □
*B. 摄影 □
6. 礼品　A. 宣传册子 □
B. 市区游览交通图 □
*C. 工艺品□
7. 登报　**A. 发消息□
**B. 登照片□
8. 鲜花　A. 花束□
B. 花篮□
**C. 盆景□
9. 水果　A. 果盘□
*B. 果篮□
10. 饮料　*A. 一次性□
**B. 软饮□
**C. 酒品□
D. 每天□
11. 点心　A. 金币巧克力□
**B. 蛋糕　一般□
**C. 蛋糕　生日□
12. 用车　A. 折扣□
B. 全免□
C. 专车□
13. 用餐　A. 标准收费 元
B. 优惠收费%
**C. 全免□
早餐　元
午餐　元
晚餐　元
**D. 专座□
14. 宴会　A. 自理 □元/人
B. 工作陪餐□
*C. 宴请□
15. 用房□　A. 折扣□%
*B. 套房□
**C. 全免□
16. 报纸□
17. 其他

接待人：________________　　检查时间：________________
填表人：________________　　批准人：________________
日期：________________

分送：
总经理室□　客房部□　大堂经理□　公关部□　工程部□　计财部□
保安部□　总机□

① 在行政楼层(又称商务楼层)办理。引导客人进入大厅后,迎接客人的人员从柜台接过事先准备好的信封,直接陪送客人到行政楼层接待处,将信封交给楼层接待员。然后陪 VIP 客人到贵宾接待室用饮料、小吃或茶水,向客人表示欢迎,互相交谈、联络感情。然后楼层接待员请客人在临时住宿登记卡和欢迎卡上签名,告知客人接待规格。最后引导 VIP 客人进入房间,介绍设备、赠品和有关事宜,并祝客人住店愉快,然后告别客人。

② 在 VIP 房间办理。没有设置行政楼层的饭店,直接将客人送到 VIP 房间。楼层服务员及时送上茶水、香巾、迎接客人的有关人员向客人介绍房间设备、用品、赠品,表示欢迎与尊重,互相交谈,联络感情。最后请客人在住宿登记卡和欢迎卡上签名,完成客人入住登记。

(三) 客人住店后的资料处理

(1) 资料交回前厅柜台。VIP 客人住房后,迎送客人的有关经理人员返回前厅,将 VIP 客人入住登记资料交给柜台接待员,接待人员将资料输入电脑,其方法与散客入住资料处理方法相同。这项工作也可直接在楼层接待室电脑中完成。

(2) 通知有关部门和人员。主要包括总机房、客房部、餐饮部、康乐部等有关部门或人员,告知 VIP 客人的姓名及入住情况。

(3) 其他工作。VIP 客人入住后的账单、房号处理或采用手工操作的房卡处理、分房控制盘调整等,都与散客入住处理方法相同。

四、会议客人入住接待方法

(一) 会议客人入住登记

(1) 制定会议客人分房方案。客人入住前 1—2 天,柜台人员查阅销售部会议用房通知单和会议用房预订表,确定分给会议客人的客房数量、房间类型、具体房号、制定会议客人分房方案。

(2) 接待会务组成员。会务组成员抵达,与负责人协商会议用房数,告知客人租用房间类型、房号,发给房号卡。会议客人住房由会务组分配。

(3) 安排会议用餐。与会务组负责人协商,按销售部会议用餐协议标准,落实会议用餐的餐厅、开餐时间、用餐人数,发给会务组会议客人餐券。

(4) 分配会务组用房。请会务组负责人填写会务组客房入住登记卡,检查无误后发给钥匙,请行李员送客人进房,并请前厅收银处为会议客人办理集体账单,记录客人消费。

(5) 通知餐饮部安排会议用餐。根据会议用餐安排,填写会议客人用餐通知书,写清会期、会议人数、每天早中晚餐标准、开餐时间和餐食种类(中餐或西餐)、会议期间的宴会安排等,请餐饮部做好准备。

(6) 接待会议客人。会议客人抵达,请客人到会务组报到,凭会务组开具的房号卡安排客人住房,其客房入住登记方法与散客登记相同。

(二) 会议客人资料处理

(1) 客人入住资料处理。采用电脑联网的饭店,按会务组和会议客人入住登记卡的内容,逐一将客人资料输入电脑。每个会议资料单独打包存储。采用威特尼系统手工操作的饭店,其客人入住资料处理方法与散客入住相同。

(2) 会议资料存档处理。将会议预订资料、销售部会议用房通知、会议用餐通知单和客人入住卡等资料单独存档备查。

(三) 会议客人入住接待特殊情况处理

(1) 客人提前到店。会议客人提前到店,事先有预订的,按有预订散客处理。无预订的,按无预订散客处理。凡提前入住时间内的房租不享受会议优惠,其费用由客人自付。如果客人要求优惠,凭销售部通知单办理,否则不给优惠。如客人要求会议一起结账,凭会务组通知单办理。

(2) 客人延期住房,会议结束后,凡延期住房的房费,转为柜台散客房租,不再享受会议用房优惠价。

(3) 客人未在客房住宿。会议期间,本地会议客人或其他客人办理入住登记手续后,因各种原因临时有 1—2 天未住饭店,一律按会议租用的房间数和房号结账,不退房费。

(4) 客人租用会议室。根据会议用房协议,以会务组实际租用的会议室房号、次数和房租标准记入会议集体账户,统一结账。

五、长客与无预定客人入住接待服务方法

(一) 长住客人入住接待管理技术

1. 客人到店前的准备工作

(1) 资料检查。客人到店前当天或前 1—2 天,查阅销售部送来的长住客人用房协议书或通知单,检查客房预订表,掌握长住客人的姓名、单位租用房间数、房号、起租时间、租用设备、电话及其租金、押金等,以便提前做好准备。

(2) 询问客房情况。与楼层客房、写字间或公寓客房主管人员联系,询问长住客人租用的房间是否整理完毕,租用的设备、电话等是否安装、调试完好,确保客人入住需要。

(3) 入住登记准备。长住客人入住当天,提前准备好客人入住登记卡、磁卡钥匙、有关证件、卡片等,准备迎接客人。

2. 办理客人入住登记手续

(1) 门口迎接。长住客人到店,销售代表或大堂副理到门口迎接,表示欢迎,并引导客人进入前厅柜台办理入住登记手续。同时,行李处派人到门口帮助客人卸下、搬运行李。

(2) 办理住宿登记。检查证件、填写住宿登记表、制作客用钥匙卡、收取押金等与散客入住登记方法相同,参见本节之第一部分"散客入住接待服务方法"。

(3) 建立账户与收取押金。按销售部与客人签订的"长住客人用房协议书"规定,填写"长住客人分户账单",并收取押金。押金项目主要包括:

① 客房押金。按所租客房、写字间或公寓房协议房价标准和租用间数,一般先收 1—3

个月租金作为押金，到期后按每月初收1次房租收取客房租金。

② 电话押金。长住客人一般都会租用饭店外线电话。电话押金按租房协议规定的租用电话机数量和押金标准收取。

③ 其他设备租金。主要根据长住客人租用的设备项目、饭店收费标准和租房协议商定的数额收取。

(4) 客人入住。在办完上述手续的基础上，行李员帮助客人搬运行李或自带的家具、用具进房，客房部有关人员协助，完成客人入住工作。

3. 客人进房后的善后工作

(1) 长住客人资料处理。长住客人的住宿登记卡输入电脑，分户账单等资料处理方法与散客相同。

(2) 长住客人相关事项处理。需要办理的出入证件、停车证件，在酒店指定餐厅用餐的证件等按饭店规定办理。同时，客人入住后，及时通知保安部、总机房、房务部等有关部门。

(二) 无预订客人入住接待管理技术

(1) 客人到店迎接。无预订客人到店，门前调度、行李、门童、柜台人员等都要和有预订散客到店一样主动、热情、礼貌地迎接客人的到来。

(2) 询问与推销客房。客人来到柜台，礼貌询问客人有无订房，需要何种类型的房间。迅速查阅当日可分房或空房情况，判断客人身份地位与支付能力，主动向客人介绍酒店服务、环境、质量与声誉，有针对性地向客人推销客房，介绍房间设备与价格，供客人选择。

(3) 办理入住登记手续。在客房种类、价格符合客人要求的情况下，检查客人身份、确定客人信用与费用担保，收取客人押金，填写临时住宿登记表、欢迎卡，制作客用钥匙和办理客人分户账单等各种入住登记手续，都与有预订散客相同。

(4) 送客人进房。在办完登记手续后，请行李员持开房通知单和客人行李，陪送客人进房，介绍客房设备和住店需知。

(5) 如果在无预订客人中有常客或VIP客人，一经发现，由柜台主管亲自接待，按VIP客人入住接待管理技术和方法处理。

总之，前厅柜台每天要接待大量客人，既有散客，又有团队、会议客人；既有长住客人，又有大量流动客人；既有贵宾和VIP客人，又有大量普通客人，其接待服务、入住登记和房间分配都比较复杂。我们可以将上述各类客人的入住接待管理的工作流程概括如图4-1所示。

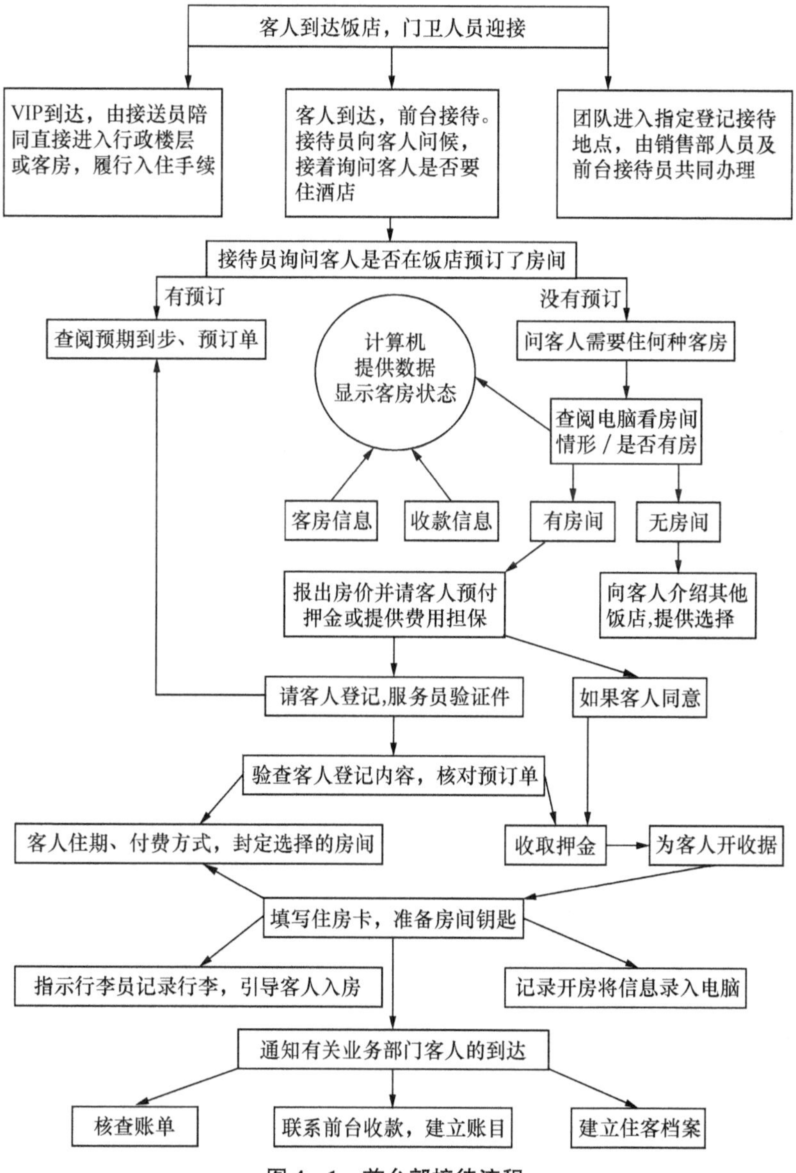
客人到达饭店，门卫人员迎接
VIP到达，由接送员陪同直接进入行政楼层或客房，履行入住手续
客人到达，前台接待。接待员向客人问候，接着询问客人是否要住酒店
团队进入指定登记接待地点，由销售部人员及前台接待员共同办理
接待员询问客人是否在饭店预订了房间
有预订
没有预订
查阅预期到步、预订单
计算机提供数据显示客房状态
问客人需要住何种客房
查阅电脑看房间情形 / 是否有房
客房信息
收款信息
有房间
无房间
报出房价并请客人预付押金或提供费用担保
向客人介绍其他饭店,提供选择
请客人登记,服务员验证件
如果客人同意
验查客人登记内容，核对预订单
客人住期、付费方式，封定选择的房间
收取押金
为客人开收据
填写住房卡，准备房间钥匙
指示行李员记录行李，引导客人入房
记录开房将信息录入电脑
通知有关业务部门客人的到达
核查账单
联系前台收款，建立账目
建立住客档案

图 4－1　前台部接待流程

第三节　商务楼层礼宾接待服务管理

案　例

北京某五星级饭店的行政楼层

北京某饭店是一家有近1 000间客房的五星级酒店。酒店的“行政楼层”专业接待高档商务客人和各种VIP贵宾。楼层设有客人入住登记与结账，免费早餐和晚间鸡尾酒、商务会议场所、商务中心和贴身侍从等服务。被称为“饭店中的饭店”。

商务楼层的入住登记处提供免费饮料。这里舒适宽敞、美观大方，手续办理和离店退房都有专人陪同，服务优质快捷。

商务楼层的免费早餐、免费鸡尾酒和商务会议场所小巧玲珑，设计美观大方。虽然免费，但服务主动、热情、耐心、周到、质量优良，比收费服务项目更好，客人在这里可以互相交流各种商业信息。

行政楼层的贴身侍从不仅个个外语水平较高，个人形象优良，而且从客人入住开始到客人离店，自始至终听从客人吩咐和安排，提供房间的简单整理，收送洗衣、订餐送餐、发送传真、电传、安排外出、旅游等各种贴身侍从服务，受到客人的广泛欢迎。

点 评

行政楼层又称商务楼层，是高星级饭店专门为高中档商务客人和各种VIP贵宾设置的隶属于前厅部门的礼宾接待服务机构。案例中的北京某五星级酒店的行政楼层服务项目是比较典型的。当然，其设置方法和服务管理还有其具体内容。为此，我们在前厅柜台旅客入住接待服务的基础上，进一步介绍酒店商务楼层礼宾接待服务管理，以体现高中档酒店的特色服务项目和优质服务特色。

一、商务楼层的特色及其服务项目设置

(一) 商务楼层的特色

饭店商务楼层是为突出企业特色服务而设置的。一般以高星级饭店和商务型饭店为主，也有档次较低的二星和三星级饭店设有商务楼层。与普通酒店和普通楼层比较，商务楼层或行政楼层具有三个特色：

(1) 客房面积大、设备及其装修豪华。商务楼层的客房又称商务客房。以大房间和商务套间为主，面积较大。四星、五星级饭店的商务楼层大房间客房面积少则50—60米^2，多则60—80米^2。二星和三星级饭店的商务楼层客房面积也比普通标准间大得多。不仅面积大，而且客房设施设备豪华，如床铺、卫生间的设备都以豪华舒适为特色，设计装

修都以美观、大方、典雅、气派为主。

(2) 服务项目小巧玲珑、装饰美观舒适。商务楼层的接待室具有贵宾接待室特色，小型餐厅、酒吧间、会议室、商务中心等服务项目都设计高雅、装饰美观舒适、环境优美、处处体现豪华享受，超前服务。

(3) 服务质量优良、收费标准较高。商务楼层除具有一般楼层的客房每日清洁、安全的服务外还有贴身侍卫的高档服务，各个服务项目的服务质量也很高雅舒适，又有一部分项目是免费的，所以，其客房出租价格即收费标准较高，大多会是普通标准客房价格的180%—200%以上。

(二) 商务楼层的服务项目设置

商务楼层以接待高中档商业客人为主，其楼层服务项目各饭店不完全相同，一般设置的服务项目主要有：

(1) 楼层接待室。一般设在靠近电梯或楼梯的适当位置，这里设有接待服务台、客人休息处、饮料服务台等设施。整个接待室经过精心设计和装修美化，整体布局美观、大方、协调、进出和服务方便。采用电脑联网服务。这里的功能类似饭店前厅接待处，主要为客人提供礼宾接待兼礼貌、饮料、入住登记、分配房间、退房离店等服务。其区别是礼遇规格高，客人入住和离店时，根据客人的身份地位和VIP等级高低，一般都有客户关系经理或大堂经理，副总经理或总经理陪同或前来看望。

(2) 商务休闲吧。一般在商务楼层的中间或适当位置设置小型酒吧或咖啡室，大多两者兼顾。这里经过精心设计，其室内柜台、酒水食品展示台、餐桌椅等设备齐全、布局整齐、协调、美观。服务周到、可提供免费或付费早餐和酒吧服务，是楼层客人饮酒休息、接待来访的商业人士或其他访客的理想场所。

(3) 楼层商务中心。一般在楼层的适当位置辟出适当面积的房间，经过精心设计和装修改造、设置接待服务台、客人等候交谈处、摆放复印机、打字机、电传和传真机等设备，为商务客人提供16—18小时的商务服务。

(4) 小型会议室。设在商务楼层的两头或适当位置，按照高档小型会议要求进行装修设计，摆放圆形单椅、鲜花、供住房客人召开小型会议，接待来访客人客户、举行商务谈判、签约等。

二、商务楼层的机构设置与员工素质要求

饭店商务楼层的规模主要取决于企业本身的客房数量和单层客房的面积。有的用有30—40间客房以上的一层楼，有的用2—3层楼来设置商务楼层。其商务客房的数量多少各不相同。但总体来说，饭店商务楼层组织机构的规模较小。一般隶属于前厅部，其组织机构形式可参阅图4-1和图4-2。

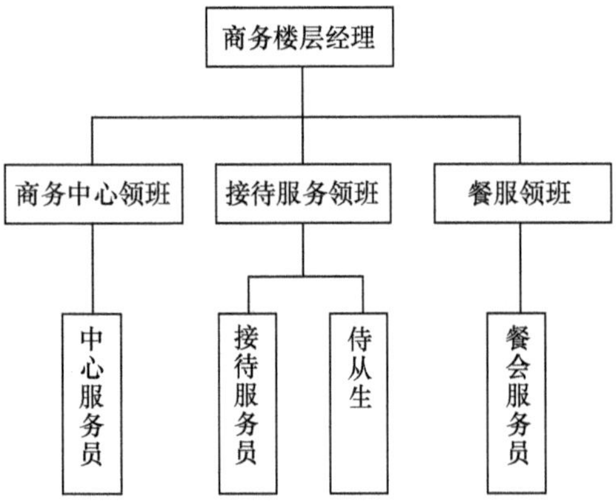

图 4-1 大型商务楼层机构

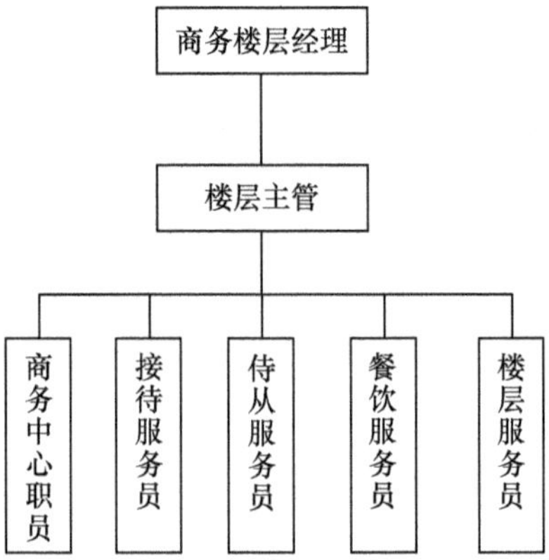

图 4-2 中小型商务楼层机构

商务楼层的设置以高星级饭店为主,员工素质要求较高。其基本要求是:

(1) 文化与资历。旅游院校、商业或外语院校高职或大专以上毕业、侍从服务人员本科以上毕业,具有1—2年以上前厅、客房或餐饮基层管理或服务工作经验,掌握专业服务知识和技能。

(2) 外语和仪容。英语达到六级以上水平,口语流利、书写听说能力强。能与客人熟练交流。侍从生外语反应敏捷。身体端庄、仪容仪表良好,有良好气质和风度。

(3) 态度与知识。有强烈的服务意识、热爱本职工作、服务主动积极性高、热情、礼貌、耐心、细致,诚实可靠。有扎实的文化功底,知识面较宽,熟练掌握本职工作的各项内容、程序、操作技巧。熟练运用电脑,自觉遵守各项规章制度和劳动纪律。

(4) 人际与客际关系。有良好的合作意识、人际关系和客际关系能力,服从领导、善于与同事和客人交往和交流,协调与配合能力较强,掌握客人投诉处理技巧。

三、商务楼层的工作流程和礼宾接待服务方法

(一) 商务楼层工作流程

商务楼层的工作多种多样。多由一专多能的各岗员工完成。除客房卫生整理由客房部楼层主管负责外,楼层服务的工作流程是:

(1) 早上7:00上班,签到。换好工作服,整理好个人仪容仪表,化淡妆。与夜班员工搞好交接班,相关事宜交代清楚。

(2) 7:30由主管或领班召开班前会,检查员工着装仪表、传达上级指示或通报上日商务楼层的有关情况,布置当日重要接待任务,或需要强调的有关事项。

(3) 接待室员工从前厅取回商务楼层邮件,由侍从生送到客人房间。然后查阅电脑、阅读当日楼层到步客人名单、客人离店名单,当日可分客房。按预订做好客人入住前的准备工作。包括房间分配、客人入住登记卡、欢迎卡、客人钥匙、客人账户的准备等工作。等候客人到来。

(4) 楼层餐厅或酒吧间归餐饮部负责。也要做好室内、餐桌椅、接待服务台、食品酒水展示台等各处卫生,保证服务环境美观、整洁、协调、舒适,并准备好食品和酒水。然后

按规定时间提供免费早餐服务到9:30—10:00。再转入正常营业。

(5) 客人到来,接待室按礼仪规格提供礼宾接待服务、客人离店服务(具体方法下面单独介绍)

(6) 商务中心,楼层会议室根据客人需要,事先掌握客人需求,每天上午上班后做环境卫生、设备调试、桌椅摆放等准备工作,视机根据客人要求提供有针对性的服务,确保质量优良。

(7) 上午10:00和下午3:00两次查房,按客人身份地位、VIP等级和楼层接待服务规格将鲜花、水果或果篮、饮料、总经理名片等送入客房、按规定位置摆放,以体现商务楼层的礼遇规格。

(8) 中班13:30分到岗签到。查阅电脑,打印楼层报表,检查客房卫生整理情况、设备有无报修。15:30分与早班交接班,做好交接记承,重复早班服务工作内容。准备第二天的欢迎卡、业务报表、水果、鲜花等。

(二) 商务楼层礼宾接待服务方法

(1) 客人来到饭店门前,由客务关系经理或大堂副理(特别重要客人由总经理或副总经理陪同)主动迎接问好,陪同客人直接进入商务楼层。这时,楼层服务员在电梯门口迎接客人,主动问好、表示欢迎。并陪同客人和本店经理人员一起进入商务楼层接待室。

(2) 从陪同经理人员手中接过客人资料。客人由陪同的经理人员进入接待处休息兼饮料服务室、礼貌招待客人。这时,接待服务员按预期当日到步客人名单核对客人姓名、单位或国籍,按事先制定的预分方案为客人填写入住登记卡、欢迎卡、客人账卡等的已知内容,制作客人磁卡钥匙。等候客人入住进房。

(3) 当陪同的经理人员礼貌招待客人快结束时(一般10—20分钟),接待服务员进入客人休息室,征得陪同接待的经理人员同意,为客人办理入住登记。主要是请客人核对已填好的住宿登记卡、欢迎卡,请客人签名,并填上服务员不清楚未填上的相关内容,如护照号码、信用卡号码等。然后由陪同经理人员或侍从服务员送客人进入客房。

(4) 办理入住登记时,如前厅无人陪同,则由侍从服务员礼貌接待客人。这时,服务员和侍从主要视机向客人介绍商务楼层的服务项目,包括免费的早餐、鸡尾酒服务、图书资料室、会议服务、擦皮鞋服务等。

(5) 客人进入客房,由陪同的经理人员或侍从生介绍客房设备,住房需知,并请楼层服务员为客人提供茶水、香巾服务。同时将欢迎卡、磁卡钥匙交给客人,祝客人住店愉快。

(6) 客人进房后,接待室服务员将客人住宿登记卡、客人账卡的相关内容按程序录入电脑,以便电脑记录、统计,传送到前厅、客房、总机等各处,也为制作有关报表提供基础资料。

(7) 客人进房前后,通知行李员在10分钟以内将客人行李送入客人房间,并与楼层服务员、侍从服务员搞好配合。

(8) 商务楼层客人离店,先征求客人意见,视情况请行李员到客房为客人整理行李。并请客人到楼层接待室先结清房租和相关费用。结账时先请客人核对账单,然后按客人交款方式结账(现金、信用卡、转账划拨等)。如果是先交押金,则多退少补。

(9) 客人结账后,请客人交回钥匙,开具正式发票,向客人表示感谢,祝客人旅途愉快，欢迎再次光临。

(10) 客人离店，根据客人身份地位、VIP 级别，请客务关系经理、大堂副理或侍从服务员送客人离开。行李员将客人行李送到门外装车。这时要再次向客人表示感谢、欢迎客人再次光临。由此完成商务楼层礼宾接待服务的全过程。

（三）商务楼层侍从服务员礼宾服务方法

侍从服务是高星级酒店商务楼层的特色服务内容，主要由客人侍从服务人员完成。其服务内容和基本方法是：

(1) 客人到达酒店，侍从服务员到酒店门口与前来迎接客人的客务关系经理、大堂副理等人员一起到门口迎接，并一起陪同客人进入楼层接待室。若无人前来迎接，则进店和到楼层的礼宾迎接服务都由侍从服务生负责完成。

(2) 陪同进房与自我介绍。客人在商务楼层接待室办好入住登记后，侍从服务生陪同客人进房。这时要视机向客人做自我介绍，包括姓名、岗位、主要服务。以便提高认识、了解，适时为客人提供服务。

(3) 尽快熟悉客人，了解其生活习惯、兴趣爱好。饭店侍从服务以面对面、人对人服务为主。五星和白金五星级饭店有的甚至是 1 对 1。即 1 名侍从只为同一客人服务，直到客人离店后才换人。所以，侍从服务员从客人入住开始就要细心、认真、仔细观察客人，多与客人交谈、询问了解客人的生活习惯、兴趣爱好。如几点起床、睡觉、几点用餐、午餐和晚餐，什么时候喜欢什么活动、健身运动和工作习惯，喜欢的颜色、手势等，以便及时、准确地提供有针对性的侍从服务。

(4) 客人住宿期间的服务记录。每天上班后，按与客人约定的时间到客房报到。询问并记录客人一天的基本日程，重点记录当天什么时间客人需要什么服务，如几点有复印打字，几点有传真或电传，当天是否有洗衣或衣服要熨烫。当天什么时候有预订餐位、接待来访客人，什么时候要与什么客人举行会谈、谈判等。

(5) 视需适时提供优质服务。在每天了解记录客人需要的服务项目和内容后，给自己一天的工作拟定一个计划日程表，并根据实际情况对那些比较重要和复杂的工作提前做好准备，在此基础上，按照计划日程表按时进入客房，为客人适时提供所需要的复印、打字、查阅相关信息资料，收取或送回客人的洗衣或熨烫好的衣服等各项服务。保证服务质量。

(6) 适时征求客人意见。商务楼层的侍从服务往往因客人的个性特点、脾气秉性不同而难以适应，客人对服务的质量评价也不完全相同。为此每次按要求提供或完成了具体服务操作后，都要视机提醒客人。重要一点的服务要适时征求客人意见。如说："先生/小姐（太太），您洗好的衣服已放在床头。""先生/董事长，你让我预订的北京烤鸭（或×××餐馆）已经订好。×月×日×时。距离××公里，打车要××时出发""××总经理/总裁先生，您让我复印的×××文件已印好，放在您的办公桌上"等等。这样，既可引起客人重视，又容易给客人留下"工作认真，服务质量优良"的良好印象。

(7) 客人离店做好提醒告别服务。客人离店时要提醒客人的机票、车票办理、文件收拾，房租结账等。并主动征求客人意见，弥补不足之处。并将客人送到酒店门口，挥手告别。祝客人旅途愉快，欢迎客人再次光临。以让客人带着美好的印象离开。下次还想再来。

(8) 做好汇报与小结,不断提高侍从服务质量。商务楼层的侍从服务人员,每接待一位客人,不管其住期长短,都要做好工作汇报与小结。汇报是指服务过程中对那些重要服务内容,码不准的要求要及时报告主管领导,征求意见和相关指示。小结则是每位自己负责的客人离店后,都应将几天的侍从服务做一个小结,总结成绩,找出问题或不足,分析原因,并视需向主管领导汇报,以再接再厉,不断提高侍从服务质量,创造饭店商务楼层的服务特色。

第四节　柜台分房、换房服务与客房销售技巧

案　例

战术计谋的重要作用

兵法有一段论述说:内战,所谓声者。张虚声也,声东而击西。声彼而去此,使敌人不知其所备,则我所改者,仍敌人所不守也。

声东击西战术的运用在企业经营和商业竞争中都不乏其例。一次在一个国际贸易洽谈会上。中国解放牌汽车与日本某大公司的汽车遭遇了激烈的价格战。当时,无论是质量或性能,我国解放牌汽车都不如日本的好。为争夺市场,我方采用了一再降价的态势,把价格降到了成本以下。日方看到我方大幅降价,也以自己的雄厚实力降价竞争,企图独霸载重汽车市场。当日本公司的价格也降到成本以下时,我外贸部门悄悄委托某外国公司全部购进了日本的汽车。等大批汽车运到我国口岸时,日本汽车公司才知道自己上了中方公司贸易人员"声东击西"战术的当。但木已成舟,悔之晚矣。

点　评

上面的案例充分反映了战术、计谋在商战中的重要作用。在饭店企业及其部门管理中,也有各种技术、技能和技巧值得总结提炼和运用。特别是前厅客房销售过程中就有自己的销售技巧。虽然它不如案例中"声东击西"战术奇巧。但要重视销售技能、技巧运用的精神实质是相同的。为此,我们在上面各类客人接待方法的基础上,进一步介绍前厅柜台分房技巧、换房服务和客房销售技巧。以便于提高客房出租率,获得更好的经济效益。

一、柜台客人入住分房技巧

在饭店前厅柜台接待服务过程中,各种类型的客人的接待方法和技巧尽管各不相同,但其房间分配方法却有共同之处。其分房技术主要包括:

(1) 分房顺序排列。柜台接待主管或领班每天要事先做好准备,优先安排贵宾、团队

等客人用房,其基本顺序可参见以下排列:① 贵宾和 VIP 客人;② 团队客人;③ 保证类订房客人;④ 延期明确的住店客人;⑤ 普通预订而有航班号客人;⑥ 常客与回头客;⑦ 无预订客人;⑧ 缺乏信誉的预订客人。

(2) 团队会议用房分配。在接待团队、会议客人时,尽量将他们安排在同一楼层或相邻的楼层。这样一方面便于管理团队、会议客人的活动安排,另一方面又有利于他们退房后的客房出租。

(3) 特殊类客人分房照顾。如老年客人、残疾客人、带小孩的客人,他们多有不便,分房时应尽量安排在靠近电梯或有楼层服务台的地方;新婚客人应安排在靠里边比较安静的地方;常客、回头客则应安排在他们过去比较喜欢的楼层或房号。

(4) 客人住房的分隔技巧。在接待入住客人、分配房间过程中,还要注意将某些不同类型的客人有意分隔开来,防止引起不便或发生不愉快的事情。例如,内宾和外宾由于语言和生活习惯不同,最好分在不同楼层;敌对国家的客人、有贸易摩擦、有较大文化差异的外国人、不同肤色的客人等,都应尽量分在不同的楼层。

(5) 分房时的客人忌讳。海外和国内客人在日常生活中,都有某些忌讳。如西方客人忌讳"13",港澳客人和广东、福建等地的客人忌讳"4"、"14"等。因此,柜台接待人员要特别注意不同客人的忌讳,尽量避开。有的饭店甚至没有"13"楼层和第"13 号"房,而用其他数字来代替。

二、柜台换房服务处理方法

(一) 客人要求换房

1. 客人要求换房的原因

在柜台接待服务过程中,客人要求换房的原因是多种多样的。主要包括:认为房间位置不好;客房类型和等级不符合自己的身份地位;房号不吉利;客房设备不符合他的要求;客房周围环境不好;楼层过高或过低;房价过高或过低;客人住下后又发生了住宿人数变化,等等。

2. 客人要求换房处理方法

客人要求换房,不管其原因如何,只要客房租用条件许可,都应该尽可能满足客人的要求。因而其处理方法如下:

(1) 查阅房间状况。在了解客人换房的原因和所需新的房间要求的基础上,查阅电脑或分房控制盘(威特尼系统设备的饭店)中的可出租房状况,找到适合客人要求的新的客房。

(2) 办理换房手续。主要是填写换房通知单一式三份,分送行李员、前台收款处和柜台留底,以便为客人换房。换房通知单的内容如表 4-11 所示。

表4-11　房间房价变更通知单

房间房价变更
Room/Rate Change Slip

日期 Date ________　　时间 Time ________

客人姓名 Guest Name ________

由 From ________　　至 To ________

原房号 Room No. ________　　现房号 Room No. ________

每日房价 Daily Rate ________　　每日房价 Daily Rate ________

备注 Remarks: ________

接待员 Room Clerk ________　　行李员 Bellman ________

分送: Distribution:　前台出纳 Cashier　客房管理处 Housekeeping　行李服务处 Bell Service　存档 File

(3) 为客人换房。在办好手续的基础上,由行李员通知客人或楼层服务员,并为客人收拾行李,调换客房。

3. 客人换房后的资料处理

采用电脑操作的饭店,要将客人换房后的换房通知单上的内容在电脑中做出调整和更改,保证电脑中的信息与换房后的实际情况保持一致。如果是团队客人换房,既要调整团队客人在电脑中的信息,还要调整和修改"团队资料表"中的信息。

采用手工操作的饭店,客人换房后,要重新调整客人住房卡、分房控制盘、查询控制盘、客人分户账单等各处信息资料。

(二) 饭店要求换房

(1) 饭店要求换房的原因。主要包括:客房设备损坏需要修理;重复预订影响新的客人入住;旺季或节假日超额订房过多需要调整原有客人住房;客人延期住店影响了后来进店的预订客人的住房等。

(2) 饭店要求换房的处理方法。饭店要求客人换房的情况较少,除设备损坏需要维修房间外,大多是分房处理不当造成的。所以,其处理方法重点是向客人耐心解释,强调客房或附近客房需要维修而请客人换房,得到客人的支持与谅解。至于饭店要求客人换房的手续办理则与客人要求换房完全相同。

(3) 客人换房后的资料处理。其处理方法与客人要求换房时的方法完全相同。

三、柜台客房销售技巧

在饭店前厅柜台服务中,旅客入住接待管理过程就是客房的销售过程。正确掌握与合理运用客房销售技巧,是满足客人需求、提高客房出租率和经济收入的重要条件。

（一）客房销售报价技巧

饭店客房的价格是多种多样的，除售给一般散客的柜台价外，还有公司价、团队价、会议价、内部掌握的协议价、合同价等。同时，这些价格在不同等级和类型的客房中又各不相同。为此，在柜台接待过程中，不仅要十分熟悉各种类型的客房价格，而且必须针对不同客人报价，永远不能单报一种价格，也不能单报最高价和最低价。因此，就要运用不同的报价技巧来做好客房推销，提高经济收入。其报价技巧和方法主要包括：

（1）从高到低的报价技巧。指在前厅预订和柜台接待服务过程中，要根据客人的身份地位、言谈举止、来访目的等，首先判断客人的消费能力和可能接受的价格范围，然后在这个范围内，从高到低向客人报价。具体报价时又先介绍所报客房的优点、长处、舒适性等，然后报出价格。根据消费心理学的观点，这种报价方法客人是容易接受的。如果客人嫌贵，可以降一个档次。在具体运用这种报价技巧时，要尽量判断准确，恰到好处，客人乐于接受，不要一味地向客人推销高价客房，以防引起客人尴尬，甚至产生反感。

（2）冲击式报价技巧。指在柜台接待服务过程中，对那些档次较低、价格不高的客房或消费水平较低的客人，在办理入住登记手续时，可先向客人报出你所推销的客房价格，再介绍饭店和客房的服务设施和项目，让客人乐于接受。

（3）鱼尾式报价技巧。指在办理入住分房过程中，先介绍饭店和客房的设施设备和服务项目，突出客房特点和优点，然后再报出你所推销的客房价格。这样可以突出物美，减弱或降低价格对客人的影响。所以，它主要适用于中档及其以上的客房推销。如说："×××董事长先生，根据您的要求，我们为您准备了一套80多平方米的、位置优越、环境舒适、布置典雅、美观大方的套间客房。它在×××层，房内设有……，价格每天才190美金，非常适合你的身份和条件。"

（4）夹心式报价技巧，又称"三明治"报价。指在向客人推销客房时，将房价放在所提供的服务项目和所介绍的设施环境等中间报出，这样可以起到减弱房价分量的作用。所以，它主要适用于中、高档客房或消费水平较高的、有一定身份地位的客人。如说："×××大使先生，您是我们的贵宾。我们给您准备了一套宽大、漂亮的豪华套房。它有两个舒适、美观的卫生间，其中一个带有冲浪浴设备。价格只有380美金。这个价格包括免费的美式早餐……"

（5）分段式报价技巧。指在客房推销过程中，将客房价格分段报出。先报基本房价，再报服务费、国家或地方政府的有关税费等。这种报价方法能使客人感到饭店房价中有部分费用不是酒店的收入，增加客人感觉上的合理性。如说："×××先生，您的房价为380元；服务费10%，38元；城建费20元；合计每天438元。"

（二）柜台客房推销技巧

在客房报价的基础上，柜台客房推销的方法和技巧也是多种多样的。关键是要针对不同客人的身份、地位、旅行目的、消费水平和客房的等级、规格等，采用不同的推销方法。主要包括：

（1）自我推销技巧。前厅柜台人员是饭店客人最初接触的，他们的素质高低与自我推销能力往往是客人了解饭店产品与服务质量的开始，也是能否成功销售的重要条件。

为此,柜台接待人员要具备很强的自我推销能力,使客人一看就愿意和你交谈、接受你的推销。其具体要求是:接待人员要十分注重自己的仪容仪表,有良好的气质和风度;每天着装整洁、精神饱满、礼貌大方、自然和蔼地为宾客服务;始终坚持面带微笑、热情友好、快捷规范地做好接待服务工作。

(2) 突出客房优点技巧。在饭店前厅柜台接待服务过程中,要善于运用语言艺术,热情、礼貌、友好地称呼客人,使客人有舒适感、亲切感、被尊重感。同时又要善于突出饭店和客房的长处、优点,让客人容易接受。如"这是一间刚刚装修过的宽敞、漂亮的双套间"、"这间有民族特色的标准客房不仅美观、舒适和雅静,而且环境很好"、"尊敬的×××小姐,我们给你准备了一间能观赏城市夜景而又安静、舒适的单人客房"等。

(3) 利益引诱推销技巧。指在柜台接待过程中,客人已经接受了价格一般或较低的客房。这时接待人员在介绍服务项目的过程中,再适当增加一些项目和收费,引导客人消费而增加酒店收入。如说:"×××总裁先生,您要的这间宽敞、豪华的商务套房,每天房价为 210 美元,您只要再加 15 美元,就可享受丰富的美式早餐,并且我们会给您免费送到房间。"

(4) 善于运用语言技巧。柜台接待过程中,不仅要说话和气、礼貌得体,而且要针对客房销售的实际情况,善于运用语言技巧,使客房推销效果更好。如:"×××先生,你的运气真好,我们刚好还有一间您所需要的漂亮的双人客房。"同样的情况,如果不善于运用语言技巧换一种说法:"×××先生,很不幸,你所要的双人客房就剩这一间了,您要不要?"则其推销效果就大不相同了。

(5) 第三者意见推销技巧。即在柜台接待过程中,对那些没有预订而前来住店,又有些犹豫不决的客人,就可以采用第三者推销。"第三者"可以是一位客人、一位旁观者、另一位服务员,也可以是某一件事、某一现象或某一统计数字等。"第三者"大都能起到一定的裁决作用。例如在柜台入住登记时,客人听完报价和客房及饭店介绍后还在犹豫时,有人说"我住过这种房间,确实不错"、"大家都非常喜欢这个房间"、"这种客房卖得很快,经常供不应求"等,就能促使客人下决心登记入住了。

(6) 替客人下决心推销技巧。指在柜台销售过程中,客人尚未最后表态同意购买某种客房,但也没有表示不同意。这时,为防止意外或客人突然离去,柜台接待人员可以运用语言或行为促使客人下决心。如说:"×××小姐,这是一间安静、舒适的单人房(或其他种类的客房)。要不您先住下,肯定您会满意的。如果您感到不满意,明天我们再给您换一间客房。"

(7) 扳道岔推销技巧。指在柜台接待过程中对那些初次来店投宿而又不放心、犹豫不决的客人。接待人员事先设计好两种可能,由客人任意挑选一种,看上去是客人自己乐意选择的,实际上他已进入了你事先设计好的岔道上,从而达到推销效果。如客人前来投宿,具体住哪类客房尚未确定,还在犹豫时,你可以迅速判断他的身份地位后说:"×××先生,您是要普通套房呢还是要商务套间?"再如当柜台接待人员向客人报完两种客房的价格,客人尚未最后决定时,你可以对客人说:"×××总经理先生,您是要 160 美元的房间还是要 120 美元的房间呢?"这时,客人的思维往往被引导到你事先设计好的岔道上,非此即彼,从而促使客人很快下决心办理入住登记手续。

(8) 客房推销与房间分配结合技巧。即在柜台接待过程中,要将客房推销和房间分配结合起来,使客房销售的针对性更强。如普通商务客人要以推销单人房为主;高档商务客人或重要贵宾要以推销套房、豪华客房和豪华套房为主;家庭旅行的客人要以推销连房为主;老弱客人和有残疾的客人要以低层、靠近电梯的客房为主等等。

(三) 提高客房利用率技巧

饭店柜台接待人员在争取运用客房报价和推销技巧的同时,还要特别注意各类客房的合理使用与安排,以便提高客房利用率,尽可能增加销售收入。其基本技巧和方法是:

(1) 客房单开和双开率的转换技巧。饭店客房除单人房外,都有单开和双开之分。柜台接待人员在旺季和节假日期间多安排双开客房,可以增加饭店客房接待人次和销售收入。因为这时市场环境好,客人很多,客房供不应求,双开房间的房价比单开房间每天要多收入30%左右。反之,淡季或平季应多安排单开房间。这样,同样的客人数量,因单开和双开占用的房间数量不同,使同一时间的房租收入合计,单开要比双开多50%左右。所以,善于运用不同时期的客房单开率和双开率,使之互相转换,是提高客房利用率、增加销售收入的重要途径。

(2) 旺季客满时的客房调整技巧。饭店宾馆一般都有一定数量的双套间、多套间客房。旺季或节假日,住套房的客人毕竟是少数。如果这时客满,可以视需要将部分双套间、多套间客房临时改为标准房、双人房或单人房出租。这样,可以增加接待人次,提高客房利用率和房租收入,同时又可以增加客人用餐、购物、使用康乐设施等的连带收入。

(3) 客满时的加床或抢修房技巧。饭店客房出租的特点是淡旺季区别很大,企业利润主要来自旺季和节假日时期的高出租率。这时如果客满,又有少量客人要求住店,柜台人员可以与部分老关系、老客户协商,适当运用加床技术,多安排客人暂住一晚。也可以将损坏不严重的客房限时抢修出租。必要时还可将少量办公室改作客房出租,因为不少饭店在客房楼内的办公室原来就是可以出租的客房。

四、柜台接待服务中的特殊情况处理

饭店柜台客人入住接待管理是一个复杂的过程。除上述各种接待技巧和客房销售技术外,还有一些特殊情况需要处理。其处理程序和方法是:

(1) 半天房租。客人白天临时租用客房不超过6个小时,在不影响客房晚间继续出租的情况下,可作半天房租处理。所以,半天房租也称"白日价"。此外,根据客人租用客房或退房离店的时间,夜里0:00以前登记,则白天的房租按全天计算;客人在早上8:00以前登记,前一天的房租按半天收取;客人在中午12:00以前离店,当天的房租按半天收取;如果在12:00以后退房离店,则收当日全天房租。同时也可采用2—4个小时的钟点房价格出租。

(2) 预订晚到。客人预订房间,当日未到,第二天到达办理入住登记,前一天房租按预订房价收取。

(3) 提前入住。客人预订后提前到店,在不影响其他客人预订入住的情况下可以分给房间。凡提前入住的客人在提前入住期内均不享受房价优惠。

(4) 优惠房价。客人入住登记时优惠房价,凭饭店授权人员的签字办理。有预订要求优惠的客人,查阅预订单,按预订价格办理。若客人自称饭店某经理已答应给予优惠,但没有授权经理签字,可背开客人,电话与经理联系是否给予优惠。若经理不在,第一天按柜台价执行,得到有关经理明确指令并签字后,再做优惠处理。

(5) 免费房。重要客人或特殊客人免费住房,一律凭饭店总经理、副总经理签字通知办理,并告知前厅部经理和总经理。

(6) 延长住期。新入住客人入住登记时要求延长住期(超过预订住店时间),当即与预订处联系,得到确认后按新的住店日期办理开房手续。应离店客人要求延长住期,在不影响预订来店客人住房的条件下,可以办理延长手续。凡属团队、会议用房享受房价优惠的客人要求延长住期,办理手续时均按柜台价办理,不再享受房价优惠。若销售部同意继续优惠并有签字通知的,可按销售部签字手续办理。

(7) 代付费用。客人入住登记时自称其费用由××客人或单位代付。请客人写清代付人或单位,并立即与代付人联系,请代付人以支票、信用卡刷卡或现金作抵押,否则,必须由客人自付。

(8) 加床费用。2 周岁以下儿童,父母要求加床,不收加床费。2 周岁到 12 周岁儿童,父母要求加床,需要收加床费。超过 12 周岁客人,三人同住标准房,均收加床费。凡加床均需办理手续,在客人入住登记卡上注明加床和加床费,通知客房楼层主管、前厅收银处,并在输入电脑时注明。

(9) 提前离店。预订客人入住登记时要求提前离店,均在预订单上注明,并按实际离店时间输入电脑,通知预订处。

(10) 住房升级。旺季预订客人到店,原订标准或某种等级的客房已客满,无其他同等客房可住时,可以给客人住房升级,分配给一间更高级的客房。办理登记手续时,住房升级应先给重要客人或常客。住房升级只办理 1 天,并告知客人优惠待遇。若客人不只住 1 天,第二天先征求客人意见后,按较高房价收取费用。若客人不同意,再将升级客房换回客人原订客房等级。

(11) 客人外出。长住客人外出休假或出差,要求保留房间 1 个月或多日,柜台立即与销售部联系,并通知前厅部经理,由他们决定客人是否要预付外出期间的全部费用或收费标准。并将客人外出信息输入电脑(或在分房控制盘上做出标记),通知收银处。如果客人未接到接待处通知就外出,柜台人员要及时告知前厅部经理。

(12) 待修客房。设备损坏需要修理的待修房,原则上不能出租。如果旺季或节假日客房十分紧张时,柜台人员可与前厅部经理和房务部经理联系,在房间打扫干净、客人认可而无安全隐患的情况下,可以临时出租。

第五节 柜台结账和夜审账务处理方法

案 例

一家三星级酒店的夜审员的岗位职责

山东贵都大酒店是一家曾获得全国“百优”酒店的三星级酒店。酒店管理形成了一套比较科学的管理模式与规范,其财务部门夜审员(在前厅收银处上班)的岗位职责摘录如下:

1. 审核当天各收银点送审的账单、收据是否正确,有无错挂、漏挂等差错,查明差错原因,做好记录和补救。

2. 检查各收银点的收入平衡表是否正确,现金报表金额是否相等,各种结算方式是否符合规定,有无差错,若有做出记录和更正。

3. 审核各收银点所挂外账是否手续完备,审核自动电话计费系统所计电话费是否全部挂入应收账户,处理不明身份账户中的各项电话费,转入有关账户。

4. 将审核无误的各收银点现金收入输入电脑、作拆收、平收处理,全面反映当天收入情况。

5. 做好前厅、餐厅、娱乐等电脑数据日截、编印各种夜审报表。

6. 填制各种营业收入日报和有关营业统计报表。

点 评

饭店前厅收款结账和夜审一般归财务部,也有的饭店是接受财务部和前厅部门的双重领导。一般设收银员、日审和夜审人员。案例中的夜审人员岗位职责是实际工作的总结提炼,值得参考。但未介绍其方法。为此,我们在本章最后介绍饭店前厅柜台收款结账、夜审与账务处理方法和防止客人跑账的方法技术,以确保饭店营业收入的实现。其内容和方法也对培养学员职业素养和职业技能具有重要作用。

一、客人迁出结账服务方法

(一) 客人迁出结账服务的基本要求

(1) 账户清楚。账户是前厅柜台收银处记录客人在饭店消费的主要凭证。客人进店办理入住登记时,柜台接待人员就要为每位登记入住的客人设立一个账户。散客设立个人账户,团队客人设立集体或团队账户。团队客人中如有超越团队费用限制的个人消费客人,也要设立个人账户。这个账户必须清楚、准确记录客人的姓名、房号、房租、住店期间的各种消费和进离店时间等相关资料。如果是团队账户,则要清楚、准确地记录客户单位或团队的名称、地址、联系人及联系方式、团队客人的进离店时间和住房、用餐等各种消费及相关资料，然后，将客人账户转交到柜台收银处记录客人的各种消费。

(2) 走账迅速。饭店客人的消费特点是住店时间较短，费用项目多。客人住店后一系列消费都在几天甚至几个小时内连续发生。因此客人账户建立并转到柜台收银处后，饭店各部门、各营业点都必须按规定的时间将客人消费的各种账单、纸卡送到柜台收银处，防止跑账、漏账发生。所以，走账或转账必须迅速，才能及时为客人结账。

(3) 记账准确。记账准确包括两个方面：一是前厅收银处为客人记录的房租及服务费必须准确，客人交来的预订金、押金或其他预付费用必须准确。其中，房租及服务费每日累计结存一次，客人离店时加上当日应付房租及服务费，即为客人应付的全部房租和服务费，十分清楚准确。二是客人住店期间每天的餐费、洗衣、电话、客房酒水、电传传真等各种消费的原始记录和账单及客人签字等，也必须十分准确，并及时转送到前厅收银处，记入客人账户，才能保证准确及时地为客人结账。因为上述各种消费，除客人愿意在费用发生时以现金结算外，都可以由客人签单挂账后转入前厅收银处。所以，记账准确，同样要包括这些账目的客人姓名、房号、费用项目、金额、消费时间等。

(二) 客人迁出结账服务前的准备工作

1. 打印离店分析表

每天由夜审员在查阅电脑或分房控制盘(手工操作的饭店)的基础上，掌握第二天应离店客人的姓名、房号、离店时间、去向、航班等，并打印出客人离店分析表，分发有关部门和人员。其中，柜台收银员即可根据离店客人分析表为当天要离店的客人提前准备账单，等待客人前来结账。

2. 客人账单准备

根据饭店前厅及各处收款设备配置不同，主要有两种方法：

(1) 全面电脑联网的饭店。客人的账单通过电脑自动转账来完成。其自动转账包括两个方面：一是客人房租自动挂账，由夜审员和柜台接待人员一起核对当日已出租客房账目，双方确认当天客房收入总额后，做夜审日终结报告。这时，电脑即可将已出租的房租自动地分别记录到每一个房号的客账上，形成每位客人的客房消费的记录。二是客人住店期间的餐费、电话费、洗衣费等各种消费的自动转账。饭店在各营业点都设有与前厅收银处电脑联网的终端机，每天各营业点发生的各种客人的各种消费，均由各营业点的收款员或指定的有关人员在准确记录客人挂账的基础上，通过自己的终端机与前厅收银处的电脑联网自动直接记录到客人账上。这时，前厅收款员收到各营业点的直接挂账后，要按电脑程序调出该笔客人挂账，检查各营业点收款员输入电脑的数据是否正确、签字及金额有无差错，起到签字把关的作用，由此形成客人住店期间的各种消费的挂账账单。

(2) 手工操作和局部联网的饭店。这种饭店在前厅收款处设有电脑联网终端。但只有个别营业点设有终端联网机，大多采用手工方式记账、挂账和账单传递。这时，手工录入的操作方法是：前厅收款员每天收到各营业点送来的客人签单账单后，先做过时钟点处理，记录收到时间，并办理交接签字手续。然后从电脑中调出客人账户，核对每一个账户的客人签字和房号是否与前厅电脑记录的账户一致。再将每张账单的客人消费金额按程序录入电脑，并检查录入金额与挂账记录是否一致，准确无误后，确认该笔挂账。最后，将录后的客人挂账单按账户存放在收款处的客人账卡内，以备客人结账时查阅。由此即可形成客人住店期间的各种挂账消费账单。

3. 客人账单打印

柜台收银员在每天准备好客人账卡，并按客人离店时间打印好客人结账单，检查无误后，等候客人前来结账。

（三）客人迁出结账服务方法

1. 散客迁出结账处理

散客迁出结账处理包括零星散客和团队客人中的个人消费而设立账户的客人。其处理方法是：

（1）客人前来结账。礼貌地向客人问好，询问客人姓名、房号、进店时间，以便与客人账单核对，并礼貌地请客人交回客房钥匙和房卡。如客人暂不交钥匙，要通知楼层服务员收回，并记下接电话人的工号。

（2）询问客人消费。礼貌地问客人来结账前是否还有早餐、打电话等临时花费，以防漏账，给酒店造成经济损失。

（3）报告客人账单。客人结账时，要拿出打好并调整补充过的账单，称呼客人的姓名，以防拿错。然后向客人报告在住店期间的总消费额，再报客人入住登记时交纳的和补交的押金总额。押金扣除客人的总消费额，即为客人应补交金额。如有剩余，则全部退还客人。

（4）结账后的工作。收款员应礼貌地向客人表示感谢，欢迎再次光临，并视机征求客人意见。客人离开后，将客人登记卡、账卡、账单等资料存档，并通知有关部门客人已结账、保存好客人资料。同时通知楼层服务员及时检查房间，防止客人遗留物品。

2. 团体客人迁出结账处理

团体客人迁出结账处理包括旅游团队、会议客人等。其处理方法是：

（1）客户账单读出。团队、会议、公司等客户主要采用转账发单方式收款。这种客户一般都与饭店签有合同，采用合约房价与餐费标准同客户结账。他们事先都按合同或协议向饭店交纳了一定数额的预订金或保证金，饭店允许他们在客人离店后采用转账发单方式交款。所以，团队客人前来结账时，要事先从电脑中调出客户账单，并读出客人的实际住房人夜次，用餐的餐别、种类和人餐次，并与每次签单挂账的消费记录核对，确保准确无误后才能结账。

（2）客人账单签字。团队客人结账，主要是由导游、领队或客户负责人前来办理。在收款员检查团队、会议客人的实际房租收入、会议室和有关收入（会议客人），核查餐费实际消费与预订记录是否一致，并视需要做出差异调整的基础上，打印出团队客人的主账单，请领队、导游或客户主管负责人（会议客人）过目审阅。确认无误后签字，形成团队客户的转账账单。并向客人表示感谢，欢迎客人再次光临。

（3）发单转账收款。客户账单签字后，柜台收款员通过电脑或手工转递将客户账单自动转到账务部或交给财务部。财务部收益会计人员按合同或协议立即向客户发单催款，请客户速将账款转到饭店账号上来，以减少饭店应收款，保证营业收入实现。

（4）团队自付账单。指团队客人个人消费的账单。团队客人结账时，收款员向导游、领队或团队有关负责人打出一份团队自付客人名单，请他们通知客人前来结账。其结账处理方法与散客相同。

3. 不同结账方式处理

(1) 客人信用卡结账处理。信用卡是现代饭店客人常用的结账方式。处理信用卡结账，重点要注意以下问题：

辨别信用卡真伪。主要检查信用卡整体状况是否完好，有无任何挖补、涂改的痕迹。检查防伪反光标记、信用卡号码有无涂改等。

检查信用卡安全。主要检查信用卡有效日期和适用范围、本饭店是否接收这种信用卡，特别是信用卡号码是否已被列入被取消的名单，即所谓黑名单。

掌握信用卡信用。即检查信用卡持卡人的消费总额是否超过了最高限额。如果超过限额或余额不足，必须向发卡银行申请授权方可使用。

信用卡的刷卡与签字。在辨别信用卡真伪与信用的基础上，迅速请客人签字、刷卡。经过仔细审核，确认无任何问题后，即可完成客人信用卡结账处理。

(2) 客人支票结账处理。这种形式主要是会议客户、公司客户等常用的方式。结账时的处理方法是：

检查支票真伪。主要检查是否为银行已发出通知的停止使用的旧版转账支票、支票是否过期。

检查支票信用。主要检查支票上的印鉴是否清楚有效、金额是否已超过限额等。

办理支票转账。在上述检查的基础上，请结账客人在支票背面留下联系电话和地址并签名。然后给客人开具正式发票，在支票上打印转账金额，送财务部办理银行转账事宜。

二、柜台夜审账务处理方法

(一) 柜台夜审工作内容

夜审是柜台收款处的重要工作之一，也是现代饭店宾馆保证营业收入实现，及时防止和减少营收差错发生的重要手段。柜台夜审由财务部夜间核数员负责。夜审员的主要职责是负责饭店宾馆每天各种营收数据的审核工作，制作夜审报告和各种报表。其工作内容是：

(1) 核对各收款机的清机报告和当天各收款员送审的账单、原始凭单，核查数据是否准确，并核对该班次的营业报表。

(2) 核对餐厅、客房的账目及其挂账数与报表金额是否一致、是否按有关规定或协议执行，并核查各班组的转账单据所列单位有无串户。

(3) 审查柜台开房时输入电脑的房价是否正确，并复核各类统计表的数字，核实是否与收款员输入电脑的数字一致，并负责跟踪。

(4) 将当日各营业点的营业收入过账，并根据各营业点的营业情况，制作当日全店营业日报表(即夜审报告)，于第二天上午9:00以前送财务部经理和总经理。

(5) 对每天核审出的问题和未按规定办理的内容和数据，做出详细的稽查报告，并及时向上级汇报。

（6）负责夜间前台收款工作，并保管各班组的营业日报表及有关附件、单据和凭证等。

（二）柜台夜审的工作步骤

饭店柜台夜审是一项比较细致的工作。由于各饭店前厅账务管理的方法、设备和夜审员的职责规范不完全相同，其夜审工作程序和步骤也有所不同。基本步骤可概括如下：

（1）检查所有营业部门的账单是否都已转来，所有单据是否都已登上账户，并将所有尚未登账的单据登上账户。

（2）按部门将单据分类，计算出各部门的收入总额。

（3）检查所有现金表上的项目是否都已登录在账户上，并进行必要的纠正。同时累计现金表，检查收到现金和代付现金总额。

（4）检查所有转账、优惠和回扣是否有适当的签字手续，是否都登录在账户上，并将当日的房租登在账单上。

（5）将每个账卡的借方和贷方余额分别相加，求出当日余额，并将余额记入下一日新开账页的"接上页"行内。

（6）检查每个营业部门的借方栏总数是否与相应的销售收入一致。

（7）将现金收入栏和代付栏总数，与现金表比较，确认两数是否相符，并检查折让、回扣总数是否与单据上的总数相符。

（8）将开账余额栏的总数与上一天结账时的余额总和比较，检查是否相符。在此基础上制作夜审报表。其主要表格包括：① 夜审报告；② 客房销售报告；③ 客房收入报告；④ 当日取消订房表；⑤ 当日预订未到表；⑥ 预订更改表；⑦ 提前退房表；⑧ 延期住宿表；⑨ 房租折扣与免费表；⑩ 次日客人退房表；⑪ 当日 VIP 客人住店表；⑫ 次日 VIP 客人离店表等。

（三）柜台夜审账务报表处理方法

（1）柜台夜审报告。柜台夜审报告是每天夜审工作完成后的综合性报表，它是饭店高级及部分中层管理人员了解饭店当日经营情况的重要依据。它对每个收入项目都按完成数、预算数和完成预算百分比来统计，其内容和格式可参阅表 4－12。

表 4－12　夜审报告

Night Audit Report

Night Audit		Date ____________	
	$ Actual	$ Badge	$ Goal(%)
ROOM	3 750.00	5 250.00	71.43
TAX	262.5	367.50	—
RESTAURANT#1	453.89	525.00	86.46
RESTAURANT#2	761.09	535.00	142.26
RESTAURANT#3	420.81	500.00	84.16
TOTAL RST SALES	1 635.79	1 560.00	104.86
SALES TAX	81.79	78.00	104.86
REST#1 TIP	68.08	78.75	86.46
REST#2 TIP	114.16	80.25	142.26

（续表）

Night Audit		Date ______________	
	$ Actual	$ Badge	$ Goal(%)
REST#3 TIP	63.12	75.00	86.46
TOTAL REST TIP	245.37	234.00	104.86
ROOM SERV#1	190.00	200.00	95.00
ROOM SERV#2	85.00	100.00	85.00
ROOM SERV#3	175.00	250.00	70.00
TOTAL ROOM SERV	450.00	550.00	81.82
BANQ BKFST	457.98	250.00	183.19
BANQ LUNCH	1 439.00	1 500.00	95.93
TOTAL BANQ	6 720.88	6 750.00	99.57
BANQ BKFST TIP	82.44	45.00	183.19
BANQ LUNCH TIP	259.02	270.00	95.93
BANQ DINNER TIP	1 209.76	900.00	96.48
TOTAL BANQ TIP	868.30	1 215.00	99.57
BANQ BAR LUNCH	55.50	75.00	74.00
BANQ BAR DINNER	450.00	500.00	90.00
TOTAL BANQ BAR	505.50	575.00	87.91
ROOM RENTAL	1 800.00	1 500.00	120.00
LOUNGE#1	78.00	100.00	78.00
LOUNGE#2	459.00	650.00	70.62
LOUNGE#3	85.00	100.00	85.00
LOUNGE#4	691.00	1 000.00	69.10
TOTAL LOUNGE SALES	1 313.00	1 850.00	70.97
LOUNGE#1	15.60	20.00	78.00
LOUNGE#2	91.80	130.00	70.60
LOUNGE#3	17.00	20.00	85.00
LOUNGE#4	138.20	200.00	69.10
……			
ROOM COMP	0	0	0
OCC%	60	75	-15
DBL INC	22.00	51.00	-29.00
ROOM INC	3 750.00	5 250.00	-1 500.00
NO GUESTS	73.00	113.00	-40.00
AVE RATE	62.50	70.00	-7.50
NO SHOWS	4.00	0.00	4.00

(2) 客房销售报告。客房销售报告主要反映饭店每天的客房销售情况。它以客房数、客人数、房租收入构成三条线为基础,统计出几十个数据,供有关部门和领导参阅使用。其表格内容和格式可参见表 4－13。

表 4－13 Room Sales Recapitulation

客房销售报告

WEATHER ________ DATE ________ DAY ________

ROOM STARISTICS	TO-DAY			MONTH TO-DAY			LAST YEAR MONTH TO-DAY		
	ROOMS	%	GUESTS	ROOMS	%	GUESTS	ROOMS	%	GUESTS
YESTERDAY OCCUPIED									
ROOM STATISTICS	TO-DAY			MONTH TO-DAY			LAST YEAR MONTH TO-DAY		
	ROOMS	%	GUESTS	ROOMS	%	GUESTS	ROOMS	%	GUESTS
TO-DAY ARRIVAL									
TO-DAY DEPARTURE									
TO DAY									
OUT OF ORDER									
HOUSE USE									
TOTALAVAILABLE									
F. I. T									
COMM.									
LONG STAYING									
GROUP									
IT									
COMP/GP/COMP									
TOTAL OCCUPIED									
TOTAL VACANT									
% DOUBLE OCCUPAN-CY				% DOUBLE OCCUPANCY MONTH TO-DAY					
ROOMS REVENUE	TO-DAY TOTAL	AVERAGE RATE		MONTH TO-DAY TOTAL			AVERAGE RATE		
F. I. T									
COMM.									

(3) 客房收入报告。以收款报告为基础,统计当日所有客房的收入情况。其表格内容和格式可参阅表 4－14。

表 4-14 Room Revenue Report
客房收入报告

ROOM NO. 房间	TYPES 房间类型	NO OF GUEST		RATE			NAT 国籍
		男	女	RATE 房价	INCOME 实际收入	REMARKS 备注	
101	S	√		100	100		A
102	S		√	100	90	10% Disc	J
103	S	√		100	0	COMP	B
104	T			120	0	House Use	
105	T	√		120	120		CA
106	D		√	110	110		A
107	D		√	110	105	Single Rt	F
108	D			110	0	O. O. O	
109	S		√	100	100 +50	Late Out 50% plus	
110	S		100				

说明:Disc:折扣;COMP:免费;O. O. O:待维修房;House Use 酒店自用房;Single Rt:单人房费;Late Out:推迟离店房。

(4) 其他报表。如当日取消订房表、预订未到表、预订更改表等的内容比较简单,这里不再一一说明。

上述各种夜间报表的编制各酒店都已普遍采用电脑来完成,方法已很简单,只需在夜审的基础上,根据电脑程序操作即可完成。

三、防止客人跑账的方法

在饭店客人中,常有客人跑账现象发生,使饭店蒙受不必要的经济损失。防止个别客人跑账、逃账的方法和技术主要包括以下各种:

(1) 制定合理的收款政策与规定。主要包括各类客人的记账制度,各种客人签单走账的有关规定,客人消费账目的分级审核制度与规定,对客人的信用政策、各种折扣、优惠、免费的审查签字制度与规定等。通过这些制度的贯彻落实,尽可能从记账到结账的过程中防止客人跑账、漏账、逃账。

(2) 预收押金和订金。订金是客人订房中所交的预订房间数一天的房费,其数量较少。押金是根据客人住期长短和消费水平预交的一笔款项,用以冲减客人住店期间的各种消费。所以,预收押金可以从源头上防止客人跑账或逃账。押金的预收数量一般是客人住店期间总房租的 1—2 倍。这时,只要收款中的记账、转账和结账不发生错误,就能十分有效地防止客人跑账或逃账。

(3) 提前向银行要信用卡授权。对于使用信用卡结账的客人,最好在客人办理入住登记手续时,就记录信用卡账号、身份证号、持卡人姓名等资料,提前向信用卡发卡银行或公司要信用卡授权,提高客人信用卡上的限额。如果信用卡公司拒绝授权,其超出部分的消费金额必须请客人付现金。

(4) 请客人及时补交押金。有些客人住期较长,但报告住期的时间短,因而押金也交得很少。如果他们所交的押金在很短时间内就冲减了他们的住店消费,应及时询问住期或延长的住期,迅速及时地补交押金,以便有效防止个别客人跑账。

(5) 加大客人拖欠款催收力度。部分团队、会议、公司客户和长住客户因各种原因,其客人住店后未及时转账付款,拖欠款越来越多,对这类客户,必须加大拖欠款的催收力度,每月或定期及时签发催款单,派专人上门催款。必要时应请示总经理,通知保安部采取某些适当措施,尽快收回拖欠款,防止拖欠时间长了变成死账、呆账。

(6) 将个别跑账严重的客人列入黑名单,通报其他饭店,使同一地区的同等或星级相近的饭店之间互相联手、互相支持、防止极个别不良分子跑账、逃账。

? 复习思考题

1. 饭店柜台电脑联网系统的接待设备与预订系统设备有何区别和联系?
2. 什么是房态核对? 为什么要做好每日房态核对,其即刻房态有哪几种?
3. 饭店散客接待服务使用的登记卡有哪几种? 其接待服务的工作步骤是怎样的?
4. 团队客人接待服务与散客接待有何区别和联系? 团队接待需要注意什么?
5. VIP 客人的接待服务与一般散客接待有何不同?
6. 会议客人入住接待与团队客人接待有何不同?
7. 防止客人跑账的方法主要有哪几种? 请简单说明。
8. 商务楼层客人与前厅柜台客人接待的主要区别何在?
9. 客房销售报价技巧主要有哪几种?
10. 前厅收款结账的要求是什么? 怎样防止跑账?

第五章

前厅客务关系和礼宾服务管理

内容架构与学习目标

内容架构

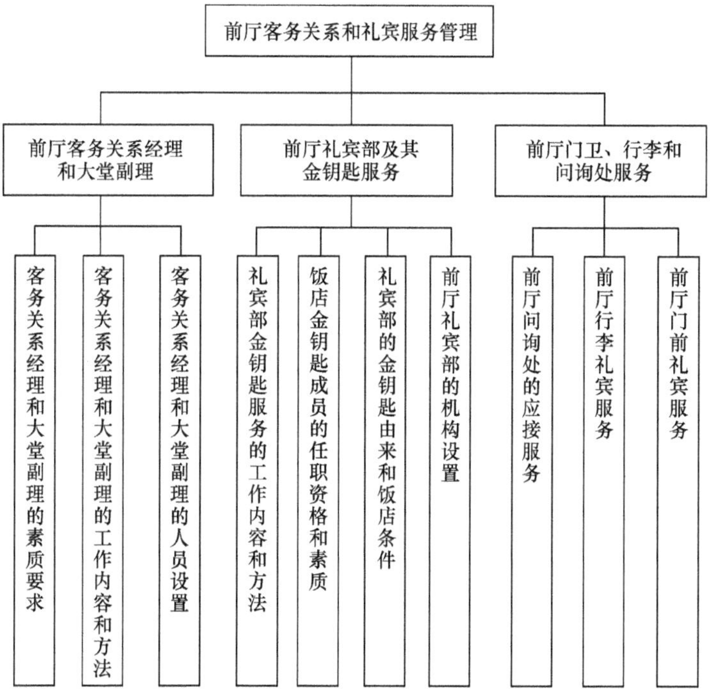

学习目标	通过本章学习,你应该能够达到下列目标
知识目标	技能目标
1. 掌握客务关系经理和大堂副理设置方法的异同和素质要求 2. 金钥匙服务的由来、成员条件和素质要求 3. 金钥匙服务哲学的内容	1. 掌握客务关系经理和大堂副理的VIP接待,投诉处理技能与方法 2. 掌握门前礼宾服务的操作方法 3. 团队行李服务技能与方法

第一节　前厅客务关系经理和大堂副理

案　例

政府机构的“不管部长”和饭店“大堂副理”

在西方部分国家的政府机构设置中有一个部门的职位叫“不管部长”,“不管部长”的职责就是政府其他各个部长、部门已有明确职责范围的事情他都不管,专管那些其他部门、部长们不管、需要相互协调的一些事情。所以称为“不管部长”。也是一级政府管理机构。

饭店宾馆的组织机构中,高星级饭店一般设有“客务关系经理”,一般饭店设有“大堂副理”。这两个岗位的职责在饭店管理中与“不管部长”的工作性质类似,也是专管那些饭店其他部门经理不管的、需要相互协调的事情。

点　评

客务关系和礼宾服务都是为正确处理饭店和客人之间的关系,提高服务规格和接待服务质量而开展的工作,也是配合前厅预订,接待服务的重要服务项目。客务关系经理或大堂副理的工作就是这两项服务的重要体现。案例中将“不管部长”与“客务关系经理”和“大堂副理”的工作性质做简单比较,有利于我们理解饭店宾馆中这两个岗位的设置和工作内容安排。所以,我们在本章介绍前厅客务关系和礼宾服务管理的内容和方法时,首先介绍客务关系经理和大堂副理。也希望广大学员和业内同仁能从“不管部长”的角度来理解这两个岗位的工作。

一、客务关系经理和大堂副理的人员设置

客务关系经理或大堂副理都是代表饭店宾馆在前厅处理客际关系、解决客人疑难、处理投诉、为客人提供各种帮助的重要岗位。客务关系经理或大堂副理的工作好坏,常常影响客人对饭店服务的印象和企业声誉。所以,他们是沟通饭店和客人之间关系的桥梁,是饭店客人的益友。客务关系经理和大堂副理的人员设置方法有两种。

(一) 客务关系经理的人员设置

高星级饭店,特别是以接待商务客人为主的高规格饭店,一般是在前厅设置客务关系经理,下设客务关系员,负责前厅各种客际关系处理,协调饭店对客服务,维护饭店形象和声誉。他们处于饭店宾馆的最前沿,是饭店服务的门面。客务关系经理一般是部门副经理级别。在管理体制与归属上则有两种:一是隶属于饭店总经理室,意为代表总经理在饭店前厅处理客际关系,协调各方面的工作。这是从客务关系经理的职责范围的角度来考虑问题的。二是隶属于饭店前厅部。这是从客务关系经理的工作位置和工作内容的角度

来考虑问题的。

(二) 大堂副理人员设置

在我国,大多数2—3星级以上的饭店宾馆,一般是在前厅部设大堂副理。其职责也是代表饭店总经理在前厅处理各种客际关系、迎送重要宾客、处理客人投诉等。事实上,客务关系经理和大堂副理的工作内容、职责规范、素质要求、管理体制和设置方法都是完全相同的。所以,对一家具体的饭店宾馆来说,凡是设了客务关系经理的,就不应该再设大堂副理。反之,凡是设了大堂经理的,就不应该再设客务关系经理。一些以接待商务客人为主的高星级饭店之所以要设客务关系经理而不再设大堂经理,其主要目的是要反映饭店对客服务的等级规格,提高和维护饭店的形象和声誉。

设置大堂经理的饭店,其大堂副理一般由2—4人组成,每天16—24小时提供服务。大堂副理的级别可以是主管级,也可以是部门副经理级,主要取决于饭店规模大小。在大堂副理的管理体制和归属上,则和客务关系经理相同,可以直属前厅部,也可以隶属于饭店总经理室。

二、客务关系经理和大堂副理的工作内容和方法

(一) 协调客人与饭店的关系

当客人提出的问题、疑难、要求的帮助或需要处理的事件等,涉及两个以上的部门时,就需要大堂副理或客务关系经理来协调与处理。这种关系的协调和处理往往没有固定的规律,情况复杂多变,需要灵活应变。其工作程序和方法可大致概括为:

(1) 了解客人服务要求,弄清疑难或问题所在,向客人表示同情和关心,乐意尽力帮助。

(2) 根据对饭店业务的了解,判断出解决问题的关键部门或所涉及的环节。

(3) 亲自联系相应的部门和服务岗位,运用协调与人际关系技巧和方法,诚恳地向该部门或岗位说明原因,请求协助。

(4) 将获得的回答或了解到的情况、解决问题的方法等恰如其分地转告客人,并亲自帮助有关部门和岗位人员为客人提供有关服务,使问题得到解决。在协助过程中,要依靠良好的人际关系、热情礼貌的配合和诚恳协助的态度,切忌滥用权力强加于人。

(5) 将协调过程中的事件发生时间、地点、最关键的部门和最有效的方法记录在工作日记上,以不断提高工作与服务质量。

(二) 接待VIP客人的方法

接待贵宾、常客和VIP客人,是饭店客务关系经理或大堂副理人员的重要工作内容和岗位职责。其接待程序和方法是:

(1) 在"预期到步表"上找到将要到店的VIP客人名单,并在电脑中查看客人是否以前住过本店,尽可能事先获得客人国籍、护照号码或身份证号、出生年月、公司职务等资料。

(2) 与柜台接待处联系,确定客人预分房号,封定房间,做管制房号处理,请柜台人员打印出客人住宿登记表。

(3) 请柜台人员为VIP客人封定的房号准备欢迎卡、制作磁卡钥匙,并将房号填在登

记卡上。同时,将 VIP 客人的住宿卡、欢迎卡、钥匙、留言等装在专用皮夹或信封中,按预订号码顺序排放整齐。

(4) 前往客房部检查 VIP 客房设备、布置情况、清洁卫生、礼品赠送等的准备情况,协助客房部经理或主管落实好各项工作。并再次检查 VIP 客人预订的资料,看有无特殊要求或有关事宜,如是否需要哪位总经理或其他经理出面迎接、客人抵达航班号码等。

(5) VIP 客人到达,主动上前迎接、问候、表示热情欢迎,并向客人作自我介词,陪同客人进大厅和进楼层,同时招呼行李员将客人行李送到客人房间。若是特别重要的贵宾,由总经理、副总经理迎接时,客务关系经理或大堂副理主要是陪同前往,亲自提供按电梯、指挥行李搬运、引导等服务。要注意对客服务的礼貌顺序。

(6) 客人登记服务。设有商务楼层或行政楼层的饭店,大堂副理或客务关系经理将 VIP 客人引导到楼层贵宾接待室,陪同客人饮茶、用饮料、交谈聊天、联络感情、介绍饭店情况等,然后请客人在住房卡、欢迎卡上签名。因 VIP 客人的有关资料内容都已在卡片上填好,只需请他们过目看有无差错和签名即可。没有商务楼层或行政楼层的饭店,则直接陪客人进入房间,请客人在登记卡上签名。这时,楼层服务员送来茶水、香巾供客人享用,行李员将行李送入客人房间,客务关系经理或大堂副理则与客人交谈,介绍设施设备与服务项目,尽力帮助客人,然后同客人告别。

(7) 资料处理。将登记卡等有关资料交楼层或前厅柜台接待员,同时交代客人有关服务需求,并在"预期到步表"上填上客人房号,表示客人已到达入住。

(8) 客人入住后的服务。主要是同 VIP 客人保持联系,征求客人意见,询问有何需求。如给 VIP 客人打礼貌电话、检查客房、注意服务有无死角,有无不良现象发生,直到 VIP 客人离店,将客人送到门外、征求意见、欢迎再次光临等。并将 VIP 客人的接待情况记录在工作日记上。如有重要或特殊情况,要及时报告总经理。

(三) 处理客人投诉方法

客务关系经理或大堂副理的工作岗位是客人投诉较集中的地方,而客人投诉的内容是多种多样的,包括服务人员的态度、礼貌,酒店的房价、菜价、设施、设备、卫生、安全等。客人投诉的形式又有口头、电话、书面、函件等多种。正确处理客人投诉是一项较复杂的工作。从大堂副理和客务关系经理人员处理客人投诉的程序和方法来看,主要包括:

1. 客人投诉受理

(1) 接到投诉。接到客人投诉,确认是否为住店客人,记录客人姓名、房号、投诉内容与事项,特别注意投诉所涉及的部门和人员。

(2) 同情理解客人。头脑冷静、面带微笑,仔细聆听客人投诉,对客人遇到的不快、抱怨,站在客人的立场上表示理解、同情、并致歉意。

(3) 取得客人信任。不管饭店方是否有过错,对客人的投诉都不要申辩,尤其是对火气正大、脾气暴躁的客人,先不做解释而向客人表示道歉和安慰,让客人感到你是真心为他着想。

2. 客人投诉处理

(1) 当即处理的简单投诉。对一些简单、容易当场解决或处理的投诉,先征求客人意见,当场解决或尽快解决。如投诉内容是服务人员不礼貌、某些场所不卫生、服务速度慢了等,大多比较简单,可以很快处理。

(2) 交叉问题的客人投诉。对一些不易解决,涉及其他部门甚至多个部门和人员的投诉,先书面告之客人,其投诉正在调查处理中,安定客人情绪,向客人表示感谢,同时向有关部门经理汇报。

(3) 投诉调查与处理。情况复杂的投诉,要深入有关部门,调查了解事实真相,与有关部门经理协商,提出处理意见。必要时再次与客人接触,核实事实真相,征求客人意见,然后将处理结果告之客人,并征求客人对处理结果的意见。要尽可能使客人感到满意,得到客人的谅解或消除客人的误解等。同时再次向客人表示致歉和谢意,以便在客人心目中留下良好印象。

3. 投诉处理的善后工作

(1) 投诉处理记录与时间。投诉处理完成后要详细记录投诉客人的姓名、房号、地址、电话、投诉时间、事由和处理结果等。并注意住店客人的投诉,原则上应在 24 小时内完成,最长不超过客人离店时间。已离店客人和非住店客人的投诉,也要尽快处理,最长不超过 72 小时处理完毕,并回复客人。

(2) 投诉处理"三不放过"原则。凡是比较重要的投诉,大堂副理或客务关系经理必须和有关部门经理协商。做到投诉处理"三不放过";即客人投诉事实不清,酒店人员责任不清不放过;投诉处理未得到客人的理解或谅解,客人不满意不放过;被投诉而负有主要责任的人员没有受到处理教育,没有改进措施不放过。

(3) 重要投诉汇报。客务关系经理或大堂副理每天投诉处理完成后,要将重大投诉或重要客人的投诉及其处理结果,整理成文,经前厅部经理或主管上级经理审阅后,呈报总经理批示。

(四) 协调处理有关紧急事件方法

饭店发生突发紧急事件,主要由保安部和事件发生地的有关部门负责。客务关系经理或大堂副理主要起协调、临时调配和配合处理的作用。其主要目的是尽快做好现场处理,不使事态扩大而影响饭店正常业务的开展。其协调处理的程序和方法主要包括以下各种:

1. 住店客人得急病或受伤处理

(1) 接到客人得急病或受伤的通知,立即赶到现场。询问客人或现场人员发生的情况,将客人先送回房间。若是突发性较重的心脏病、脑溢血等急病,则先让客人安静,不宜搬动。

(2) 根据客人病情,在征求客人意见的基础上,确属得急病或较严重摔伤、碰伤及其他伤害的,可速将客人送到医院治疗。若是不宜搬动的心脏病、脑溢血等急病,可迅速请医生出诊处置后再按医嘱送医院。特殊紧急情况下,可打 120 电话,请急救中心出诊。

(3) 若送医院,迅速联系好出租车,请饭店医务室医生陪同前去。若遇到无出租车,就联系饭店派车。

(4) 经医院检查,若客人需要住院治疗,要将发病经过及病情做详细记录,并通知当地亲友或长途电话通知家属。若是海外客人,迅速通知接待单位或设法通知当地大使馆或领事馆。

（5）经医院检查，若客人不需住院而回饭店住宿，由客房部经理派人照顾。大堂副理或客务关系经理可适当电话问候或到房间看望，以示关心。

（6）发现属于传染性疾病，应迅速报告接待单位和有关部门，安排客人离店。并请客房部配合医务室对客人房间及其有关地方做彻底消毒处理。

2. 住店客人突发性死亡处理

（1）得到客人突发性死亡通知，迅速赶往现场，保持冷静。若未能确定是否已经死亡，立即报告保安部，并请医务室或特约医院叫救护车送医院急救或抢救。同时做好记录，报告总经理。

（2）凡发生客人突发性死亡，应立即封锁现场和消息，严格保密。同时通知客房部、公关部、保安部，由保安部决定是否报警、报案。

（3）如果客人属于自然死亡或病死，必须在封锁消息后，将客人送到医院抢救，并由医院开具死亡诊断书和死亡证明书。再由保安部报告有关部门，通知家属或友人直接到医院料理丧事。

（4）如果客人属于被谋杀、他杀等，要保护好现场，由饭店保安部通知当地公安机关有关人员前来调查处理。

（5）如果客人是自杀，也要先封锁消息，速请医院派救护车送医院抢救，再由保安部通知有关部门。若抢救无效，按“自然死亡”方法处理。

3. 饭店内发生盗窃事故处理

（1）凡在饭店发生客人或饭店和员工物品被盗，先报告保安部派人到现场，并通知事发部门经理或主管到场。主要由保安部人员处理。

（2）大堂副理或客务关系视需要到现场协调与协助处理。如与保安部人员配合，询问物品被盗发生的情况、发现经过，询问客人是否要报案等。

（3）发生盗窃事故是否报案，由客人自己决定，大堂副理或客务关系经理派人联系。外籍客人报案，报当地公安局外管处或指定机构；国内客人报案，可到当地派出所或公安局报案。如果客人物品在店外被盗，要请客人向事发地区的公安机关报案。

4. 火灾事故协调处理

（1）接到火警通知后，大堂副理或客务关系经理先报饭店消防中心，再请总机房按“饭店火灾预防与处置方案”迅速通知有关经理人员，并记录通知时间，然后带上总钥匙和手电筒迅速赶到现场。

（2）检查火灾现场，迅速组织救援，并与保安部、工程部等有关人员取得联系。由最高领导或保安部消防经理人员决定是否报119派消防车。

（3）如火灾发生在厨房，应请工程部人员立即关闭所有煤气或天然气阀门，关掉所有电源和受影响的通风装置。

（4）根据现场情况和最高领导的指示，做好扑灭火灾的协调组织工作，必要时组织客人撤离现场。火灾扑灭后，保护好现场，以便需要时报告有关部门，查明原因，做出处理。

5. 其他安全治安事故处理

（1）其他安全与治安事故包括食物中毒、本地客人打架斗殴、流氓滋事、卖淫嫖娼、酗酒抢劫、出丑闹事等。这些事故在饭店宾馆特别是高星级饭店极少发生。如果发生，也主要是由饭店保安部为主来处理,大堂副理和客务关系经理主要是在必要时起协调配合作用。

(2) 得到发生上述安全治安事故通知后,首先通知保安人员到场。如果事故发生在公共场所或公共区域,客务关系经理或大堂副理人员应到场协助处理。

(3) 到场后与保安部人员协商,迅速了解情况,制止事态扩大。除食物中毒应尽快通知医生和迅速处理外,其他安全治安事故都要先抓住或制服事故发生的主要人员,并让其到安全部或小房间内处理,防止影响饭店公共场所的秩序、环境和业务开展,造成不良影响。

6. 员工意外事故处理

(1) 饭店员工意外事故,如打架、争斗、内部物品被盗等,主要由员工所在部门经理会同人事部经理处理。

(2) 节假日、夜间各部门经理或主管不在饭店时发生的员工意外事故,由大堂副理或客务关系经理代为处理。处理时做好详细记录,次日将处理结果或意见交给员工所在业务部门经理和人事部经理。

(五) 巡视检查公共区域方法

公共区域的环境、卫生是影响饭店形象和声誉的重要场所。除客房部公区卫生组负责日常卫生清扫外,这些区域既是客人和员工流动量较大的地方,又是容易发生"三不管"的场所。所以,巡视检查公共区域是客务关系经理和大堂副理人员的日常工作之一。其工作程序和方法是:

(1) 制定巡视计划。事先制定出每天巡视前厅、门厅、过道、门前等公共区域的计划和路线安排,明确重点,对容易发生问题的地点做到心中有数。

(2) 巡视中发现卫生不符合饭店标准、员工有违纪行为的一般性问题,当时处理或通知有关主管部门经理处理。

(3) 巡视中发现有严重安全隐患、严重违规违纪甚至违法的人和事,应认真做好记录,找当事人询问事情经过、原因,提出处理意见或通知当事人所在部门经理处理。

(4) 每天将巡视检查的结果记录在工作日记上。若有重要情况和严重问题,报告总经理处理。

三、客务关系经理和大堂副理的素质要求

(1) 有良好的气质和风度。客务关系经理和大堂副理人员的工作位置都在饭店前厅,他们都代表饭店总经理协调和处理各种客际关系。他们的工作常常代表饭店门面。因而,必须要有良好的气质和风度,即仪容仪表要整洁、大方、美观,着装要干净、整齐,对人说话要和气,对客服务要有高雅的气质和良好的风度。

(2) 有良好的公关技巧和较强的协调能力。客务关系经理和大堂副理都必须善于同宾客交往。他们每天要运用公关技巧和手段处理大量的客际关系,帮助客人解决疑难问题,回答客人咨询、问题。所以大堂副理和客务关系人员都必须具有良好的公关技巧和较强的协调能力,才能适应工作需要。

(3) 有强烈的事业心与服务意识。客务关系经理和大堂副理人员常常被客人视为饭

店管理的代表、饭店的外交大使,被当作万能泰斗而前来寻求各种服务。因此,他们必须具有强烈的事业心和责任感,热爱本职工作,熟知工作内容、工作程序、工作标准。特别要具有强烈的服务意识,具有主动性、积极性,熟悉客人类型和要求与消费心理,爱管“闲事”,时时关心客人需求,时时关心服务质量,善于维护饭店声誉,才能做好本职工作。

(4) 具有敏锐的观察与处理问题的能力。客务关系经理与大堂副理人员所处理的很多对客服务中的问题常常介于两个或两个以上的部门或岗位的职权范围之间,有些问题甚至具有隐蔽性。因此,大堂副理和客务关系人员都必须具有敏锐的观察问题和解决问题的能力,包括发现问题、分析问题、提出措施、协调和处理问题等。

(5) 有较强的语言艺术能力和流利的英语。客务关系经理和大堂副理人员常常要和海外各国客人打交道,特别是高星级饭店更是如此。即使是以接待国内客人为主的饭店,也要具有较强的语言表达能力。因此,大堂副理和客务关系人员无论是运用英语或普通话,都应做到语言流利、语音优美、声调温和、用词造句得当、表达准确,才能适应工作需要。

第二节 前厅礼宾部及其金钥匙服务

案 例

以星级为基础的饭店门前礼宾服务三个等级

以星级为基础的饭店宾馆的门前礼宾服务及其机构设置实际上是有等级的、因其房价水平不同,一般有三个等级。

1. 最低礼宾级。二级和二星以下的饭店宾馆,经济型连锁酒店,前厅门前只有保安员,柜台接待员。既无礼宾服务员,也无行李员。客人到店的行李以自我服务为主。行李较多时可请保安员,即门卫、门童帮忙。

2. 一般礼宾级。三星级左右的酒店宾馆。前厅门前有比较正规标准的门童、保安。并有正规服务的行李处和行李员。大多没有专业礼宾部。三星级饭店称为有限服务饭店,一般设有大堂副理,但大多不设礼宾部。客人到店时一般能受到门前安全调度、行李员或门童的良好礼宾服务。

3. 优良礼宾级。四星五星级以上的酒店,大多推行“金钥匙”服务,大堂副理提升为客务关系经理,行李处,门童与门前安全调度员,问询处和机场代表等整合提升形成礼宾部。客人进离店都能受到高规格和全面的优质礼宾服务。

点 评

礼宾部及其金钥匙服务主要是针对三星特别是四星、五星级以上酒店来说的。案例中,酒店行业礼宾服务的三个等是由饭店本身的等级和价格水平决定的。本书和本节都主要是针对三星级及其以上的饭店宾馆来说的。希望引起广大学员的注意。

一、前厅礼宾部的机构设置

礼宾部是推行“金钥匙”服务的高星级饭店宾馆前厅部的一个下属机构。它是在传统的饭店行李处的基础上升格而形成的。礼宾部设经理兼首席礼宾司 1 人，下设迎宾门卫领班、行李领班、问询处领班、机场代表和相关服务人员，其组织机构形式如图 5－1 所示。

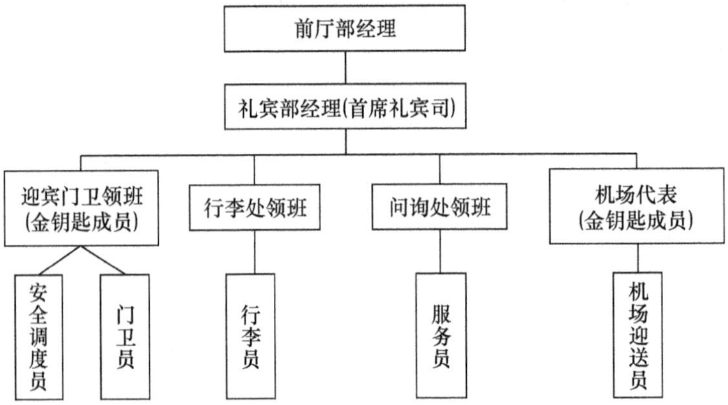

图 5－1　前厅礼宾部组织机构

二、礼宾部的“金钥匙”服务和金钥匙饭店的条件

(一) 礼宾部“金钥匙”服务的由来

“金钥匙”服务是饭店礼宾服务和委托代办服务的代名词。其本质是个性化、感情化服务的体现。

饭店“金钥匙”(concierge)一词的来源有两种说法：一是拉丁文 conserves，即“服务”一词的现在时，与 concierge 即“金钥匙”一词已有很大差别；另一种说法来自法语，即古代法文中的 comers。12 世纪，法国出现了一种“蜡烛伯爵”的贵族官衔，取名“comtedescierges”即“宫廷看门人”。后来，这个头衔逐步演变成了“concierge”，即礼宾服务的代名词，引入饭店管理中，则都称为“金钥匙”服务。到目前为止，这种“金钥匙”服务已在国际高星级饭店中得到了广泛普及。

“金钥匙”服务引入饭店最早起源于法国。20 世纪 20 年代末，法国几家豪华饭店的前厅人员设计出了交叉成十字形的“金钥匙”标志，别在礼宾服务人员的外衣翻领上，并将配有金钥匙标志的服务取名为“concierge”服务，后来逐步演变成了迎接、问候、引导、委托代办服务的代名词。到 1929 年，法国率先成立了“金钥匙”协会，但当时的发展、推广较慢。到 1952 年，在巴黎斯特拉酒店礼宾司捷里特先生的倡导下，在法国戛纳举行了第一届欧洲金钥匙大会，成立了有 32 个成员国参加的欧洲金钥匙协会。这就是饭店金钥匙服务的由来。

20 世纪 60 年代以后，随着国际经济的大发展，大大地促进了国际旅游业和饭店业的迅速发展，使饭店金钥匙服务得到了迅速推广。20 世纪 60—90 年代，美洲、亚洲、拉美等洲相继成立了“金钥匙”协会。同时还建立了国际“金钥匙”组织，各国各地区的大中型豪华饭店,都利用了“金钥匙”这一名称,推行了“金钥匙”服务。

在我国,饭店“金钥匙”服务最早起源于广州白天鹅宾馆。1990 年,在宾馆副董事长霍英东先生和总经理杨小鹏先生的倡导下,宾馆派人参加了第一届亚洲“金钥匙”服务研讨会,随后,宾馆最先推行了“金钥匙”服务,并于 1993 年加入了国际金钥匙组织。到 1994 初,以白天鹅宾馆为首,广州成立了中国第一个地区性“金钥匙”组织。第二年,又在白天鹅宾馆召开了中国第一届饭店“金钥匙”服务研讨会,同时决定筹建中国“金钥匙”协会,并初步建立了中国饭店业“委托代办”联系网络。在国家旅游局的大力支持下,到 1996 年,成立了中国饭店业“金钥匙协会”,以后中国“金钥匙”协会每年召开一次年会,研讨“金钥匙”服务的组织与工作经验。到 2001 年,中国“金钥匙”组织已发展到 54 个大中城市,178 家高星级饭店,共有“金钥匙”个人成员 248 人。“金钥匙”服务已成为反映我国高星饭店前厅礼宾服务、委托代办服务和饭店服务等级规格的一种标志。

(二) 饭店推行金钥匙服务的基本条件

饭店推行“金钥匙”服务,既是一种国际惯例,又是饭店前厅礼宾服务和委托代办服务的代名词。在我国,饭店“金钥匙”服务的组织形式是“中国饭店金钥匙协会”。它隶属于国家旅游局中国旅游饭店协会。推行金钥匙服务的饭店,既是中国饭店金钥匙协会的成员,又可以成为国际“金钥匙”组织的成员。但饭店要成为全国“金钥匙”协会的成员,推行“金钥匙”服务,必须具备一定的条件:

(1) 设施设备与声誉。它必须是一家设施设备先进、齐全、舒适良好的饭店,具有良好声誉,在国际或当地有一定影响的高中档饭店。所以,推行“金钥匙”服务的饭店大多是四星级、五星级饭店,最低也要三星级以上。

(2) 前厅礼宾服务等级。它必须在前厅设礼宾部,同时在礼宾部推行“金钥匙”服务。所以,“金钥匙”就是礼宾服务与代办服务的代名词。它可以引申为“打开饭店优质服务大门的金钥匙”。因此,“金钥匙”成员大多是礼宾部的主管或领班以上人员,又称首席礼宾司或“金钥匙”。不够设置礼宾部条件或只设一般行李处的酒店,不能成为“金钥匙”饭店成员。

(3) 必须经过推荐与审批。饭店推行“金钥匙”服务,一般需要两级推荐与审批。一是在申请的基础上,有两位饭店金钥匙组织的正式成员的推荐信;二是有本饭店总经理的推荐信,然后经过批准。

三、饭店“金钥匙”成员的任职资格和素质要求

(一) 饭店“金钥匙”成员的任职条件

(1) 在饭店大堂柜台前工作的前厅部或礼宾部高级职员即主管才能被考虑接纳为“金钥匙”组织的成员。

(2) 21 岁以上,人品优良,相貌端庄。从事饭店业 5 年以上,其中 3 年必须在饭店大堂工作,为饭店客人提供服务。

(3) 有两位中国饭店“金钥匙”组织正式成员的推荐信。有一封申请人所在饭店总经理的推荐信。

(4) 有过去和现在从事饭店服务工作的证明文件。

(5) 掌握一门以上的外语。参加过由"中国饭店'金钥匙'"组织的服务培训。

(二) 饭店"金钥匙"成员的素质要求

饭店"金钥匙"成员又称礼宾司或首席礼宾司。一般说来,凡设有2—3名(最多不能超过3名)"金钥匙"成员的饭店,可设首席礼宾司。他(她)同时担任礼宾部经理,负责礼宾部下属的门前服务组、问询处、行李处和机场代表四个小部门的工作。其他成员则称"金钥匙"或"礼宾司",即礼宾服务人员,协助首席礼宾司开展礼宾服务工作。

饭店"金钥匙"成员通常身着高级燕尾服,在上衣的翻领上别着呈十字形的金光闪闪的两把钥匙。这是"国际饭店'金钥匙'组织联合会"(Union International-Concierge Homely Les Clefts or)会员的标志。它象征着Concierge就如同万能的"金钥匙"一般,可以为客人解决一切难题。所以,饭店"金钥匙"成员除要具备一般管理人员的素质外,还要具备其他一些较高的素质条件:

(1) 学历与专业知识。有大专以上学历;接受过系统的饭店服务特别是前厅服务专业培训;熟知前厅和礼宾服务、委托代办、行李等各项服务的内容、程序、标准及方法与技巧。

(2) 资历与礼宾知识。至少在高中档饭店工作5年以上;有较丰富的礼宾服务知识与经验;熟知饭店客房种类、价格、设施设备及各种餐厅、宴会、酒吧服务项目;熟知当地著名景点、餐馆、大商场等各种服务设施;能随时准确地解答客人的各种问题和客人到、离店时的礼宾、迎送等服务;可以成为饭店各种服务的万能工和打开饭店优质服务大门的"看门人"或"金钥匙"。

(3) 交际与代办知识。有广泛的社会联系,人际关系良好;熟知各类客人住店的消费心理;掌握客人所需要的各种代办服务——大到联系租用飞机、会见政府官员,小到代修皮包、皮鞋等专业知识和能力,能够充分运用酒店优势和广泛的社会关系网络,提供各种客际关系服务和委托代办服务。

(4) 语言与外语知识。接受过多种较系统的语言培训,至少能用两种以上外语(英语和日语或德语、法语等)与客人交谈;语言流利、亲切、礼貌、大方;在与客人和外籍人员交谈中,能够听懂、理解、解答客人提出的各种问题,包括解决客人感觉比较棘手的问题。

(5) 良好的心理素质。必须具有良好的心理修养;表现坚韧、果敢、有耐心、有创造力,有幽默感,充满活力与朝气;对下属和蔼,对客亲切、友好;有较强的应变能力和强烈的服务意识;有一定组织领导能力和较强的协调配合能力,能带领礼宾部员工按饭店标准做好礼宾与行李、问询等各种服务工作。

(6) 气质与仪容仪表。身体健康,个人形象良好,充满朝气与活力;注意仪容仪表。有良好的气质和风度;对客服务热情、礼貌、诚恳、自然;注意个人卫生,有良好的生活习惯;能给客人留下深刻、良好的印象,受到客人欢迎。

四、礼宾部"金钥匙"服务的哲学内容和方法

(一)"金钥匙"服务的哲学和宗旨

饭店推行"金钥匙"服务是高档饭店个性化服务的重要标志,是饭店服务豪华程度的

体现。“金钥匙”服务的哲学是“尽管我们不是无所不能,但我们一定要竭尽所能”。“金钥匙”服务的宗旨是“忠诚”,即要始终对客人忠诚、对饭店忠诚、对社会和法律忠诚。所以,“金钥匙”成员又被誉为饭店个性化服务的“百事通”和“万能博士”,是“为客人解决问题的专家”。

(二)“金钥匙”服务的内容和方法

(1) 礼宾迎客服务。客人到来,礼宾部“金钥匙”人员要代表饭店在门口迎接客人,首先向客人问好,表示欢迎,然后引导客人进入前厅办理登记手续。与此同时,礼宾部的行李员要为客人提供行李搬卸服务,门童和车辆调度员要为客人提供开拉车门、调度车辆、开拉前厅大门等礼宾迎客服务。

(2) 礼宾送别客人。客人离店退房,“金钥匙”人员要主动征求客人意见,询问客人行李服务要求,并派行李员及时为客人收拾或搬运行李。客人离店前要尽量满足客人要求,弥补服务中可能存在的不足,不使客人带着不良印象离开。同时还应热情与客人告别,欢迎客人再次光临。

(3) 店内外日常委托代办。饭店“金钥匙”要全方位满足客人店内外各种委托代办服务要求,如婴儿托管服务、代修物品、代办风味餐厅订座服务等,做到有求必应。

(4) 票务邮件代办。包括帮助客人代购火车票、飞机票、汽车票、轮船票,帮助客人办理各种信件、包裹、快件、电传、传真、特快专递等,确保客人特别是商务客人的需要。

(5) 旅游与娱乐项目代办。包括帮助客人设计旅游路线,安排沿途景点、交通、外出期间的食宿,帮助客人预订健身房、桑拿浴、台球厅、观看当地重要体育比赛等。

(6) 特殊商务联络服务。“金钥匙”服务主要在四星级、五星级等高档商务型饭店中推广。其中,有些高档商务客人常常有一些特殊商务活动联系的服务要求。如客人向饭店提出:要求会见饭店所在国家或地区的商业部长、经贸部长、市长或副市长;要求联系参加某些重要商务洽谈会议、大型商务活动等。“金钥匙”人员要充分利用各种关系网络和饭店强大优势为背景,帮助客人联系落实。即使有困难,也应将联系中的回答结果告之客人。

(7) 特殊性多环节服务工作。这种服务往往涉及多个单位、多个部门。“金钥匙”成员却能互相支持、互相配合完成。

▶ **案例**　饭店“金钥匙”成员多环节服务

例如:某日,南京金陵饭店的“金钥匙”打电话给广州白天鹅宾馆的“金钥匙”,称该店一名已赴广州的住客误拿了一位新加坡客人的行李,请求广州方面协助查寻。白天鹅宾馆的“金钥匙”获悉后,立即赶赴机场截回被误拿的行李,但当他们回复“金陵”“金钥匙”时,“金陵”却说这名新加坡客人已飞赴香港。于是,他们又与香港“金钥匙”联系,香港“金钥匙”接报后,马上在香港机场找到新加坡客人,告之他的行李找到了,而这位客人因急于赶回国则要求他们将其行李从广州直接寄运至新加坡。根据这种情况,他们以特快专递将客人行李发送新加坡,然后再次与新加坡落实此事。几天后,新加坡“金钥匙”回电,这件几经周折的行李已完璧归赵,安全送回客人手中。

(8) 客人特殊要求的特别服务。这种服务往往涉及面很广,需要广泛的社会联系和强大优势做后盾才有可能完成。

▶ **案例** 客人特殊要求的“金钥匙”特殊服务

例如：1995年年底，世界首富、电脑软件大王比尔·盖茨应邀从香港来广州白天鹅宾馆演讲，拟取道番禺、南沙经沙窖岛抵广州。为避免交通不便而影响紧张的日程，香港微软公司向宾馆提出，最好能调用直升机开辟从南沙到沙窖岛的特别通道。宾馆销售部把这一难度极高的任务交给前台礼宾部办理。

接到任务后，礼宾部便紧急行动起来。有关人员先与南航直升机公司联系，根据其要求，从省政府安全厅拿到同意的介绍信；再到广州军区司令部作战处办手续，由他们审核飞行图；经批准并获南航认可后，礼宾部与南航有关人员一起赴实地考察地形。他们先在南沙港口选好停机位置，清场，清除地面沙子和沙井盖，并落实当地派出所负责安全保卫，然后到沙窖岛一鱼塘边的空地上选好停机坪，用红布铺成停机标志，并用红地毯铺至离码头几十米的地方，以便让盖茨下机后，用专车送到码头……为了防止意外，有关人员又主动提出第二、第三套应急方案。

这一天，盖茨从香港乘飞翔船抵达南沙，礼宾司三组人员分别在南沙、沙窖岛和珠江边“白天鹅”码头三地用对讲机反复联络……然而，由于当时珠海的天气不好，珠海的直升机无法飞抵南沙，结果被迫取消原计划，而启用第二套应急方案，从飞天空改为走陆路。由警车开道，盖茨一行乘坐的三辆奔驰车用45分钟便抵达沙窖岛，然后换乘快艇(另有一艘备用)，顺利抵达珠江之滨的白天鹅宾馆。

完成这一艰巨特殊使命的就是广州白天鹅的“金钥匙”。

第三节 前厅、门卫、行李和问询处服务

案 例

一件行李服务纠纷解决了

某饭店一位客人准备离店，行李员小王按要求到客人房间取走3、4件行李。推送到前厅扎上行李牌，等客人前来点收。

客人结账后朝小王处走来，小王请客人清点行李。客人朝行李打量了一会儿，颇为不悦地指着一只提拉两用的小箱子说：小箱子上的小轱辘怎么磕掉了？

行李员小王感到很委屈，辩解道：“我到客房取行李时直接将4件行李提到车上、装车和运送都没有发生过碰撞。”

客人一听，火冒三丈：“明明是你弄坏的，自己不承认还想反咬我一口，我要向你的上司投诉。”

前厅客务关系经理听到客人发脾气，过来耐心听取客人的指责，仔细查看了箱子的痕迹，询问了小王的操作过程，对客人说：“小姐，这件事应该由本店负责，我代表酒店向您表示歉意。也很感谢你及时发现了我们工作中的不足。请你提出具体要求。”

这时，客人倒有些不好意思了。大概是觉得为了一只小轱辘没有必要小题大做，或许

想起了点什么，于是不再要求赔偿。这时行李员小王和客务关系经理再次先道歉、再询问处理办法。客人说："算了。这只小轱辘不知什么时候掉了的，箱子小还可以用手提。"

客务关系经理联想到箱子上的痕迹不像是新的，也就顺水推舟，同小王一起送客人上车，向客人告别，并祝旅途愉快。一次行李服务的纠纷就这样解决了。

点 评

门卫、行李和问询处的服务都是前厅礼宾服务管理的重要内容。案例只从一个角度反映了行李服务的问题。行李员在提运行李时，没有同客人办交接，未发现小箱子上的问题。客务关系经理的诚恳、礼貌的态度和语言又让客人平静下来不再要求赔偿。也可能小轱辘确实早就掉了。类似的问题都需要在具体服务中避免。为此，我们在本章最后分别介绍前厅门卫、行李和问询处的服务内容和方法，以便全面提高前厅礼宾服务质量。

一、前厅门前礼宾服务

推行"金钥匙"服务的高星级饭店，在门前设有"门童"和"门卫兼调度员"两种为进离店客人提供礼宾服务的工作岗位，归礼宾部管辖。没有推行"金钥匙"服务的一般饭店，只在饭店前厅设置门童。一星级、二星级等低星级饭店，甚至连门童也可不设，而由安全巡逻人员代管门前服务。所以，本书"门前礼宾服务管理"主要是针对三星级以上和推行"金钥匙"服务的饭店来讲的。饭店门前礼宾服务管理的工作内容和工作程序如下。

（一）宾客迎送礼宾服务工作内容与方法

（1）载客车辆到达。门卫上前示意司机停好车，拉开车门，保护客人头顶，向客人问好，等待客人下车。注意开车门、引导下车动作，防止碰到客人。

（2）行李服务。请司机开启行李箱，为客人提行李，将行李暂放门口，请行李员来搬运，并将车辆调离门前。注意不要遗忘客人行李，同时告诉行李员门前行李是属于哪位客人的。

（3）客人进门服务。门童为准备进入大门的客人拉开大门，主动问好，并指引客人前台接待位置，请客人前往。

（4）客人离开服务。门童为客人拉开大门，表示问候，询问客人是否要出租车，并视需要通知门卫兼调度员召唤出租车。注意看管随客人出来的行李。

（5）车辆服务。门卫兼调度员将排队候客车辆调至门前，询问客人去向，翻译后告诉司机。同时协助行李员将客人行李放入车后行李箱，拉开车门，用手臂挡住门框为客人护顶，请客人上车，并祝客人旅途愉快。

（6）告别客人。调度和门童向客人挥手告别，准备迎送下一位客人。

迎送宾客过程中要特别注意礼貌，热情、大方、自然。要能够随时回答客人提出的疑问、遇到的困难。注意记下客人所乘的车辆号码，确保门前礼宾迎送服务能给客人留下美好的第一印象和离店时的最后良好印象。

（二）门前安全与车辆调度工作内容与方法

（1）提高警惕。随时注意门前来往和进出饭店人员、可疑分子；照顾好客人行李物品；防止精神病患者、个别坏人混入饭店；防止客人行李物品丢失。

（2）注意安全。发现可疑人员、公安部门通缉的人员或个别在门前打架、闹事、出丑的人员，立即通知保安人员、大堂副理，并协助他们处理，防止事态扩大，造成不良影响。

（3）车辆调度。随时注意车辆调度，保持车场车道畅通，为长住办公室、长住客人、经常光顾的使领馆及商社客人的车辆保留足够车位。

（4）车辆管理。靠正门前不许车辆长期停泊。遇有重大活动，将最佳车位提前空出留给贵宾首长。不许大型轿车停靠通道中央。严格要求出租车排队候客，并始终保持车场、车道卫生。保持残疾人车道畅通。

二、前厅行李礼宾服务

三星级以上的饭店宾馆，不管是否推行了“金钥匙”服务，均设有行李处。饭店行李处的行李运输与服务管理的工作内容和方法主要包括以下各项。

（一）散客进离店行李服务工作内容和方法

1. 散客入住行李服务

（1）行李接收。行李员从门童处拿到行李或自己从车上卸下行李，确认行李件数。若客人在场应表示问候和欢迎，请客人查点行李。

（2）行李暂放。将行李放在大厅，系上行李卡。行李较多时，在行李卡上写上“IN”和行李件数。

（3）行李运送。客人办完入住登记后，迅速主动询问客人房号，陪客人进房或单独将行李送到客人房间。若不能确认行李，则应请客人自己认领，再送入房间。

（4）介绍服务。行李进房时先敲门，自报身份，进门后询问客人将行李放在何处。若客人未表态，应将行李整齐地放在行李架上，并请客人核对行李件数。若是第一次来店的客人，应主动介绍房间设施和注意事项；然后征询客人有无其他事情；离开客房，带上房门。

（5）VIP 客人行李。重要贵宾入住，要安排专职人员服务行李。客人办理入住登记和与前来迎接客人的经理人员交谈时，要优先将客人行李送入房间，并征求客人意见，将行李摆整齐。

（6）送完行李回到大厅，在“行李员服务登记表”上做好记录或录入电脑。

2. 散客离店行李服务

（1）收取行李。接到客人取行李电话通知时，问清房号、行李件数，选择适当行李车到客房报到。到房间后，若客人不在房间，请客房服务员开门，取出行李。按客人所讲行李件数，检查房内是否还有客人遗留物品。

（2）大厅暂候。将客人行李取到大厅后系上行李卡，并在行李卡上写上“OUT”、房号、件数、特殊要求，在行李登记表上做好记录。若客人当时不离店，应将行李卸下妥善保管。

（3）客人离店。凭行李单和客人结账手续放行李，询问客人是否交回了客房钥匙，再将行李送到大厅门外。帮助客人联系出租车,将行李装车,请客人确认无误后,与客人告别,祝客人旅途愉快,欢迎再次光临。然后回到行李处做好登记。

（二）团队客人行李服务工作内容和方法

(1) 行李到达。团队行李到达,详细清点行李件数。请旅行社行李员或导游员在“团队行李登记簿”上签字,做好行李交接。

(2) 行李运送。将行李卸在适当位置,逐件系上行李卡。向柜台人员要团队房号单,按客人姓名核对查出房号,写在行李卡上。将行李送入客人房间。行李送到楼层后,也可以请客人自己认领行李。

(3) 离店行李收取。团队客人离店,按团长或导游要求收取行李。认真记录所取行李件数,最后由领班统计行李总数,并写清团队号和行李件数,放在指定位置,用行李网罩好。

(4) 行李交接。旅行社行李员或团队指定的有关人员来取行李,先请核对行李件数,准确无误后,请来人在“团队行李登记簿”上签字,办清交接。

(5) 特殊情况。若团队客人将行李存在饭店,集体外出游览后直接去机场或车站,不再返回饭店,行李员应在客人离店前主动通知前台收款处和问询处,核实客人有无支付账单,房间钥匙交回情况,并视情况及时通知客人补办。

（三）客人存取行李服务工作内容和方法

1. 客人存放行李服务

(1) 接收行李。客人来存行李时,请客人填写“暂存行李单”,按客人所写内容核对行李件数、存放期限、起存日期等,并在暂存单上签名,正本交客人保存。

(2) 行李保管。在行李牌上按客人所填存单号、客人姓名、房号、期限、件数等,将行李牌系在客人行李上。保存好客人行李,并在“行李存放簿”上做好记录,同时发给客人行李牌。

2. 客人领取行李服务

(1) 行李发放。客人前来取行李物品,凭“暂存行李单”和“行李牌”领取。问清客人姓名和房号,与原单核对,取出行李物品交给客人或按客人要求送到客人房间。若客人行李单丢失,应请客人回忆存放日期,找出“暂存行李单”副本。核对无误后,将副本复印后贴在原贴正本的位置。注明正本丢失,并请客人签字后,再将行李或物品交给客人。

(2) 行李转交。客人离店,将寄存行李物品交×××公司×××人来领取,应在“客人移交物品登记簿”上登记,并问清何人何时来取。取行李时,应按饭店规定核对证件和行李件数,然后转交。

(3) 服务要求。客人寄存行李物品,行李处必须配备保管室和保管架,保持清洁、整齐。客人行李物品的寄存时间如果超过饭店规定,应按天数和件数收取费用,办清收费手续。

（四）代发信笺和内部报表函件传递工作内容和方法

1. 客人信笺、电函发送服务

(1) 送件服务。由前厅柜台转来的客人信笺、留言、报纸等,每天收到立即送到客人房间，客人不在时从房门下放入。大件物品请客房服务员开门后送入客人房间。每次收发，均在有关登记簿上签名，并写上时间。长住客人每日报纸同样办理。

(2) 客人签收。客人的电传、传真等函件需要送入客房时，每次应请客人在账单和接受簿上签字，然后将账单交前厅收银处记入客人账户。

2. 饭店内部报表函件传递服务

(1) 函件收取。每天收到有关部门需要分送的重要报表、函件，认真登记数量、报表内容，明确收件部门和人员，及时派行李员送去。

(2) 函件传递。内部报表和函件送到指定部门和人员或指定地点时，请对方在登记簿上签字。若收件人不在或外出，可请有关人员代收并签字或送到有关负责人办公桌上。

三、前厅问询处的应接服务

推行"金钥匙"服务的高星级饭店，问询处一般设在柜台接待处。也有的一星二星等低星级饭店，根本没有专职问询处，其工作主要由柜台接待员、大堂值班经理代管。不管属于哪一种，客人需要问询处提供的各种应接服务则是确定无疑的。这些应接服务的工作内容和方法主要包括以下各项。

(一) 问询与沟通联络服务

(1) 客人前来询问有关问题和服务时，主动问好。仔细听清客人问题，做好记录，热情、准确回答客人问题。

(2) 客人问及的问题若不能回答或超出了自己的业务知识范围，应向客人表示歉意，并立即主动与有关部门联系，然后回答客人。切忌简单地回答"不知道"、"不清楚"、"不行"等。

(3) 客人要求帮助联络饭店内部或外部有关服务，不能简单地将客人支到其他部门，而应按以下程序和办法处理：

① 问清客人需要解决的具体问题或目的，判断属于哪一类服务范畴或哪个部门管辖，然后请客人稍候，立即电话同有关单位或部门联系，说明情况和客人所提出的问题，取得有关部门的解答或处理建议。

② 将获得的回答详细转告客人，并告诉客人怎么做，必要时亲自前往帮助客人，并通知有关部门做好接待客人的准备工作。

(4) 客人前来查询住店客人，问清客人所查找的住店客人姓名或房号，运用电脑程序或查询控制盘(采用威特尼系统手工操作的酒店)很快查清，告诉客人查询结果。

(二) 代客留言服务

(1) 接到留言要求，取出留言簿，询问被留言客人姓名、房号、留言内容，详细记录在留言簿上，若是客人到柜台当面留言，则请客人自己填写留言条。

(2) 复述一遍留言内容，请留言人签上自己的姓名、单位、联系电话、留言时间，并填上记录人姓名。

(3) 留言条装入信封，放在柜台房号及钥匙孔内，待客人来取或开亮客人房间内的电话机上的留言灯。

(4) 客人发现留言灯来电话询问时,将留言读给客人听,并询问是否要亲自查看留言。若要看则请行李员送到客人房间,关闭留言灯。

(5) 如果留言是留给尚未到店的客人的,则在预期到店客人名单上注明,将留言按客人姓名第一个字母顺序放在接待处,待客人办理登记手续时交给客人。

(6) 如果住店客人对外留言,请客人亲自书写,存放在柜台上,待外来客人来取或打电话询问时转交客人。

(三) 接待来访者服务

(1) 来访者找住店客人,问清是否约好,确认后电话通知客人。如客人不在房间,请来访者在大厅等候或告之客人去向,不能让来访者进入客人房间。

(2) 来访者找酒店管理人员,问清姓名、单位和来意,电话询问被访者是否接待,然后将结果告之来访者。

(3) 来访者找饭店一般员工,除特殊原因或公事外,一般不予转告,婉言告之上班时间不接待私事来访。

(四) 客人邮件处理服务

(1) 普通邮件。收到普通邮件后,查阅电脑找出房号,打电话通知客人来取或由行李员将邮件送到客房交给客人。对已离店客人的邮件应退回邮局。

(2) 特殊邮件。收到快递、挂号信、汇款单、包裹单等特殊邮件,在收发簿上登记清楚,立即由行李员送给客人或打电话请客人速来取走。如客人不在房间,则给客人留言,待客人回房后来取或由行李员送入房间。客人领取时要在登记簿上签字。

(3) 预订未到客人邮件。收到后存放在工作台内,做好记录交总台接待员,待客人办理入住登记时转交给客人。

(4) 错投邮件。收到地址、人名不对的邮件时,普通邮件贴上退批条退回邮递员;挂号快件等特殊邮件错投,先仔细核对查找,如找不到收件人则退回邮局。

(5) 死信处理。收到的邮件找不到收件人,信封上又无寄信人地址的均退回邮局。

(五) 客人钥匙丢失处理

(1) 客人报失房间钥匙,与客房楼层服务员联系,查找楼层服务台、客房内、楼道内是否有遗失的钥匙,询问客人是否去过饭店其他各处,查问饭店内其他人是否有人拾到。

(2) 经反复检查,客人钥匙确属丢失,由柜台服务员先查电脑,重新制作磁卡钥匙,请客人交纳赔偿金,并在电脑中注销原来的钥匙。

(六) 客人托转物品服务

(1) 客人提出代办托转物品,请客人填写"托转物品服务单",写清托转人姓名、地址、联系地址、物品名称、件数和收件人姓名、地址、电话等项目。经办人在服务单上签名并详细记录接物时间。

(2) 将托转物品收好存放,在客人要求的时间内送给收件人,或主动联系收件人来领取。

(3) 客人如托转大件行李,请客人到行李处办理。对客人提出的托转现金、机票、车票或贵重物品,婉言谢绝办理。

（七）代客寄发信件邮件服务

（1）普通信件。先称重量，按邮局提供的邮资表将邮票出售给客人，粘贴后加盖酒店收发章，送交邮递员。

（2）客人要求代办挂号信或包裹，做好记录，收取预付款，然后派人送邮局办理，办完后与客人清算邮资和代办费。

（八）客人传真、电报转交服务

（1）收到客人传真、电报后，查阅电脑，查看客人是否离店，并做收件登记，立即通知客人取件。如房内无人，则给客人留言。

（2）客人前来取件时，请客人在收件登记表上签收。

（3）夜间值班员在20:30以前，清点当日所收传真、电报和留言，通知行李员送到客人房间，并请客人签收。

（4）对已离店客人的传真或电报，尽量设法转交。

复习思考题

1. 前厅客务关系经理或大堂副理接待VIP客人的工作步骤是怎样的？
2. 客务关系经理或大堂副理应该怎样处理客人投诉？
3. 什么是“金钥匙”服务？饭店推行“金钥匙”服务的实质是什么？
4. 饭店“金钥匙”成员需要具备什么条件，其素质要求是什么？
5. 前厅行李服务的工作内容主要包括哪几个方面？

第六章

前厅部商务、总机和部门档案管理

内容架构与学习目标

内容架构

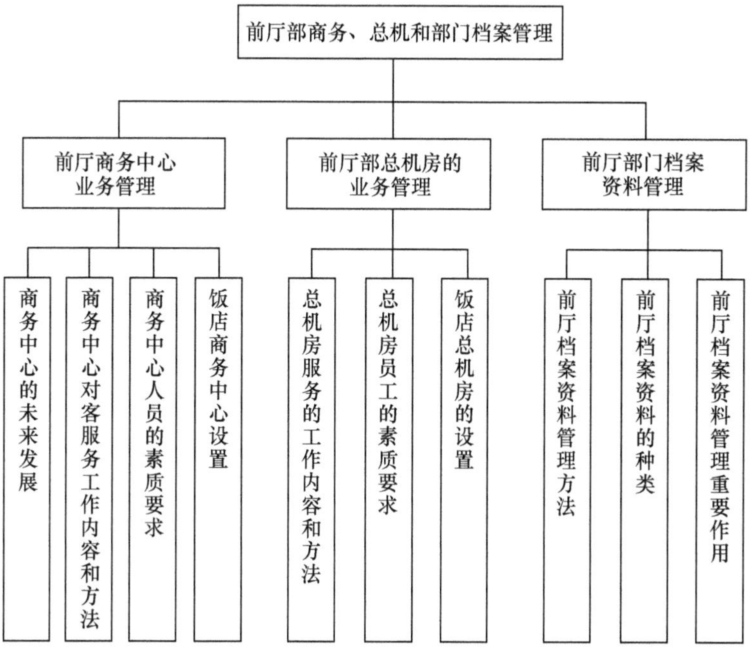

学习目标	通过本章学习，你应该能达到下列目标
知识目标	技能目标
1. 掌握商务中心的项目设置、服务内容 2. 掌握总机房的服务内容、紧急情况下充当临时指挥中心 3. 掌握前厅档案、资料管理的作用、VIP客户资料内容方法	1. 商务中心对客服务的一般技能运用 2. 掌握客房资料的内容和存档技能 3. 熟练运用电脑制作客户档案的操作技能

第一节　前厅商务中心业务管理

案　例

一次商务中心的责任事故让饭店遭受了较大损失

×月×日，在某大饭店前厅部、客务关系经理收到外籍客人即住商务楼层的客商山野下郎的投诉，说他应该收到的从国内公司总部发来的一份电传为什么已过2天还未收到。这是一份指示他开展一项重要商业交易的电传指令，由于时间上的延误，让他丧失了重要的商机，给公司造成了严重损失。客务关系经理接到投诉，立即和客人接触、了解事情经过，并与商务中心联系。他在商务中心查到了2天前收到的应交给这位客人签收的电传记录。电传已交给行李处，让其送到客人房间。客务关系经理询问行李处，但行李处没有记录，也没有将电传送到客房让客人签收的记录。不知哪个环节出了问题。询问客人是否收到，山野说：根本没有送来。5天前，他就接到国内长途电话让他注意接收电传。今天又接到国内公司总部长途。询问是否按电传完成了商业交易，说电传是2天前发出的。由于你们的过失，已经给我公司造成了重大损失，你们必须赔偿。

客务关系经理经过调查后，感到事态严重，立即向总经理做了汇报。总经理又与外方总经理协商，进一步与客人接触寻求解决意见。最后，饭店向客人方贴偿了10万元人民币，才使问题得到解决。

点　评

商务中心和总机房都是前厅部的重要业务范围。部门档案管理也是十分重要的。这些工作都必须根据其内容，认真贯彻落实操作程序，遵守各项管理制度。案例是根据一家饭店的真实事例压缩后编写的。否则其调查了解和处理的过程描述就会很长。很显然案例中的问题出在客人电传收到后的传递转交制度未得到认真落实，结果造成责任不清，使饭店蒙受了重大经济损失。为此，本章主要介绍前厅商务中心，总机房的业务和部门档案资料管理的内容和方法，从而促进前厅部门对客人提供全面优质服务，避免案例中的类似问题发生。

一、饭店商务中心设置

商务中心是为客人提供与商务活动有关的各项服务的一个业务管理机构。它既能满足现代饭店特别是商务型饭店客人的需要，又可以增加饭店经济收入，提高饭店档次。饭店商务中心的设置重点要解决好以下几个方面的问题。

(一) 商务中心的位置选择

商务中心的位置应该在饭店的前厅、柜台附近而又比较显眼的地方,客人容易寻找、能给客人带来方便。商务中心的设置必须根据服务项目的多少安排中心需要的面积。四周应与前厅其他部位隔开,门前应该美观、大方,标识标牌齐全,中英文对照。最好设有霓虹灯装饰,摆放花草盆景,使客人感到环境舒适、洁净美观、寻找和进出方便。

在设有行政楼层或商务楼层的高星级豪华饭店中,除在前厅设有商务中心外,有的还在行政楼层设置了比较齐全、先进的商务设施和服务项目,以提高饭店档次规格,满足商务客人需要。

(二) 商务中心的项目设置

商务中心的服务项目较多。一个功能齐全的商务中心能为饭店提供更多的客源,特别是商务型客人。其主要服务项目包括打字、复印、电传、传真、电报、文件校对、抄写、装订、会议记录、票务服务、文秘翻译等。因此,商务中心可以或需要配备的主要设备和用品有电脑打印机、电话机、复印机、笔记本电脑、直拨电话机、传真机、打字机、装订机、口述录音机、办公桌椅、沙发等。

(三) 商务中心的人员设置

商务中心是饭店前厅部的一个下属机构。其服务项目和设备配置的多少与档次主要取决于饭店性质、等级规格和规模大小。一个功能较齐全的商务中心可配备的人员主要包括:

(1) 商务中心主管。全面负责商务中心的工作,主持日常事务,承担经营责任和组织员工完成经济指标,直接向前厅部经理负责。

(2) 商务中心领班。可设1—2人。中心工作执行二班制。其职责是在主管领导下负责班组日常工作,亲自和督导员工为客人提供各种服务。

(3) 服务中心文员。可以分别设置中心文员、票务人员和文秘打字人员等,应根据中心规模大小、服务项目和客源多少来确定。这类人员一般要求一专多能。

二、商务中心人员的素质要求

商务中心以为客人提供复印、打字、翻译、传真、电传收发等各种服务为主。除主管、领班需要具备一定组织领导能力、业务指挥能力外,其人员基本素质要求主要包括以下各项:

(1) 熟知商务中心各项服务的工服内容、工作程序,对机器设备的使用、维护与操作,做到一专多能。

(2) 具有大专以上文化程度和较高的英语水平,知识面较宽,能用熟练外语为客人提供打字、口译、笔译、文秘等服务。

(3) 熟练掌握计算机操作知识、能根据客人需要快速完成电脑打字、校对、修改等服务,保证客人需要。

(4) 工作认真、细致、责任心强,有强烈的服务意识、性格外向、机智灵活、有耐心,能与客人进行良好沟通。

(5) 有良好的仪容仪表,着装整洁,语言动作规范,身体健康,有良好的气质和风度,能热情礼貌回答客人问题。

(6) 遵守饭店和部门规章制度、劳动纪律、工作程序、质量标准良好,掌握一定财务记账知识。服务过程中能按规定不发生账款差错。

三、商务中心对客服务的工作内容和方法

饭店商务中心对客服务的工作内容和方法随中心所设服务项目的内容不同而变化。其主要服务项目的工作内容和方法包括以下各项。

(一) 电传与传真服务

(1) 接过客人拟好的电传稿,请客人填写电传发送表。仔细阅读查看客人所发电传文字内容,有不清楚的地方立即向客人指明。检查电传发送表,看客人是否按要求已将姓名、房号、发送国家或地区、电传号码及自报编码等项内容填写完整、清楚。确认无疑后,将电传稿夹在电传机文件上,准备输入发送。

(2) 按下电文编辑键,输入电文。电文输入、打字完毕,从头至尾对照文稿检查有无错误,如发现有错就在机上修改。再按下呼号键,打入电传发往国家或地区编码和电传接收方号码,并按下询问键等待回报。回报显示对方号码,并自报时间、日期和本机号码后,即确认线路接通,按下发送键。待电文显示后,按下自动收线键,电传文字此时便自动发出完毕并断线。最后将电传机读出的打印稿从机口撕下,第一联交给客人,第二联商务中心保存准备挂账。

(3) 准备挂账收费单。根据发出文稿底部提供的发送计时,按价目表规定准确地计算电传费用并填写收费单。收费单一式三联,如果客人是住店客人,则将该单据第一、二联交前台收款,第三联和发送底稿订在一起,按收费单序号在电传日收费统计表上登记。如果是店外客人则将第一联交给客人,二、三联交前台收款处收现金,并为客人开收据。

(4) 通知客人电传顺利发出。如果电传叫号时线路暂时不通,可按操作规程在机器上设定自动呼叫,并键入号码,则电传机将持续呼叫对方,一旦线路接通,电传机将自动将电传稿发出。

(5) 电传稿接收方法。电传接收是从电传机上自动完成的,商务中心文员发现机器上电传收进,待完毕后撕下,将正副联一起送交前台,按前台电传服务程序处理。

(6) 传真发送。传真发送是先借助传真机上配备的长途电话直拨功能完成线路沟通的,其计费也按时间长短计算。其发送程序可概括如图 6-1 所示。

(7) 传真接收。传真接收和电传接收程序不同的是传真接收要收费,并由商务中心文员将收费单交与客人。其工作程序如图 6-2 所示。

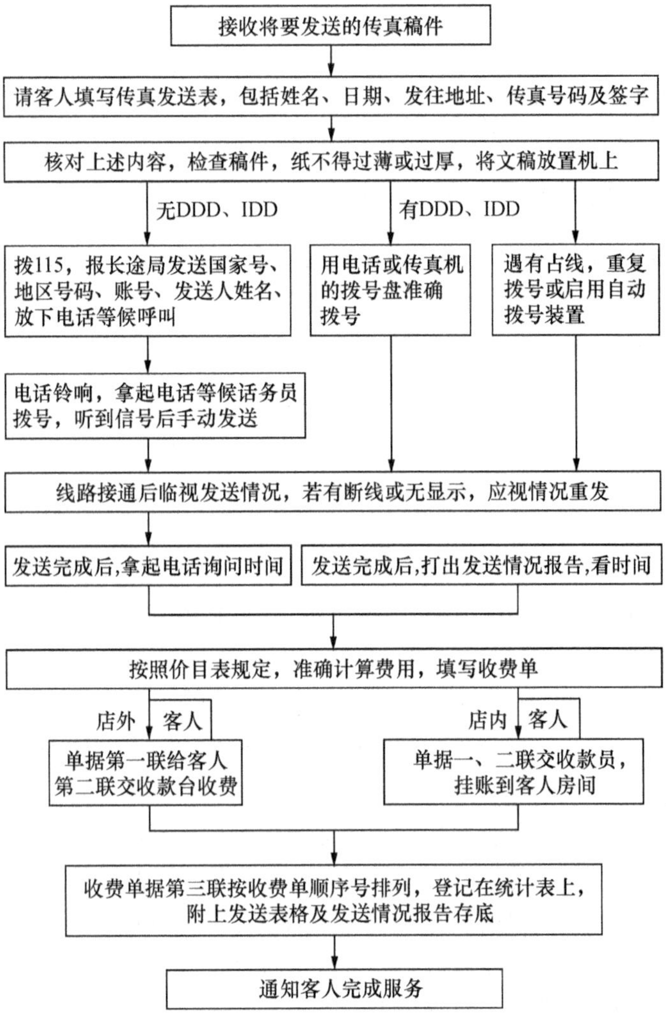

图6-1　发送传真工作程序

（二）打字及电脑文字处理

（1）提供打字服务时,接过客人原稿文件,询问客人要求及特殊格式安排。然后将稿件从头到尾浏览一遍,看有无不清楚的地方或字符。

（2）将客人提供的专门用纸或饭店打字纸装在打字机上,开始打字。商务中心文员要有较高的中外文打字水平,能够辨认客人各种字体和笔迹。

（3）打字完毕。对照原稿将打好的文件核对一遍,检查有无错误,并请客人亲自校对检查,询问客人是否有改动。修改后再检查一遍。

（4）将打好的文件交给客人,根据打印纸张数为客人开单收费。

（5）提供电脑文字处理服务时,将客人要处理的文件接过,看有无看不清楚或不懂的地方,及时请教客人。

（6）在电脑处,取出饭店自备的几种电脑软盘,根据客人需要选定用户软件。

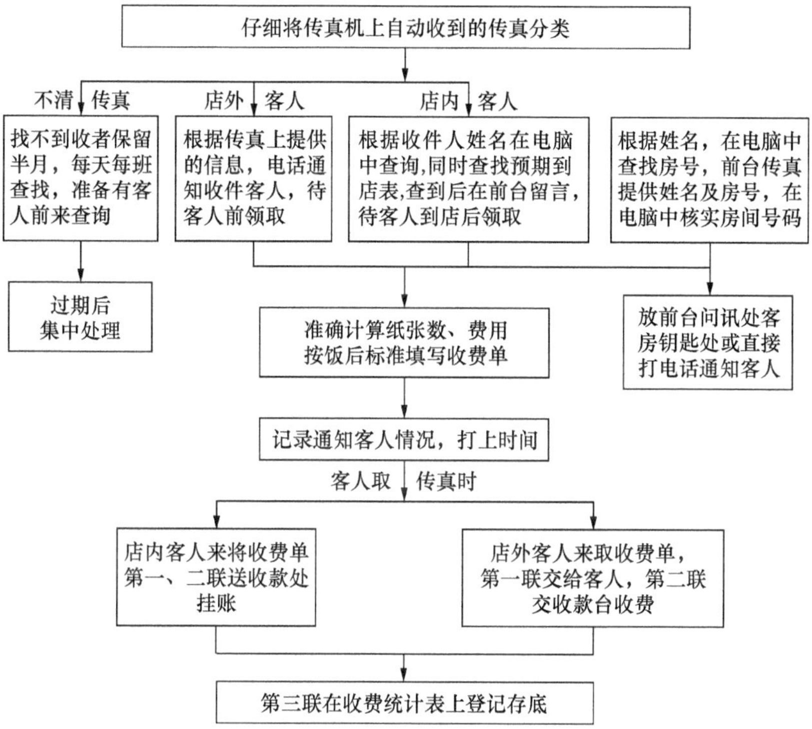

图 6－2　接收传真工作程序

(7) 开启电脑,根据客人要求在机器上操作。打印出处理过的文件,请客人检查。如果客人要在电脑微机上使用自己的工作软盘,应先在电脑中查查客人带来的软盘有无计算机病毒。确认无问题后再操作,如果发现有病毒,应婉转地告诉客人,该盘不能使用,请客人理解。检查病毒时商务中心文员应使用饭店专门配备的杀毒软盘。

(8) 客人检查后,按使用工作时间及打印数量计算费用,为客人开具收费单或挂账。店内、外客人的收费程序和传真收费相同。

(三) 复印及装订服务

(1) 提供复印服务时,接过客人复印原件,询问客人具体要求,如复印纸型规格、复印张数等。

(2) 将复印原件在复印平面上定好位置,开动复印机按动纸型选择键选定客人要求的纸型,检查送纸箱看纸张是否准备好。

(3) 调整色调,按动复印键。如果客人需放大复印或缩小复印,应按照比例调整尺寸。同时查看第一张复印效果,调整定位及色调或放大、缩小比例。

(4) 再印一张,如无问题,即可连续复印,并将复印件整理好,原件取出。如原件是若干张,不要将客人原件顺序搞乱。然后将原件及复印件交给客人,请客人清点数目,并根据复印张数开立账单,请客人签字。

(5) 如果客人复印后要求将文件按原件顺序规格装订,要为客人选择中意的装订封皮和环套。无问题后,将复印件卡放到装订机上,按客人要求的封面、格式装订。

(四) 通信电码和长途电话引导服务

(1) 商务中心为方便客人,备有各种与电信业务有关的工具书。商务中心服务员要熟知这些书的使用及查阅方法。当客人需要帮助时,要根据客人要求,在相应的工具书中为客人查找有关的通信电码和地址等。这些工具书原则上应按年度更新。

(2) 店外客人要在饭店打 IDD 长途电话,商务中心设有电话间,供客人使用。当客人来到商务中心要求打长途电话时,服务人员要请客人先去前台收款处预交一定数额的押金,并向客人说明自付和收自付电话的押金区别。

(3) 客人交来押金收据后,引导客人到电话间打电话。并告诉客人先拨叫到总机,再由总机为客人拨通国内或国际的直拨电话。

(4) 客人打完电话后,将押金收据还给客人,并亲自引导客人前往收款台结账。

(5) 还有一些从事国际性电讯服务的海外电信联络中心,这些中心经常向海外用户、商业机构、饭店等发送其联络及服务手段、通信号码等的更新消息。服务人员通过商务中心的电信设备接收到此类信息文件后,要妥善分类存档,也可适当参阅这些资料向客人提供新消息和帮助。

(五) 特快专递服务

(1) 特快专递又称快件服务,主要通过邮局或快递公司提供服务。接受客人的特快专递物品时,要认真检查,按限定种类接收。

(2) 为客人办理特快专递服务,请客人填写发送表,按饭店规定程序和收费标准办理。其工作程序和方法如图 6-3 所示。

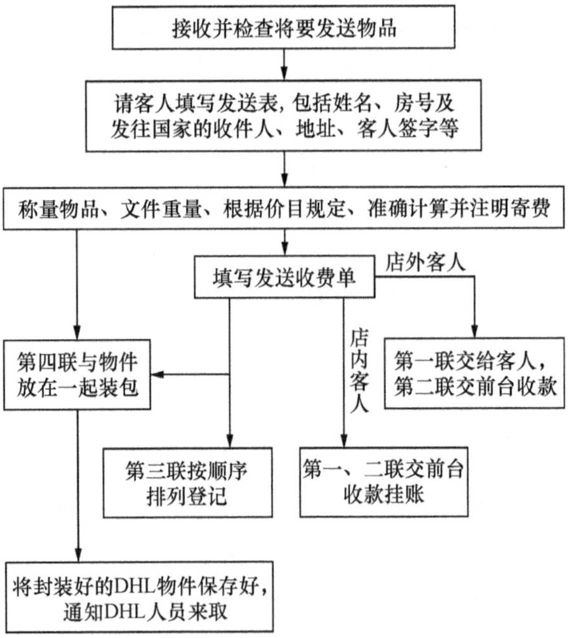

图 6-3　特快专递服务工作程序

四、商务中心的未来发展

随着现代技术的飞速发展,越来越多的客人特别是商务客人普遍带着自己的手提电脑、手机住店,在客房内可以通过互联网订票、发送、接收电子邮件和传真。一些豪华客房和商务楼层又配备了打印机、复印机、传真机等设备。因而使饭店商务中心的功能和利用率开始逐步下降。进入21世纪后的一个时期,高档饭店的商务中心可以朝三个方向发展。

(1) 从商务服务为主向出租信息技术设备为主的方向发展。因为客人可以自己带手提电脑和手机出差,但不可能带上所有现代信息、通信设施设备,商务中心可以将部分设备出租给客人使用。

(2) 从提供商务服务场所为主向提供商务活动的技术支持和帮助为主的方向发展。所谓技术支持和帮助就是为客人提供手提电脑维护、修理服务。如国际著名的四季酒店和丽晶酒店集团就创造了一种崭新服务叫 Complier,即"电脑金钥匙",能高水平地提供电脑维护等服务。

(3) 从传统商务性服务向适应新形势的服务方式多样化方向发展。即在保留传统商务中心服务的基础上,增加为商务客人、大中型商务机构提供举办商品展览会、博览会、商务论坛等大中型商业活动而准备各种文件、文本、展台布置等服务。

第二节 前厅部总机房的业务管理

案 例

一家酒店总机房的管理制度摘要

×××酒店是一家有420间客房的四星级饭店。其总机房采用现代化程控电话系统设备、配有8名员工。总机房制定和执行的管理制度摘录如下:

1. 总机房内闲人免进。话务员进入换拖鞋,保持室内清洁,不得嬉笑打闹,不得做与工作无关的事情。

2. 电话三声铃响内必须接起,使用规定接话用语,对客人的询问百问不厌,百答不烦。

3. 上岗时声音保持清晰、甜美,不得随意串岗离岗,不得打私人电话。工作电话要简明扼要。

4. 爱护设备,发现话务台及其设备故障,及时通知维修人员。

5. 总台或客人要求电话保密,按通知记录房号,按"免打扰"程序录入电脑。有保密房间客人的电话,按房客要求处理或找其他理由应答。

6. 按规范要求接转总经理电话。

点 评

总机房是现代饭店最重要的通讯业务及其管理机构。它以接转电话、长途电话为其主要业务。案例中介绍的饭店总机房管理制度是针对机房员工而讲的。可以将它和本节饭店总机房的设置、员工素质要求和业务操作的工作内容和方法介绍结合起来,互相补充,相得益彰。

一、饭店总机房的设置

总机房是现代饭店宾馆的通讯基地和要害部位,也是饭店开展经营活动和对客服务的重要前台业务部门。事实上,电话是饭店客人和经营管理人员使用频率最高的通信设备。因此,设置一个功能齐全先进的总机房是现代饭店管理必不可少的重要条件。饭店总机房的设置重点要解决好以下两个方面的问题。

(一) 总机房的设备和用品配置

现代饭店总机房的设备配置均以程控设备为主,配套设置。其主要设备有五种。

(1) 总机操作设备。即话务员使用的总机操作台。上面设有键盘、电话机、接转电话的数据键电话通话记录打印机等。以程控为主,自动化程度较高。

(2) 总机机务设备。一般设在总机操作室的隔壁或附近,单设一间机房。它是控制总机操作台的主要设备。一般由工程部设机务员负责维护保养。

(3) 配套叫醒设备。即配电脑设备。它能够输入叫醒服务的房号、叫醒时间,通过电脑控制与客房电话机相通,可以自动叫醒。

(4) 配套传呼设备。由一台电脑微机与总机配合。当总机人员在某个分机找不到要找的经理人员时,就可启动传呼系统呼叫,经理人员身上的传呼机就会接到信息,就近打电话向总机房询问。

(5) 查询设备。采用计算机系统联网的饭店配查询计算机,与前台接待处、预订处等电脑联网。启动查询功能,可随时准确地回答客人的电话询问。采用威特尼系统设备的饭店,总机房配客人“姓名索引旋转架”,即查询控制盘,帮助总机人员快速查找住店客人。此外,有的饭店为节省人力,将自动化程度较高的背景音乐设备设在总机房,由总机房人员控制播放。

现代饭店总机房的用品较少,主要配备签到簿、交接班记录簿、留言条、叫醒记录簿、电话费用记录簿、各种营业报表等用品。

(二) 总机房的人员配置

总机房的人员配置主要受机房规模大小的影响,有的大型或特大型饭店甚至不止一个总机房。功能齐全的饭店总机房的人员配备主要包括:

(1) 总机房主管。中型以上饭店设总机房主管,在前厅部经理领导下,主持总机房的日常工作,负责人员安排、任务布置、督导总机房的规章制度、劳动纪律、质量标准、负责员工考核评估,实施奖罚等。

(2) 总机房领班。饭店总机房24小时提供服务、员工三班倒,一般设1—2名领班。小型饭店的总机房也可不设主管,领班直接向前厅部经理负责。领班的职责主要是组织班组话务员劳动、打卡、接转电话,督导仪容仪表、工作纪律、质量标准、工作程序等。

(3) 总机房话务员。主要职责是负责总机房日常服务,包括接转电话、长途电话、叫醒服务等日常工作,提供优质服务。

(4) 总机房机务员。主要负责总机房的机器设备的维护保养工作。现代饭店总机设备技术性能高,对设备保养和环境要求也高,需要专人负责。大多数饭店的机务员归工程部管辖,也有的饭店直属前厅总机房。

二、总机房员工的素质要求

饭店总机房的业务范围是电话转接、长途电话、电话留言、查询、叫醒服务等,主要是运用电话设备和语言艺术为客人提供服务。因此,其员工的基本素质要求是:

(1) 有较强的语言表达能力和外语听说能力。能用2种以上外语为客人提供话务服务;口齿清楚,语言甜美、语音动听、喉部无慢性疾病。

(2) 高中或职业高中以上毕业;熟知酒店服务项目、设施设备、当地旅游景点、重要餐馆、博物馆等知识,能准确回答客人电话中的各种问题。

(3) 熟知总机房业务内容、操作程序、规章制度,自觉执行良好;熟悉电脑操作与打字技术,动作熟练。

(4) 工作踏实、认真;记忆力强,能熟记常用电话300个以上;反应快,听写迅速快。

(5) 具有较强的信息沟通能力;善于处理客人电话中的各种问题;有较强的服务意识和工作责任感。

三、总机房服务的工作内容和方法

饭店总机房的工作以语言技巧为客人和员工提供服务。总机房是负责饭店和客人各种信息沟通和联络的关键部门,同时又具有“幕后服务”的性质。其服务工作的内容和方法主要包括以下各项。

(一) 接转店内、店外电话服务

总机房接转店内和店外电话服务是不和客人见面的。主要通过话务员的服务态度、语言艺术和操作的熟悉程度来满足客人需求。因此,其服务操作的基本要求是:

(1) 坚持使用热情、礼貌、温和的服务语言,具备熟练的接转动作。

(2) 接转来自店外的电话要先报店名,并向对方问好,然后询问需要什么帮助。接转店内电话时要先报总机,然后问好。同时要耐心处理无人接或占线电话,主动提议是否需要给受话者留言或再次打来电话。受理长途电话时要注意听清、讲清。

(3) 要坚守岗位。不许留空机台交换机,出现紧急情况,沉着冷静,按酒店的有关规定执行。

(4) 努力学习业务,扩大知识面,在电话服务中为客人提供方便,尽可能多的记忆电话号码。

(二) 受理国际、国内人工长途电话服务

在饭店内,长途电话服务有三种:一是客人在房间内直拨的国际 IDD、国内 DDD 长途电话;二是通过电话局接通的人工长途;三是由总机话务员为来打长途的店外客人代为直拨的长途电话。客人在房间内直拨电话不经过总机,总机仅为其受理电脑自动计账。有时客人会打电话到总机查询某国家或地区代码,此时总机应向客人提供查询服务。

1. 国际人工长途电话

(1) 接受客人要求,核查客人姓名及离店日期。询问客人将电话打往哪个国家、地区及电话号码。

(2) 拨通电话局国际长途台挂号,向对方话务员通报本机号码、分机号码(房间号)及客人姓名、国籍、地区、电话号码。通报总机话务员代号,并询问对方代号。

(3) 电话接通后,将电话转至房间。电话讲完,等待国际台话务员通报讲话时间。

(4) 开具电话通知单和收费单,根据报时计算费用,请客人到前台付款。电话收费正联送前台收款,副联保存供统计用。

2. 国内人工长途电话

国内人工长途电话的受理程序与国际人工长途电话的受理基本相同。但如果客人是直拨直辖市、大城市或拨半自动台号,则不必挂机等候通话,可拨查时台查询。如果是普通电话,则由长途台报时。

(三) 受理受付电话及信用卡付费电话

1. 受付电话(只限于国外少数几个国家)

(1) 问清客人受话方电话和姓名,请客人挂机等候。

(2) 拨通国际台,通报各有关号码,并讲清受话方式(受付),通报住店客人姓名、分机号、互报代号,然后把来话转至房间。无论通话与否,国际台都将自动通知受话情况。

(3) 如未通话,总机只收服务费;通话则加收费用。费用分别付给国际台与总机。同时开好账单送交收款处挂账。

2. 信用卡付费电话

(1) 问清客人信用卡号码和电话号码,请客人挂机等候。

(2) 与受付电话一样拨通国际长途台,同时通报信用卡号码。

(3) 把来话接到客人房间,十分重要的环节是要控制跑账、漏账。有些客人办理完住房结账手续后,仍会回到其房间打长途电话,而事后即刻离店,忘记了补交电话费。为防止这类现象发生,电话总机话务员必须注意当天离店客人名单并同前台收款、行李部保持密切联系。当客人结账后,前厅收款应通知电话总机,或总机话务员通过查看电脑得知客人结账的消息,便立即将该客人房间电话直拨长途功能封锁,但需要通知有关部门注意提醒客人补交电话费用。

(四) 为店外客人拨 IDD 和 DDD

(1) 客人到商务中心后,拨电话到总机。总机问清客人要打的电话号码及有关代码。

(2) 请客人等候,拨出两组号码。接通后将受话对方与商务中心的客人接通。

(3) 客人结账时,配合收款台核对通话时间和次数。

（五）饭店内部传呼系统服务

总机传呼系统主要由一台电脑微机控制，当总机人员在某个业务部门分机找不到要找的经理人员时，就可启动传呼系统呼叫对方。进行此项工作时要注意以下几点：

（1）告诉来电话的人分机上找不到所要找的经理（此类情况通常是处理外来电话或外来者找人），问是否需要传呼。

（2）在呼叫系统中准确键入打电话者或部门分机号码，或直接键入总机号码。

（3）告诉其他同事已呼叫某某人员，以使他人有所准备应接回叫电话。

（4）记录寻呼者提出的某些要求，以准备向被寻呼者进行简明转达。

（六）紧急情况充当饭店临时指挥中心

电话总机除从事日常话务服务外，还有一项重要任务就是当饭店出现紧急情况时，要作为饭店管理者采取相应措施的指挥中心。所谓紧急情况是指诸如火灾、水灾、伤亡事故、恶性刑事案件等情况。出现类似情况时，饭店领导要做出迅速反应，控制局面，调动人力，必然要借助电话系统。总机人员在处理此类情况时，要做到以下几点：

（1）冷静、沉着、不慌张，马上询问报告者事情发生的地点、时间、报告者姓名、身份，并将上述内容迅速记录下来。

（2）立即用电话通报饭店有关领导和工作部门。之后内部互相通话，使每个总机人员都了解情况。

（3）报告本部门经理人员，以使指挥工作立即进入领导负责状态。

（4）坚守岗位，继续从事一般话务服务工作，安抚宾客，稳定情绪。

（5）详细记录紧急情况的电话处理环节，以备事后检查。

总机人员在饭店发生紧急情况时能否处理妥当，以达到最佳协助指挥人员的作用，是对总机人员队伍基本素质的考验。在这方面前厅经理及总机主管需对总机话务人员进行定期的演习培训，以保证事情发生后能人人达标。

（七）叫醒服务与代客留言

（1）客人要求叫醒服务的电话常常打到总机，因而总机话务人员也要从事叫醒服务工作，其操作程序同“前台叫醒服务”。

（2）为确保电话输入的叫醒信号无误，自动叫醒电脑配套有一台打印机，电话员每输入一个叫醒信号，打印机则能打印出记录内容。当客房电话按时铃响唤醒客人时，打印机也记录叫醒工作的执行。电话总机人员可根据打印纸带的报告核查叫醒工作有无失误。

（3）代客留言服务操作程序也同“前台代客留言”。

第三节　前厅部门档案资料管理

案　例

客户档案资料给饭店带来的生意

刚刚进入8月，南苑大酒店的销售部张经理看到酒店今年8、9、10三个月的客源丰富，预订与合同销售比去年同期有很大提高，知道旺季的计划肯定能够超额完成。心理虽然很高兴，但他的心思已经转到11月到明年3月的淡季上了。

近十多天以来，张经理除每天忙于正常工作外。他总是忙里偷闲，利用空余或早晚休息时间，从电脑中查阅近三年来的客户档案，除本部门的档案资料外，他还借来了前厅部、餐饮部门的客户档案记录。经过查阅分析，他摘录了部分资料：

1. ×××国内旅行社近三年淡季为酒店提供38批团队客人，其每次时间、人数、房租有案可查……

2. ×××国家的××旅游公司近三年淡季每年为酒店直销了5—8个团队，其人数、时间、房租、佣金等记录在案……

3. ×××公司在华总部去年12月20日，×××世界500强前年1月5日在本店召开年会，接待记录的人数、间天数、房租收入、餐费收入等有案可查……

4. ×××大使馆去年12月10日在本店为大使夫人举办了生日宴会，×××大使夫人前年11月28日在宴会厅举办了结婚纪念日活动……

……

在分析整理这些资料后，张经理结合今年酒店市场资料，制定一个今年到明年3月的淡季酒店客房销售行动方案，并逐一落实了客户推销人员的工作内容、销售指标。结果，为酒店的淡季销售带来了丰富客源，其中，两个大公司的年会，一个3.5万元收入的宴会和一个5.8万元的宴会就是由建立了客户档案的客户带来的。

点 评

企业档案资料主要是为现实业务服务的，案例中的张经理在旺季业务最好时就未雨绸缪，把心思用到了淡季客房销售，而又从客户档案入手去收集信息，找到突破口而制这出了切实可行的销售行动方案。由此可以理解档案资料管理的作用。为此，我们在本章最后介绍前厅部门档案资料管理的内容和方法。以供广大学员和业内同仁学习参考。

一、前厅档案资料管理的重要作用

前厅档案资料管理是指对前厅部经营管理过程中所产生的各种文件、资料、报表、材料等进行的收集、整理、分类、建档、调阅使用等工作的总称。饭店前厅是客人交汇集结的场所，又是饭店各种信息、文件、报表容易集中形成的地方，因而其文件档案资料较多。做好这些档案资料的管理工作，对不断改进饭店前厅部的对客服务和管理工作，具有十分重要的作用。

（一）有利于提高对客服务的针对性和个性化

前厅是饭店的门面，是形成客人第一印象和离店感受的关键部位和重要场所。推行程序化、标准化和规范化服务是保证饭店服务质量的基础，但它并不能解决优质服务所必须具有的“针对性”、“个性化”和“感情化”服务。前厅建立客史档案，提前掌握重要客人和回头客的姓名、性别、生活习惯、兴趣爱好、个性特点等，通知各部门认真做好客人到店前的准备工作，就能在客人一进店及其住店过程中，随时做到有针对性地为客人提供服务，使之达到个性化、感情化服务的境界，必然提高酒店服务质量。

（二）有利于满足客人特别需求，增加回头客

饭店回头客之所以愿意反复住进某一家饭店，其主要原因是这家饭店掌握了客人的生活特点，满足了他们的某些特别要求。这些特别需求既有物质上的，也有精神上和情感上的。而这些特别需求都需要通过客人的档案资料管理才能掌握。如《世界经理人文摘》中登了一则小故事说：

“十年前，我和香港 Regent 酒店总经理 Rudy Greiner 一起用餐时，他问我最喜欢喝什么饮料，我说：最喜欢胡萝卜汁。大约 6 个月后，我再次住进 Regent 酒店。在房间的冰箱里，我发现了一大杯胡萝卜汁。近十年来，不管什么时候住进 Regent 酒店，他们都为我备有胡萝卜汁。最近一次旅行，飞机还没在启德机场降落，我就想到酒店等着我的那杯胡萝卜汁，登时满嘴口水。十年来，尽管酒店房价涨了三倍多，我还是住进这个酒店，就是因为他们每次都为我准备了胡萝卜汁。”

这个故事充分说明了饭店档案资料管理的作用。

（三）有利于提高饭店决策的科学性与合理性

饭店前厅档案资料既包括客史资料，也包括文件、合同、报表等各种资料。通过对这些资料的积累和对比分析，就可以为饭后领导的决策和业务指挥提供科学的依据，使之更加合理，防止决策和指挥失误。如前厅部连续 2—3 年的客房出租统计、前几年的客房实际平均房价和定价之间的差额程度、今年某月和上年同期的有关数据比较等，都可以作为领导决策的依据。这些都要靠档案资料管理来掌握和提供。

二、前厅部档案资料的种类

前厅部日常使用的各种资料很多。从档案管理的角度来看，大致包括以下三大类。

（一）文件档案资料

文件档案资料又称文档资料，是指以文件、文稿为主形成的管理资料。例如，与客户签订的订房合同、协议，连续几年制定的对不同客人，在不同季节的房价标准，部门比较重要的有关文件、总结、制度等。

（二）经营报表资料

经营报表资料在饭店前厅管理中每天发生。其中有些重要报表既要分发有关部门和人员，又要留档备查。这些报表主要包括预订报表、接待与统计报表、前厅收款处的报表、夜审日审报表等。采用计算机联网后，前厅部的不少报表资料可以在电脑数据库中保存，也可以在光盘中保存，只有少数重要报表需要用文字纸张形式保存。

（三）客史档案资料

客史档案资料包括散客和团队资料两种。前者以贵宾、回头客、VIP 客人为主，以个人档案的形式管理，其目的是为客人提供更好的针对性强的服务。后者以重要旅行社、公司社团为主，主要记录客户的客源数量、价格水平、信誉程度等，以便为今后饭店客源市场开发提供依据。

三、前厅档案资料管理方法

（一）文件档案资料管理方法

前厅部文件档案资料的特点是内容庞杂、分布广泛、容易丢失。其管理方法重点是注意以下几个方面：

(1) 专人负责。前厅部的文件资料管理可以分为两个层次：部门需要存档的资料，由前厅部秘书负责；预订、接待、夜审、财务收款等资料，由各小部门主管或领班负责。分工合作，管好整个部门的文件档案资料。

(2) 制定规章。文件档案资料管理要有章可循。为此，前厅部经理要制定有关管理制度和规定，包括哪些文件、合同、文稿、总结需存档；不同文件存放的时间规定；不同文件存档的编排顺序等。

(3) 做好分类。负责文档资料管理的人员要按规定将需要建档存档的资料收集起来，然后进行分类。其分类方法又分两种：一是按文件性质分类，如合同协议类、房价管理类、总结报告类、规章制度等。二是在此基础上再按处理方法分类，如待处理类、临时存档类、长久存档等。然后，再按一定顺序将每类文件档案资料做好整理、登记、造册、存入等。

(4) 编制索引。在分类顺序存档的基础上，对经常查阅使用资料还应编制索引，以便于查找。

（二）经营报表资料管理方法

(1) 在电脑中存档的报表资料。由部门主管或领班按规定调出需要在电脑中存档的资料，检查核对无误后，按电脑程序将资料直接在电脑备份存档。

(2) 用文字纸张形式存档的报表资料。由前厅部秘书收集，先按表格名称分类，再按表格日期顺序排列，分类存档备查。

（三）客史档案资料管理方法

(1) 贵宾、常客与 VIP 客人档案资料。其管理方法分为三个步骤：

第一步，收集客人资料内容。贵宾、常客和 VIP 的档案资料主要来自“订房单”、“住宿登记表”、投诉记录、客人账单、宾客意见表等。因此，平时要以客人姓名、单位为基础，收集客人的上述资料,以便建立客人档案。

第二步,建立客人档案资料。传统的客史资料卡是通过手工操作来完成的,难度较大。采用电脑联网后,则主要通过电脑来建立。其方法是将收集的客人资料内容或从电脑中直接调出的客人资料内容,按电脑中的“建立客户档案功能”的操作程序,逐一输入电脑,即可得到客人的“客户档案资料”。格式可参阅表6-1。

表6-1　饭店客史档案卡

<table>
<tr><td>姓名</td><td colspan="2"></td><td>性别</td><td colspan="2"></td><td>国籍</td><td></td></tr>
<tr><td colspan="2">出生日期</td><td colspan="4"></td><td>身份证号</td><td></td></tr>
<tr><td colspan="2">单位及地址</td><td colspan="4"></td><td>护照号码</td><td></td></tr>
<tr><td colspan="2">职业</td><td colspan="4"></td><td>职衔</td><td></td></tr>
<tr><td colspan="2">家庭地址</td><td colspan="4"></td><td>电话</td><td></td></tr>
<tr><td colspan="2">结婚纪念日</td><td colspan="4"></td><td>主要假期</td><td></td></tr>
<tr><td colspan="2">生活兴趣</td><td colspan="6"></td></tr>
<tr><td colspan="2">主要爱好</td><td colspan="6"></td></tr>
<tr><td>住店次数</td><td>进离日期</td><td>房号</td><td>人数与房租</td><td>累计消费</td><td>表扬与投诉</td><td>预订来源</td><td>账号信用</td></tr>
<tr><td>一</td><td></td><td></td><td></td><td></td><td></td><td></td><td></td></tr>
<tr><td>二</td><td></td><td></td><td></td><td></td><td></td><td></td><td></td></tr>
<tr><td>三</td><td></td><td></td><td></td><td></td><td></td><td></td><td></td></tr>
</table>

第三步,逐步补充客史资料,在建立客史资料的基础上,根据客人每次来店的住宿、用餐、娱乐等消费情况和结果,逐步补充新发现的客人兴趣、爱好、消费等资料。

(2)团体客户档案资料。旅行社、旅游公司、社团等团体客户的档案管理方法是:在前厅柜台完成团队客人入住登记手续、制作“团队客人入住资料”(见本书第六章“旅客接待管理技术”中第二节表6-9)的基础上,将同一家旅行社或公司每次入住的“团队客人入住资料”收集起来,然后按客人住店的时间顺序排列,装订成册,存档备查,即可完成团队客户档案资料管理。

? 复习思考题

1. 饭店应该怎样设置商务中心?
2. 饭店总机房的主要服务内容是什么?
3. 前厅部做好档案资料管理有何重要作用,其档案资料的内容是什么?
4. 怎样做好前厅客户档案管理?
5. 请你设计一份饭店团体客户档案资料表格,并说明其主要用途。

第七章

客房部楼层客房房务管理

内容架构与学习目标

内容架构

- 客房部楼层客房房务管理
  - 客房楼层房务管理的两种模式
    - 两种房务管理模式的利弊分析
    - 客房服务中心管理模式
    - 楼层服务台管理模式
  - 楼层客房卫生整理服务管理
    - 客房卫生质量检查及其内容和方法
    - 客房卫生清扫整理的工作内容和方法
    - 客房卫生整理分类顺序和标准
  - 楼层客房服务工作管理
    - 客人离店时的客房服务工作管理
    - 客人住宿期间的专项服务管理
    - 客人住下后的日常服务管理
    - 客人到达时的客房服务管理
  - 楼层客房安全工作管理
    - 楼层客房安全预防管理
    - 楼层客房安全服务管理
  - 楼层客房房务管理的质量标准
    - 客房优质服务的客人心理标准
    - 楼层客房房务管理的质量标准

<table>
<tr><td>学习目标</td><td colspan="1">通过本章学习,你应该能够达到下列目标</td></tr>
<tr><td>知识目标</td><td>技能目标</td></tr>
<tr><td>1. 掌握楼层房务管理两种模式的功能与作用和利弊
2. 掌握客房卫生整理分类、标准内容和逐级检查的重点
3. 掌握客房专项服务安全服务项目
4. 掌握8字方针、10字工作法内容</td><td>1. 楼层住房、走房、卫生整理服务的操作技能
2. 处理客人醉酒、物品丢失、客人突然得病的技能
3. 掌握客房酒吧、客衣洗送、设备报修等专项服务技能</td></tr>
</table>

第一节　客房楼层房务管理的两种模式

案　例

变换楼层管理模式带来的好处

21世纪初开业的北京×××饭店是一家有480间套客房的三星级酒店。饭店建筑格局是共20层楼，地下2层为停车场、部分库房和后勤办公室等，地面18层，1—2层为前厅、商场、餐厅等公共设施，13层为设备层，其余15层每层32间套客房。开业前几年，饭店客房选用楼层服务台模式。楼层设有主管2人、卫生领班5人、卫生清洁员48人，楼层服务台设有领班5人，值台服务员60人，合计员工120人。随着市场经济的发展和饭店员工工资水平的上涨。6年后，饭店经过第一次装修改造，使客房进出和楼层的安全环境得到改善。重新开业后饭店采用了客房服务中心的管理模式，又调整了卫生清扫人员的劳动标准。卫生班设6名领班、40名服务员、客房服务中心、三班共用20人，合计66人。结果，楼层员工人数减少了近50%。大大降低了人工成本、提高了劳动效率，又用节省出来的30%的人工成本作为奖励费用，充分调动了员工积极性，提高了客房服务质量。

点 评

管理模式是企业长期形成的比较稳定的程式。饭店管理在组织形态、规章制度、领导体制等方面都有不同的管理模式。案例中的饭店将楼层服务台模式变换成客房服务中心模式，节省了近50%的人工，又用节省出的人工成本的30%左右作为奖励基金从而充分调动了员工积极性，就是管理模式选择和运用带来的好处。为此，我们在本章客房楼层房务管理中首先介绍案例中的两种模式，供广大学员和业内同仁参阅。当然，具体选择要结合各饭店自身的实际情况而定。但需要说明，实际工作中选择楼层服务台模式的饭店是越来越少了。

一、楼层服务台管理模式

（一）楼层服务台的设置方法及其作用

前厅预订接待和楼层客房服务是现代饭店客房管理的两大车轮，它将客人入住接待和住宿服务连为一体，共同完成客房接待服务的全过程。在楼层客房房务管理方式上，主要有楼层服务台和客房服务中心两种模式。设置楼层服务台是我国饭店宾馆客房房务管理的一种传统模式。改革开放以来，随着中外合资饭店的发展和国际饭店管理经验的广泛引进与消化吸收，采用这种传统的客房房务管理模式的饭店已越来越少。但到目前为止，全国仍然有很多饭店宾馆在继续采用这种管理模式。

饭店采用楼层服务台这种模式的设置方法是：在客房区域的每个楼层设一个服务台。服务台一般设在电梯附近，背靠楼层工作间。楼层服务管理设楼层主管，下设卫生领班和值台领班与服务员。卫生班人员负责客房卫生清扫；值台服务人员主要负责楼层服务，24小时值班。因此，楼层服务台的主要作用如下：

一是楼层对客服务的中心。楼层服务台24小时值班。值班服务员可随时欢迎新客的到来，送别退房离店的客人，为他们按电梯、引导进房、协助通知运行李、回答问询、端茶送水、电话留言、代办某些服务等，从而成为本楼层对客服务的中心。

二是楼层服务与有关部门的联络中心。客人住店期间所需要的各种服务并不是客房楼层服务人员能够完全独立完成的。其中，有些服务需要其他部门的配合，甚至是由其他部门完成的。如客人住房是由前厅柜台接待人员分配的；客人退房和房间清扫完毕，又要由楼层通知前厅柜台接待人员；客房设备损坏，楼层要通知工程部派人维修；客人洗衣服务，又要与洗衣房联系，等等。因此，采用楼层服务台这种模式，服务台就成为与其他有关部门的联络中心，从而更好地为客人提供服务。

三是楼层安全服务的中心。楼层服务台设置后，其值班人员要承担代客保管钥匙。保管工作用钥匙、掌握楼层客人动态、处理来访客人会客登记、盘查可疑人员等工作，从而能够成为楼层安全服务的中心，特别是能为客人增加安全感。

（二）楼层值台人员的素质要求

楼层值台服务人员，特别是领班，承担着客人住店期间的大部分服务工作。因此，其服务员要求除具备一般素质外，还应具备以下条件：

（1）熟知楼层工作环境与条件，熟知本楼层全部服务的工作内容、工作程序、操作规程、质量标准。既能亲自操作，又能督导落实。

（2）有较强的英语表达能力和普通话听说能力，善于与客人沟通。说话和气，语言准确，语音优良。有较强的客际关系处理能力。

（3）反应灵活，应变能力较强，有一定工作督导能力，善于及时发现问题、处理问题，重要问题能及时上报请示，组织观念较强。

（4）有良好的仪容仪表，注意个人卫生和形象，工作踏实认真。

（三）楼层服务台的工作内容与方法

1. 早班值台服务

（1）上班。上班后到客房部或楼层主管处签到，领取房间钥匙，阅读交接班记录，并向夜班值台员了解情况。

（2）检查。到所属楼层开启电梯厅照明灯，检查有关房间。整理服务台，检查服务台存放物品，清点酒水，核实单据，保证楼层物品及酒水存放安全、数量充足。

（3）安排。在卫生班报表上注明当日客情和房态，安排好房间清扫次序。

（4）迎送。迎送进出电梯的客人。凡常客、熟客和VIP客人，称呼姓名，并对新来客人送茶水、香巾服务。

（5）报修。填写早班客房酒水耗用报表，视需要填写楼层设备、用具报修单，通知工程部派修。

(6) 查房。负责早班走房检查,发现遗忘物品迅速报告领班或主管。若有个别客人带走客房物品,迅速通知主管和前厅大堂副理或客务关系经理。

(7) 值台。在服务台值台,注意楼层客人动态,做好来访客人登记、送茶水、客人问询、留言、接听电话、转告有关事项等楼层日常服务工作。

(8) 交班记录。做好值班记录和下班前的准备工作,工作情况和重要问题直接向楼层主管或领班汇报。

2. 中班值台服务

(1) 交接班。上班后到客房部或楼层主管处签到,与早班做好交接班。查看交班记录,了解房态,注意早班重要事项和未完成的工作。

(2) 整理台面。整理服务台,清点工作钥匙。检查存放物品,清点酒水,核实单据,保证楼层酒水和物品存放数量。

(3) 夜床督导。向中班清扫员提供准确的开夜床的房态,督导清洁服务员完成房间开夜床服务。

(4) 巡视。巡视服务台周围、电梯间、电梯门、装饰画框、走廊地毯等处卫生,保持干净。

(5) 填表。填写中班酒水耗用报表。视需要填写客房报修单,并向前台通知早班报修后已修好的可以出租的房间号。

(6) 安全防护。维护楼层安全,注意访客服务,发现楼层住客换人、增人、减人等情况报告主管,并通知超时访客(一般为晚 12:00)离店。若客人要求住下,则通知前厅柜台办理开房手续。

(7) 准备交接。填写值班记录,开启防火通道门,关闭有关照明灯,准备交接班。

3. 夜班值台服务

(1) 交接班。上班签到和交接班工作与早班和中班相同,同时领取 BP 机。

(2) 晚间服务。为客人提供晚间需要的服务,如送茶水、冰块、毛巾、电吹风、活动插座、加床服务等,要求在客人提出后 5 分钟内送到。

(3) 巡检。巡视检查楼层安全,收集客人挂在房门上的餐牌,并完成主管临时安排的清洁工作。

(4) 账单处理。完成夜班查房工作,整理检查楼层客人消耗的酒水单、洗衣单等是否转送前厅挂账。若没有,迅速报告前厅收款处。

(5) 交班。做好当班值班记录,准备交接班。

二、客房服务中心管理模式

(一) 客房服务中心的设置

客房服务中心是国际上大部分国家和地区的饭店采用的一种房务管理模式。在我国,主要是改革开放后,随着大批合资饭店的采用而逐步得到推广的。它的最大好处是实现了房务服务的专业化,大量节省客房人事成本,提高服务工作效率。

饭店设置客房服务中心,一般要具备三个条件:一是楼层建筑结构比较简单,且每一层楼要有相当数量的客房;二是饭店必须具有完善的保安措施,楼层设有电子监控仪;三是不违反饭店所在地区或城市安全管理部门的有关法规。在此基础上,饭店客房服务中心的设置方法是:在客房楼层的某一位置,如靠近员工更衣室和员工电梯间,设置有一定面积的客房服务中心。室内设置物品架,分类整齐地摆放着客人需要的各种物品,包括茶叶、香巾、手纸、香皂等。并设有能够同时接听的两部以上电话的电话机,其号码十分简单,客人可随时呼叫。同时还设有 BP 机呼叫系统。客房服务中心设一名主管或领班,24 小时值班,三班倒,每班配 2—3 名接听电话和提供相应服务的服务员,并规定每次接到电话后的时间限制,从而保证服务工作效率。

(二) 客房服务中心的主要功能

客房服务中心的功能是把楼层服务台的功能集中,但又不完全相同。其主要功能包括:

(1) 对客服务功能。除客房卫生整理、做夜床等服务外,客人住店期间所需要的各种日常零星服务,如送茶水、借用物品、送冰块、房内物品修理等,都可以通过客房服务中心来迅速完成或及时转告有关部门。

(2) 信息处理功能。凡是与客房楼层服务有关的各种信息、客房部或其他部门的对客服务信息,如通知客房维修、通知客人某些事情等,大多要通过客房服务中心来传达或初步处理,然后才得以落实。

(3) 出勤控制功能。采用客房服务中心管理模式后,客房员工上、下班都必须到客房服务中心签到或打卡,从而方便了员工考核和工作安排,有利于加强员工管理。

(4) 钥匙管理功能。采用客房服务中心管理模式后,客房部各个楼层的工作钥匙都统一归服务中心管理。各班组每天必须到中心领取和交回钥匙,履行签字手续,有利于客房安全。

(5) 失物招领功能。整个饭店的捡失物品都集中到客房服务中心登记造册、储存保管、招领送还客人。如果超过规定时间无人认领,则按饭店规定处理。

(三) 客房服务中心的工作内容与方法

(1) 接听电话。电话铃三响内接听,答复客人的问询、咨询和要求,及时向有关方面传递相关信息,并做好记录。如果电话是找员工的私人电话只做记录,不做转接。

(2) 酒水账目管理。即记录楼层服务员对房间客人酒水耗用量的报账,输入电脑,并随时与前厅收款处和财务部保持联系,同时制作楼层每日酒水销售报表。

(3) 信息处理。即与其他部门保持信息沟通与联系,并视需要将这些信息传递给本部门员工或有关部门和有关人员,以保持客房服务的协调配合。

(4) 钥匙管理。每天做好各楼层客房钥匙的点收、保管、发放、归还等工作。若有损坏,报告上级后处理。同时做好 BP 机的派发、登记与保管工作。

(5) 员工出勤管理。每天做好员工上、下班签到、打卡和考勤工作,防止代人打卡。发现问题和不遵守考勤规定的,及时报上级部门处理。

(6) 遗留物品管理。做好客人遗留物品、捡失物品的登记、造册、保管、寄发、认领等工作,并遵守饭店规定,做好过期遗留、捡失物品的处理。

(7) 客人借用物品服务。做好客人所需熨斗、风机、烫板、插座等各种借用物品的借出、回收、保管工作。每次做好详细记录,并保管好中心各种设备、用品。

(8) 相关工作。即分发楼层报纸、抹布、有关清洁用品,做好记录。

(9) 维修处理。根据楼层服务员报告,做好客房及其墙纸、沙发、地毯等维修保养记录,通知有关人员。

(10) 零星服务。即安排客人要求的婴儿看护、擦皮鞋等有关服务。与楼层配合,提高客房服务质量,并直接向楼层主管或客房经理汇报工作。

三、两种房务管理模式的利弊分析

(一) 楼层服务台模式的利弊分析

客房设置楼层服务台,24 小时服务,每天三班,客人进出都能看到客房服务人员,从而能使客人感到有人情味、亲切感,便于楼层对客服务的快速、及时和有效进行及楼层客房与客人安全。同时又便于掌握客人进出及房态变化,及时查房,有利于客房销售。但是,采用楼层服务台这种管理方式,也存在以下严重不足:

(1) 劳动力成本太高。每个楼层都设有一个服务台,24 小时提供服务。不算客房卫生清扫服务员,一个楼层每天至少要 3 人上班,加上休礼拜人数,一般要 4 人。由此必然造成客房楼层房务管理所需员工的大量增加,从而增加大量人事成本。在市场经济条件下,这对降低消耗、提高经济效益是不利的。

(2) 客房服务质量难于控制。每个楼层设置服务台后,客房楼层管理点很分散,势必加大管理幅度。由于各个楼层值班人员的素质不可能完全相同,就会形成服务水平的差异。此外,服务台的电话声、与客人的交谈声,甚至不必要的嬉笑、吵闹声,也会影响客人休息,从而影响服务质量。

(3) 部分客人会有被"监视感"。西方客人十分重视自己的隐私权。随着东西方文化的交流与交融,东方客人和很多国内客人也很重视。住店客人总希望有一种自由、宽松的住宿环境。设置楼层服务台后,就有可能使部分客人感觉不自由自在,从而产生被"监视"的感觉。

(二) 客房服务中心模式的利弊分析

客房楼层设置客房服务中心,将对客服务实行集中化、专业化管理的最大优点首先是为客人住店创造了一个安静、自由、宽松、自在的住宿环境。这对外国客人,特别是西方客人来说是很适合的。其次,这种方式加强了客房楼层对客服务的统一指挥,大量减少了人员配备,又提高了服务工作效率,从而较大幅度地降低了成本开支。最后,这种方式还有利于加强房务工作的管理,如员工考勤签到、客房钥匙管理、失物招领管理等。

当然,客房服务中心这种管理模式也有它的不足。主要表现在客人住店期间很少看到服务人员,有缺乏人情味的感觉。客人有事要老给服务中心打电话,在一定程度上缺乏安全感。

现代饭店宾馆在客房服务管理中到底选择哪种模式,不可一概而论。凡是在饭店建筑结构、每个楼层的通道、安全措施、客房分布等方面具备条件的饭店,拟选用客房服务中心这种管理模式为好。条件不充分或以接待国内客人,特别是国内团队、会议客人为主的饭店,也可继续采用楼层服务台模式。

第二节　楼层客房卫生服务管理

案　例

黄主管是怎样检查客房卫生整理的

黄先生是广州××五星级大酒店的客房楼层主管。他和另外3名主管,每人负责近300间客房的日常管理工作。每天都要例行做好客房卫生检查。笔者曾多次和他一起跟班学习其检查方法。他是这样进行检查工作的:

检查前带一个笔记本,一只镊子,检查表格。进门时眼睛扫视门面,轻敲房门,允许后开门转动两次。细听声音和体会手感。然后扫视整个房间地面、墙面、家具等。再逐项检查。

房门——伸手模门斗

冰箱——看台面,开门伸手摸存放物品

桌椅——拉抽屉、摸底部、摸边角

床铺——拿起枕头看有无头发丝

……

各处检查、发现细小杂物、头发丝立即拾起、夹起放在笔记本中,发现灰尘、污点、掉皮等其他问题做好记录或先记在心里,直到检查完毕,再填写客房卫生检查表。若问题较多或不合格,直接找领班督导重做。检查1间客房大概用3分钟。

点 评

客房卫生与用品整理,补充更换,是饭店楼层房务管理的中心工作。每天要耗费大量人力和工时。案例中的主管每天要抽查领班检查过的60—70间客房。其专业性很强,只有既快速又善于发现问题,解决处理问题才能保证卫生质量和客人需求。事实上客房的卫生整理是要创造美观、舒适、典雅、方便和整洁的享受成分。所以质量要求很高。为此,我们在楼层管理模式的基础上,专门介绍客房卫生整理服务及其管理的内容、程序和方法,以确保达到优质水平,这对培养学生的专业精神和职业意识也是十分重要的,希望能够引起重视。

一、客房卫生整理分类、顺序和标准

客房卫生与房间整理是客房房务管理的中心工作之一,是满足客人基本要求、提供舒适、典雅、整洁的住宿环境、确保客房服务质量的本质表现。饭店客房卫生和房间整理工作是在客房区域设置楼层主管,下设卫生领班和清扫服务员,根据客房出租率高低制定排

班表,每天根据劳动定额来完成的。

（一）客房卫生清扫整理分类

饭店客房根据其每天清扫整理的房态不同,其清扫整理的程度也不同。主要有四种:

(1) 简单清扫整理,又称小整理。主要适用于"空房",即未住客人,但可随时出租的客房。因为这种客房在客人离店时已经过彻底整理,只是暂时未能出租。所以,服务员只需每天擦擦灰尘,检查一下家具用品和卫生间,过几天吸一次地毯,做些小整理即可达到出租要求。

(2) 一般清扫整理,又称中整理。主要适用于"住房"即客人已租用、尚未离店的房间。这种客房必须每天撤换各种布巾、重新做床、擦拭除尘、整理卫生间、补充各种用品、全面吸地,做比较全面的清扫整理。其每天的客房卫生质量、室内环境必须达到整洁卫生、美观舒适、无尘无灰,看不见前一天客人消费过的痕迹,从而确保客人消费需求。

(3) 重点清扫整理,又称大整理。主要适用于"走房"即客人刚刚退房离店的房间。这种客房必须进行全面重点整理。要认真擦洗卧室、卫生间各个角落,设施设备的里里外外,地面边角,墙面与门窗等各处。要撤换各种用品,重新做床,补充各种用品等。使经过清扫整理的房间焕然一新,没有任何前面客人住过的痕迹,可以马上出租。

(4) 彻底清扫整理,又称强化整理。主要适用于贵宾或 VIP 客人将要入住的客房和长住客人刚刚退房离店的客房。前者是因为客人特别重要,房间清扫整理要求高,所以入住前要彻底整理。后者是因为客人住期长,平时可能有清扫整理不彻底的地方,客房内的墙面、门窗、家具、墙纸等可能有些小的损坏等,所以客人退房后要进行彻底清扫整理。彻底清扫的客房要仔细刮地毯、进行地毯除污,认真擦拭卧室、卫生间、书房或套间的里里外外,如墙纸脱落或污损还要修补或更换墙纸,翻转床褥,卫生间地面要除污、打蜡、抛光等。经过彻底整理的客房必须做到窗明几净、整洁美观、大方舒适、一尘不染。特别是 VIP 客人和重要贵宾住的客房,要连一根头发丝都没有,从而保证客人物质和精神享受的需要。

（二）客房卫生清扫整理的顺序

1. 服务员每天清扫整理顺

饭店客房每天处于周转变化之中,这种周转变化的速度和客房闲置程度,淡旺季各不相同。为提高客房出租率,满足客人住宿需要,客房楼层领班和服务员每天应合理安排房间清扫整理顺序。其基本顺序可参见表 7－1。

表 7－1　客房清扫整理顺序

淡季客房清扫整理顺序	旺季客房清扫整理顺序
1. 前台指示尽快清扫的房间	1. 空房,很快打扫完即可出租
2. 挂有"请速打扫"牌的房间	2. 前台指示尽快清扫的房间
3. 走房,即当天离店的房间	3. 走房。同左
4. VIP 房间,即重要客人房间	4. 挂有"请速打扫"牌的房间
5. 住房,即未离店的客人房间	5. VIP 房间。同左 4
6. 空房,未住人的房间	6. 住房。同左 5

2. 客房室内卫生操作整理顺序

在确定客房每天清扫顺序的基础上，还应该对每天客房室内卫生的操作整理顺序做出必要的规定，以便提高工作效率，防止遗漏和失误。这种顺序规定主要包括：

(1) 从上到下。主要指擦拭家具物品灰尘时要从上到下，如擦玻璃、镜面等。

(2) 从里到外。主要指吸地、卫生间地面擦拭等要从里到外，防止做完后再行走弄脏。

(3) 先铺后抹。即先铺床，后抹家具和除尘，防止擦干净后铺床又重新沾上灰尘。

(4) 环行清理。主要指在擦拭除尘时应根据家具用具摆放，按顺时针或逆时针方向进行环行清理，以防止遗漏，提高效率。

(5) 分开专用。指在整理客房卫生中，擦拭家具的抹布要干湿分开。有的擦布必须专用，不能混用。

(三) 客房卫生清扫整理标准

1. 清扫整理的时间标准

客房卫生清扫种类不同，每间客房每次整理所需要的时间长短也不相同。按我国各饭店宾馆的一般经验，三星级以上饭店的时间标准可参照以下客房整理类型掌握。

(1) 空房(包括做夜床)。简单清扫，5—7 分钟。

(2) 住房。一般清扫整理，15—20 分钟。

(3) 走房。重点清扫整理，30—35 分钟。

(4) VIP 房(含长住客人刚刚离店的客房)。彻底清扫整理，45—50 分钟。

2. 客房清扫整理后的清洁卫生标准

每天各类客房卫生清扫整理后，必须十分干净、整洁、美观、舒适。单就卫生而言，应做到：(1) 天花墙角无蛛网；(2) 地面干净无杂物；(3) 楼面墙角无虫害；(4) 玻璃灯具明亮无积尘；(5) 布罩洁白无破损；(6) 茶具杯具消毒无印迹；(7) 铜器银器光亮无锈迹；(8) 家具设备整洁无残损；(9) 墙纸洁净无污迹；(10) 卫生间洁净无异味。

二、客房卫生整理的工作内容和方法

(一) 卧室卫生整理

1. 准备工作

具体内容是：

(1) 领取客房钥匙，并按钥匙管理要求详细填写“钥匙使用领取登记表”。

(2) 整理清洁工作车。要检查清洁工作车表面和内壁使用状态。挂牢两端储物袋。按标准将床单、枕袋、各种毛巾放置整齐。按物品配备定额将信封、信纸、便笺本、服务指南等 28—30 种用品按规定位置摆放整齐。清洁车上清洁桶内放清洁剂、消毒剂、尼龙刷、百洁布，擦布干湿分开；清洁卫生间使用的脸盆布、澡盆布、恭桶布等及胶皮手套要一应俱全。

(3) 备好吸尘器。检查吸尘器使用是否正常，有无破损、漏风、漏电现象。倒净尘袋。注意不要湿手操作。

2. 清洁整理程序和方法

房间清扫程序依照进、开、拉、倒、整、撤、做、擦、归、检、添、吸、看、关、锁、登这 16 道环节顺序进行。

（1）进:进入客房。观察房门表面有无破损,确定可否进入房间清洁。如客人在房间,应允后进入。若问候无回音,5秒钟后即可进入。进房间后,要将门敞开到90°,将“正在清扫”的牌子挂在门柄上。清扫房间过程中,要自始至终将房门敞开。

（2）开:打开房门和客房电源总开关,检查所有照明设备。

（3）拉:拉开窗帘和遮光帘,检查窗帘启闭是否顺畅,有无污损。如房内有异味,应先喷洒空气清新剂。

（4）倒:倒烟缸纸篓。烟缸倾倒后用水冲洗,擦干擦净。切不可将烟缸内脏物倒进恭桶内,以防堵塞。同时特别注意烟头是否熄灭。倒纸篓时发现有危险物品要立即处理。倒后套上新塑料袋。

（5）整:整理物品。将客人的文件、杂志、书报稍加整理,按原位置摆放。严禁翻看。对客人散落在地面的物品做简单整理。特别注意不要动客人的手机、计算器、钱夹和各种贵重用品。

（6）撤:撤床。撤床时要注意观察床面,留意床单、枕袋、毛毯中是否夹带客人用品,观察床上用品有无破损、烧烤和污染。撤下的床罩、床单、毛毯等按规定折好放好。

（7）做:做床(参阅第三“客房做床”部分)。

（8）擦:擦拭房间设备。擦拭的原则是从上到下、从内到外,环行走向。擦尘时要对客房设施设备进行检查。擦拭项目包括房门内外、梳妆镜台、行李架与冰箱、写字台、电话、沙发等。均要擦拭干净、整洁,保证完好。

（9）归:物品归位。按照房间各种用品陈设布置摆放要求,将各种物品恢复原状,保证美观舒适。

（10）检:检查房间。查看家具设备有无损坏,配备物品有无短缺。

（11）添:添置、更换服务用品。具体包括更换杯具、冷热水、各种餐饮具、各种客人用品等。

（12）吸:地面吸尘。按由内到外的顺序操作,同时拉上窗帘。

（13）看:观察效果。根据房间清洁顺序查看有无工作漏项,发现后及时补上。

（14）关:关电源。将电源总开关关掉。

（15）锁:锁房门。并查验是否锁实。

（16）登:登记工作报表。登记客房清扫情况、进出房间的时间、客用品更换数量,登记设施设备完成情况和需维修的项目。填写备注并签字。

3. 客房做床程序和方法

客房做床用品通常有棉褥一条、床单两条、枕袋枕芯各两个、毛毯一条、床罩一条,贵宾房加床单一条。具体的操作方法是:

（1）拉床。站在床尾30公分处,两脚前后交叉,屈膝下蹲,重心前倾,双手握紧床尾部,将床屉连同床垫同时慢慢拉出,使床身离开床头板50公分。

（2）对正床垫。将床垫与床铺边角对齐,根据床垫四边所标明的月份字样,将床垫按期翻转,使其受力均匀平衡。

（3）整理棉褥。用手把棉褥顺拉平,发现污损及时更换。

(4) 铺第一条床单。分三个步骤:一是抖单;二是定位;三是包角。要按标准与程序完成好,保证质量。

(5) 铺第二条床单。抖单后使床单中线凸部向下,中折线与第一条床单对称,三面均匀。床单头部与床头板对齐。

(6) 铺毛毯或盖毯。铺毛毯时手持毛毯尾部,将毛毯前部抛向床头。轻轻后提毛毯至毛毯前部与床间相距35 厘米处放下。毛毯平铺后商标朝外,在床尾下方,毛毯中线与床单中线对齐。然后包角:双手将毛毯尾部连同第二条床单下垂部分填入床垫和床屉夹缝中,包好两个角。

(7) 铺第三条床单(适用于做贵宾床)。凸部居中向上,铺在毛毯上面。床单顶端与毛毯拉齐。

(8) 包毛毯边。将第二条床单由床头向上反卷包住毛毯及第三条床单的头部,将床左右两侧下垂的毛毯连同第二条床单一起塞入床垫与床屉之间的夹缝。

(9) 套枕袋。枕芯横放在床面上,左手抖开枕袋平铺床上,张开袋口,右手抓住枕芯两个前角,手大臂内侧夹住枕芯后部,从枕袋开口处将枕芯送如袋端,然后将枕芯两角推至枕袋两角端部。最后两手提起枕袋口轻轻抖动,使枕芯自动滑入,装好后的枕芯四角饱满。

(10) 放置枕头。将套好的枕头放置床的正中,单人床枕袋口反向于床头柜,两个枕头各保持20 厘米厚度重叠摆放,离床头1 厘米,离毯面10 厘米。双人床放置枕头时,四个枕头两个一组重叠,枕套口方向相对。枕头放好后,轻压枕面,使四角饱满挺实,不要在枕面上留下手印。

(11) 盖床罩。把折好的床罩放在床中央横向打开,尾部拉至床尾下离地面5 厘米处,扣准床尾两角,床罩头部抛向床头,使床罩平铺床上。抛床罩时注意以腿抵住垂下之床罩置于枕头上边,下摆不要着地;下垂10 厘米,床罩余下部分分别均匀填入上下枕头夹缝之中。整理床罩头部,使处于枕头上面的床罩平整,两侧呈流线型自然滑至床侧。处于上下枕头夹缝中的床罩,亦自然向两侧呈流线型至端处。

(12) 将床推回原处。用脚背和小腿把床身缓缓推回原位置。最后再将做完的床查看一次。造型不够整齐美观的床面,尤其是床头部分,用手稍加整理。

西式做床主要掌握好两个环节:铺单掌握抖单、定位、包角;铺毯掌握盖毯、包角、包边;套枕袋掌握装芯、定位、整形;铺床罩掌握定位、塞边、罩枕头。中式做床除不包四边外,其他做床方法与西式做床相同。

(二) 卫生间整理

(1) 进:携带清洁剂、消毒剂、清洁工具进入卫生间。进入后先开灯,检查各照明设备是否正常。

(2) 倒:倒烟缸和纸篓。倒前先放水冲恭桶,以除恭桶内污水脏物,节省工作时间。倒烟缸时烟头倒在指定垃圾桶内,擦干、擦净,继续使用。不可把烟缸内的脏物倒进恭桶。倒纸篓时小心被锐利弃物刺伤,倒后擦洗干净纸篓。有垃圾袋的纸篓,倒弃物后套好新垃圾袋。

(3) 撤:撤掉用过的浴巾、面巾、大毛巾、地脚巾。清除卫生间台面、地面的废弃物品。

注意客人使用的化妆品、化妆盒、首饰、皮夹等物品不要拿动。

(4) 洗:清洗消毒口杯,消毒后套上消毒杯套,杯口向上,“已消毒”字样朝外摆放。

(5) 擦:擦洗和刷洗卫生间各项设备。

擦洗脸盆、浴缸和恭桶(水箱)。先用清洁剂和专用洗涤剂由里到外全面擦洗,然后用清水冲、刷、擦洗,再用专用布依次擦净擦亮。擦洗浴缸时,使用浴缸刷;擦洗脸盆和云石台面时,使用百洁布。清洁恭桶时,先掀起恭桶盖和坐圈,再用恭桶刷刷洗恭桶内外部,注意使用专用清洁剂和消毒剂,然后用干布擦干不留水渍。最后倒入适量消毒剂,将“已消毒”字样的封条横铺恭桶坐盖上,纸条两端用恭桶盖和坐圈压住。

擦墙面。先用去污剂(或专用清洁剂)擦拭一遍,再用清水冲洗,然后用擦布擦净。擦墙面的同时把毛巾杆、浴巾杆、电话、卫生纸架、浴帘、浴帘杆等擦净。

擦干镜面。用半干的清洁布擦干,再用干布擦亮。

刷洗地面。清洁地面时,根据地面洁净程度喷洒适量去污剂,有重点地擦洗,再用清水冲,用潮湿布将地面擦干净。刷洗卫生间地面也可放在卫生间清扫的最后一个环节进行,也可先进行。

(6) 检:检查卫生间门、镜子、通风口、恭桶、浴缸、面盆、云石台面、地面、电话机及冷暖设施有无损坏,是否能正常使用,是否已达清洁要求。查看浴帽、口杯、浴皂、卫生纸、牙具、梳子、浴液、香波、大毛巾、浴巾、面巾、地脚巾等物品是否齐全。

(7) 添:添补客用品。大毛巾两条,折叠,店徽朝上,放在毛巾架上方;浴巾两条,店徽拼成一个整体店徽,放在浴巾杆上;面巾(或小方巾)两条挂在面巾架上,小方巾折叠成小方形,放在云石台面,店徽朝上,两条面巾的店徽同样拼出一个整体店徽;地脚巾一块,搭在浴缸沿中间,店徽字样朝外。棉织品配备摆放整齐后,拉上浴帘。

添补客用消耗用品。浴皂两块,放在浴缸边的香皂盒内;香皂两块,放在脸盆皂盒内,店徽字样朝上,摆放端正;牙具两套、浴帽两个、浴液、香波、梳子各两套,店徽字样朝上;口杯两个,杯口朝上,“已消毒”字样朝外;牙具、浴帽、浴液、香波、梳子、口杯等均摆放在小托盘内;香巾纸两包,放香巾盒内置于云石台面一侧;卫生纸一卷,放在卫生纸架上,叠成三角形外露,既美观,又方便实用。

(8) 看、关:查看有无工作漏项。如有漏项马上补上。关掉电源,关上卫生间门。整个房间清扫过程完成后,做好登记。

(三) 开夜床整理服务

(1) 备:到钥匙管理处领取客房钥匙,填写“钥匙使用领取登记表”。将开夜床服务所需的清洁用品放置在工作车上。

(2) 进:工作车推放在要进入房间的外面,观察房间外灯光显示器或挂牌,如有“请勿打扰”标志,则不再进房间服务。进房间前敲门三下,自报部门和工作职务。如客人应答,即可开门进入。如无客人回音,则用钥匙轻轻开启房门。开夜床服务时要始终将房门敞开。

(3) 开:开启客房电源总开关,检查所有照明设备是否工作正常。

(4) 拉:将室内窗帘慢慢拉上。

(5) 倒:倒烟缸和纸篓。将烟缸用水洗净擦干。纸篓内垃圾倒入垃圾袋内,一般不用更换塑料垃圾袋。

(6) 擦:简单整理家具表面,大面擦拭一遍。

(7) 添:更换用过的杯具,添换冷、热开水。补充客房服务用品。检查小酒吧酒水,开酒吧单,补齐酒水。

(8) 做:做(开)夜床。先整理床罩,向床尾折 3/4、向床头折 3/4、右边折向中央、左边折向中央、将床罩叠好,放在行李台上。然后将靠近床头柜一侧的毛毯连同床单向外掀起翻成 45 角,睡衣放在枕头上。住一位客人时只开客人使用的床,两个床位按对角开床,两床内一侧对角折,夫妇用双人床则把床两侧被角掀起。开床后,放置好"祝你晚安"牌和送餐(早餐卡)。

(9) 整:整理卫生间,简单清洗卫生间设备,更换用过的毛巾、口杯,放地脚巾于靠浴缸一侧正前方地面,便于客人出浴后使用。

(10) 关:检查房间整理清洁效果,符合标准后,除床头柜、门灯开亮,熄灭其他所有灯具。如客人在房间内,保留进房间内的照明,向客人致谢道晚安,然后将房门轻轻带上后离开。如客人未在房间,要将门锁好。最后填写开夜床服务记录。

(四) 计划卫生清洁整理

客房计划卫生是指日常清扫中不能每天清扫整理的地方,通过循环方式来完成的卫生清扫工作。计划卫生的内容主要包括天花、高处的灯管、门窗、玻璃、阳台、墙角等各处。其卫生清扫管理方法是:

(1) 制订计划卫生日程。客房计划卫生一般每周或 10 天循环一次。对日常清扫不到的地方通过计划卫生每天或隔天清扫整理一处或一个地方,如每周一清理高处门窗、每周二整理阳台等。客房计划卫生日程可参见下表格式:

星期	一	二	三	四	五	六	日
日程	房门	窗户	天花	阳台	卫生间	墙四角	其他

(2) 准备计划卫生工具。每次做计划卫生前必须做好准备,其卫生工具主要包括梯子、安全带、清洁剂、干湿擦布、刷子等。具体需要哪些清洁工具和用品,必须根据每次计划卫生的具体地点、场所和清扫项目来确定。

(3) 安排好计划卫生时间。客房计划卫生的具体时间是每天正常完成后的时间,一般是每天下午安排 30—60 分钟。只有在保证每天正常卫生完成,不影响客房出租的情况下,才能安排计划卫生。

(4) 做好计划卫生的组织工作。在制订计划卫生日程的基础上,一般由客房楼层主管或领班来实施,主要是安排每天计划卫生的人员、时间、工具用品使用等,以保证计划卫生工作的落实。

(5) 加强计划卫生检查。客房计划卫生完成后,纳入整体卫生检查中,由领班、主管检查以保证计划卫生质量。

(6) 注意计划卫生安全。计划卫生常常需要高空作业,如清扫门窗玻璃,要站在窗台上;清扫高处灯管、墙角、天花、必须用扶梯等。因此,计划卫生一般必须两人一组,在充分运用安全带、扶梯、凳子、有人保护、确保安全的基础上进行,防止事故发生。

三、客房卫生的质量检查及其内容和方法

(一)客房卫生质量逐级检查

客房卫生检查是保证卫生质量,满足客人消费需求的重要条件。其卫生质量检查主要分为五个层次:

(1)服务员自我检查。每天清扫服务人员每做完一间客房,都必须按房务部的规定做好自我检查。其检查内容主要是看客房清扫完成后是否符合标准、用品补充是否齐全、各种设备物品是否归位、有无不符合标准的地方。如有问题,立即重做或修正,保证质量达标,然后填写客房"清洁服务员工作表"。

(2)领班全面检查。领班在服务员自我检查的基础上,每天要对班组员工客房清扫整理的结果进行全面检查。其检查内容包括房门、壁柜、家具、灯具、墙壁、空调、窗帘、床铺、沙发、床头柜、地毯、客房酒吧、卫生间里里外外等。凡检查不合格或存在的问题,必须由服务员重做或补做,保证客房达到清洁、整齐、美观、舒适、没有客人消耗过的痕迹。经过领班检查后的客房,才能报前台可以出租。

(3)主管重点检查。客房楼层主管是楼层房务管理的重要负责人。它对客房卫生管理的组织、客房清扫整理质量和楼层对客服务负有全面责任,并直接向客房部经理负责。因此,楼层主管每天要对领班检查过的客房再进行重点检查。其数量为领班检查过的客房(即主管管辖范围内的客房)数的20%—25%,每天50—60间。主管的重点检查除一般住房、空房外,又重点检查VIP客人和重要贵宾将要入住的客房。其检查内容则更全面,检查项目更细致,以确保达到重要贵宾和VIP客人的接待规格,扩大酒店声誉。

(4)部门经理巡视检查。在主管、领班检查的基础上,客房部或房务部经理(也有些饭店称管家部)每天还要抽查部分房间的卫生清扫整理情况。其抽查方式有两种:一是随机抽查,看是否存在问题;二是重点抽查,如抽查重点区域、重点客人所住房间等。

(5)总经理特别检查。除上述四级检查外,如果有特别重要的VIP客人住店,饭店总经理或主管副总经理还需要亲自前来检查。特别是房间的装饰布置、增加的客用物品、室内卫生、空气、花草布置、赠送或提供给客人的鲜花、花篮、水果、饮料、总经理名片等,都是VIP客房的检查重点。此外,总经理或副总经理也会定期或不定期地抽查客房卫生清扫整理情况,以掌握客房管理动态,不断改进工作,提高管理水平和服务质量。

(二)客房卫生质量检查的内容和方法

客房卫生质量检查的内容和项目很多,它不仅仅是房间卫生质量,也包括客房各种设施设备的有效性、完好率,各种生活用品的齐全规范、整齐程度。其具体内容和方法包括:

1. 空房卧室检查

其内容和方法是:

(1)房门。门锁转动是否灵敏,开门有无声响,房门可否停在定开状态并自动关闭,磁卡锁是否操作正常,门后是否有疏散示意图,"请勿打扰"标志灯是否使用正常或是否有"请勿打扰"和"请清洁房间"的挂牌。

(2)天花板。是否有蜘蛛网、裂缝、爆皮及水迹。

(3) 墙纸。有无灰尘、污渍与变色,护墙板、踢脚板有无灰尘、污渍、胀鼓,灯罩、电源插座有无指印、灰渍。

(4) 地毯。有无破损、积尘、污渍、咖啡渍、茶渍、口香糖胶,清洁程度如何。

(5) 窗户。窗框、玻璃是否光亮无破裂,窗锁关闭是否安全,窗帘是否清洁和悬挂美观,窗帘钩有无松脱,拉动是否自如。

(6) 空调。运转是否正常,房间温度是否适宜,出风口有无声响和积尘。

(7) 电视机。图像是否正常,声音是否清晰,有无电视节目单,音响设备是否使用正常。自动控制柜各开关是否使用正常。

(8) 电灯。是否完好,灯面、灯罩面有无积尘,灯罩接封是否在后边。

(9) 电话。电话信号是否正常,电话机及电话线是否清洁。

(10) 做床。是否标准,床罩、毛毯是否清洁无破损和污渍,床头板垫是否洁净,床底有无尘土。

(11) 客房酒吧。是否清洁无异味,各类饮料是否按标准摆放,有无酒吧价格表,小冰箱制冷、声音是否正常,柜门开闭是否正常。

(12) 家具设备。床头柜、沙发、茶几、酒吧台、梳妆台、行李台、壁柜等客房设备是否清洁,有无破损或不牢固;应配备的文具夹、信笺、文具等是否齐全,摆放是否正确。

(13) 壁柜。有无备用毛毯、衣架、洗衣袋、洗衣单、浴衣、拖鞋等客用品,数量是否符合标准,是否洁净无破损。

(14) 墙面。是否悬挂端正,无浮尘。

(15) 塑料垃圾篓。是否内外清洁。按要求套好塑料袋,烟灰缸是否清洁,玻璃杯是否光亮,托盘是否洁净。

(16) 贵宾房间。是否按照标准提供鲜花、水果、点心、欢迎卡、总经理名片等。

(17) 对特殊风俗习惯、生活习惯的客人是否根据接待单位的要求配置好物品。

2. 空房卫生间检查

其内容和方法是:

(1) 浴室门。转动是否灵敏,开门时是否有响声,表面有无破损、膨胀现象和浮尘,门框有无积尘,双重锁是否正常,门后挂衣钩是否灵活。

(2) 天花板。有无积尘,风口是否清洁,有无爆皮和水迹。

(3) 镜面。有无浮尘、水痕和污渍,有无破裂和水银脱落。

(4) 云石台面。是否清洁,面盆是否干净,面盆塞是否灵活,所有金属器如水龙头、把手等是否清洁光亮,冷热水管有无故障,排水系统是否正常,盆内排水孔是否有毛发,皂盒是否积有碎肥皂或皂渍。

(5) 浴缸。是否清洁,浴缸塞是否灵活,浴帘有无污渍,扶手是否结实,浴帘钩有无减少、是否挂牢靠,卫生间内的面巾、浴巾、方巾、脚垫摆放是否规范、有无破损或污渍。

(6) 恭桶盖。是否清洁,排水是否顺畅,恭桶内外有无污渍,水箱开关松紧是否适度,恭桶上是否有已消毒条。

(7) 各种清洁用品。如香皂、浴皂、浴液、香波、浴帽、牙具、梳具、卫生纸等是否齐全,摆放规范。

3. 客人住房检查

主要内容和方法是：

(1) 核实房间住宿人数,人员是否与住店通知单、住房卡记录一致。有无超额人员住宿,有无客人行李。

(2) 查看客人是否有洗衣。

(3) 查看房间内是否存有违禁物品,是否有违章使用电器和房内设施、设备的现象。

(4) 检查房间是否每天彻底清洁、达到卫生标准和物品摆放标准,客房是否整齐舒适、美观方便。

(5) 检查客房酒吧的使用情况。

(6) 其他,包括天花、床铺、各种家具、卫生间等,检查内容与方法和"客房卫生质量检查"相同。

4. 每日走房检查

其主要内容和方法是：

(1) 检查是否有客人遗留物品。如有,立即送交客房部。如果客人已离店,将遗留物品登记后送交客房服务中心,按工作程序办理。

(2) 查看房内酒吧是否饮用。如有立即电话通知前台结账处,并填写"酒水饮用单"。

(3) 检查房内设备、用品是否齐全,有无损坏。发生缺少和损坏,立即通知前台结账处和客房服务中心。

(4) 检查饭店各处有无安全隐患。

(三) 客房卫生质量检查表

客房卫生质量检查,主管和领班的检查表格内容和格式基本相同,如表 7－2 所示。

表 7－2　客房清洁工作检查表

HOUSEKEEPING GHECKLIST

ROOM NO:___________　　BY:___________　　DATE: ________

BEDROOM 卧室

ITEM 项目		DIRTY 脏	CLEAN 清洁	REPAIR/REMARK 修理　备注
ENTRANCE DOOR 房门	Door 门			
	Handle 把手			
	Lock 锁			
	Hinges 合页			
	Frame 门框			
	Brass No. 房号牌			
	Spyhole 门眼			
	Fireexit plan. 防火图			
	D. N. D. Card 请勿打扰牌			
	M. U. R. Card 请即打扫牌			
	Stopper 门垫			
WALLLIGHT 壁灯	Shade 灯罩			
	Bulbs 灯泡			

（续表）

ITEM 项目		DIRTY 脏	CLEAN 清洁	REPAIR/REMARK 修理　备注
CONNECTINGDOOR 连接门	Door 门			
	Lock 锁			
	Frame 门框			
DRESSER 带镜衣橱	Mirror 镜子			
	Lamp 花瓶灯			
	Tea tray 茶盘			
	Drawers 抽屉			
	Laundrybahs/Lists 洗衣袋			
	Barpet underncash 柜下地毯			
WRTTING TABLE 写字桌	Fklder 文件夹			
	Stationery 文具			
CHAIR 写字椅				
WASTEPAPER BASKET 垃圾筐				
TVSET/STAND 电视机架				
	TV Program 电视节目单			
STANDINLAMP 落地灯	Shade 灯罩			
	Bulh 灯泡			
	Stem 灯柱			
	Base 灯座			
LUGGAGE RACKS 行李架				
WALL PICTURE 壁画	Frame 画框			
	Back 背后			
A/C UNIT 空调机	Switch 开关			
	Drill 排风口			
	Carpet underneath 地毯			
BALCONY 阳台	Door lock 门锁			
	Net Screen 纱门			
	Furniture 家具			
	Floor 地面			
WINDOW 窗户	Class 玻璃			
	Frame/sill 窗框、窗台			
	Net screen 窗			
WINDOW CURIAIN 窗帘	Net 白窗帘			
	Heavy 厚窗帘			
	Rail/string 窗轨、窗帘绳			
HANGINCLAMP 吊灯	Fitting 装置			
	Shade 灯罩			
	Bulb 灯泡			

（续表）

ITEM 项目		DIRTY 脏	CLEAN 清洁	REPAIR/REMARK 修理 备注
ROUND TABLE 圆桌	Ashtrny/matches 烟灰缸			
TUB CHAIR/COFA 圆椅、沙发				
BED 床	Aooearence 床表面			
	Carpet undemeath 床下地毯			
BED SIDE TABLE 床头桌	Lamp 玻璃灯			
	Telephone 电话			
	Room service menu 菜单			
	Memopad/ballpen 便条本、笔			
	Drawer/sewing kit 抽屉、针线包			
WARDROAE 衣橱	Grill/track 百叶门轨道			
	Extrablanket 备用毛毯			
	Shelf 架子			
	Rail/hangers 衣轨、衣架			
	Bate robes 浴袍			
	Slipper 拖鞋			
WALLPAPERALL 整体壁纸情况				
CARPETOVERALL 地毯情况				
BA THROOM 卫生间				
ENTRACEDOOR 门	Handle/lock 把手、锁			
	Frame 门框			
	Hinges 合页			
	Hooks 衣钩			
LIGHTS 灯	Covers 灯罩			
	Bulbs 灯泡			
MIRROR 镜子				
SGAVRSOCKET 刮胡刀插座				
TISSUEBOS 擦手纸盒				
MARBLEOUNTER 大理石台面				
SOAR 香皂				
FOAMBATH/SHAMPOOI LOTION 浴油、洗头水、护肤油				
SHOWERCAP/SHOESHINEAOX 浴帽、鞋擦				
WATDRGLASSES 水杯				
ASHTRAY 烟灰缸				
WASHBASIN 面盆	Fauset 水龙头			
	Stopper 面盆塞			
	Bowl 面盆			
	Drain 下水道			
	Overflow 出水口			

（续表）

ITEM 项目			DIRTY 脏	CLEAN 清洁	REPAIR/REMARK 修理　备注
TOWELRACK TOWELS		毛巾、毛巾架			
CABINET		水柜			
REFRIGERATOR		冰箱			
TOILETPAPER/RACK		卫生纸、卫生纸架			
WASTEPAPERBASKET		垃圾筐			
TOILET 马桶	Bowl	马桶池			
	Water tank	水箱			
	Shoc shine cloth	擦鞋纸			
	Disposan bag	十字袋			
	Seat/cover	坐板盖			
SHOWER CURTA/RAIL		浴帘轨道			
BATK 浴盆	Tub	浴缸			
	Shower head	喷头			
	Fauset	水龙头			
	Drain stopper	浴盆塞			
	Soap	香皂			
	Racks/towels	浴巾架、浴巾			
	Colth string	晒衣绳			
FLOORCONDITION		地面情况			

第三节　楼层客房服务工作管理

案　例

一次事先不知情的客房婚礼服务

中秋节后，一位来自伊斯兰圣地的沙特阿拉伯客人木哈买提来到了新疆乌鲁木齐市的××宾馆。

出租车在宾馆门前停下，迎宾员开门时看到他的一身服饰，没有用通常的用手遮住车门的方式请客人下车。这一细节赢得了这位虔诚教徒的好感。因为按穆斯林的习惯，遮头是不好的。

办理住宿登记时，宾馆王总经理从前厅总台得知客人是来乌市专办喜事的。于时连忙让客人住进坐东朝西的620客房，以便于他做祷告。接着，趁客人外出去见未婚妻时，宾馆组织客房部迅速为客人布置新房。窗帘换成了粉红色，增加喜庆气氛。原来的驼色地毯上覆了一块波斯地毯，使客人产生在家办喜事的感觉。另外还配了一块专供客人做宗教仪式的小地毯，墙上还特地挂上了穆斯林挂毯……一间典型的穆斯林新房布置好了。

木哈买提回到客房，眼前突然的变化使他欣喜若狂。他只不过无意间向服务员说了一句关于举办婚礼的话。没想到宾馆为他想得那么周到。于是直接跑到总经理办公室，连声说：“热合买提，热合买提(很感谢)。”

接着客人在宾馆举办了热烈的婚礼。增加了宾馆的婚宴收入。宾馆还为他专门配备了两辆专车提供昼夜服务。婚后客人夫妇要外出旅游，还对总经理说：请为我们保留这间客房，等我们回来后还要再住，房费照付。

此后，木哈买提成了宾馆的忠诚客户，多次来乌市都住这家宾馆。

点 评

卫生、服务和安全是饭店房务管理三大任务。客房服务的具体项目和内容很多，有的是饭店客房固定设置的，有的是客人住店过程中随机需要的，有的是收费项目、有的是不收费的。案例中的客人婚礼服务只列举了简单内容和方法，既赢得了客人的好感的信任，增加了经济收入，又培养了一个回头客和忠诚客户。为此，我们在客房卫生管理的基础上，介绍楼层客房服务的项目、内容和方法。这也是饭店客房业务管理的中心工作之一，同样有利于培养学员的职业素质和专业素养。希望广大学员和业内同仁能够重视。

一、客人到达时的客房服务管理

楼层客房服务是除客房卫生整理以外的又一房务管理的中心任务。客人住店期间，在客房逗留的时间最长，需要的服务项目最多。而楼层客房服务工作管理是以客人来、住、走的活动规律为主线而开展的。为此，首先要做好客人到达时的客房服务工作管理。其具体内容和方法如下。

(一) 客人到达前的准备工作

准备工作是楼层客房优质服务的序幕。准备工作做好了，才能有针对性地提供优质服务，满足客人住宿需要。准备工作的内容主要包括：

(1) 掌握客情。客人到店前，要根据前厅送来的客房预订预报、客人预期到步名单或住宿通知单，了解客人姓名、人数、房号、住期、客人的生活习惯、兴趣爱好、禁忌、宗教信仰等情况，以便有针对性地提供客房服务。对于重要贵宾或VIP客人，还应了解他们的外貌特征，结合其预订房号，可以一见面叫出客人的名字，增加客人亲切感、受尊重感。

(2) 整理检查好房间。客人到达前1个小时，必须完成客房的清扫整理、质量检查工作。特别是VIP客人的预订房间，其整理检查内容和方法按本章第三节所讲贯彻执行。

(3) 调节好客房空气和温度。客人到达前要根据本酒店所在地的气候和天气情况，提前调节好客房室内的空气和温度，保持空气新鲜，温度调节到22℃—24℃。如果客人是晚间入住，还要注意拉好窗帘，提前做好开夜床服务。

(4) 准备迎接客人到来。上述工作完成后，服务员要根据前厅通知，提前准备好托盘、茶水、香巾，同时，整理好仪容仪表、服装、发式，注意调节好心情，准备客人的到来。

上述这些准备工作，楼层主管、领班都应提前做好布置和检查。如果采用楼层服务台管理模式,这些准备工作必须全面、具体。如果采用的是客房服务中心的管理模式,则一般是根据重要客人或VIP客人们的需要来准备。

（二）客人到达时的迎接服务

客人到店时的迎接工作是客房楼层优质服务的开始。它以客人到达楼层为标志,以主动热情的欢迎客人为重点。迎接时必须做到态度热情、语言亲切、服务主动、举止大方、礼貌周到,给客人以宾至如归感,留下良好印象。客人到达时的迎接工作内容和方法是:

(1) 电梯迎客。客人来到电梯,服务员在梯门口迎接,主动问好,表示欢迎。如说:"先生/小姐、您好。欢迎您来到本楼住宿。"然后引导客人下电梯,主动帮助提行李,如果小件物品或手提包,要先征得客人同意再帮助提取。贵重行李要轻拿轻放。

(2) 引客进房。客人下电梯后,服务员视需要引导客人进房。走在客人左前方一步左右引导前行。不可并行或抢行。转弯时用手示意。到达房间门口先开房门,礼让客人先进房。进房后放好行李物品。

(3) 茶水服务。客人进房后,楼层服务员视需要,并根据人数和要求(采用客房服务中心管理模式的酒店,可以不提供这项服务)送来香巾、茶水。做到人到、茶到、香巾到,使客人产生亲切感、舒适感。

(4) 介绍服务。如果是新客,要在先做好自我介绍的基础上,向客人介绍饭店服务项目、服务时间、主要设备、住店需知等。这些项目的介绍要简明扼要,少说废话,大多可以让客人看客房所摆放的服务夹中的有关介绍(采用客房服务中心管理模式的饭店,楼层服务员也可以省去这项工作,主要由陪送客人进房的行李员、大堂副理等人员来介绍)。

(5) 值班记录。在完成上述客人迎接服务后,服务员要主动告别客人,表示感谢。然后退出客房,轻带房门,回到服务台或工作间,填好值班日志或记录,准备为客人提供住宿服务。

二、客人住下后的日常服务管理

客人住下后的日常服务是楼层房务工作的主要内容,也是客房优质服务的集中体现。楼层客房中的大量、庞杂的工作,都是通过这个环节来完成的。这一环节的日常服务工作内容和方法主要包括以下三个方面。

（一）客人住下后的日常针对性服务

住店客人的具体情况是十分复杂的,服务质量的高低要由客人来评价。只有根据客人的不同情况,有针对性地提供优质服务,才能做好房务管理。客人住下后的针对性服务的具体要求是:

(1) 熟悉客人身份特点。即要根据客人住店资料、日常服务的观察、记录,建立楼层客人生活服务卡,熟悉自己的服务对象。主要包括客人的国籍和职业、外貌特征、客人的兴趣、爱好、生活习惯、宗教、特别讲究的服务要求等。掌握了这些内容,其对客服务的针对性就会更强。

(2) 观察客人的嗜好忌讳。主要是因客人的宗教信仰和生活习惯不同形成的嗜好和忌讳。如有的客人喜用冰块,有的喜欢茶水,有的喜喝冷水。再如有的客人忌讳"星期五”,西方客人忌讳“13”,泰国客人忌讳睡觉时头朝西,印度客人忌讳牛肉等。客房服务中,掌握了不同客人的嗜好和忌讳,才能提前做好准备,满足客人要求,有针对性地提高服务质量。

(3) 注意客人身体变化。客人住店期间,人地生疏,有时水土不服,加上每天外出观光或经商办事等,十分辛苦,有时感到身体不适或生病是难免的。关心客人身体变化,对年老体弱的客人、残疾客人和身体有病的客人热情照顾,提供针对性强的服务,不仅能体现酒店服务的热情温暖和对客服务的人情味,而且能获得客人的长期好感,增加回头客。

(4) 掌握客人特殊要求。住店客人的生活习惯各不相同。有的早出晚归,有的晚出晚归。他们除需要日常服务外,还有一些特殊要求,如客人过生日、朋友聚谈、节日聚会、家属探访(长住客人)等。因此客房房务管理中,掌握客人这些特殊要求,有针对性地提供优质服务,才能提高服务质量,获得客人好评,提高酒店声誉。

(二) 客人住下后的日常循环性服务

(1) 房间清扫服务。包括整理房间、撤换棉织品、补充生活用品、打扫卫生间等,都是每天循环往复的,必须天天做好。

(2) 午间客房整理服务。即每天下午要进客房整理房间和卫生间,更换热水瓶、客人用过的茶具、物品、烟缸等,保证客房清洁、整齐、舒适、美观。

(3) 客房计划卫生服务。每天按计划日程安排的卫生项目、场所和内容,循环往复清扫整理,保证高处、边角和平时不易清扫的地方的卫生质量。

(4) 晚间客房整理服务。按做夜床的要求,凡是住了客人的房间,每天都要做夜床,始终循环往复进行。

(5) 分送报纸邮件服务。每天如此,按时分送,保证客人需要。

(6) 房态核对服务。每天分早、中、晚三次和规定的具体时间,由领班逐间检查核对每一间客房,填写房态核对报表,报前厅柜台接待处,以保证房态准确,为客房周转使用提供依据。

(三) 客人住下后的日常零星服务

(1) 叫醒服务。采用程控电话,需要叫醒的客人房间的电话会自动叫醒客人。如三次铃响客人未醒,或 VIP 客人要求人工叫醒。服务人员接到总机电话或提前收到人工叫醒通知,必须及时到客房敲门直到将客人叫醒。返回后将叫醒客人及房号、时间记录在工作日志上,以防引起纠纷和投诉。

(2) 信报邮件服务。及时为客人送交信件、报刊和邮件,尤其是快件和重要函件,要快速送给客人,并请客人签收。

(3) 客人借用物品服务。电烫斗和烫衣板免费供客人使用,借用时要请客人签字,用完后马上收回。棋牌、棋牌桌和椅子应按时间收取租用费,并提醒客人不要影响其他客人休息。加床和加婴儿床,按前厅部指令办理,使用前和收回时,一定要检查有无破损,保持清洁干净,确保客人使用时能处于良好状态。

(4) 为客人过生日。根据“临时住宿登记表”等客人档案提供的客人生日的时间,到时为客人敬送鲜花、生日蛋糕或酒店的一些纪念品、小礼物,使客人感到“宾至如归”。

(5) 为客人维修物品。对客人提出的物品维修委托,登记清楚接收日期、物品名称、维修内容,抓紧为客人办理。物品维修后,与客人结清维修及必要交通费用。客人认定维修效果后,将物品交送客人并办理交送登记手续。

(6) 会客接待服务。先查验会客单,征得被会宾客同意后将来访者引至房间,待主宾见面后再离开,并视会客人数增添座位、茶具,适时送茶,更换冷热水。

(7) 客人进行 PARTY 服务。根据客人要求,提前准备好桌、椅、杯具、冷热水,帮助客人运送 PARTY 用品。举行 PARTY 时应客人要求,由指定服务员现场服务。要注意提醒客人不要喧闹。发生醉酒、吵闹情况时要及时采取措施。PARTY 结束后,要迅速收回桌、椅、杯具等。对醉酒客人要加强照顾、观察,防止意外事件发生。

三、客人住宿期间的专项服务管理

客人住宿期间的专项服务是指那些项目明确,有一定专项性质和操作要求的服务工作。具体服务项目较多,每个项目的管理与操作方法不同。主要项目和方法如下。

(一) 客房酒水服务

(1) 酒水配备。按客房部规定的酒水品种和标准数量配备,摆放在固定位置。一般软饮料不少于 10—15 种。烈性酒不少于 3—5 种。饮料杯配备量不低于两个。按标准要求摆放。

(2) 日补充准备。每日准备好补充的酒水,补充数额按日酒水平均补充量加30%,不超过客人总供应量的 100%,但不应低于客房酒吧总供量的 30%。

(3) 摆放酒水单。按客房酒吧配备品种和数量准备好“客房酒吧签单”,签单同补充的饮料放在工作车上。

(4) 查酒水。酒水整理一天两次,上午和晚间进房服务时各整理一次。其工作内容是清点各品种酒水数量。清查后将客人使用的酒水数量、房间号码、酒水清点人姓名填写在客房酒水单上,然后按标准配额补齐。

(5) 酒水单传递。将客房酒水单呈给客人,请客人签字认可。签单一式三份,客人留一份,交前厅收款处一份,楼层自留一份。

(6) 酒水清洁。服务员经常清洁客房酒吧,补充的酒水瓶要擦拭干净。同时注意检查酒水的有效饮用期,过期饮料要及时撤出,交领班处理。

(7) 客人离店。服务员根据客人离店通知单,注意观察要离店客人房间。客人离店退房要尽快进入客房检查酒水,查清实际耗用,立即请客人签单。如客人不再使用酒水,服务员应将酒吧内饮料全部撤出,防止酒水跑账。

(二) 客衣送洗服务

(1) 每间客房在服务夹中放置洗衣单。洗衣单上详细印有客人衣物洗涤的种类、名称、送洗时间、收费标准等。

(2) 在客房壁柜中或门后放置洗衣袋,并在客人入住时告之客人需要洗衣时的收取、送回方法。

(3) 服务员每天上午、下午两次到客房收取客人换洗的衣物,或应客人要求,临时收取(急件在2小时内送回,一般加收50%的费用)。经检查后按班组集中,交洗衣房或由洗衣房人员前来收取。双方签字交接。

(4) 洗好的客衣由洗衣房收发组人员送回客房交给领班或服务员,然后送到客人房间放在床铺上或交客人收取。如果是VIP客人的客衣,则由主管送给客人。

(5) 客衣收发中保证"三查、二准、一清"。即接收客衣时检查衣物有无破损和严重污渍,检查衣物内有无客人遗漏物品,检查衣物与登记是否相符;收取客衣数量、送还客衣数量准确;收费(包括加收服务费)内容和手续清楚。

(三) 客房钥匙服务

(1) 向客人宣传不要将钥匙放在门锁上,发现钥匙在门上,服务员要将钥匙交给客人。如房间无人,将钥匙交主管并进行登记。

(2) 领取工作钥匙,办理登记签字手续。整理、清洁和检查房间时,钥匙要随身佩带,注意不要乱放。不要将钥匙放在工作车上或房间台面、床面上。下班要做好钥匙交接。

(3) 发现钥匙丢失,立即向上级报告,迅速采取防范措施。万能钥匙丢失或损坏,应迅速上报客房部经理,如需重新配置,要由客房部经理填写报告单,报酒店总经理签批,经保安部经理、工程部经理签字后,在保安部人员监制下由工程部人员制作。

(4) 长住客人退房,要立即更换门锁或磁卡钥匙。

(5) 非工作需要,服务员不得使用房间钥匙。客房部要经常检查钥匙管理情况,确保客房安全。

(四) 客房设备报修服务

(1) 服务员在清扫、整理、检查房间时,发现设施、设备损坏或运行不正常,将维修项目及房号、报修时间填写在工作单上,速报客房服务中心。

(2) 客房服务中心填写报修单,写清房号、待修项目、报修时间、报修部门及负责人,送交工程部。

(3) 报修单一式四联。一联由工程部办公室留底备查;二联由工程部办公室填签收单时间,盖部门专用章交回客房服务中心存查;三联为维修人员领料凭证;四联由维修人员持联进客房维修。维修后由客房服务员填写维修完成时间、认可维修效果并签字,报客房服务中心签章后送回工程部办公室。

(4) 维修人员进房维修,要有客房服务员在场。维修时,房间门应始终敞开。

(5) 维修的设施、设备如不属正常损坏,应填写事故单。无法维修时,由工程部经理与客房部经理签字后更换。

(6) 房间不能在短时间内修理完毕,由工程部证明,客房部填写"房间暂停使用通知单"报前厅接待部作维修房处理,待维修好后,再通知前厅接待部出租。

(五) 客房物品捡拾服务

客房捡拾物品的范围包括客人遗留物品、客人遗弃物品和服务员捡拾物品的确认、登记、保管、归还及处理工作。其服务工作内容和处理方法是:

(1) 客人离店后留在客房内的一切有价值物品,均属于客人遗留物品。可能的有:护照、身份证等证件;钱币、支票、信用卡、各种票券;名贵字画、工艺品、金银首饰等储物品;

各种服装、鞋帽、化妆品、围巾、领带等穿佩戴物品；影碟、唱碟、音响、录像带、胶卷、电脑、游戏软盘等娱乐品；棋牌、球具等文体用品；各种书报、文件、杂志；食品、烟酒物品和其他物品。

(2) 客人遗留物品要尽可能在第一时间内寻找客人将物品送还。

(3) 无法立即交还给失主的物品，服务员按物品分类填写"客房捡拾物品登记表"，详细填清拾物时间、地点、名称、规格、颜色、牌号、式样、件数和捡拾者姓名，送交客房服务中心。

(4) 遗留物品管理。服务中心对遗留物品进行分类、标码、估价、包装，按物品保管价值确定三个月至一年的保管期，入专库保管。对高值与重要物品要通过前厅部、客人接待单位等协助查找失主，并可用通讯方式与失主直接联系，物品不做移交。经失主回信确认失物并附上足够邮资后，服务中心人员负责包装邮寄该失物。对超过保管期的物品，由服务中心按公安局有关规定执行，高值物品请示酒店领导，中低值物品由部门作价处理。并办理物品处理发放登记手续。

(5) 遗留物品的认领。失主本人或携带失主签名便条的家属、友人来认领失物时，由服务中心负责办理认领手续，经核实失物类别、特征、遗失时间、失主姓名、房号、离店日期和认领者有效证件后，由认领者填"认领单"，填清认领者有效证件(如身份证等)号码并签名，然后取走失物。服务中心人员在登记本上注明处理结果。

(6) 违纪处理。凡因私留贪占客人遗留物品引起不良影响的人员，除追回私占物品外，要酌情给以严肃的纪律处分。

(六) 客人婴幼儿看护服务

(1) 请客人按照"服务指南"要求向客房部申请。客房部办公室发放"婴幼儿看护登记表"，由客人填写婴幼儿的年龄、性别、国籍、饮食、生活习惯、看护时间及特别注意事项。

(2) 客房部秘书根据"婴幼儿看护人员登记册"选定人员，最好是本酒店女服务员。一般看护人员应具备的条件是：有一定外语水平、有看护儿童经验、身体状况良好、自愿利用工余时间提供看护服务。选定人员后，由看护人员到客房部办公室领取看护证和看护服装，并在看护服务后退回。

(3) 客房部办公室与客人签订"儿童看护临时委托书"。确认看护儿童的年龄、饮食要求、生活习惯、看护时间、收费方法、计时金额、超时收费等事项。

(4) 楼层服务员引领看护员与客人见面，接收婴幼儿。看护人员在看护婴幼儿期间，要在酒店规定的区域内看护；看护期间根据客人要求，不得随便给婴幼儿饮食；除儿童物品外，不要随意动用客人物品；不要招引无关人员在客房滞留；不插锁房门；不干私事，更不能委托他人带管。看护期间，如婴幼儿突然发病或出现意外情况，看护人员要迅即报告楼层主管或客房部秘书，采取应急措施。

(5) 看护人员认真填写"婴幼儿看护服务表"，在客人接回婴幼儿时，请客人签字，并签署意见。服务结束后，看护人员将服务表交到客房部办公室。

(七) 残疾人士住店服务

(1) 所有人员对残疾人士要有同情感，给予特别热情的对待。任何时候、任何场所都不能围观议论,不许投以讥笑甚至轻视的眼色,也不能过分使用同情的言辞,避免加重残疾人士的自卑感。

(2) 对行动不便、生活自理能力较差的残疾客人,客房部、餐饮部要指定责任心强、热情礼貌的服务员专人接待护理。接送客人出入房间、上下楼、进出电梯、在餐厅用餐、在商品部购物、参加会议等,都要无微不至地体贴照顾。并经常不断地征求客人意见,改进服务方法,改善服务质量。

(3) 不随意与客人交谈其残疾原因,避免引起客人不愉快。在客人情绪不稳定,显示悲伤或急躁时,要设法引开客人注意力,使其情绪逐渐稳定。对残疾人士因行动不灵活损坏客房、餐厅物品时,要及时给予安慰,不要急于提出索赔事项。

(4) 对使用残疾车的客人,在没有残疾人行道的区域或上下车时,服务员要主动协助客人。

四、客人离店时的客房服务工作管理

客人来、住、走的客房服务工作是一个完成的过程。客人离店时的客房服务工作做得好坏,直接影响客人的离店印象。为此,客人离店时的客房服务重点要做好以下工作。

(一) 核对客人账单

接到客人退房通知后,迅速查对客人洗衣、酒水、长途电话等账单是否齐全,并已转前台收款处记账。若有未送走或遗漏的,尽快通知前台收款处,防止跑账。

(二) 征求客人意见

视需要进入客人房间表示问候,征求客人意见,询问客人有无未办完的事情需要帮助。有行李的客人,特别是团队客人要通知行李员帮助客人提送行李。

(三) 告别客人服务

客人退房后离开楼层时要向客人告别,祝客人一路平安,欢迎再次光临。一般客人送到电梯门口,重要贵宾、VIP 客人或老弱病残客人送到前厅,给予特别照顾。若发现客人有意见或未尽事宜,要在客人离店前尽量弥补,勿使客人带着不良印象离店。

(四) 迅速检查客房

客人离房后要迅速查房,包括抽屉、床头柜、枕头下、衣柜、卫生间、阳台等各处。其目的:一是看有无客人遗留物品或遗弃物品;二是看设备有无损坏、用品有无丢失;三是看房间有无电器、线路等火灾隐患。若发现遗留或遗忘物品,尽可能归还客人。若客人已离店,要做好登记,报告主管。房间设备若有损坏,要尽快报修,保证完好。若客房贵重物品短缺,要报告主管处理。

(五) 重新整理房间

客人走后,彻底清扫整理房间、撤换棉织品,补充生活用品。茶具、水杯等消毒,准备迎接新的客人。由此完成客人来、住、走全过程的服务工作。

第四节　楼层客房安全工作管理

案　例

对深夜醉客的细心照顾避免了安全事故发生

凌晨2:00,保安巡逻员正在8层楼上巡逻。一位客人从电梯中踉跄而出。喃喃自语,“今晚喝得好痛快啊”……与此同时,一股强烈酒气在空气中散开。保安巡逻员小孟连忙上前扶住,问道:“您住哪间客房?先生。”客人已有些神志不清,轻轻摇了摇左手。小孟会意,在他的左手上发现一块824房的磁卡钥匙。小孟一步步将客人扶到房间,让客人躺下,泡了一杯醒酒茶,并将衬有塑料的清洁桶放在客人床头旁。

客人开始呻吟起来,小孟赶快把客人轻轻扶起,喂客人喝了醒酒茶。并安慰客人说:“没有事的,喝完茶躺下歇歇就会好的。”然后,小孟又到卫生间弄了一块湿毛巾敷在客人额头上。说道,您躺一会儿,我马上就来,随后退出客房,虚掩着房门。

一会儿,小孟取来了一小盆冰块,然后用湿毛巾裹着的冰块换下客人头上的毛巾。客人因酒喝多了很难受,敷上冰毛巾后“哇”的一声要吐。小孟迅速拿过清洁桶,客人开始呕吐起来,吐了个痛快。小孟轻轻托起客人下颚,用湿毛巾擦去他嘴边的脏物。又让客人漱了漱口,再喝了一杯醒酒茶。这时,客人的脸色开始好转,小孟安慰他说:“您好多了,好好睡一觉,明天就能复原了。”边说边帮客人盖好被子,在床头柜上留下一杯开水和湿毛巾。又补充说道:“如需要帮忙,请打09号电话。”

最后,小孟换好了垃圾桶,调好房间空调,看着客人安静睡去后离开客房,告诉夜间值班人员824房的客人情况,请值班员注意824房客人动态……

第二天,客人酒醒复原。想起昨天晚上的事情,特地为酒店小孟对自己的“特别关照服务”写了一封态度诚恳的表扬信。

点 评

安全服务是客房楼层房务管理的重要工作和基本要求。案例中的小孟对醉客人的服务和处理是认真负责的,也避免了客人可能弄脏地毯或其他安全事故的发生。当然,楼层客房安全服务管理的工作内容和方法是多种多样的,本节在客房卫生和服务的基础上,专门介绍其安全服务工作内容和方法,以便广大学员和同仁学习参考。

一、楼层客房安全服务管理

安全既是客房房务管理的保障,又是住店客人的基本要求和房务管理的重要工作内容之一。楼层客房安全服务管理以维护客人人身和财产安全为主,与客房服务相结合。

其主要内容和管理方法包括以下各项。

（一）客人物品丢失安全服务管理

维护客人财产安全，防止物品丢失或被盗是客房楼层房务管理义不容辞的责任。如果客人申报物品丢失，应按以下方法处理：

（1）发现物品丢失。安慰并提示客人在住店后都从事过哪些活动，去过哪些地方，遇见和会见过哪些朋友，是否乘坐过出租汽车或公共汽车，在哪些摊点购买过物品，在哪些小吃店用过餐，在哪些娱乐场所做过游戏等。通过客人的回答，分析可能丢失物品的地点，并详细了解过程，做好记录。

（2）店外丢失。若客人物品是在酒店外遗失，迅速请接待人员（或翻译人员）按照客人外出活动的路线和地点，逐一联系落实，请有关部门协助找回。

（3）店内丢失。若客人物品可能是在酒店内遗失，迅速与有关服务部门联系，派人到餐厅、客房、商品部、健身娱乐中心、洗手间等处查找。查找过程中，提请客人耐心等待。物品找到后迅速交给客人。

（4）无法找到。经过多方查找，仍无结果，或原因不详，要说明查找过程与结果。同时，服务部门的主管要代表酒店向客人耐心解释说明，客人物品只要不是在客房内丢失的，酒店不负赔偿责任，请客人谅解。

（5）处理记录。服务部门主管要将客人报失与受理过程整理成笔录，报告部门经理。

（二）客人醉酒安全服务管理

住店客人因各种原因而喝醉酒的现象时有发生，客房服务必须做好安全护理工作，其服务方法是；

（1）房内醉酒。服务员发现客人单独或集体过量饮酒时，通过领班和楼层主管与送餐部取得联系，建议送餐部停止供应酒水，提请客人点送解酒食品。楼层主管适时向客人提出忠告，防止客人因醉酒发生事故。

（2）房外醉酒。从客房楼层外进来的醉酒客人，客房服务员要及时搀扶客人进入房间，并为客人送解酒饮品或淡茶，安顿客人休息，房间留灯。特别提醒客人不要卧床吸烟，防止因卧床吸烟不慎引燃客用品，引起火灾，危及客人安全。

（3）醉客护理。醉客纠缠不休时要礼貌回避，不要用“您是不是喝多了”等刺激语言激怒客人，而用“您用茶吗”、“请早点休息吧”等礼貌语言劝客人早进房间。对大吵大闹的醉客要留意监视，一般不予干涉，报告楼层主管，并通知保安部。对因醉酒而破坏公物、侵害他人的行为，要迅速通知保安部派人制止。

（4）重度醉酒。对倒地不醒的醉客，客房服务员要报告楼层主管，并通知保安部，同保安人员一起将客人搀扶至房间，切不可单独搀扶客人进房间或单独帮助客人入寝。

（5）弄脏客房。醉客到处呕吐，弄脏床上用品、地毯、窗帘等客房物品，服务员报告楼层主管。主管接到报告后，到房间查看，根据客人醉酒情况，首先让客人按酒店规定赔偿。

（6）醉客玩火。个别客人醉酒后，玩弄打火机等，客房服务员应迅速通知保安部，将醉客带走至安全场所，以防火灾事故发生。

（7）夜间防护。夜班服务员注意加强醉客房间外的巡视，做好工作记录。发现可疑情况,及时报告楼层主管或保安部进入房间检查。

（三）客人突然得急病安全服务管理

住店客人突然得急病,有时是很难预料的,如果发生这种情况,客房楼层必须做好安全护理,防止事故发生。其方法是:

(1) 发现病客。立即报告有关部门,联系较近医院,请医院派人迅速赶到现场抢救,或派救护车迅速护送病人到医院抢救。

(2) 病客通报。重病客人立即通知病人接待单位到现场查看病人病情。如病情特别严重,请接待单位人员急电通知病人家属,预防不测。

(3) 病人住院。病人需住院治疗,请医院或由酒店派人做好护理,每日记录,同时做好账务记录。客人医疗费用自理或由接待单位办理。

(4) 手术处理。根据客人病情需要手术治疗,酒店通知病人接待单位,病人家属或和大使馆联系,办理有关治疗手续。若客人住院治疗后因病重不能活动,酒店则提请病人接待单位通过大使馆联系,请病人家属前来护理,或送回本国治疗。

（四）客人意外受伤安全服务管理

客人住店期间意外受伤是极少发生的,但一旦发生,常常影响客人人身安全,引起纠纷和事故发生。为此,客房楼层要认真做好安全服务管理。其方法是:

(1) 发现受伤。慰问客人,向客人表示同情,征询是否去医院或请医生,必要时为客人叫出租车送医院治疗。

(2) 伤客投诉。对投诉的客人,要礼貌接待,理解客人的情绪,并报告部门经理处理。

(3) 认真了解客人受伤的原因和程度。如果确属饭店方的原因,要向客人表示歉意,给予必要的礼品慰问,采取疗伤措施。并针对客人叙述,检查饭店内不安全因素,采取改进措施,防止类似事件再次发生。

(4) 如果客人是在饭店外受伤,或在饭店内受伤的原因是客人自己造成的,饭店不负赔偿或经济责任,但应在服务中多照顾受伤客人,帮助客人早日恢复健康。

（五）客人生病安全服务管理

住店客人有时生病,影响客人身体健康和安全,有时是难免的。为此,楼层客房要认真做好安全护理服务工作。其方法是:

(1) 发现病客。客房服务员进入房间服务时发现住店客人生病,在工作日记上做好记录,报告领班。

(2) 病客处理。领班或楼层主管到客人房间,礼貌询问客人身体状况,问候客人感觉如何。如客人答复有些不舒服并说出病情,请客人尽早到医院治疗。如客人提出看医生,服务人员迅速联系,请医务人员到房间就诊,同时向客人说明出诊费用。如发现客人病重,服务人员要逐级上报,请有关领导和医生到客人房间劝说病人就医。紧急情况可先送客人到医院,然后再解释。

(3) 病客卧床。对在房间内卧床的病人,要保持每日三次以上为病客专门服务,询问客人有无服务要求并详细记录,建议并帮助客人同就近的亲朋好友取得联系,提醒客人按时服药,向客人推荐合适的饮食。为便于客人生活,要将纸巾、热水瓶、杯具、垃圾桶等放到客人床边,并为病人勤送热(湿)毛巾。如病人请服务人员为其购药服用,要婉言谢绝,并劝客人请医生治疗开药。

(4) 传染性疾病。如发现客人患有传染性疾病,应采取有效防范措施。病人在饭店留住期间或离店后,要对其使用过的各种物品和房间、卫生间按照规范严格消毒。凡在本区域接触过病人的饭店工作人员要在一定时间内进行体检,防止传染病扩散。

(5) 客人生病期间,楼层主管要代表饭店送鲜花慰问客人,祝客人早日康复。

(六) 客人行李错投安全服务管理

团体客人进入饭店,有时因各种原因而找不到自己的行李,这时,客房员工要认真查找,做好客人财产安全服务工作。其方法是:

(1) 发现问题。接待主管(如前台主管、楼层主管、行李部主管或大堂副理)安慰客人,请客人放心。然后引导客人回忆行李可能放置的地点,分析找不到行李的原因,并认真做好记录。

(2) 分析原因。研究客人提出的各种行李可能存放处,分析行李错投的可能性。根据经验,行李错投的原因通常有如下几种:一是客人在来本酒店前乘飞机(或火车)将行李装错了,而未送到本店;二是客人来酒店时接待人员接取行李时漏装;三是前厅人员为客人办理入住手续后,提取或分发行李时与其他客人的行李搞混了,导致行李误入其他客人房间;四是行李意外丢失。

(3) 查找行李。分析原因后,迅速通过电话由近及远地按照可能渠道逐一查找。首先询问前台服务员、行李员、保安巡视员,如无准确查找信息,迅速报告大堂副理和本部门经理,由专人与本地机场(车站)和前一地区机场(车站)或客人曾入住过的前一酒店联系。行李找到后,迅速与主管联系通知客人,并迅速将行李转交客人。

(4) 店内处理。行李找到后,要查清责任原因。如确属于本酒店服务人员的失误,要提请客人原谅,同时对失误人员进行批评,酌情处理。

(5) 无法找到。若客人行李确实查找不到,要向客人说明查找过程与结果,并迅速整理记录,报主管经理,请有关部门决定处理方法。

二、楼层客房安全预防管理

预防为主、防管结合是客房安全管理的基本方针和基本要求。为此,楼层客房安全预防管理的重点是要做好以下三个方面的工作。

(一) 防火安全管理

(1) 建立各级防火组织。组织成员和每名员工均应熟知防火规定和本岗职责,掌握各种灭火器材使用的技能。

(2) 房间预防。清扫房间时,发现客人在房内放有电热器、电烫斗、电炉子、电饭锅、电热毯等电热设备,要向客人宣传安全知识,告诫客人未经客房部同意,房内严禁使用易发生火灾的设备。

(3) 电器安全。借给客人使用的电烫斗要配备隔热拖架,禁止将正在使用或刚使用过的电烫斗放置在地毯、台面上。

（4）明火防患。严禁在卫生间、阳台处焚烧字纸，客房内严禁明火作业。对经常酗酒的客人提醒其不要卧床吸烟。

（5）危险物品。严格检查客人在房间内是否存有武器炸药、凶器、爆竹等危险物品和易燃易爆物品，发现后立即通知保安部门。

（6）巡视预防。值班人员，尤其是夜班人员值班期间勤检查巡视，发现可疑情况和危险信号要查踪追源，必要时汇报领导采取应急措施。

（二）防盗安全管理

（1）各岗位人员要坚守岗位，掌握客人出入情况和客人特征，熟记客人国籍、姓名、性别。不得将非本岗工作人员和非住本楼层人员无故放进楼层。

（2）服务人员对住客情况要严格保密，不向外泄露。发现可疑人要立即向主管部门领导汇报。

（3）严格会客制度。来访会客要验明身份，问清欲见住店客人房号与姓名、国籍等基本情况，并与住店客人联系，客人同意后方可会见。否则，不允许来访者进入房间（客人有留言的除外）。

（4）清扫、整理和检查房间时，房门要始终敞开，工作完毕后迅即锁好。

（5）住店客人即使是同一公司或同一团体的客人，只要不是该房间的不能将钥匙供其领用，不允许非本房间客人入内。

（6）维修工人、洗衣厂人员、餐厅送餐人员进入房间服务，要有客房服务人员陪同。

（7）客人离店后要及时检查房间，详细登记客人遗留物品，对黄色反动刊物要立即上交办公室。

（8）没有行李的客人，要注意观察，防止跑账。

（9）对服务人员要经常进行法制教育，教育他们严守国家机密和外事纪律。对违纪人员要及时调离。

（三）防止自然事故发生的安全管理

（1）地毯要平整，发现地毯凸起要及时拉平，防止客人被绊倒跌伤。

（2）地面油污、湿滑处要立即抹掉，地面打蜡时要有专人看护打蜡地面，并使用防滑标志指示牌。

（3）客房内木器家具有刺物要马上除去，松懈开胶处要及时更换维修。电器设备要经常调试、检查，保证状态正常。电镀设备脱皮要及时更换，防止扎手。玻璃窗、镜子破裂要及时更换。挂面、顶灯要经常检查，及时加固维修，防止脱落。电源线有磨损，要及时通知维修。卫生间设备要经常检查，浴缸要有防滑措施。

（4）不得带电清洁吸尘器等清洁机械。已损坏和漏电的清洁机械，不要继续使用或擅自维修。

（5）收垃圾时不要将手伸进垃圾筒或垃圾袋，清洗餐、茶具时不要用手伸进水中捞取，防止手指扎伤。

（6）服务员高空作业，要系好安全带，使用梯子时要有人保护。

第五节　楼层客房房务管理的质量标准

案　例

以亲情为特色的饭店客房优质服务

沈阳市某饭店是一家有400多间客房的四星级中型饭店。饭店以亲情服务为特色，特别是客房服务远近闻名。

一次两位广州商务客人受朋友推荐来到这家饭店。在前厅办好入住手续。来到楼层，未下电梯服务员已在此等候，热情问好，主动引导进入客房，放下行李还不不到2分钟，一位带着甜美微笑的服务员端进来两杯刚沏好的热茶放在茶几上，亲切地说："两位先生好，一路辛苦，请用茶……"接着，又一位服务员亲切地微笑着进入客房，送上香喷喷的热毛巾说道：两位刚到，欢迎你们，请擦把脸，休息一下，有事请吩咐，打03电话，我们随叫随到。"说完两位小姐微笑告别，退出了客房。

过了不到1小时，广州客人在当地的客户周先生前来在拜访。进房后刚在沙发上坐下，寒暄未了。"先生请用茶，先生请用毛巾……"两位热情的小姐又接踵而至。快傍晚，广州客人送本地客人下楼用餐，楼层服务员早已抢先一步按电梯，梯门开后，又亲切地关照说："请慢走，一会儿见。"从这天起，两位广州客人在饭店住了3天，时时处处看到服务人员热情友好的笑脸，亲切、及时、细致的服务，感到心情舒畅、愉快。想到下次若有机会出差来此，一定还要住这家饭店。

点　评

饭店客房服务的工作内容都以客人的吃、喝、拉、撒、睡等琐碎事务为主。服务质量的优劣主要由客人来评价。案例只介绍了以亲情为特色的服务操作质量。它主要由服务人员的素质、态度和现场发挥体现出来。当然，影响客房服务质量的因素还有很多。为此，我们在本章最后介绍楼层客房房务管理的质量标准，以此作为房务管理的归宿，以促进客房楼层对客人提供优质服务。

一、楼层客房房务管理的质量标准

服务、卫生和安全是饭店客房部门房务管理的三大中心工作。这些工作的具体内容很多。其实质都是为住店客人提供优良的住宿环境和日常生活服务。这些服务工作的质量优劣应该有一个判定标准。楼层客房房务管理只有达到这些标准，才能适应客人住宿需要，满足客人的消费需求，体现饭店宾馆客房服务超前消费的性质。这些标准的内容和要求如下。

（一）服务设施规格化

服务设施是客房提供优质服务的物质基础，客房优质服务是以设施质量为依托的。俗话说“巧妇难为无米之炊”，没有规格化的服务设施，提供优质服务就是一句空话。规格化的服务设施主要包括四个方面：

（1）设施配备必须齐全。饭店客房属于高级消费场所，设施配备必须和饭店的等级规格相适应。但从服务设施规格化的要求来看，是基本相同的。其内容主要包括床铺、床头柜、办公桌、沙发椅、小圆桌、小圈椅、沙发、地毯、空调、壁灯、台灯、落地灯、音响设备、壁柜、电视机、行李架、冰箱、卫生间、洗涮台、大玻璃镜、浴缸、抽水马桶、梳妆台等。如果是套房或高档客房，还应配备写字台、大沙发、书架、花几或艺术陈列柜等。总之，设施内容很多，努力做到设施配备齐全，才能适应客人多方面的需要。

（2）设施质量必须优良。饭店客房上述设施和设备，就其数量而言，各饭店宾馆基本相同；但就质量而言，则因饭店等级规格不同而区别较大。设备质量优良的具体要求是：造型美观，质地优良，风格、样式、色彩统一配套，各种房间的同一种服务设施保持一致，不能给客人以东拼西凑的感觉，并以此反映客房的等级规格。

（3）设施组合必须得当。客房的服务设施和设备大多是可以移动和变更的。设施组合是指各种服务设施配备齐全后，将它们组成一个整体，使之形成空间构图形象，给客人以美感和使用方便感。科学的设施组合要根据客房的面积大小、朝向、空间维护体的具体结构，在总体设计的基础上来安排。同一等级、面积和结构的客房的各种服务设施必须位置固定，各种设备之间必须保持适当的距离或通道。靠墙的床头柜、办公桌、写字台等必须留出8—10厘米的距离，以防清扫卫生时擦脏墙面。各种设施的位置一经固定，形成空间构图形象，就不能随便移动。

（4）各种设施设备必须始终保持完好。客房设施设备是直接供客人使用的，设施完好率是提供规格化优质服务的基本要求。因此，必须注意平时要加强保养，遇有损坏要及时维修，服务员和管理人员每天加强检查，以保证较高的设施设备完好率。

（二）服务用品规范化

客房服务用品是直接供客人消耗的，也是提供优质服务的物质基础。如果服务用品配备不全，质量低劣，同样不能提供规范化的优质服务。客房服务用品包括客人一次性消耗物品和多次性消耗物品两大类。前者如卫生纸、茶叶、餐巾等，后者如棉织品、水杯、陶瓷器皿等。客房服务用品规范化的具体要求是：

（1）客用一次性消耗物品必须按规格配备，保证需要。客房的客用一次性消耗物品是每天耗用补充的。这些物品配备要根据间/天客房消耗定额，保证质量优良、数量适当、补充及时。如茶叶标准客房每天一般6—8包，小香皂每天4块，卫生纸要2卷，其他各种物品的数量不一。高级饭店这些客用一次性消耗物品必须天天见新，未用完的必须撤换补充，而不能凑合。

（2）客用多次性消耗物品必须符合配备标准，及时更新。客房的床单、枕套、毛巾、浴巾等棉织品和烟缸、茶杯、玻璃杯等要根据饭店的等级规格配备。如床单、枕套、毛巾等高档饭店必须配备4—5套，中档饭店必须配备3—4套，保证一套在用、一套在洗、一套周转、一套储存。同一等级的客房各种客用多次性消耗物品配备的数量、质量、规格、质地必须基本相同，才能提供规范化服务。

（三）服务态度优良化

服务态度是服务人员思想觉悟、服务意识和业务素质高低的集中表现，是优质规范化服务的基本要求。根据客房优质服务特点和我国酒店业的长期经验，要提供规范化服务，重点是要做到主动、热情、礼貌、周到、耐心。具体如下：

（1）主动。主动就是服务于客人开口之前，是客房服务员服务意识强烈的集中表现。其具体要求是：① 主动迎送、帮提行李；② 主动与客人打招呼，语言亲切；③ 主动介绍服务项目，推销酒店产品；④ 主动接送钥匙，为重点客人引路开门；⑤ 主动叫电梯，迎送客人；⑥ 主动为新到客人带路，陪送客人到餐厅；⑦ 主动照顾老弱残疾客人；⑧ 主动征求客人和陪同人员的意见。

（2）热情。要求是在客房服务过程中态度诚恳、热情大方、面带微笑；在仪容上要着装整洁、精神饱满，仪表端重大方；在语言上要清楚、准确，语调亲切、柔和；在行为举止上要有乐于助人、帮助客人排忧解难的精神，恰当运用形体语言。

（3）礼貌。就是要求有礼节、有修养、尊重客人心理。既不妄自菲薄、见利忘义，在客人面前低三下四，丧失人格和国格；又不夜郎自大、盛气凌人。

（4）耐心。就是不烦不厌，根据各种不同类型客人的具体要求提供优质服务。工作繁忙时不急躁，对爱挑剔的客人不厌烦，对老弱病残客人照顾细致周到，客人有意见时耐心听取，客人表扬时不骄傲自满。

（5）周到。就是要把客房服务做得细致入微，周详具体。要了解不同客人的生活爱好，掌握客人生活起居规律，了解客人的特殊要求，有的放矢地采用各种不同的服务方法，提高服务质量。并且要求做到有始有终，表里如一。

（四）服务操作标准化

客房优质服务以客人来、住、走活动规律为主线，主动、热情、礼貌、耐心、周到的10字方针又体现在客房服务的各个方面。从优质服务规范的要求来看，还要贯彻执行“8字”工作法，使服务操作形成标准和规范。其内容是指迎、问、勤、洁、静、灵、听、送8个字。具体要求如下：

（1）迎——礼貌大方热情迎客。客人来到酒店、主动迎接，既是对客人礼貌和敬意的表示，又是给客人留下良好第一印象的重要条件。热情迎客，一要举止大方、衣着整洁、精神饱满；二要态度和蔼、语言亲切、动作准确适当；三要区别不同对象。服务员在楼层迎接客人。VIP客人有的要由总经理、副总经理出面迎接，有的要由部门经理出面迎接。

（2）问——热情好客、主动问好。客人住店过程中服务员要像对待自己的亲人一样关心爱护客人，体现主人翁责任感。要主动向客人问好，关心他们的生活起居、身体状况、生活感受，主动询问他们的需求，满足他们的爱好。

（3）勤——工作勤快、敏捷稳妥。勤是服务员事业心和责任感的重要体现。勤快稳妥要做到手勤、眼勤、嘴勤、腿勤。手勤就是要及时准确地完成工作任务；眼勤就是要注意观察客人的需求反映，有针对性地为宾客提供随机性服务；嘴勤就是要见了客人主动打招呼,主动询问需求,切不可遇到客人不言不语、低头而过;腿勤就是要行动敏捷,不怕麻烦,提高服务效率。

(4) 洁——保持清洁、严格卫生。客房服务过程中,清洁卫生是客人的主要需求之一。因为客房是通过反复出租来实现其价值的,因此,每次整理客房、卫生间、会客室、书房后,都要做到清洁整齐,努力保证各种设备、用品和生活用品清洁、美观、舒适。客人生活用品包括茶具、用具、餐具要严格消毒,消除被消毒的痕迹。

(5) 静——动作轻稳、保持肃静。客房是客人休息或办公的场所,保持安静也是优质服务的基本要求。服务人员在准备用品、打扫卫生时要注意动作轻稳,如敲门要轻,走路也要轻稳。服务过程中,不得大声喧哗、吵闹、唱歌。随时保持客房、楼道、工作间有一个肃静的气氛,以体现饭店服务的文明程度。

(6) 灵——灵活机动、应变力强。服务过程中必须根据客人的心理特点、特殊爱好采用灵活多样的方法。服务人员必须具有较强的应变能力。如对动作迟缓、有残疾的客人就不能按一般的服务方法,而应特别照顾;对新婚或特别讲究仪表的客人就要多关心他们的化妆用品和客房服务;对性格开朗的客人说话可以随和一些等。

(7) 听——"眼观六路、耳听八方"是服务人员的基本职业素质要求。服务人员要随时留心观察客人情况,征求客人意见,随时发现服务过程中的问题和不足之处。一经发现,就要及时改进和弥补。

(8) 送——送别客人,善始善终。客人离店既是客房服务的结束,又是下一轮服务工作的开始。为了保证整个服务工作取得良好的效果,使客人留下美好的回忆,同时也为了争取回头客,就必须做好送别服务。送别服务时要热情主动,感谢客人的光临,并祝客人旅途愉快,欢迎下次再度光临。这项服务工作做好了,既可以弥补客人住宿期间某些服务的不足,减少客人不愉快的心理,又可以提高客房服务质量和声誉。

上述8字工作法,形成一个完整系列的服务过程,是客房服务质量标准的品质表现,应该引起全体服务人员的高度重视。

二、客房优质服务的心理标准

客房服务质量的高低,是以客人的物质和精神满足程度为客观检验标准的。从客人需求和消费心理的角度来考察,客房是否提供了优质服务,可用下列心理标准来检验:

(1) 亲切感。客人来到饭店住宿,应时时处处看到温柔的微笑、友善的眼神,听到亲切的语言。以热情、周到、礼貌的服务,使客人对酒店产生亲切感。

(2) 舒适感。当客人住进客房时,要使客人感到整个室内环境是优雅美观的,客房装饰布置是典雅舒适的,有良好的灯光气氛,各种生活用品齐备完好。使每位客人从到达到离开,不会发生任何物品短缺或服务不周的情况。始终如一地保证提供优质服务,使客人有舒适感。

(3) 安全感。客人住进客房,安全设施要齐全可靠。住宿过程中,没有其他原因,服务员绝对不应去干扰客人,没有得到召唤或允许,不能擅自进入客人房间。有事或清扫服务,要先敲门,在得到允许后才能进入,办完即刻离开。日常清扫服务,绝对不许随便动用、乱翻客人的物品,尤其在进入房间时不可东张西望,引起客人烦躁不安。

(4) 方便感。客人住宿期间,不仅各种服务设施和生活用品要齐全,而且设备用品须符合规格,位置摆放符合客人生活习惯,需要的服务项目齐备完善,可以随时享受。起居、外出用车、用餐、购物等都能随客所需,从而产生方便感。

(5) 尊重感。客人来到饭店应该处处受到尊重。他们来到一个陌生的地方,对饭店的一切都不熟悉,服务人员要尊重他们的心理、尊重他们的生活习惯、尊重他们的宗教信仰,着装要整洁、仪容要大方、说话要温和。特别不能冲撞客人,伤害他们的自尊心。

(6) 宾至如归感。客房是客人的家外之家,客人住进饭店,服务人员最主要的责任就是要使客人感到精神愉快、心情舒畅。服务过程中要具有高度热情、良好的风度,坚持礼貌服务。让客人感觉到像回到家中一样。

复习思考题

1. 房务管理采用楼层服务台模式的饭店,其楼层服务台的作用是什么?其服务方法是怎样的?
2. 采用客房服务中心的饭店,其客房服务中心有哪些功能?其服务方法是怎样的?
3. 客房卫生整理有哪几种?其室内卫生整理的顺序是怎样的?
4. 客房卫生"十无"标准的内容是什么?
5. 客房卫生整理中的"做床"有哪几个步骤?
6. 客房楼层服务中,客人到达楼层前要做好哪些准备工作?客人住下又要做好哪些日常循环性服务工作?
7. 客房安全预防管理的工作内容是什么?
8. 客房服务的"10字方针"和"8字工作法"的内容是什么?

第八章

客房部公共卫生业务管理

内容架构与学习目标

内容架构

- 客房部公共卫生业务管理
  - 公共卫生管理特点、任务和标准
    - 公共场所的卫生标准
    - 公共卫生管理的定量标准
    - 公共卫生管理的工作内容
    - 公共卫生管理的任务
    - 公共卫生管理的特点
  - 饭店地毯保养与洗涤业务管理
    - 饭店地毯洗涤常用方法
    - 饭店地毯除渍方法
    - 饭店地毯保养方法
    - 饭店地毯种类和结构
  - 饭店地面保养与清洗方法
    - 饭店地面清扫打蜡与磨光方法
    - 饭店地面保养常识和方法
    - 饭店地面种类
  - 公共卫生管理工具器材和专用清洁剂
    - 公共卫生管理的专用清洁剂
    - 公共卫生管理的工具器材

学习目标	通过本章学习,你应该能够达到下列目标
知识目标	技能目标
1. 掌握公共卫生管理的特点、工作内容和卫生标准知识 2. 饭店常用地毯的种类、结构知识 3. 树脂地面和非树脂地面的保养知识 4. 饭店常用清洁设备知识	1. 掌握地毯除渍的操作步骤和3—5种除渍技能 2. 掌握地面打蜡的操作技术、抛光技能 3. 掌握湿洗法、干泡洗法、手泵喷洗法3种地毯洗涤方法 4. 掌握5种专用清洁剂使用方法

第一节 公共卫生管理特点、任务和标准

案 例

一家酒店公共卫生领班的工作职责摘录

下面是天津某四星级酒店公共卫生领班的岗位工作职责。可供参考。

1. 编制排班表,负责本组员工考勤,检查员工仪表、礼貌、劳动态度、工作纪律和效率,督导、评估员工工作表现。

2. 督导本组员工正确使用清洁用品、化学清洁剂、清洁设备和工具、报告维修项目,保证清洁工作需要。

3. 合理调配员工、分派工作任务,每天完成所管区域的日常清洁工作,包括地面打蜡、地板清洗、地毯保养、除渍和洗涤等,保证卫生质量。

4. 每日巡视所管区域卫生环境质量,发现问题及时组织整理,保证各处卫生达标。

5. 参加客房部和公共区域工作例会、主持召开班组会议、传达上级指示、布置本班组工作,每天填写工作日志。

点 评

公共卫生是饭店客房部门的重要业务工作,其所负责的环境卫生质量既是饭店星级高低及其超前消费程度的重要体现,也是影响客人需求和饭店形象和声誉的重要条件。案例中的公共卫生领班职责从一个侧面反映了饭店公共卫生的管理任务和工作内容。为此,本章专门介绍饭店客房部公共卫生业务管理的专业知识和基本方法。首先介绍公共卫生管理的特点、任务和标准。以便为后面的公共卫生管理方法介绍做好准备。

一、公共卫生管理的特点

饭店公共卫生管理与一般企事业单位将公共区域划片包干,临时清扫的方法不同。他们大多是在客房部设置公区卫生主管、下设公共卫生领班和服务人员,实行专业化、专项性管理。和客房楼层房务管理及一般企业事业单位公共卫生比较,饭店公共卫生管理有四个特点:

(一) 工作范围的广泛性

饭店公共卫生管理涉及前厅、门厅、过道、走廊、餐厅、公共卫生间、行政办公区、内庭花园、外围环境等各处。其工作范围十分广泛。为此,做好公共卫生管理,必须做好统一规划、统一布置、统一安排。坚持统一行动,以保证公共卫生管理质量标准。

(二) 工作内容的多样性

饭店公共卫生就其工作内容而言是多种多样的,既有地面清扫保养,又有墙面天花维护;既有门窗玻璃擦拭,又有栏杆、扶手清洁;既有门厅过厅卫生,又有餐厅宴会厅清洁;既有公共区域卫生间,又有行政区域办公室。此外,还有地面打蜡抛光、地毯去渍清洗等,这些清洁工作的内容不同,其清洁方法、工作程序、质量标准、所用清洁用品和工具都不完全相同。为此,做好公共卫生管理必须根据其工作内容、场所、要求不同,分别选用不同的方法和清洁用品及工具,才能保证卫生质量,提高工作效率。

(三) 卫生质量的超前性

饭店公共卫生质量的超前性主要表现在两个方面:一是卫生质量要求很高,整体卫生水平超前。因此,饭店公共卫生的质量必须做到环境美观、整洁舒适、处处洁净、质量超前,与饭店属于高级消费场所的性质相适应。二是卫生操作安排超前,适应主要宾客与重大活动需要。即在做好日常卫生的基础上,凡是重要宾客到来都要提前做好夜间公区卫生安排,加强人员组织,开展突击清洁、整理、保养工作,保证第二天一早客人到来前完成各项工作,使客人产生清新、舒适、洁净、美观与大方的感觉。

(四) 卫生保持的不易控制性

饭店公共卫生管理以公共区域为对象,这些地方大多是饭店客人交会集结的场所,交通密集,客流量大,人员复杂分散,他们对卫生质量的评价标准又各不相同,这就很容易造成公区卫生刚清扫完毕,后面一批客人的到来或活动,就将整理好的卫生破坏了。因此,饭店公共卫生就必须坚持连续性、持续性,要有锲而不舍的精神,才能始终保持公区卫生质量。

二、公共卫生管理的任务

饭店公共卫生管理的工作内容众多,情况复杂,质量不易控制,为此,必须明确其公共卫生管理的具体任务,主要包括以下各项:

(一) 制定公共卫生管理制度和岗位职责

公区卫生管理制度是做好公共卫生管理,保证卫生质量和公区环境的制度保证。为此,制定公区卫生管理制度要以房务部为主,明确规定公区卫生管理范围,公区卫生与各部门卫生的分区界限,公区卫生管理的责任分区,环境卫生的要求,对破坏公区卫生,造成不良后果的处罚规定等。这些制度要形成正式文件,经饭店总经理主持的店务会议讨论、修改后,用全店名义公布执行,才能协调各级各部门与公共卫生工作的关系,引起大家的重视。

(二) 落实公区卫生操作程序和质量标准

饭店公区卫生的工作内容和清洁项目很多,每项公区卫生的内容和项目都有不同的操作程序和质量标准。为此,饭店公共卫生管理,首先要根据清洁区域、清洁内容和卫生项目的不同,分别制定不同的操作程序和质量标准,如前厅卫生程序和标准、公共卫生间的操作程序和标准、地面洗涤的程序和标准、地毯洗涤的程序和标准等。其次,要将工作重点放在落实这些程序和标准上面来。这就要求房务部经理要经常关心公区卫生管理,将其工作内容纳入日常工作的议事日程,特别是公共卫生主管和领班要每天检查这些程序和标准的落实情况，做好贯彻、督导工作，才能保证公区卫生质量水平。

（三）做好公区卫生清扫的人员组织和工作安排

饭店公共卫生管理的制度、职责、程序和标准都是靠人来落实的。因此，做好人员组织和工作安排是饭店公区卫生管理的关键。为此，饭店公共卫生主管要在房务部经理领导下，认真做好公区卫生清扫的人员组织和日常工作安排。包括岗位落实、人员落实、任务落实、责任落实。编制每天排班表，安排公区卫生的突出性工作和夜间地面清洗、地毯洗涤等各项工作，从而保证公区卫生清扫、保养、环境维护等工作每天正常、顺利开展。

（四）加强公区卫生的巡视检查和质量控制

饭店公区卫生范围广泛，又是最容易影响饭店环境质量和形象与声誉的地方。为此，饭店房务部经理、公共卫生主管每天要坚持巡视检查，以加强公区卫生质量控制。其卫生质量检查应包括五个层次：服务员卫生区域和项目的每天自我检查；公区卫生领班每天的全面检查；公共卫区主管的重点检查；房务部经理的巡视检查；必要时主管总经理或副总经理也要巡视抽查。各级在检查工作中发现问题，都应通过主管责任人逐级纠正，重新整理，保证质量。

三、公共卫生管理工作内容

（一）创造清洁优美的室外环境

（1）种花、种草、植物绿化。在饭店周围除停车场和必要设施以外的空地，都要搞好绿化。如果有条件可以在庭院中修建假山、喷水池。

（2）湿式扫除庭院，减少尘土飞扬，并注意及时清除垃圾。要保持饭店店外环境的清洁，庭院中不得有垃圾、污物、痰迹、烟头、纸屑，在适当位置设垃圾箱或果皮箱。

（3）经常检查下水道，使其畅通无阻。

（4）停车场应设在远离客房的地方，以免发动车辆所产生的机器声音影响宾客休息。

（二）保持合理的通风换气

饭店普遍使用集中式空调，其性能、特点是：对温度、相对湿度、噪声、新风量、风速等均有较严格的规定，能较全面地满足人体的舒适和卫生要求。每个厅、室的温度，能单独进行调节控制。为了提高各厅室的空气质量，有的空调器装有杀菌灯、空气净化器和空气负离子发生器。

使用空调要谨防“空调综合症”的发生，这种病的发生多是由于空调器维修管理不当。适宜的温度、湿度，使一些致病微生物（霉菌）在空调器内繁殖生长。如果长期生活在被细菌污染的空调器的室内，可发生上呼吸道感染症状，甚至患“空调器肺炎”。因此，凡是使用空调器的饭店要注意经常检查和维修空调器系统，及时更换滤膜，防止细菌的滋生繁殖。

（三）保证适宜的采光照明

良好的采光，是以阳光通过门窗照射到地面，窗户玻璃面积与地面之比为 1/8—1/10 为宜，冬季有 3 小时日照是理想的，可杀死大多数病菌。为此，饭店各厅、室安装的吊灯、壁灯、落地灯、书写灯、床头灯等所使用的灯泡要符合照明度要求。

(四) 治理公共区域噪声

饭店除舞厅、酒吧间之外,不得随意大声播放收录机;舞厅、酒吧间营业时间产生的噪声,不得影响客房所住宾客的休息。酒店空调系统的噪声,不得超过 40 分贝(A)。

四、公共卫生管理的定量标准

(一) 空气卫生质量标准

饭店客房内的空气中含中有一氧化碳、二氧化碳、可吸入尘、臭氧、致病微生物等空气污染物。餐厅、商场和其他公共卫生场所也都存在着空气污染物。饭店内空气卫生质量标准是:

一氧化碳含量每立方米不得超过 10 毫米;

二氧化碳含量不得超过 0.07%;

细菌(杂菌)总数每立方米不得超过 2 000 个;

可吸入尘每立方米不得超过 0.15 毫克。

(二) 微小气候质量标准

高规格客房夏季室内适宜温度为 22—24 度。适宜湿度为 50%,适宜风速为 0.1—0.15 米/秒;冬季室内适宜温度为 20—24 度,适宜湿度为 40%,适宜风速不得大于 0.25 米/秒;其他季节室内适宜温度为 23—25 度,适宜湿度为 45.5%,适宜风速为 0.15—0.2 米/秒。

(三) 采光照明质量标准

客房室内照明度为 50—100 勒克斯,楼梯、楼道照明度不得低于 250 勒克斯。

(四) 环境噪声标准

客房室内噪声允许值不得超过 45 分贝(A),舞厅不得超过 75 分贝(A),其他公共场所不得超过 50 分贝(A)。

(五) 通风换气质量标准

饭店内全密封结构的建筑物,所需换气每人每小时不得少于 200 立方米。

五、公共场所卫生标准

(1) 前厅。地面、楼梯干净无渣物,地毯干净、平整,墙面四壁无灰尘,玻璃明亮无痕,四周踢脚线、沙发、椅子、服务台、广告牌、花盆架等设备陈设整齐无灰尘,烟缸、痰盂内保持清洁,各处镜子、金属门扶手保持光亮。

(2) 客房部门的楼层。服务台、楼梯、楼道及各角落的物品陈设整齐无尘土,地毯无渣物,暖气、空调机、墙壁无灰尘。玻璃、各种照明设备、楼道、楼梯地面光亮。

(3) 会议室。台布干净无污迹,无破洞,地毯保持平整松软无渣物,无地毯的地面光亮无灰尘,椅子、沙发、花架、台板等布局合理、整齐。

(4) 值班室、员工休息室、更衣室的卫生要保持同客房一样的水平。

(5) 客流量较大的公共场所。如各厅、室等,要充分利用客流量少的时候把卫生搞干净。白天的时候,可一般清洁,夜晚时全面清理。白天客流量大,人多的时候随脏随搞,特别是沙发、茶几、烟缸、痰盂等,都要随时清洁整理。保持公共场所各部位的干净、整齐。

(6) 饭店门外的平台、台阶、停车场要求无树叶、无碎纸、无烟头、无杂物、无痰迹。地面服务设施、楼顶平台、天井等区域无杂物、无烟头、无痰、无污迹。

(7) 庭院卫生。要勤打扫,及时清理草地、花丛中的腐烂树叶、碎纸、烟头、杂物,及时清理掉庭院内的垃圾,保持庭院清洁。

(8) 公共厕所的卫生。要随时清扫,保持清洁。手纸、香皂、毛巾保持供应。恭桶、脸盆、水箱等设备损坏或发生故障要及时修理。公共厕所内卫生质量要求是:恭桶、便池无尿碱、无异味,地面无脏物、脏迹,设备完好,保证使用。

第二节　饭店地毯保养与洗涤业务管理

案　例

我所亲历的一次饭店地毯洗涤

20 世纪 90 年代末期,笔者利用本校教师专业课轮空,实习的机会,经学院领导批准,到北京立波宾馆担任总经理。宾馆除客房、餐厅外,有一个面积较大的设有近 40 张台球桌和两个包间的台球厅。因客流量较大,台球厅的卫生管理很重要。一天夜里我从头到尾亲自参与了一次大面积的饭店地毯洗涤。回想起来,重点分为 6 个环节。

1. 清理场地。即组织清洁人员将台球厅内的球台、家具、沙发等移出,集中码放,使地毯便于清洗。这项工作的关键是移出的设备家具要事先安排地方,轻抬轻放、码放整齐、做好保管、防止损坏、丢失。

2. 彻底吸尘。清理场地后,正式洗涤前,用 3 ~4 台吸尘器同时从里到外彻底吸尘。这项工作是清除地毯,特别是平时不易整理之处的积土、杂物,保护地毯的重要内容。

3. 地毯洗涤。针对面积较大、地毯较脏实际,选用了湿洗法。用了两台大功能洗地毯机。事先按比例将地毯清洁剂倒入机器水桶内,兑好调匀后,开动机器,将清洁剂均匀地擦入地毯中。这项工作的关键是桶上开关要适当,擦入地毯的清洁剂量适当。地毯既不过干又不过湿,且不能有空当。所以,技术要求较高。花的时间最长。

4. 清水洗涤。用地毯清洁剂洗完后,先闷 30 分钟左右,再开窗风干,用清水清洗,方法仍然是用机器,在普遍清洗的基础,彻底清除平时人流量大的地方的地毯污迹。

5. 彻底风干吸尘。清水洗涤后,再彻底风干。因清洁剂挥发性较强。再过 30—40 分钟,又用几台吸尘器做了一次彻底吸尘。并用蒸气方法恢复地毯上较重的桌脚处压痕。从而完成了地毯洗涤。

6. 恢复原状。即组织清洁服务人员将移出的台球桌、沙发、座椅等抬回,按原样或领导重新布置的位置摆放整齐。整个过程用了 6 个多小时。

点 评

地毯保养和洗涤是饭店公共卫生管理的重要工作,也是一项专业性较强的工作。从上面的案例可以看出地毯洗涤的简单过程。为此,我们在饭店公共卫生管理特点、任务和标准的基础上,分别介绍地毯、地面保养,洗涤或清洗的工作内容和方法。供广大学生和业内同仁学习参阅。这些内容和方法对培养学生的饭店客房管理的专业素养和技能也是十分有益的。

一、饭店地毯种类和结构

(一) 饭店地毯种类

地毯是现代饭店宾馆使用最多、铺设面积最大的一种室内地面装饰材料。它具有保暖、吸音、有弹性、感觉舒适的特性。做好地毯保养和洗涤业务管理,是饭店公共卫生管理的重要工作内容,也是一项专业性较强的工作。

地毯因其制作材料不同,有丝织地毯、纯毛地毯、混纺地毯、化纤地毯和塑料地毯五类。各类地毯因面层织物的织法不同,又可以分为机织地毯、载绒地毯、针扎地毯、编织地毯、静电织绒地毯和粘接地毯等不同的种类。

饭店所使用的地毯以化纤地毯为主。它具有美观耐用、成本较低、更新期短的特点。化纤地毯根据其构成材料不同,又有多种。饭店常用的主要有:

(1) 尼龙纤维地毯(锦纶)。尼龙是热塑聚酰胺,质地较硬,对摩擦、昆虫、水渍、酸性物及溶剂均有较强的抗拒力。一般油渍若不立即消除会留下永久的痕迹,但在尼龙表面上若施加高热力可将油渍溶化,因此尼龙纤维地毯被饭店客房和公共区域广泛采用。

(2) 聚丙烯纤维地毯(丙纶)。聚丙烯是长链状物质,含有95%的丙烯,价格低,有较好的防酸、防尘和防湿特性,几乎不吸收外界生物质。因此,用聚丙烯纤维制成的地毯还具有容易清洁的优点。

(3) 聚丙酸纤维地毯(腈纶)。丙烯酸是长链状物质,含有85%以上的丙烯腈。用丙烯酸纤维制成的地毯,质地似羊毛但价格适中。优点是对酸性溶剂及水的陈迹抗拒力极强;其弱点是对摩擦和潮湿的抗拒力较弱,难于清扫、干燥,油渍会在表面留下永久的痕迹。

(4) 聚酯纤维地毯(涤纶)。聚酯纤维对砂石、摩擦具有较强的抗拒力,聚酯纤维地毯的质地似羊毛地毯并有多种色彩,具有易清洁的优点。

(二) 饭店地毯结构

饭店使用的地毯基本上由三层材料构成,即面层纤维(或称线层)、第一支持层和第二支持层。在面层纤维这一层中又分为不剪的环层、已剪的断层和两者的混合层三种结构形式。

(1) 环层结构。环层结构的地毯用于人员过往频繁的区域,因为环层结构的地毯纤维密度较高,易于吸尘,较耐用。

（2）断层结构。断层结构是将环层的尾部剪去，形成每条纤维独立在支持层上，适用于一般住所或交通稀疏的地方，耐用程度视纤维密度而定，对沙石的抗拒力较弱，但感觉上较软。

（3）混合结构。混合结构集断层结构的软性和环层结构的耐用性为一体，为近年来时兴的居室地毯，若纤维的密度高，也可用于楼层走道与人员过往频繁区域。

（4）支持层。织成和钩成地毯的支持层是与面层纤维一起织成或钩成的，支持层的纤维也用麻棉、聚酸纤维、丙二胺纤维等材料。织成或钩成的地毯不需要第二支持层。棉毛地毯的支持层是将面层纤维织在已做成的布料上，其背面要用乳胶将第二层粘在第一支持层上。

二、饭店地毯保养方法

地毯的清洗和保养是两个概念。清洁是清除地毯上的脏物，保养是对地毯的日常维护。饭店地毯清洁保养的主要方法是吸尘。吸尘次数越合理、吸尘越彻底，保养效果越好。不同地毯保养内容和方法包括：

（一）化纤地毯保养方法

（1）吸尘。是保养地毯的重要工序。吸尘时应选用适当的吸尘器，做好经常性的地毯吸尘清洁工作，可减少地毯清洗的次数而延长地毯使用寿命。减少饭店成本开支，提高经营效益。

（2）选择清洁剂。使用何种清洁剂清洗地毯，要先翻阅查看使用说明与操作注意事项，不要盲目滥用。如无把握，可先使用少量清洁剂在视觉不很明显的地毯表面做试验，看是否对地毯造成损坏，切忌将清洁剂大面积过量直接喷洒，以免损坏地毯。

（3）避免事项。要避免使用过热或过冷的水清洗地毯。冬天不要把地毯拿到室外用冷水清洗，同时避免使用碱性过高的清洁剂。

（4）地毯压痕处理。因家具等物体长期放置形成。可用手将地毯表面抹平，然后用蒸气熨斗在距压痕 10 厘米高的地方停留一会儿，让那一部分得到充分热气，可消除压痕。

（二）羊毛地毯保养方法

（1）地毯铺设。铺设地毯前，先搞好地面清洁卫生，做好地面打蜡、抛光等工作。

（2）日常维护。地毯铺好后，注意保持日常清洁，做好吸尘工作。

（3）防止淋水。地毯被淋水，要马上用干布吸干，并将局部垫起，使之通风，防止沤烂，如果因卫生间、房间暖气、空调器跑水造成地毯大面积打湿，要立即搬到室外晾晒。

（4）防止砸损。平时多注意检查地毯下有无锋利物品，如铁钉、碎石等，以防地毯被划破线，造成拖毛，注意避免因烟头和火种掉在地毯上将其烧坏。当阳光照射在地毯上时，要拉上薄纱帘，以防因久晒而使地毯褪色，如果需要对地面进行维修，要将地毯卷起移走，以免被污损。

（三）楼梯地毯保养方法

每个台阶的边沿是承受最重负荷的地方。为延长整个地毯的使用期限，可在铺设新地毯时，把地毯多留出 30—40 厘米，将这部分多余地毯在楼梯顶部叠折一或二层，当地毯的边沿有陈旧或破损的迹象时，移动一下地毯，就可以保持整块地毯的清洁度和新度。移动要在地毯尚未达到残旧时进行。移动过程中，将多余部分向楼梯底层叠折。这样，楼梯地毯就可以移动数次之后再更换，延长整块地毯的使用寿命。

（四）暂不使用的地毯保养方法

做好收藏保管工作，首先必须用吸尘器吸掉灰尘，用洗地毯机洗干净。完全干透后，放些樟脑片将地毯卷成圆筒形，两端用纸包好。用物体将其垫起来，储藏在干燥通风的地方，防止虫蛀、霉烂。

（五）地毯虫害防治

毛织地毯极易生虫蛀蚀，尤其对春夏季在本质地板上铺设的，因此每天清洁时要把地毯撩起来，用吸尘器或墩布清理一遍。如果发现有生虫现象，要立即采取灭虫措施。

三、饭店地毯除渍方法

饭店地毯在使用过程中，经常粘上各种污渍，如黄油、咖啡渍、红酒、油渍、鞋油等等。及时清除这些污渍是饭店地毯保养的重要工作内容之一，也是维护地毯卫生、延长使用寿命的基本要求。饭店地毯的除渍方法和种类主要包括以下方面：

（一）准备好洗涤剂、溶剂和物品

要准备好去除水溶性污渍的地毯洗涤剂；去除油脂污渍的溶剂；口香糖清除剂；去除墨水、水果汁、咖啡渍等污渍的特殊去渍剂（如苏打水可除咖啡渍，酒精可除圆珠笔油和口唇膏渍，盐可除红酒等物品）；擦去溅出物的白包棉纸；用来浸润洗涤剂等溶剂的小块海绵等。

（二）去除地毯污渍程序和方法

(1) 用刀或匙铲起固体污渍。

(2) 用白纸巾或绵纸用力吸去液体。

(3) 按照“地毯各种污渍去除方法表”分别采用不同的方法和步骤去除污渍。清除污渍前，先在地毯边角的不明显处测试一下清洁剂是否会改变地毯颜色。

(4) 从污渍的边缘向内吸干轻擦，以防止污渍扩大。

(5) 在去除或清洗污渍的过程中，切记摩擦地毯绒头。

(6) 按处理程序进行下一道工序前，要确保地毯完全干燥。

(7) 用干净的布或海绵加微温的清水或适当清洁剂清洗。一旦污渍被去除，即用白纸巾或白棉纸用力压吸水分。

(8) 未干前提醒行人不要在地毯上行走。

（三）不同地毯污渍清除

造成饭店地毯污渍的原因很多，其除渍方法也不完全相同。具体清除时，可以上面所列“去除地毯污渍基本程序”为基础，分别采用不同方法。在污渍处理过程中，如感觉处理效果不好，要及时停止，立即与专门从事地毯洗涤清洁的部门联系解决。根据上条程序具体方法如表 8－1 所示：

表 8-1　地毯各种污渍去除方法

污渍类别	处理步骤次序			污渍类别	处理步骤次序		
	第一步	第二步	第三步		第一步	第二步	第三步
黄油	②	①		咖啡	②	⑩	①
水果汁	⑦	①		红酒	②	⑨	⑥
白酒	①			啤酒	①		
烧焦痕迹	⑤			食用油	②	①	
呕吐剂	①			甜菜	①		
口香糖	⑦			巧克力	①	②	
可可粉	②	⑦	①	奶油	②	①	
蛋类	①			颜色笔/彩色记号笔	②	①	
肉汁/调味汁	⑦	①		动物油脂	②	①	
漂白剂	①			血迹	⑦	⑥	
蜡烛	①			粪便	①		
家具擦光剂	②	①		尿渍	①		
冰淇淋	①			柏油	③	②	①
软饮料	⑦	①		牛奶	⑦	②	①
指甲油	⑧	②		鞋油	②	①	
油墨/圆珠笔	④	①		墨水/自来水笔	⑦	①	⑥
唇膏	②	①		油类	②	①	
油漆—乳状液	②	⑦	①	油漆—油基	②	①	⑦
色拉酱	②	①		茶渍	②	⑦	①
金属擦光剂	②	①		锈斑	②	①	⑦
芥末	①			霉点	①	①	

四、饭店地毯洗涤常用方法

地毯洗涤是饭店公共卫生管理的重要工作内容之一。饭店地毯以保养为主。洗涤是根据设置地毯地区的交通密度和容易弄脏的程度分别制定洗涤计划，然后按计划分别洗涤。有的三个月一次，有的半年一次。地毯洗涤一般都在夜间进行。其洗涤种类和方法主要包括六种，具体采用哪种方法，需要各饭店根据地毯脏净程度和具体情况确定。其基本方法是：

（一）湿洗法

采用湿洗法需要的材料及工具是地毯清洁剂、洗地毯机、软尼龙垫、吸尘器、保护胶垫和水桶。其操作方法是：

（1）彻底吸尘后，用专门洗涤地毯的中性清洁剂。按照说明书所示的加水倍数混合，倒入水桶内。不使用碱、洗衣粉、洗涤灵等清洁剂。

（2）将水桶里兑好的清洁溶剂倒入洗地毯机的水箱内。

（3）将混合后的清洁溶剂均匀地擦入地毯中。机器的走向是方形互叠或圆形互叠，这样可使地毯各个部分都能达到较好的去污效果。

（4）湿洗地毯时注意以水分透达地毯背面为准。如果地毯搞得太湿，一会使地毯容易重新弄脏,二会使地毯褪色缩水,以后甚至产生异味。

(5) 用清洁溶剂清洗后,再用净水清洗一次,以彻底清洁去除污迹为准。

(6) 地毯完全风干后再彻底吸尘。

用湿洗法清洗地毯时,要注意均匀操作,避免留下湿痕。

(二) 干洗法

干洗法的材料及工具是粉状地毯清洁剂、压粉机、滚筒吸尘器。其操作方法是:

(1) 吸尘器彻底吸尘后,把粉状地毯清洁剂均匀地洒在地毯表面。

(2) 用压粉机将这些干粉刷进地毯内,存留 40—50 分钟。

(3) 用吸尘器把干粉和所吸附的污物彻底吸除。

用干洗法清洁地毯,主要适用于面积较小的地毯或地毯局部范围,属于轻便清洗方法,不可用于大面积地毯的彻底清洗。

(三) 干泡洗法

干泡洗法的材料及工具是干泡地毯清洁剂、干泡机、洗地毯机、软尼龙擦、吸尘器、胶质保护垫及水桶。其操作方法:

(1) 用吸尘器彻底吸尘后,将清洁剂按比例兑好倒入水桶内,然后再倒入干泡机中。

(2) 用干泡机将泡沫均匀地擦在地毯表面。

(3) 干泡地毯机的操作走向,由左上截开始向右角作圆形互叠,将机器推向左面,向下退下行,再以圆形互叠向右推。每行长 2.5 米左右,上行与下行的间隔互叠约 12 厘米。

(4) 待地毯完全风干后,用吸尘器彻底吸除污物。

干泡洗法适用于较脏的地毯清洗,要注意因机身较重致使地毯纤维松散,因此停机时,应立即离开地毯面或放下胶质保护垫。

(四) 热水抽洗法

需要准备的材料及工具是:抽洗机、地毯清洁剂、吸尘器及水桶。其操作方法:

(1) 用吸尘器彻底吸尘后,按比例将热水与清洁剂兑好后放入水桶中。

(2) 打开机器,用扒头推动扒洗地毯。关闭喷水器,还原位置拖动,以吸除多余的水分。

(3) 将抽洗机移到另一行,重复上述动作。

(4) 待地毯风干后,再彻底吸尘。

热水抽洗适用于更脏地毯的清洗,因这种洗法对地毯表面有损伤,故只能偶尔使用,每年同一块地毯用此法洗涤不得超过两次。

(五) 冷水抽洗法

若将热水抽洗法中的热水换成冷水,即为冷水抽洗法。无论冷水抽洗法或热水抽洗法,都不宜经常使用,使用时需由专业人员操作,一定要避免地毯过湿而影响地毯使用周期。

(六) 手泵喷洗法

需要准备的材料及工具是地毯清洁剂、手提压力泵、单擦洗地毯机、海绵垫、吸尘器。其操作方法:

(1) 吸尘器彻底吸尘后,将地毯清洁剂按比例倒入泵内,再将清洁剂均匀喷洒在地毯表面,同时洒少量地毯清洁剂于海绵垫上。

(2) 将海绵垫安装在单擦洗地毯机上,开动机器,将清洁剂擦入地毯中。

(3) 清洗过程中注意更换海绵垫。

(4) 洗地毯机的走向,用圆形互叠或方形互叠均可。

(5) 待地毯完全风干后,用吸尘器彻底吸尘。

手泵喷洗法适用于一般脏度的地毯清洗,但不能彻底清洁地毯。操作过程中,需控制清洁液喷洒量,避免因地毯过湿而发生的地毯缩水后产生水渍。

第三节 饭店地面保养与清洗方法

案 例

天缘饭店中餐厅的地面保养

天缘饭店是一家有520间客房的四星级饭店。饭店中餐厅以经营广东菜为主,餐厅设有一个180个餐位的散座和70个餐位的4个包间。总面积500多平方米。餐厅地面采用人造大理石装饰。因菜点风味独具特色,价格合理,因而生意兴隆、客流量大。饭店中餐厅卫生由餐厅经理和公共卫生组共同负责。餐厅负责桌面以上的日常卫生、公共卫生组负责地面等大面积卫生。其地面卫生及其保养方法是:

1. 日常卫生。餐厅每日早、中、晚三餐的卫生由餐厅经理(主管级)负责,每餐前后擦地、清理擦拭桌椅、台面、餐具等,保持日常卫生。

2. 地面清洗。地面在打蜡、磨光的基础上由公共卫生组制订计划,每周彻底清洗1次,夜间完成。方法是组织公卫人员先将餐桌椅移到外面集中,用洗地机和中性清洁剂彻底洗擦,然后用清水清洗,风干后再恢复原状,使地面保持十分洁净。

3. 地面保养。餐厅地面按计划每半年保养1次。夜间完成。方法是:(1) 准备好清洁剂,打蜡机械和工具。(2) 组织公卫服务员移出餐厅家具用具,清扫地面。(3) 用机器和起腊剂起去、清除地面原有封腊,然后彻底清洁地面。(4) 用打腊机在地面擦上新的封腊再风干1小时。(5) 用抛光机在地面移动,高速均匀磨光抛光,边角机器不到处用手工方式磨光。(6) 彻底保养后将餐桌椅移回恢复原状。上述打蜡工作都由公共卫生组专业人员完成。

点 评

高星级饭店的地面卫生和保养工作都是专业化较强的工作,案例中只介绍了天缘饭店中餐厅的地面清洁与保养程序和基本方法。实际工作要细致得多。为此,本节专门介绍饭店地面卫生与保养的专业知识和方法技能。它同样可以培养我们的职业意识和专业素养,也是现代饭店客房业务管理的重要工作,希望引起重视。

一、饭店地面种类

根据地面用途、重要程度和建筑铺设时选用的材料不同,饭店地面主要有树脂地面和非树脂地面两大类。

（一）树脂地面

树脂又称胶地面或软性地面。常见的软性地面有塑料地面、沥青地面、亚麻仁油地面、软胶地面和无缝地面。

一般说来，软性地面均由纤维、颜色及填充物构成。如沥青地面，其填充物是沥青；亚麻仁油地面，其填充物是亚麻仁油等。

塑料地面是我国近年来开始使用的一种新型地面装饰材料，主要特点是图案美丽、色泽鲜艳、耐磨、耐热、防潮，是一种美观、实用、理想的地面装饰材料。目前的塑料地面多以聚氯乙烯为主要原料。由于原料的配方、掺入的填辅成分、生产工艺不同，其产品又分软塑料地面、半硬质和硬质塑料地面三类。塑料地板砖图案丰富新颖，可仿木纹、大理石，随意拼成各种图案，增加整体环境的装饰美感。

（二）非树脂地面

非树脂地面又称硬性地面。饭店常用的具体种类有：

(1) 混凝土地面，也称水泥地面。主要成分为水泥、沙子、碎石或沙砾与水。水泥由二氧化硅、钙化铝及石灰混合而成，干后其表面坚硬。

(2) 大理石地面。大理石主要成分是碳酸钙，表面美丽的色纹由石内的杂质形成。不同的大理石密度和韧性有一定的差别。

(3) 瓷砖地面。瓷砖由黏土混合于水放在窑内烧制而成，黏土是硅铝与其他物品的混合物。瓷砖表面有平滑光亮和不平滑光亮两种。光滑的瓷砖有一层与瓷砖本身不同性质的不透水物质表层。

(4) 木板地面。木板地面通常由软性或硬性木质材料制成不同厚度与宽度的木板或木条拼砌装饰而成，其拼饰后的造型有长条形，“人”字形和方块形。木板地面拼砌铺设的方法有两种类型，一种是直接拼砌在水泥地面上，另一种是先在地面上制作，木器厂制龙骨架，将木板条拼接镶钉在龙骨架上。

根据建筑材料和铺设方法的不同，有些饭店还使用油漆木质地面、油漆水泥地面、过氯烯涂料地面和苯烯涂地面等类型的地面。

二、饭店地面保养常识和方法

饭店地面清洁卫生以日常保养为主。地面保养得越好、越清洁，不受有害物质的伤害，其寿命越长，效果越好。根据饭店地面种类不同，日常保养要注意两种类型。

（一）树脂地面日常保养

重点要注意以下各点：

(1) 避免用油类及有溶解力的溶剂清洗地面。因为润滑油、矿物油、植物油、机油、汽油、煤油、挥发油、松节油、溶剂等会溶解沥青或树脂而使地面褪色或损坏。

(2) 避免用过量热水清洁。因为热水会渗入地面导致地面脱落或破裂。

(3) 避免使用太强的碱性清洁液。因为强碱性液体会使地面损坏、易碎或褪色。

(4) 避免使用温度过高或过低的液体。因为沥青地面在高温下会软化，在低温下则会硬化易碎。

(5) 避免放置过重物品。过高压力会导致地面收缩，不能还原。当压力太大时，要使用保护物分散压力。

（二）非树脂地面日常保养

应注意以下各项：

（1）避免使用无抑制剂的酸性清洁剂或过强的碱性清洁液。

（2）避免使用粗糙的东西或清洁剂摩擦地表。

（3）避免使用粉状清洁剂。因为粉状清洁剂效能低，干后会形成晶体造成地面破裂。

（4）避免产生沙尘。混凝土地面及人造大理石使用年久后会产生沙尘，需经常打蜡，避免沙尘形成。

（三）木板地面保养

要避免用水拖把擦拖地面，更不要用水洒地面，因木板遇水后发生变形或松脱、干裂现象；天气潮湿时要注意通风；避免翻刨地板，否则会使地板变薄而不符合使用要求；避免用过重的尖锐金属在上面推动。

（四）塑料地面保养

要注意不能让水渗到接缝处，更不能让大量的水进入地面底部。对地表污迹要用洗涤液擦拭，不要用硬刷擦洗，也不能用热水擦洗，否则会影响地面的美观和使用年限。日常生活中要提醒客人不要随意将燃烧烟头或火柴扔弃到地面上，请客人不要穿着带钉子的鞋在地面上走动。日常服务时，注意不要在地面上硬拉家具和重物，以免在地面上留下划痕，影响美观。

三、饭店地面清扫与打蜡磨光方法

饭店地面有不同的种类，地面铺设方法和种类不同，其清洁洗涤和打蜡磨光方法有区别，但基本步骤则大同小异。方法是：

（一）胶地面、无缝地面、大理石和瓷砖地面及混凝土地面

（1）彻底清洁，用洗地机和清洁剂对地面起渍、刷洗。

（2）用清水清洁地面存物，然后用吸水机吸干水分。

（3）若需要打蜡，在已清洁的地面上，用起蜡机起掉两层封蜡再在上面加两层面蜡，然后打磨，使地面光亮照人。

（二）木板地面

（1）用洗地机加尼龙垫及适当清洁剂清洁地面。

（2）风干后，用打蜡机在清洁的地面上打两层封蜡。然后用磨光机磨光。

（3）日常保养采用定期喷磨方法。每天用油拖把拖擦2—3次。

（三）地面打蜡方法

饭店地面打蜡和磨光、抛光是经常要做的工作，每次地面清洗后一般都要打蜡和磨光。基本方法是：

（1）打蜡机打蜡。打蜡机打蜡应按操作说明实施，使用液体蜡。

（2）手工打蜡。主要用于木质地面，使用膏状蜡。打蜡时不要将蜡直接往地板上涂，那样容易造成因蜡厚薄不均匀而打花。具体操作是：使用一块豆包布将蜡包好，碗口大小握在手中，顺着地板的拼缝均匀地擦。石质无缝地面也要擦。注意厚薄均匀，没有遗漏。对经常行走而污渍较重或容易磨损的地方可将蜡厚实一些，但仍要注意均匀。

（四）地面磨光方法

(1) 打过蜡的地面注意不要立即磨光，要间隔一定时间。风干时间不能太长，否则不易将地面蜡层磨均匀，地面也打不出光亮。风干时间太短，蜡仍然是湿的，磨光机不仅转不动，而且容易使蜡磨脱。通常风干时间以一小时左右为宜。

(2) 磨光的次数一次或两次均可。两次磨光是为了使蜡磨得更均匀，地面磨得更亮。两次磨光操作，第一次主要是磨蜡，即把蜡磨开，磨均匀，操作行进速度可快一些；第二次主要对地面磨光，用较慢的速度做纵横交叉打磨，达到光亮均匀程度为止。

(3) 磨光地面时，注意不要将机器长时间地停留在某一点上，否则会由于连续摩擦产生高温，使地面上的蜡体呈现黑色。

第四节　公共卫生管理的工具器材和专用清洁剂

案　例

长城饭店清洁设备的维护保养程序和标准

北京长城饭店是一家中外合资合作经营的五星级大型饭店，管理先进。各级各部门都制定了工作程序和标准。现摘录其公共卫生的清洁设备维护保养程序和标准内容如下：

1. 清理。每次机器设备使用完毕，必须将机器内部的垃圾和污物清除干净。
2. 擦尘。使用干净抹布将清洁机器设备各部件的污迹、水迹擦干净。
3. 检查。使用前和清理后要检查清洁机械设备的部件运行时是否漏电，确保使用安全。
4. 保管。所有特殊清洁设备，由专人负责保管存放。使用前要请示有关领导。

点　评

机械设备、工具和专用清洁剂都是公共卫生必不可少的物质基础。长城饭店清洁设备的维护保养程序和标准为其设备管理提供了维护保养方法和要求。可供参考。为此我们在本章最后介绍饭店公共卫生管理的工具、器械和专用清洁的有关知识，以为公共卫生管理提供物质技术基础。

一、公共卫生管理的工具器材

饭店客房和公共区域的清洁卫生工作都是一种专业性较强的工作。其中，地毯洗涤、地面清洗、打蜡、磨光等，不仅面积大、工作任务繁重，而且必须借助清洁工具和器材，才能保证清洁卫生质量，提高工作效率。饭店常用的清洁工具和器材主要有：

（一）吸尘器

吸尘器是饭店客房和公共区域主要和常用的清洁工具。饭店常用的吸尘器主要有三种类型：

(1) 直立式吸尘器。它除了利用机身内的吸力外,还靠装在吸嘴内的马达推动的旋转震动刷,将地毯绒毛拨开,从而吸出地毯中的沙砾脏物和灰尘。其清洁效果较好。所以,直立式吸尘器主要适用于饭店客房清洁地毯使用。

(2) 吸力式吸尘器。这种吸尘器是直接利用马达推动叶片,形成强大吸力,将清洁对象中的脏物,灰尘吸起,达到清洁效果。为便于使用和适应不同清洁对象的要求,吸力式吸尘器有圆筒形、滚筒型等不同的种类,每一种又可以在吸尘器的长喉上接驳各种配件。因此,它主要适用于清理地板、家具、帘帷、软垫等。

(3) 混合式吸尘器。它同时吸收了直立式吸尘器和吸力式吸尘器的优点,既有强劲的吸力,又安装了由马达推动的旋转震动刷,可以同时发挥两者的长处。所以,混合式吸尘器适合于酒店客房和楼道、前厅、餐厅等各公共区域使用。

(二) 打蜡机

主要用于地面打蜡和擦洗。有单刷机、双刷机和三刷机等不同种类。以单刷机和双刷机较多。单刷机的速度有慢速机、中速机和高速机,其速度分别为120—175rpm、175—300rpm和300—500rpm。其中,慢速机和中速机较适合洗擦地板使用,高速机则较适合地面打蜡和地面喷磨。

(三) 吸水机

主要用于地面吸水。其工作原理与吸尘器基本相同。但吸尘器多使用风冷式马达,吸水机多使用旁路冷却式马达。

(四) 擦地机

主要用于地面洗涤、擦拭。多采用高速机,也可用于地面打蜡。其原理和速度、种类与打蜡机基本相同。

(五) 洗地毯机

根据地毯洗涤方法和要求不同,有压粉机、干泡机、抽洗机和单擦洗地毯机等多种。干泡洗地毯机主要适用于干泡洗法。其作用是将干粉清洁剂压入地毯中。待发生化学反应后彻底吸尘,达到清洁地毯的目的。压粉机主要适用于干粉洗法。其原理和方法与干泡机洗法相同。抽洗机主要适用于湿洗法,包括热水抽洗法和冷水抽洗法。其作用是将按一定比例兑好的清洁剂倒入抽洗机的水桶中,启动机器,将清洁剂均匀、适量地喷入地毯中,待风干后彻底吸尘,从而达到清洁地毯的目的。

二、公共卫生的专用清洁剂

饭店客房和公共卫生使用的各种清洁剂很多,其具体用途各不相同。可以大致分类如下:

(一) 按化学性质划分有三种清洁剂

(1) 酸性清洁剂。一般含有盐酸、硫酸、磷酸、醋酸等酸性化合物。主要用于清洁茶渍、咖啡渍等碱性脏物,还可用来还原氧化物,故常被用于去锈(如将深咖啡色的高铁离子还原为浅绿色的亚铁离子),清洗冷气机的蒸发器及冷凝器(即将氧化铝或结在钢管内的氧化物还原)等。

(2) 碱性清洁剂。含氢氧化钾、氢氧化钠或其他碱类物质。主要用于清洁酸性污渍和各种油污,因为它可以将不溶于水的油脂变成半溶于水的物质。强碱如氢氧化钠还可以作为起蜡剂,因为它能将蜡水中的金属链切断,从而起到起蜡的作用。所以,碱性清洁剂的适用范围很广。在饭店客房、餐厅、厨房等各处的桌椅、玻璃、家具台面、灶台等表面清洁时,都可使用。

(3) 中性清洁剂。包括溶剂、含合成化合物,呈中性。其清洁能力不很显著,主要用于饭店建筑物表面、部分家具用具的"保养",安全性能较高。

(二) 按专门用途划分的清洁剂

(1) 多功能清洁剂。呈中性,多用于去除家具、台面的污垢、油渍、化妆品污渍,有防霉作用。原装的多功能清洁剂为浓缩剂,使用前要根据使用说明书做好稀释。但这种清洁剂不能用来洗地毯,对特殊污垢的作用较小。

(2) 玻璃清洁剂。主要适用于清洁玻璃、镜面,包括客房、卫生间镜面上所粘的一些污迹、油渍、化妆品残留污渍等。方法是将装在高压喷罐内的玻璃清洁剂对准污渍喷洒少许,然后用干布擦拭便可光亮如新,如果清洗公共区域的大面积玻璃,还有一种玻璃水,使用效果也很好。

(3) 三缸清洁剂,又称卫生间专用清洁剂。主要适用于清洁马桶、便池,在有水的情况下倒入少许,稍过片刻用清洁球轻轻擦洗,再用清水冲净。日常使用三缸清洁剂最好以碱性为主,这样才有利于清洁对象的表面保养。

(4) 金属抛光剂。常用的金属抛光剂有铜水、钢水、银粉等,可根据清洁对象表面所用的金属性质不同选用。如镀铜的门把手、水龙头、扶手、栏杆等可用铜水;不锈钢的扶手、浴缸配件、手纸箱、毛巾架、浴帘杆等可选用钢水;而银器制品则最好用银粉擦拭。这类清洁剂可以去除金属表面的锈渍、污渍和手印,属于专用清洁剂范围。

(5) 家具蜡。主要适用于木质家具、皮革制品等家具的清洁保养。它能较好地清除家具表面的污迹、灰尘,并能在家具表面形成一层保护膜,防尘、防潮、防污。使用时可按使用说明将家具蜡均匀地喷在家具表面,再用软的干布来回擦拭,即能光亮如新。

(6) 空气清洁剂。有香味剂、辟味剂、空气清新剂等多种。一般含有香精和杀虫成分。喷在客房、卫生间和大厅等公共场所,有灭菌和清洁、清新空气的作用,可视需要适时喷洒。

(7) 蜡水和起蜡水。蜡水主要用于地面打蜡,保护大理石、高级瓷砖、木质地板等表面,防止表面被磨花或损坏。起蜡水属于强碱,能将蜡水中的金属链切断,所以主要用于地面起蜡。两者的作用是不相同的。

(8) 杀虫剂。一般含有除虫菊脂,能杀灭蟑螂、苍蝇、蚊虫等害虫。饭店客房、餐厅、厨房和卫生间等各处,一旦发现虫害都应立即施放杀虫剂。

复习思考题

1. 饭店公共卫生管理有哪些特点?其任务是什么?
2. 饭店公共场所的卫生标准包括哪些范围和要求?
3. 饭店地毯结构是怎样的?
4. 怎样做好化纤地毯保养工作?
5. 怎样做好饭店非树脂地面的保养工作?
6. 饭店常用的吸尘器有哪几种?各有什么特点?
7. 饭店专用清洁剂有哪几种?请举出3种专用清洁剂的用途和操作使用方法。

第九章

客房部洗衣房的业务管理

内容架构与学习目标

内容架构

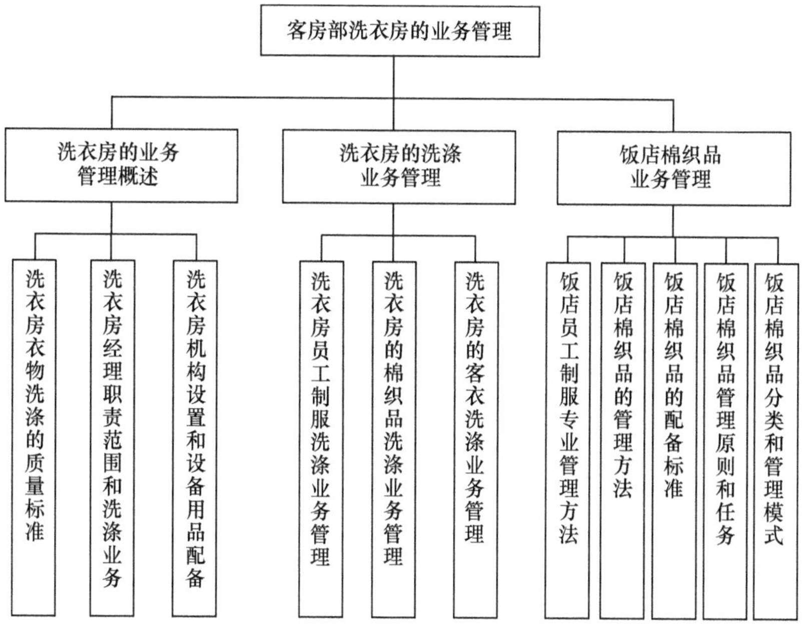

学习目标	通过本章学习,你应该能够达到下列目标
知识目标	技能目标
1. 熟知洗衣房的设备构成和主要用途 2. 熟悉棉织品管理的两种模式和管理原则和任务 3. 掌握客衣干洗和水洗的工作步骤 4. 掌握客衣和棉织品洗涤标准	1. 能够结合一家饭店实际设计洗衣房的组织机构 2. 掌握棉织品洗涤与交换程序和工作步骤 3. 掌握饭店棉织品分级归口和日常管理的方法 4. 掌握员工制服专业管理方法

第一节　洗衣房的业务管理概述

案　例

精洗高级裘皮大衣

一天,北京长城饭店洗衣房接到对面亮马河大厦一位住客的电话,询问能否洗一件高级水獭皮大衣,客人说他一连走了几家酒店都说洗不了。亮马河大厦建议他到长城饭店试试。并说:“这件大衣是我夫人最珍贵的,无论多少钱都不在乎,但不能洗坏,不知你们能否洗。”

“裘皮大衣的洗涤工艺很复杂,不同的皮毛有不同的洗涤方法,请您把衣服送来鉴定后再定。”洗衣房员工回答说。

几分钟后,客人偕夫人来到长城洗衣房,大衣果然是精品,绒毛细密、针毛平整、皮板柔韧、针迹考究、色泽和顺。洗衣房牛经理亲自鉴定后断定可以洗。他向客人保证洗涤质量:“毛板质量不会有丝毫影响,但衬里太脏,不可能洗到与面子一样干净。如果要清洗衬里,毛板质量会受影响。”客人对此无异议。但仍对质量不放心,再次询问牛经理是否有100%的把握。

“我们长城饭店将信誉看得高于一切。”牛经理说:“我代表酒店,一定保证质量。有三点:第一,万一洗坏,我们照价赔偿。第二,如果洗后达不到我讲过的标准,不收洗涤费。第三,按国际标准,洗涤费用应收所洗物品价值的十分之一。这件裘皮大衣的价值在18 000 元左右,应收1 800。但考虑到我国消费水平还不高,我们只收800 元洗涤费。”

客人看到牛经理的信心和诚意,放心地把大衣交给了洗衣房。约定第二天来取。第二天,客人夫妇来取衣时,上上下下、里里外外进行了认真仔细的检查,果然无可挑剔。于是跷起大拇指赞扬道:“长城饭店果然名不虚传,800 元值得。”

点 评

洗衣房是现代饭店宾馆的一个重要业务部门。一般隶属于客房部,也可独立成为一个部门。洗衣房的设置一是满足客人衣物洗涤需求和员工制服的着装要求,二是降低饭店棉织洗涤的成本消耗。案例反映了五星级饭店客衣洗涤的高质量要求,为饭店赢得了良好声誉。为此,本章专门介绍客房部洗衣房的业务管理,首先介绍洗衣房的机构设置、设备用品配备、业务范围和质量标准,以便为下面的洗涤业务管理创造条件。

一、洗衣房的机构设置和设备用品配备

（一）洗衣房的机构设置

饭店设置洗衣房是为了满足客房、餐饮、康乐等部门的棉织品洗涤和客衣及员工制服洗涤需要、降低饭店成本费用开支，增加经济收入。在我国一般三星级以上的饭店宾馆大多设有洗衣房。洗衣房的设置各饭店宾馆不完全相同，一般是在饭店客房部设置洗衣房，配洗衣房经理，下设洗涤主管、布巾室主管和烘干熨烫主管。其组织机构形式如图 9－1 所示。

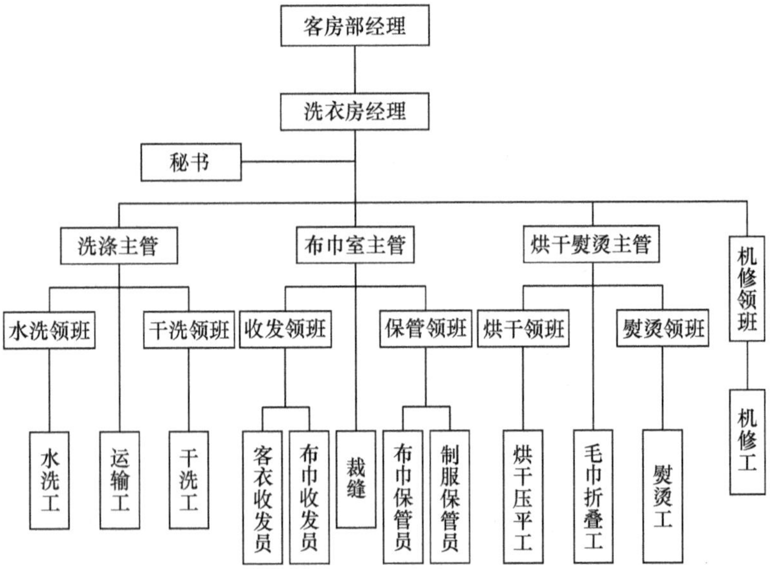

图 9－1　饭店洗衣组织机构

（二）洗衣房的设备配置

饭店洗衣房的设备较多，高中档饭店以进口设备为主，中低档饭店以国产设备为主。这些设备的功能则大同小异。主要用于各种棉织品、客衣和员工制服的洗涤、烘干和熨烫。其主要和常用的设备有：

（1）洗衣机。一般有自控和手控洗衣机两种，根据用途不同，又可分为干洗机和水洗机。自控洗衣机的控制盘可事先安排加水、投料、投洗等工序，自动化程度较高，能够完成自动投水、投料和洗涤等工序。手控洗衣机主要通过人工操作按钮控制机器操作，使用时必须严格遵守操作规程和工作程序。

（2）熨烫机。洗衣房的熨烫机实际上有人像机、裤头机等多种。主要用于客衣和员工制服洗涤后的熨烫和整形。它们都是根据人体衣物不同部位的形状和熨烫要求来分别设计的。每种机器的用途各不相同。

（3）压平机。主要用于床单、枕套、毛巾类物品洗涤后的干燥压平。采用热滚洞上下对压移动完成。是洗衣房的专用设备。

（4）烘干机。主要用于洗涤后的衣物烘干。烘干时要特别注意衣物烘干量既不要超

载,也不能过少,并要注意衣物厚薄。这种机器以煤气或天然气烘干机为主。

(5) 热水锅炉。以煤气或天燃气炉为主。主要用来供应洗涤衣物所需的全部热水。水温一般保持在60度以上,其热水可以直接投入洗衣机中。

(6) 蒸气锅炉。主要用来供应洗衣、压平、熨烫所需的蒸气。每天要对锅炉水质进行检查,防止锅炉结垢。

(7) 打号机。设在洗衣房布巾室的收发间,主要用于客衣和员工制服洗涤前的分类打号,防止衣物发生混乱。

(三) 洗衣房的用品配备

洗衣房的用品以洗涤用品为主。此外,还有各种衣架、储存衣物的柜架、罩衣袋等。洗涤用品又以各种洗涤剂为主。具体品种很多。常用的洗涤剂可列表 9－1 说明。

表 9－1　洗衣房常用洗涤剂

名称	衣物对象	温度	名称	衣物对象	要求
强力粉	用于洗台布口布等	80℃	漂精	高温织物洗涤	1:10 兑水
漂粉	漂白棉织品	60℃—70℃	水醋酸	纯毛、丝等织物固色	—
酸粉	中和残碱之用	30℃—40℃	去油剂	洗去衣物上油污	—
硬水洗衣粉	洗涤客衣之用	30℃—40℃	PREP	去污药水洗衣领	10—15 分钟
软化剂	洗织物、毛巾、浴袍	30℃—60℃	纯碱液	洗毛丝织物去污	—
碱粉	洗白色工作服	80℃	REXO	油剂、高温去油污	60℃—80℃

二、洗衣房经理的职责范围和洗涤业务

(一) 洗衣房经理的职权范围

(1) 在客房部经理领导下,根据洗衣房的机构和岗位设置,研究制定人员编制,各岗人员职责规范和工作任务,落实岗位职责和具体任务,做好人员组织,保证各项工作的正常开展。

(2) 研究制定洗衣房的年度及各月营业收入、成本、费用计划、形成计划指标。纳入客房部门预算,给领导和财务部审批确定后,组织贯彻落实。

(3) 汇同客房部经理、餐饮部和康乐部经理研究确定客房、餐厅、康乐部门的棉织品配备标准、年度更新标准、分级归口管理办法、管理制度,每天更换洗涤的工作程序,并组织贯彻实施。

(4) 组织洗衣房各级主管和领班认真做好客衣、棉织品和员工制服每天的洗涤工作,督导各级管理人员按时、按质完成洗涤任务,保证洗涤质量和各部门周转需要。

(5) 督导工程技术人员做好洗衣房各种机器设备、收发保管设备的维修保养工作,发现故障要及时维修,保证设备完好和正常运转。

(6) 建立健全洗衣房的客衣、棉织品和员工制服每天接收、洗涤、更换、送回管理的手

续制度、各种报表的填写、传递制度，并督导贯彻落实，保证洗涤过程中的手续完善、交接清楚、工作顺利、无差错发生。

（二）洗衣房的洗涤业务

饭店洗衣房的洗涤业务主要包括四个方面：

（1）做好客衣洗涤，增加经济收入。具体工作任务包括客衣收取，分类检查，打号送洗、干洗、湿洗、手洗、熨烫、挂架送回等，通过客衣洗涤，一方面满足饭店客人生活需要，提高服务质量；另一方面也可对外承接洗衣业务，增加饭店经济收入。

（2）负责棉织品洗涤，保证业务需要。饭店客房、餐厅、康乐等部门每天需要洗涤的各种棉织品数量很多。做好这些棉织品的洗涤，包括收发、交换、洗涤、压平、更新等，才能既保证客房、餐厅等部门的业务需要，又保证饭店接待服务规格，为客人创造良好的条件。

（3）做好工作服洗涤，维护饭店形象。饭店员工的着装、仪表是饭店形象的表现形式之一，也是提高服务质量的客观要求。做好员工制服洗涤，保证员工着装整齐、干净、美观大方，也是洗衣房的工作任务之一。

（4）承接对外业务，提高经济效益。即在完成本店客衣、棉织品和工作服洗涤的基础上，利用洗衣房的先进设备和生产能力，积极拓展当地大中型企业、机关、外企公司的洗涤业务和非住店客人的衣物洗涤，从而增加饭店营业收入，提高经济效益。

三、洗衣房衣物洗涤的质量标准

（一）棉织品洗涤质量标准

（1）毛巾类：洗涤后的各类毛巾洁净、柔软、蓬松、手感良好舒适。

（2）床单枕套类：洗涤后的各种床单、枕套清洁、柔软、洁白、熨烫平整。

（3）台布口布类：洗后的台布、口布清洁、柔顺、无污迹、油迹，有挺括感，用手触摸有舒适感。

（二）客衣洗涤质量标准

（1）干洗：洗涤后的客衣清洁、无任何污迹、汗渍、掉色、脱扣等现象发生。

（2）水洗：洗涤后的客衣干净、完好，不褪色、不染色，没有任何污迹。

（3）熨烫：客衣经过洗涤和熨烫后做到平整挺括，外形美观，折线、裤线清楚，无双线，无异味，无污迹。

（三）工作服洗涤质量标准

（1）各类工作服分开洗涤。洗后清洁、美观、无污迹、无褶折，外形舒适大方。

（2）需要修补的工作服洗后交裁缝修补良好，无开线、无掉扣现象发生。

第二节　洗衣房的洗涤业务管理

案　例

客人 T 恤衫洗涤引发的纠纷

英国客人斯密斯住在××酒店，前天他送洗的衣服已送回客房。今天他准备先洗个澡再换衣服。他从洗好的衣服中拣出一件 T 恤衫。刚想穿时，突然发现明显缩水，无法再穿了。于是，他拿着那件 T 恤向酒店值班经理投诉道："这件衣服是我在意大利用 1 800 里拉刚买的，第一次由你们店洗就变成了'童子衫'，无法再穿了。你们必须原价赔偿。"

值班经理感到问题严重说："斯密斯先生，对不起，对您提出的问题，我要去查一下洗衣单。请您等候……"值班经理在洗衣房找到了斯密斯先生的洗衣单，上面洗衣类别拦上填的是湿洗。但没有客人签名。他去问斯密斯：洗衣单上您填的是干洗、湿洗还是烫洗呢？斯密斯说："我什么都没有填。只是说要洗衣服，至于怎么洗，我不懂，你们酒店洗衣房每天都在给客人洗衣服，该怎么洗，难道不知道吗？所以我什么都没有填。"

值班经理耐心回答道："对不起，我并无责怪您的意思。根据规定，客人的衣服洗坏了，最高可以按洗衣费的 10 倍赔偿。"斯密斯说："我不同意，你们应该按原价赔偿。"

值班经理思考片刻，决定冷处理。他以征求意见的口吻说："洗衣单上填的是湿洗，您说您没有填。一时说不清楚。您看这样行不行？请您抽空到商店去看一看，买一件您满意的 T 恤衫，与这件差不多的就行，价钱由酒店报销。"客人思考了一下，同意了这一处理意见。并得到了实施。终于解决了这一纠纷。

点　评

饭店洗衣房的客衣、棉织品和员工制服的洗涤业务都有一套严格的洗送交接程序和制度。案例中的 T 恤洗涤纠纷明显是交接检查的程序出了问题。洗衣单上只有划"V"，没有客人签名。也不能肯定就是客人要湿洗。所以，本节专门介绍洗衣房的客衣、棉织品和员工制服的洗涤交换程序和方法技术，以保证洗涤质量，预防可能发生的问题和纠纷。

一、洗衣房的客衣洗涤业务管理

（一）客衣洗送交换程序

（1）客人填单。客人将要洗衣物装入洗衣袋，填写洗衣单。注明时间、洗涤类别、要求、姓名、房号，服务员收取后送到楼层工作间。

（2）收取客衣。洗衣房收发员到楼层收取客衣，逐一做好客衣检查，检查衣物有无损坏、污点、开线、纽扣脱落等，核对房号、姓名和衣物，送回洗衣房。

（3）打号分类。每件客衣严格按客人房号打号，然后根据衣物布料、颜色、干净程度分类。

(4) 分送衣物。客衣布料若是天然纤维,一般用机器水洗;动物纤维一般干洗。客衣分送干洗组或水洗组时,均注意有无严重污点和客衣口袋内的遗留物品。有严重污渍、油渍者要先做去污处理。

(5) 分类洗涤。水洗按衣物质地和颜色分类,选用不同洗涤剂,注意保持水温。不宜用机器洗涤的衣物要用手洗。干洗则先检查,后洗涤。

(6) 烘干整形。水洗衣物要先烘干后降温(打冷风),以保持柔软。手洗衣物要甩干或挂干,然后送熨烫组熨烫整形或直接折叠。

(7) 质量检查。客衣设专职或兼职质检员检查洗涤结果,保证洗涤、熨烫、整形质量。发现不合格的衣物,必须回洗、回烫。

(8) 客衣送回。熨烫合格的衣物整理打包或上架加罩,由晚班收发员核对后送回客房。若是急件或快活,则应在固定的 2 小时内完成洗涤,送回客房。上述客衣交换洗涤程序如图 9 - 2 所示。

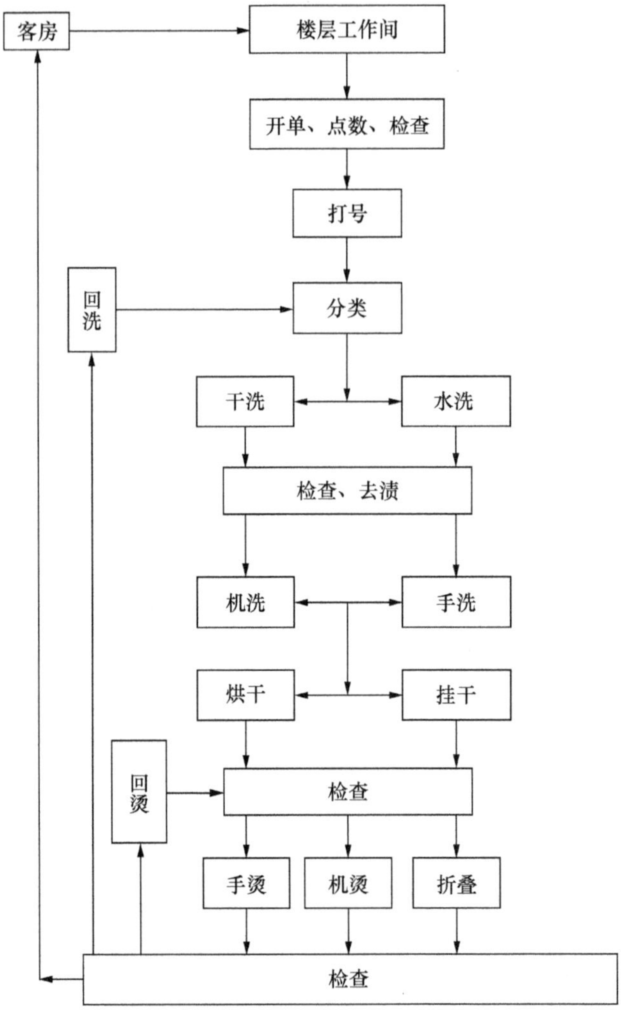

图 9 - 2　客衣交换洗涤程序

(二) 客衣水洗的工作步骤和方法

(1) 分类洗涤。水洗客衣要根据衣物面料、质地和颜色先分类装机,再根据衣物种类选用洗衣粉和不同洗涤剂,严格控制漂白粉使用。装机时应在机器转动中加料,不可将洗涤剂直接投在衣物上。

(2) 控制水温。分类洗涤时要控制好水温。一般衣物为30℃—40℃,棉织品和衬衣可在65℃以下。若按衣物颜色掌握则为:深色衣物为35℃,深杂色为50℃,白色为70℃。同时要注意机器中的水压、气压、风压、温度变化,防止意外。

(3) 做好手洗。客衣水洗一般先洗快件。对于不宜用机器洗涤的衣物,如丝织品、毛织品、人造毛等,要装在网袋内清洗或用手洗,确保洗涤质量,防止洗坏引起纠纷。

(4) 规范操作。客衣水洗中遵守操作规范,注意机器运转。需要上浆的衣物要及时准确上浆。高速脱水时不能打开机门。水洗脱水后要按衣物质地分别烘干、晾干或直接熨烫。烘干温度应为60℃—65℃。

(5) 衣物熨烫。烘干后的衣物要先打冷风,然后熨烫、整形、打包或上架。这时要十分重视质量,防止高温烫坏、烫糊客人衣物。

(三) 客衣干洗的工作步骤和方法

(1) 检查分类。客衣干洗前先检查是否适合干洗,有无严重污渍,有无纽扣、装饰物等在干洗中会发生化学反应。若有,按先拆掉→保管好→洗后再缝上的办法处理。然后按衣物质地分类,再做干洗。

(2) 去污手洗。有严重污渍的衣物要先判断污渍类型,再选择去污剂先做去污处理,再上机干洗。干洗时要按衣物质地确定需要的添加剂和干洗油。客衣若是兔毛、长纤维或容易变色的衣物,则要装袋手洗。

(3) 装机洗涤。干洗客衣一般是由第一个油箱冲洗5分钟,然后放入蒸馏箱将衣物甩干,再用第二个油箱投洗3分钟,最后放回第一个油箱,将衣物甩干、除臭,然后打开机门取出。装机洗涤中同样要注意温度、气压、油压等,防止发生差错。

(4) 去迹去污。客衣干洗中主要采用四氯乙烯溶剂洗涤。若干洗后还有个别污渍,还应在去迹台上去迹去污。它是利用蒸气压力将一般水溶性污迹吹散、溶解,然后把湿的地方吹干。常用的去迹剂主要有去锈剂、去果汁剂、去蛋白剂、干洗皂液、去油剂和洁达干洗喷剂。其洗涤程序如图9-3所示。

(四) 客衣熨烫和整形业务管理

(1) 熨烫机的使用。洗衣房的熨烫设备主要有:

① 熨烫机。主要用于熨烫上浆的台布、口布、衬衫、白布工作服等。温度较高。

② 人像机。按人体结构设计,设有蒸气阀和开风阀,可以根据需要分别熨烫衣物的肩部、袖口、腰部、衣袋、底部等。

③ 裤头机。按人体腰部设计,开动了蒸气阀可方便熨烫裤头部位,效果很好。

④ 夹衣机。有夹衣机和夹裤机两种。主要用于衣物洗涤后的熨烫定型,保证洗后的客衣平整、美观。

(2) 客衣熨烫种类和方法。饭店洗衣房的衣物熨烫有手熨衬衫、手熨丝衫、手熨杂

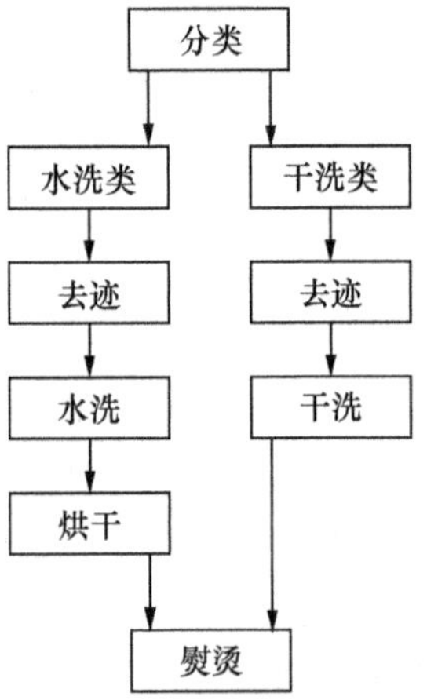

图 9－3　客衣、工服洗涤程序

活、机熨衬衫、机熨西服等各种。具体操作方法要根据衣物种类和所熨部位选择熨烫设备，正确掌握蒸气量、熨烫温度、熨烫时间、操作方法、保证熨烫后的各种衣物该软的软、该挺括的挺括，整体上美观、大方、舒适，保证挺括质量。

二、洗衣房的棉织品洗涤业务管理

（一）棉织品洗送交换程序

饭店棉织品包括客房床单、各种毛巾，餐厅台布、口布，游泳池和健身房的浴巾、毛巾等。这些棉织品的洗送交换程序可概括如图 9－4 所示。

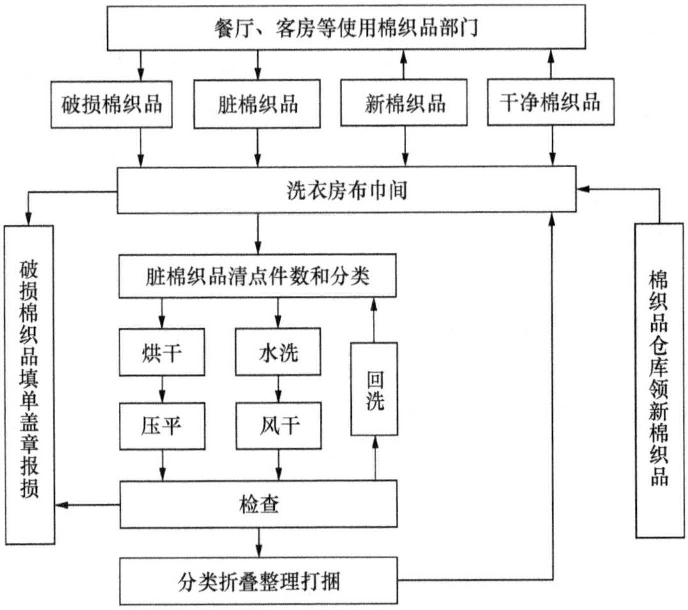

图 9－4　棉织品交换、洗送程序

(1) 使用部门每天将用过的棉织品集中后,按破损棉织品和脏棉织品分类打包,按时送洗衣房布巾收发室交换。

(2) 使用部门凭脏棉织品或破损棉织品换回洗干净的棉织品或领取新棉织品。交换过程中清点数字,送来多少、领回多少。

(3) 凡属破损棉织品应填写破损表,加盖破损章,报主管领导批准报损后补充新棉织品。补充时由布巾室主管签字从库房领取。

(4) 布巾收发室将需要洗涤的棉织品先按部门分开,再按布巾类和毛巾类分类,然后再按颜色分类,最后送水洗组分类洗涤。

(5) 水洗组将各部门的棉织品分类洗涤后,按需要烘干、压干或打冷风。然后经过质量检查,再打捆送入布巾室的棉织品保管室分类储存,供第二天洗涤交换使用。若质量检查不合格要送回水洗组回洗。

(二) 棉织品水洗步骤和方法

1. 毛巾类洗涤业务管理的工作步骤和方法

(1) 装机洗涤。装机水洗15分钟,温度保持在80℃—85℃,加硬水洗衣粉,冲洗去污去迹。然后换水再冲洗,冲净衣物上的洗涤剂,使毛巾纤维中不含碱性。

(2) 漂白加酸粉。两次冲洗后的毛巾,再次加水,加漂白粉和酸粉。漂白剂既能进一步洗去污迹,又能使衣物增白。而酸粉则可使酸碱中和,保护纤维。

(3) 加柔顺剂。洗涤后的毛巾加入柔顺剂,可使毛巾在烘干后蓬松柔软。

(4) 烘干打冷风。将洗后加入柔顺剂的毛巾装入烘干机,在高温下烘干,然后打冷风,使毛巾柔软、手感良好。

2. 床单和枕套水洗业务的步骤和方法

(1) 床单和枕套分类装机洗涤。因枕套上有头油,不可装在一起。一般要三次投水,三次冲洗。

(2) 床单和枕套所加洗涤剂与毛巾基本相同,但要定期漂白。同时,每次洗涤要加酸粉和荧光剂,不能加软化剂。

3. 台布和口布洗涤业务的步骤和方法

(1) 先用85℃左右的热水冲洗,再加入强力洗衣粉和去油剂洗8分钟。然后控制水温到70℃时加入漂粉,投水三次。最后加酸粉和少量浆粉,直到冲洗完毕。

(2) 洗后的台布送压平组压平烘干。若是有色台布和口布,洗涤时要用中等温度,投水时加入酸粉、软化剂和浆粉。若有严重油迹则用去油剂洗涤。

(三) 棉织品压平熨烫业务步骤和方法

1. 压平机的使用

(1) 使用时先按电源,开抽风机,开气阀,待机器预热后关闭回气阀。

(2) 机器转动中要经常清擦压平机的滚轴,并在熨烫压平中使用蜡布,以防止压平熨烫后的水碱留在滚轴上,影响滚轴效果。

(3) 停止使用时,一定要先关气阀,升起滚轴,再停止转动。但不能马上关上抽风机,而要让机器散热冷却20—30分钟后,才能关电源。

2. 压平熨烫方法

(1) 床单。将洗好的床单装车放在滚轴和转动轴边。机前一边一人,提起床单,分清里外,对齐中位,将床单放入引入带上。床单进入熨烫机后,将床单边揉顺送入。当床单接近全部入机后,再迅速将另一条床单准备好,放入引入带。由此完成床单压平和熨烫,再折叠打捆送入布巾室储存待用。

(2) 台布。熨烫压平方法与床单相同。但要注意做到回边揉顺,边揉边烫。

(3) 口布、地巾与枕带。熨烫压干法与床单相同。熨烫压平后可以人工折叠。

三、洗衣房员工制服洗涤业务管理

(一) 员工制服送洗

饭店制定员工制服洗涤规定。一般饭店规定随脏随洗,高星级饭店规定员工下班将制服交回洗衣房布巾室的员工制服保管室,随脏随洗涤。

(二) 员工制服分类打号

员工制服按部门和员工姓名编号。正式洗涤前要按干洗、水洗分类打号,再送入洗衣房洗涤。

(三) 员工制服洗涤

员工制服洗涤也分干洗、水洗、熨烫。具体洗涤、熨烫方法与客衣洗涤方法相同。

(四) 员工制服上架保管

洗好熨烫后的员工制服送回布巾室的员工制服保管室,按部门和衣物种类上架,整齐地存放在储衣架上,待员工来领取,以保证员工着装整齐、清洁、美观。员工制服若有开线、掉扣、损坏,则由布巾室裁缝及时修补。

第三节　饭店棉织品业务管理

案　例

一家五星级饭店客房布巾储备管理制度

北京某五星级饭店有客房1050间,为保证客房布巾使用、洗涤与周转需要,其客务部制定的客房布巾储备管理制度摘录如下,可供参考。

1. 确保每间客房的布巾都按一套的标准摆放(一套以床铺为基础,每床床单2条、枕套2条、毛毯1条、毛巾1条、浴巾1条、方巾1条、每房地巾1条等)。

2. 备足三套标准的布巾用来周转。一套在客房,一套在洗衣房,另一套在布巾室的架上或楼层服务工作间。

3. 储存在布巾室或楼层工作间的布巾,需折叠整齐,存放在架上,贴好标签。

4. 布巾室内的架子,搁板要排列整齐、贴上标签。各种布巾要按标签分类存放,以保证准确发放。

点 评

饭店布巾(即棉织品)种类很多,除洗涤业务外,洗衣房对棉织品的管理涉及多方面的内容和方法,案例中的五星级饭店客房布巾储备管理制度只反映了其中的极少内容和方法。为此,我们在本章最后专业介绍饭店棉织品的管理内容和方法技术,包括饭店棉织分类和管理模式、管理原则和任务,饭店棉织品的配备标准,棉织品的采购管理、分级归口管理、日常业务管理和更新管理方法等。以提高饭店棉织品管理的科学性和规范性,既保证各部门业务需要,又能降低消耗,节省费用开支。

一、饭店棉织品分类和管理模式

(一) 饭店棉织品分类

棉织品是饭店客房、餐厅、康乐等部门的重要客用消耗物品。饭店棉织品的配备规格和管理好坏,不仅影响饭店宾馆的等级规格、客人的消费需求及服务质量的高低,而且影响饭店宾馆的费用消耗和经济效益。饭店棉织品按其使用部门和用途划分,主要有以下几种:

(1) 客房使用的棉织品。以床单、枕套为主,包括客房及卫生间的方巾、面巾、地巾、浴袍、浴巾等。

(2) 餐厅使用的棉织品。包括各种餐厅、宴会厅、咖啡厅、酒吧等使用的台布、口布、桌裙、餐巾等。

(3) 康乐设施使用的棉织品。包括游泳池、桑拿浴室、按摩室、美容室使用的毛巾、浴巾、垫巾、床单、大巾等。

(4) 饭店装饰性棉织品。包括客房、餐厅、前厅等各级各部门使用的窗帘、沙发套、椅套、裙边、各种盖布等。

(5) 员工制服。包括各级、各部门的管理人员、服务人员、工程与技术人员的服装,各个餐厅、厨房人员的围裙等。

(二) 饭店棉织品管理的两种模式

饭店棉织品管理是一项专业性较强的工作,它需要协调客房部、餐饮部、康乐部和洗衣房的关系。现阶段,饭店棉织品管理一般有两种模式:

(1) 客房部布巾室管理模式。其方法是在客房部下设布巾室,配主管 1—2 人,下设储存领班、收发领班和服务员,负责饭店棉织品管理。协调处理客房、餐饮、康乐部门和洗衣房的关系。洗衣房负责棉织品洗涤。储存室、收发室负责棉织品送洗过程中的收发、更换、储存保管工作。共同完成饭店棉织品日常业务管理。

(2) 洗衣房布巾室管理模式。方法是在洗衣房内部设布巾室,配主管 1 人,下设保管领班、收发领班、送洗服务员、储存室裁缝,负责棉织品日常管理业务。其工作任务则和客房部布巾室管理基本相同。

饭店棉织品管理的上述两种模式比较起来,以采用第二种模式为好。其原因是:第一,布巾室设在洗衣房内部,洗衣房不用再设收发员和打号员。若采用第一种模式,布巾室和洗衣房分开,洗衣房必然再设收发打号与分类送洗人员,会增加人工成本。第二,采用第二种模式可以节省一次交接程序。若采用布巾室和洗衣房分开的模式,客房、餐厅等使用部门的棉织品要先交到布巾室做一次交接,布巾室再交到洗衣房做第二次交接。然后,洗衣房再分类打号交各洗涤组。洗好后的衣物和棉织品也是如此。而采用布巾室设在洗衣房内部的方法,使用部门的棉织品交到布巾室后,即可直接分类打号送各洗涤组洗涤,这样做可以提高工作效率。

二、饭店棉织品的管理原则和任务

(一) 饭店棉织品管理原则

饭店棉织品管理应该遵循统一配备、分级归口;周转使用、集中更新;确保规格、降低消耗的原则。贯彻这一原则的基本要求是:

(1) 统一配备,分级归口。就是饭店各级各部门的棉织品配备都要在总经理领导下,以部门为基础,根据饭店等级规格和接待业务活动需要,按饭店预算配备所需要的棉织品。如客房的床单、枕套、毛巾、浴巾等,要以床位为基础,成套数统一配备。餐厅的台布、餐巾、香巾、口布等,要以餐台和座位数为基础,成套数统一配备。在统一配备的基础上,日常储存使用和管理则要采用分级归口方式。所谓分级归口是指棉织品的日常储存使用要由各级各部门负责,棉织品的集中储存周转要由洗衣房的布巾室负责,而各类棉织品洗涤则主要由洗衣房负责,形成分级归口管理。

(2) 周转使用,集中更新。饭店客房、餐厅、康乐等各部门的棉织品配备完成后,为保证接待服务规格,为客人创造优良的享受环境、确保卫生质量,各种棉织品每天、每餐(餐厅台布、口布等)都要更换洗涤,使各种棉织品都处于周转使用之中。这样,客房、餐厅、康乐等各使用部门和场所就要储存一部分棉织品,以便每天换洗客人用过的脏棉织品。这就使棉织品的使用寿命大大缩短。到了一定时期,则应由使用部门提出,饭店领导批准,洗衣房布巾室来组织统一更新,以保证饭店各部门业务活动需要。

(3) 确保规格,降低消耗。确保规格是指饭店各类棉织品管理过程中要以饭店星级高低和接待规格为基础,做好配备、洗涤、补充、更新。棉织品配备要按照国家旅游局发布的中华人民共和国旅游行业的标准(LB/T033—1996)即《星级饭店客房用品质量与配备要求》执行。棉织品洗涤要每天保证质量。棉织品补充更新则要保证按时更换,不能使用破损、染色、陈旧、已脏的棉织品,才能保证使用规格。同时,在这一过程中,又要认真维护、保管好各种棉织品,改进洗涤方法,降低费用消耗,才能有利提高经济效益。

(二) 饭店棉织品管理任务

(1) 负责各部门棉织品配备的协调工作。即根据客房、餐厅、康乐等部门制定的各类棉织品配备标准、采购规格、数量标准等,做好各部门各类棉织品的登记造册,分点使用的数量分配,保证各部门、各楼层、各餐厅和布巾室储备与周转使用的棉织品数量准确,账目清楚。

(2) 负责各部门棉织品洗涤交换。即每天与客房、餐厅、康乐等使用部门做好棉织品送洗交换工作。用已洗好的干净棉织品换回各部门要洗的脏棉织品。再做好分类、打号,交洗衣房洗涤。然后将洗好的棉织品储存在保管室,等待第二天继续与使用部门交换。

(3) 负责棉织品的保管和盘点工作。对于存放在布巾室内的储备待用的棉织品,要分类做好保管工作。主要是防潮、防霉变和防止丢失,确保各类棉织品安全。与此同时,每月底要和客房楼层、各餐厅酒吧、康乐设施等各使用部门一起,做好各类棉织品的盘点工作,并清除已破损的棉织品,补充新棉织品,以保证客房、餐厅等业务部门的接待服务规格。

(4) 负责饭店棉织品的修补和改用工作。主要是组织裁缝做好部分棉织品如台裙、窗帘、台布、员工制服等的修补工作。同时,部分需要报损的棉织品,如床单、餐巾等,则可改作清洁抹布、厨师的工作布等。

(5) 负责员工制服的送洗交换与保管工作。即员工制服要实行集中洗涤管理。制服平时发给员工后,需要洗涤时以旧换新。洗好的员工制服在布巾室内的员工制服室上架集中保管,以便洗涤交换,保证饭店员工制服的穿戴规格。

三、饭店棉织品的配备标准

(一) 客房棉织品配备标准

1. 客房棉织品数量配备标准

饭店客房棉织品主要包括床单、枕套、方巾、浴巾、面巾等,其数量配备可按以下方法确定:

(1) 床单和枕套。设客房数为 x,床位数与客房数的比例为 y,则床单配备数量 n 可用下式确定:

$$n = 2x \cdot y \cdot f \cdot (1 + n\%)$$

式中:x 为客房数量;f 为每床配备套数;$n\%$ 为库存备用数量;y 为床位与房间数比率。

(2) 毛巾类用品。包括方巾、面巾、小浴巾、大浴巾和地巾。其数量配备标准也可用上式来确定。

▶ **案例**　长安大酒店是以接待商务客人为主的四星级酒店。酒店客房数为 580 间,40% 的客房为双床间,60% 的客房为单床间。客房床单配备标准为每床 4 套,枕套每床 3 套,浴巾、面巾、方巾每床 2 套,地巾每床 1.5 套。各类棉织品另加 20% 作为库存备用。请确定各类棉织品应配备的数量。

案例分析:

按公式直接计算:

床单(枕套)(n) $=2\times580\times1.4\times4\times(1+20\%)=7\,795$(条)

浴巾方巾(n) $=2\times580\times1.4\times2\times(1+20\%)=3\,898$(套)

地巾(n) $=2\times580\times1.4\times1.5\times(1+20\%)=2\,923$(条)

2. 客房棉织品规格尺寸配备标准

饭店客房各类棉织品规格尺寸各不相同,可参照表 9-2 所示的规格尺寸确定。

表 9-2 客房棉织品规格

名称	规格	名称	规格
单人床单	1.6 米×2.44 米	小方巾	20 厘米×20 厘米
双人床单	1.82 米×2.64 米	较小方巾	26 厘米×26 厘米
大号床单	2.09 米×2.64 米	中方巾	28 厘米×28 厘米
特大号床单	2.29 米×2.79 米	较大方巾	30.5 厘米×30.5 厘米
标准枕芯	2.29 米×2.29 米	大方巾	33 厘米×33 厘米
大号枕芯	2.74 米×2.79 米	特大方巾	35 厘米×35 厘米
特大枕芯	2.74 米×2.92 米	—	—
小浴巾	51 厘米×66 厘米	标准枕套	53 厘米×89 厘米
较小浴巾	51 厘米×76 厘米	大号枕套	53 厘米×99 厘米
中浴巾	51 厘米×92 厘米	特大枕套	53 厘米×112 厘米
较大浴巾	2 厘米×846 厘米	小浴披巾	51 厘米×102 厘米
大浴巾	40 厘米×65 厘米	较小浴披巾	56 厘米×112 厘米
—		特大浴披巾	61 厘米×122 厘米
小面巾	46 厘米×64 厘米	小地巾	68 厘米×137 厘米
中面巾	34 厘米×100 厘米	中地巾	50 厘米×70 厘米
大面巾	46 厘米×92 厘米	大地巾	50 厘米×80 厘米

（二）餐厅棉织品配备标准

(1) 餐厅台布。饭店餐厅的餐台有 2 人台、4 人台、6 人台、8—10 人台等多种。其台型又有方台和圆台、长台之分。不管各餐厅的台型如何,每一种餐台的台布配备都是相同的。公式为:

$$n = 3x \cdot f \cdot (1 + n\%)$$

式中:n 为台布配备数量;f 为每餐翻台率;x 为餐台数;$n\%$ 为库存备用百分比。

(2) 餐厅台裙。一般只有 8—10 人以上的宴会厅,宴会单间才需要配备台裙。台裙不必每餐洗涤,一般可按需要配备的餐台数×1.5 即可。

(3) 餐厅餐巾与方巾。餐巾主要用于维护用餐清洁,小方巾主要供客人擦脸擦手。其数量配备标准也可参照餐厅台布配备标准确定。

▶ **案例** 某饭店花园餐厅有餐台 24 张。其中 2 人台 4 张、4 人台 6 张、6 人台 10 张、8—10 人台 4 张,餐厅平均翻率 1.4,库房台布、餐巾、小方巾的库存备用率分别为 20%、15%和 30%。请确定餐厅各类棉织品配备数量(8—10 人台均每台 10 个座位计算)。

案例分析:

根据公式直接计算:

台布(n) = 3×24×1.4×(1+20%) = 120.96 = 121(条),其中 2 人台 20 条,4 人台 30 条,6 人台 51 条,8—10 人台 20 条,合计 121 条。

餐巾(n) = 3×132×1.4×(1+15%) = 638(条)

小方巾(n) = 3×132×1.4×(1+30%) = 721(条)

台裙(n) $=4\times1.5=6$(幅)

(三) 康乐设施棉织品配备标准

(1) 按摩室。主要配备床单和毛巾。可按下列方法确定床单、毛巾配备数量 n。

$$n = x \cdot y \cdot (1 + n\%)$$

式中:x 为床位数;y 为每床配备套数;n 为库存备用百分比。

(2) 游泳场和桑拿浴室。主要根据设计接待能力、预计利用率、使用时间等大致确定。

(四) 员工制服配备标准

饭店员工制服包括套装、衬衫、领带(结)、厨师制服、服务员围裙等。合理配备员工制服既可方便员工工作,又能体现饭店经营特色,提高员工形象的美观效果。因此,饭店员工制服的配备要体现舒适、适用、美观、耐用、易洗涤保养的原则,其配备标准主要根据饭店星级高低来确定。一般应配备 3—4 套/人,以适应饭店接待服务活动需要。

四、饭店棉织品管理方法

(一) 饭店棉织品采购管理方法

(1) 部门核定各类棉织品配备数量。其方法是根据客房床位数量、餐厅餐台和座位数量、游乐场和桑拿浴室的接待能力等,分别确定不同规格的床单、枕巾、各类毛巾、台布、口布等的配备套数、周转储存系数和配备总数(具体方法如前所述)及其规格尺寸。

(2) 饭店审核各部门棉织品费用预算。在部门各类棉织品配备数量和规格尺寸的基础上,根据不同规格尺寸的棉织品价格,审核各类棉织品所需要的费用消耗。报饭店财务部和总经理审核确定后,纳入部门开办费用或年度预算,分期计入成本。

(3) 按预算标准做好部门棉织品采购。具体采购中要注意三个问题:一是各类棉织品必须成套数购进。如客房棉织品要购 3—5 套,餐厅台布、口布要购 4—5 套等。二是各类棉织品必须按不同规格和尺寸购进。如床单有单人床单、双人床单、大号床单等,餐厅台布有 2 人餐台、4 人餐台、10 人餐台等。三是各类棉织品采购既要保证质量,又要降低价格,并要与饭店等级规格相适应。如床单、枕套要选用混纺制品;台布要选择质地好、有弹性的混纺制品;毛巾类用品要注意毛圈数量和长度、纱织密度和毛巾边的牢固性等;而毛毯则应以混纺毛毯为主,五星级等豪华酒店就要选用纯羊毛毯或高级豪华型为好。

(二) 棉织品分级归口管理方法

根据周转使用需要做好分级归口管理,各部门棉织品购进后,每个部门都要根据棉织品种类和周转使用需要,与洗衣房布巾室协调做好分级归口管理。具体包括三个方面:

(1) 棉织品数量分配分级归口。即将各部门的各类棉织品分发到使用场所或部门和棉织品保管室。如客房棉织品的分配方法是:一套在客房使用,一套在楼层工作间周转,一套在洗衣房洗涤,一套在棉织品保管室备用,等等。

(2) 棉织品登记造册分级归口。在各级各部门棉织品分配的基础上,要由洗衣房布巾室的棉织品保管人员按部门存放使用地点分别将客房、餐饮、康乐等各部门的棉织品分级归口记录在册,统一建账,以便为日常使用管理提供基础数据。

(3) 棉织品管理责任分级归口。即在各部门棉织品分级归口登记造册的基础上,各归口单位的各类棉织品均由归口单位负责。每天送洗交换、破损换新等均要清点、交接和办理有关手续。如果发生丢失、损坏、霉变等要查清原因,由归口单位有关人员负责。

(三) 饭店棉织品日常业务管理方法

饭店各部门棉织品日常管理主要由布巾室负责,与分级归口管理单位协调配合。重点是做好三个方面的工作:

(1) 每天周转换洗保证交接清楚。客房、餐厅、康乐、美容室等各部门每天换洗的各类棉织品,在与洗衣房布巾室的交接过程中,必须做到以脏棉织品换回干净棉织品,在棉织品的种类、规格尺寸和数量上都完全一致,确保做到交接清楚、手续完善。

(2) 做好棉织品的修补改用。随着饭店各部门棉织品使用时间的延长,洗衣房布巾室要将部分不宜继续使用的棉织品挑出,改作他用。为此,要聘用或组织裁缝做好台布、床单、枕套的修补,员工制服的改作、修补,窗帘、床单的缝补,沙发套、座椅套的制作和修补。这样,既能降低饭店成本费用,又能延长部门棉织品的使用寿命。

(3) 定期做好各种棉织品盘点。饭店棉织品每月盘点一次,应由布巾室牵头,各分级归口单位的有关人员参加。盘点方法是:盘点前各分级归口单位必须先按账面登记数目核定出各类棉织品当日账面结存数,如大床单×××条、小床单×××条、小台布×××条、中台布×××条等。然后,由布巾室和归口存放棉织品的单位人员或财务人员一起,逐一清点各种棉织品的实际盘存数目,并分类逐一做好登记。最后按下列公式计算棉织品消耗数:

$$x = n + y - D$$

式中:x 为某类棉织品月消耗量;n 为月初储存数;y 本月补充数;D 为月底盘存数。

(四) 饭店棉织品更新管理方法

饭店棉织品使用时间不宜过长,以防止和减少陈旧、破损、变色,影响饭店等级规格和客人享受需要。其更新方法是在棉织品到了更新期后,由使用部门提出申请,说明更新种类、数量、规格尺寸,报饭店财务和总经理批准后购进,投入一批新的棉织品。其洗涤次数大致为:床单枕套130—150次,毛巾类100—120次,台布口布120—130次,即可更新。

五、饭店员工制服专业管理方法

良好的员工制服是塑造饭店形象、提高员工士气和工作效率的必要条件。做好饭店员工制服的管理方法是:

(一) 统一制服,区别着装

饭店员工制服要根据企业等级、员工所在部门及工种、职务不同,分别设计制作或采购不同品种、不同规格、不同颜色、不同面料服装,使各级、各部门、各工种的服装在面料质地、颜色、样式上都有所区别,客人便于辨认,有利于树立饭店形象,方便员工工作。所谓统一制装是指同一部门,同一工种的服装要统一设计、量体裁衣、统一制作,并统一式样、统一面料和颜色。所谓区别着装是指每位员工配备3—4套工作服的基础上,不同部门、不同工种、不同职务的员工在不同季节的着装要有所区别,便于为客人服务和客人辨认。

（二）集中保管、制服上架

饭店员工制服配制完成后，要由人事部同洗衣房布巾室按部门和员工姓名分别登记造册，详细记录每位员工的服装名称、套数、价值量、制装时间、使用人，并统一在员工制服上编号，发给每位员工一张制服使用卡，然后发给员工一套穿用。其余的员工制服均留在洗衣房员工制服保管室，上架统一保管。员工制服保管室的挂架挂钩要统一编号，固定制服种类，实行架上衣物分类分号保管，保证安全和员工洗涤周转需要。员工衣服需要洗涤时，凭员工制服使用卡及其编号到洗衣房员工制服保管室用脏衣服换取干净完好的工作服，形成员工制服集中保管、分类上架、循环周转洗涤的有效管理模式和方法。

（三）统一修补，及时更新

饭店各部门的员工制服在集中保管、循环周转使用和洗涤过程中，如果发现掉扣、开线、局部破损等，要由洗衣房布巾室组织裁缝做好修补，改制或改作他用等工作。要保证员工制服的美观、舒适效果。员工制服使用到一定时期需要更新时，要由使用部门会同布巾室提出要求，报领导批准后统一更新。这时，洗衣房员工制服保管室要收回破旧的员工制服，以旧换新。而原已破旧的员工制服则不再发出，应改作他用或集中处理，防止破旧衣物在个别员工身上穿用，影响饭店服务形象和等级规格。

? 复习思考题

1. 饭店洗衣房的洗涤业务包括哪几个方面？
2. 客衣洗涤交换的工作程序是怎样的？
3. 客衣水洗和干洗包括哪几个步骤，要注意些什么？
4. 怎样做好毛巾类洗涤管理？
5. 饭店棉织品管理的原则是什么？
6. 怎样做好饭店棉织品的分级归口管理工作。

? 案例分析题

1. 长岭饭店是一家四星级饭店，有餐厅 6 个。自建洗衣房。请根据饭店规格设计出洗衣房的组织机构图。请按 1:0.12 的定员比例确定其人员编制和岗位设置。

2. 南山大酒店有客房 550 间套。其中，单人房 100 间，双人房 50 间，单床客房 80 间，标准房 250 间，普通双床套房 50 间，豪华大床套房 20 间，请按五星级饭店标准和 85% 的出租率，列表制定出饭店床单、枕套、毛巾类棉织品的配备标准。

3. 西厢大酒店岭南餐厅是一处四星级饭店零点餐厅。餐厅设有 2 人台餐桌 8 张，4 人台餐桌 12 张，6 人台餐桌 15 张，大圆形 10 人台餐桌 8 张。总座位 234 座。请按 80% 餐厅上座率制定餐厅台布、口布的配备标准。列表填写不同规格的台布配备量。

第十章

前厅与客房设备用品管理

内容架构与学习目标

内容架构

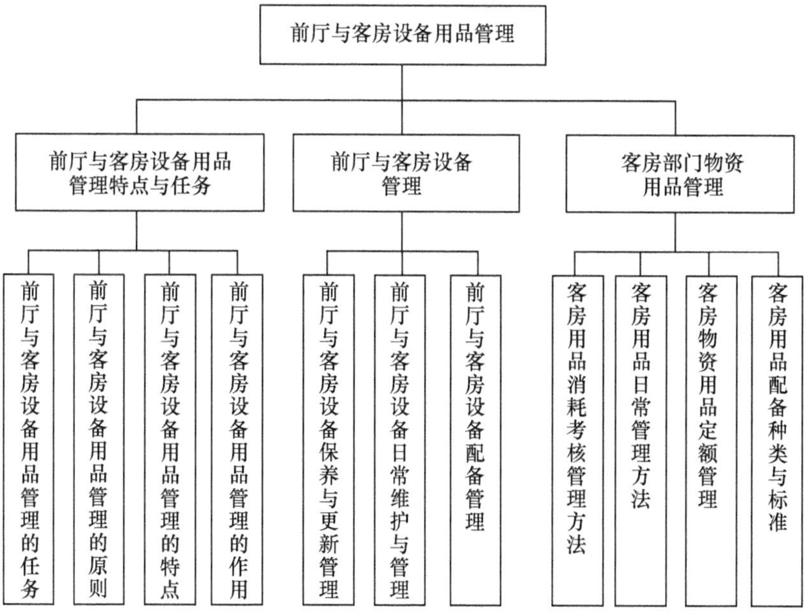

<table>
<tr><td>学习目标</td><td colspan="2">通过本章学习,你应该能够达到下列目标</td></tr>
<tr><td colspan="2">知识目标</td><td>技能目标</td></tr>
<tr><td colspan="2">1. 熟知前厅与客房设备物资用品管理的特点、原则和任务
2. 熟悉客房物资用品配备标准和要求
3. 掌握客房用品定额制定依据、库存管理的“六化”、“三防”、“四懂四会”</td><td>1. 掌握前厅与客房设备账面管理格式方法
2. 掌握客房物品采购、入库、出库管理单据
3. 掌握客房用品消耗定额制定方法</td></tr>
</table>

第一节　前厅与客房设备用品管理特点和任务

案　例

两则兵法带来的启示

其一：凡用兵之道，以计为首。未战之时，先料将之贤愚，敌之强弱，兵之众寡，地之险易，粮之虚实。计料以审，然后出兵，无有不胜。

其二：凡战，所谓攻者，知彼者也。知彼有可破之理，则出兵以攻之，无有不胜。

点　评

第一则兵法说：凡用兵作战的策略，首先是考虑、分析判断战争的总体形式。交战之前，先要研究敌我双方将帅才能的优劣、敌方力量的强弱、兵员的多少、地理环境的复杂程度、粮草的虚实充足程度。这些都搞清楚了，然后出兵就没有不胜利的。

第二则兵法说：凡与敌方作战所称的攻，是指的知彼，一旦了解到敌人有被打败的可能就要适时地发动进攻，这样就没有不胜利的。

企业管理也像作战。不管哪方面的管理工作，都要先做好谋划，首先对管理对象有清醒的认识。我们要做好前厅与客房的设备物资管理，就要首先了解其重要作用，设备物资管理的基本特点，进而明确其管理原则和任务，才能有针对性地做好其设备物资的管理工作，为前厅和客房的接待服务管理提供优良物质基础。所以，本章从部门管理的角度来介绍前厅和客房的设备物资管理。首先介绍其管理特点和任务，以便学员能够有一个整体认识。

一、前厅与客房设备用品管理的重要作用

前厅与客房的设备用品管理是组织客房接待服务、保证业务正常开展，为客人提供优质服务的物质凭借。工欲盖其事，必先利其器。做好前厅与客房的设备用品管理具有十分重要的作用。

首先，是维护饭店等级规格、保证业务经营需要的主要条件。现代饭店宾馆属于高级消费场所，具有超前消费的性质，其服务质量和享受成分在不断提高，只有使前厅与客房等部门的设施设备和物质用品的质量、规格、功能和特色充分发挥，才能维护饭店等级规格，适应市场竞争和客房管理业务和经营活动的需要。

其次，是降低成本费用消耗、提高经济效益的重要途径。前厅与客房设备配置需要大量资金，而客房物资用品的购置、周转使用也要耗用大量成本费用。加强前厅与客房设备维护与保养，做好物资用品管理，才有利于降低成本费用开支，加快资金周转，提高客房系

统经济效益。

最后，是创造享受条件，满足客人消费需求的重要体现。现代饭店宾馆的前厅与客房作为一种高级消费场所，其优良的生活环境、享受成分的高低都是由其设施设备、物资用品来体现的。同样一间客房，配备一般设备和普通用品，长期不重视这些设备的管理和更换，就不能满足客人的需要。所以，加强前厅与客房设备用品管理是创造享受条件，满足客人消费需求的物质基础和重要体现。

二、前厅与客房设备用品管理特点

饭店设备管理是由工程部和使用部门共同完成的。而饭店用品管理则主要是由使用部门完成的。由于前厅与客房设备用品在饭店中的特殊作用，因而与一般工商企业设备用品管理比较，有三个不同的特点。

（一）社会消费性强，使用价值享受成分高

工商企业的设施设备主要是用来生产或销售产品或商品的。而饭店前厅和客房的设施设备和物资用品，包括前厅柜台、沙发、座椅、灯具和客房床铺、沙发、桌椅、地毯、冰箱、水壶、空调、电话、客房酒水、香皂、卫生纸等，都是用来供客人消费的，而客人来自四面八方，天涯海角，且每天流动，因而使客房设备用品又具有广泛的社会消费性。因此，前厅与客房设备用品管理必须根据饭店等级规格，从尽量创造享受成分的角度出发，认真做好选配、购置、装饰、维护保养等，才能适应饭店行业的需要。

（二）精神损耗大，更新周期短

饭店前厅和客房设备用品在接待服务过程中存在两种磨损：一是有形磨损，又称物质磨损。即设备用品在外力作用下所造成的实体磨损。这种磨损会使设备用品的价值和使用价值都降低。二是无形磨损，又叫精神磨损，它是由于社会进步，同行业中出现了技术更先进，更美观舒适的设备和用品而使原来的设备用品相对贬值造成的。这种磨损虽然使用价值没有遭到破坏，但已经陈旧过时了。前厅与客房设备用品因其享受成分高，因而具有明显的精神损耗大、更新周期短的特点。为此，做好前厅与客房设备用品管理，必须在规格、档次、外观、色彩、质地、柔感等方面都要从客人的需要出发，从创造享受成分出发，做好配备、保养、周转使用和及时更新，破除那种“新三年，旧三年，缝缝补补再三年”的陈旧观念。同时又要尽量节省不必要的成本费用开支，才能收到良好的效果。

（三）设备用品种类繁多，管理过程不易控制

饭店前厅与客房设备用品花色品种极多。从设施设备到生活用品、清洁用品和服务用品有上百种。他们散处在客房系统的各级各部门，甚至各个角落，因而其涉及范围十分广泛，加之这些设备用品的使用价值和价值构成、配备标准、管理方法各不相同，因而其管理过程很不容易控制。为此，做好前厅和客房设备用品管理要制定各项具体管理制度，针对不同设备、不同用品分别采用不同的方法。

三、前厅与客房设备用品管理原则

（1）饭店等级规格与实际需要相结合的原则。我国饭店有1—5星，还有最高档的白

金五星级饭店星级不同,其设备用品的规格、质量要求、更换周期等也不同。为此,前厅和客房设施设备配置、各种用品的配备、消耗标准、日常维护与保养,都要同饭店的等级规格和不同客房的实际需要结合起来,保证互相适应,满足客人享受需要。

(2) 设备用品管理和树立饭店形象相结合的原则。饭店形象主要是通过前厅和客房、餐厅、公共场所的设备配置、用品配备和优质服务在客人中的反映表现出来的,因此,其设备用品管理必须同树立饭店形象和声誉结合起来,要做到突出饭店特色、精心设计、精心安排、充分发挥其功能,使饭店的设备物品通过客人的使用而起到活广告的宣传作用。

(3) 集中管理和分级归口管理相结合的原则。集中管理是指前厅与客房设施设备的配置,物资用品的预算、设备用品的采购、价值核算等,要在总经理和财务部统一领导下来完成。为此,要制定集中管理的有关制度和规定,如采购审批制度、成本核算制度、报废处理规定等。分级归口是指在统一领导下的日常设备报修、维护保养、用品配备和使用更换等,要以使用部门为主进行归口管理,两者结合起来,才能既保证业务需要,又降低成本费用,有利于提高前厅与客房管理的经济效益。

四、前厅与客房用品管理任务

(1) 合理选择和配备设备用品,保证其和饭店等级规格及接待对象相适应。饭店前厅与客房的设备配备是以饭店等级规格为基础的,同样,前厅与客房的物质用品配备和使用也与饭店等级与接待能力密切相关。因此,根据饭店等级、规格和接待能力来选择和配备设备用品,使之在规格、型号、等级高低、色彩、质量等方面都相适应,就是饭店前厅与客房设备用品管理的重要任务。

(2) 制定管理制度,做好设备用品保养,保证业务经营活动需要。前厅与客房设备管理和物资用品管理都是为业务经营活动服务的,由于前厅与客房用品花色品种多、分布范围广、协作配合程度高,只有合理制定管理制度、工作程序,才能做好设备维护、物品管理。否则,没有规矩,不成方圆,必然造成管理混乱。

(3) 实行定额管理,控制用品消耗,提高经济效益。主要是指根据饭店客房物资用品的消耗特点,分别制定配备定额、消耗定额、储备定额,然后推行定额管理,以控制各种用品消耗,减少资金占用,提高经济效益。

第二节　前厅与客房设备管理

案　例

一家三星级饭店的设备事故管理制度

北京新兴宾馆是军队系统的一家质量效益双优型企业。亦多次被评为"北京市紫金杯最佳企业"和"全军质量效益双佳饭店"。饭店及各部门都制定和落实了一套完善的管

理制度。其中的设备事故管理制度摘录如下:

1. 设备事故报告。设备因非正常原因造成宾馆停电、停气、停水、停冷、停煤气、停电梯等设备故障,影响宾馆正常营业,造成恶劣影响的均属重大事故,应立即上报工程部、消防保安部门(造成大患影响治安时),由工程部组织人员紧急抢修,并配合有关部门进行事故调查。

2. 设备事故分析。凡发生设备事故必须分析原因。重大事故坚持三不放过:其一,原因没有查清不放过;其二,肇事者和员工没有受到教育不放过;第三,没有采取有效防范措施不放过。

3. 设备事故上报。凡重大事故处理必须上级总经理。对事故隐瞒不报或拖延上报的部门和个人应追求行政和经济责任,直至追究刑事责任。附设备事故报告单(略)。

点 评

酒店设备管理是由工程、财务和使用部门共同完成的。其中,制度化管理是各级各部门的共同基础。案例中的设备事故管理制度适用于各级各部门。为此,本节的目的是在前厅和客房设备管理特点、原则和任务的基础上,从使用部门的角度来介绍前厅与客房设备管理的内容和方法。至于设备管理制度主要由饭店工程部门制定,各部门共同执行。所以案例中的设备事故管理制度可以作为本节的参考。

一、前厅与客房设备配备管理

(一) 前厅与客房设备配备标准和要求

饭店前厅与客房设备是决定企业等级规格、提高服务质量和工作效益的物质凭借。总的说来,饭店前厅与客房设备配备的标准和要求是:技术上先进,经济上合理,符合饭店星级标准,适应客人享受要求,有利于提高工作效率和服务质量,其具体表现为:

(1) 等级性和实用性相结合。我国饭店宾馆是分等级的,前厅及客房的设备配置必须以饭店星级为基础,根据国家制定的星级标准选择其型号、规格、质量、数量,同时又要充分考虑实用性,凡直接供客人使用的设备,都要以满足客人的生活需要为主。同时根据饭店等级规格,提供相应的享受成分。如前厅的地面、墙面、天花装饰、灯具、柜台,客房沙发、床铺、地毯,卫生间的马桶、地面、云台等。五星级以上的饭店要超豪华,四星级要豪华,三星级要舒适,二星级要实用,一星级则档次较低。这就是等级性和适用性相结合的具体表现。

(2) 针对性和成套性相结合。饭店的等级有两种:一是饭店星级,二是饭店内部不同服务项目或其设施的等级,如客房有经济客房、普通客房、豪华客房等。针对性就是要根据不同等级的客房配备不同等级规格的设备。如经济客房可铺质地一般的化纤地毯,标准客房就要铺较柔软的地毯,而豪华客房则应铺高级豪华地毯。此外,还应针对不同客人的消费需求和不同设备的功能发挥。成套性就是前厅客房的设备配置必须成龙配套,具体包括:第一,单项配套,即同一用途、同一等级的设备自身配套;第二,相互配套,即同等客房中的各种不同用途的设备之间相互配套;第三,数量配套,即各种设备的数量要相互搭配,不宜过多过少;第四,外观配套,即同一等级、同一种类的设备在外观、风格、造型、色彩、质地等方面要统一配套。

(3) 节能性和方便性相结合。饭店前厅和客房的各种设备配置,都要考虑节能性和方便性,节能性以电器设备、能源消耗设备为主,如前厅与客房的灯具、卫生间的水管、客房的空调等。方便性则包括客人使用方便和服务人员的工作方便,如客房服务中的电话号码应越简单、客人越方便越好,客房床铺的一头其床脚必须配转动床脚等。这样才能既方便客人消费,又有利于提高工作效率。

(4) 安全性和环保性相结合。安全是饭店客人的基本要求。为此,前厅的自动转门要安全,地面要防滑,大型玻璃有防碰撞标识。客房的房门必须配安全锁,最好用磁卡钥匙,房门必须有安全链,卫生间必须有防滑措施,客房楼道的安全门、安全通道必须畅通等。与此同时,还应该有必要的环保、绿化措施,如前厅边角、客房、楼道、大厅、电梯间等各处,都应该设置盆栽、盆景,以美化环境,调节气候。

(二) 前厅与客房设备配置的账面管理要求

饭店前厅和客房设备主要是在饭店筹建和准备开业时完成的,其设备配置的费用以开办费用分摊和设备折旧计入成本。设备配置完成后,其设备的账面管理是以工程和财务部为主的。工程部主要是建立设备档案、设备卡片,以便为以后设备维修管理、更新改造等提供账面依据。财务部主要从价值角度记录设备分布、分类,以便为设备折旧管理提供依据。与此同时,前厅和客房也应以设备配置为依据,做好账面管理。其设备账面管理格式可参阅表 10-1 和表 10-2。

表 10-1　前厅设备配备与管理表

设备名称	编号	规格	型号	颜色	配备量	制造商	安装日期
前厅沙发							
茶几							
行李车							
电话							
预订电脑							
接待电脑							
收款机							
信用卡机							
大堂值班台							
接待座椅							

表 10－2　客房设备配备与管理表

设备名称	编号	规格	型号	颜色	制造商	配备量	安装日期
客房卧室设备配备							
床架							
床垫							
床头板							
床头柜							
书桌							
座椅							
行李架							
墙面镜							
沙发							
茶几							
⋮							
卫生间设备配备							
浴缸							
浴缸配件							
马桶							
卫生纸架							
云台							
镜子							
水龙头							
面盆							
淋浴器							

二、前厅与客房设备日常维护与管理

(一) 前厅与客房的设备日常维护

(1) 服务人员的日常维护。前厅与客房服务人员要熟悉设备的名称、种类、用途、使用方法、安装位置。日常清扫前厅、客房、进房服务等过程中,要正确使用,每天擦拭,保持清洁,防止损坏。

(2) 主管领班的日常检查。前厅与客房领班、主管在每天检查卫生,房间整理过程中,要把设备检查作为重要检查内容。每天观察设备位置是否变动、有无损坏。发现问题,及时处理。设备损坏及时报修。

(3) 定期清点,保证安全。前厅与客房各种设备配备完成后,在日常使用过程中,要定期清点。至少每半年以设备账目及分布和设备账面等资料为基础,全面清查一次。发现移动、变动要及时处理,损坏要及时报修。

(二) 前厅与客房设备日常保修处理

(1) 发现损坏。发现设备损坏、失灵,当即报告主管或领班,填写设备报修单,一式三份,交饭店工程部值班工程师安排维修。若需要紧急修理而来不及提交维修单时,先电话通知值班工程师,后补交维修单。

(2) 设备维修。工程部维修人员来到现场,由服务人员引导维修,若到楼层,由服务人员陪同进入房间,凭派工单进房。客房维修时应有服务人员在场。

(3) 检查签字。设备维修完成后,由维修人员调试和检查,请服务人员一起验收,修好后双方签字。维修单由维修人员带回工程部统计工作量。服务人员锁好客房门。

(4) 停租修理。如果客房维修时间较长,影响客人使用,则由客房主管速报前厅部停止出租,待修好后再通知前厅出租使用。

三、前厅与客房设备的保养与更新管理

(一) 前厅与客房设备保养工作

饭店前厅与客房的设施设备种类很多,其维护保养方法各不相同,下列设备至少每年要进行一次彻底修整与保养工作,其设备项目和方法要求是:

(1) 地毯与饰物。前厅地毯每天至少吸尘 2—3 次,每年至少彻底清洗二次,清除污迹与脏物,保持清洁美观。窗帘、床罩、沙发罩、帷幔等饰物每年至少洗涤一次。若有损坏,及时修补,保证清洁美观。

(2) 墙面与天花。平时以计划卫生为主,每年至少清洗或粉饰一次,保证前厅与客房始终处于常新状态。

(3) 家具用具。客房壁柜、写字台面、迷你吧台、桌椅等家具用具日常做好维护工作,每年至少检修一次,保证完好、美观、使用方便。

(4) 客房卫生间。浴缸、马桶、云台、面盆、地面、墙面等各处每天做好维护工作,每年至少检修保养一次,保证正常好使、美观舒适。

(5) 前厅与客房油漆。客房房门、窗柜、暖气罩、挂景线、梯角线和客房楼道的油漆,平时加强维护,每年至少整修一次。

(二) 前厅与客房设备更新管理

饭店前厅与客房使用 5—6 年,应进行局部更新。为此饭店应制定更新计划、研究更新方案,以便及时更新。其更新设备的项目和内容包括:更换地毯,更换墙纸,更换窗帘,床罩,沙发套、靠垫、帷幔等各种装饰物件,以确保客房接待服务的规格。

至于客房使用 10 年左右后的全面更新改造,除了客房的空间框架外,已经相当于更新饭店和客房内部全面装修了,甚至连客房的框架都可以改变,这里就不再叙述其改造内容和方法了。

第三节　客房部门物资用品管理

案　例

一家饭店的物资用品采购申请程序

以下是一家四星级饭店物资用品采购申请程序,可供前厅和客房部门参考。

1. 饭店各库房、厨房及各使用部门需要采购物品、能源、食品原料等均由申请部门填写请购单。请购单发到各使用部门。主要有库房常用物品购置单、厨房原料物品中购单、部门物品请购单和一般物资采购申请单4种。

2. 各部门请购单内容必须填写清楚、齐全,经部门经理签批后,送采购部批签意见,再报财务部。

3. 财务部根据需要采购物品的库存量、预算额和有关部门的签署意见,审批后报总经理批准,再将请购单转回。

4. 采购部接到转回的请购单后,向供应商发放,组织采购。

点 评

饭店物资用品管理是由采供、财务和各使用部门共同完成的。本节主要从客房部门的角度来介绍其物资用品管理的工作内容和方法,案例中的采购申请程序是从全店物品采购的角度来说的,客房部门当然要遵守和执行。但客房物资用品管理的工作内容包括配备标准,定额制定与执行、日常购置、储存、使用管理和消耗考核等。方法较多。本节逐项介绍,希望引起广大学员和业内同仁的重视,以降低客房物资用品消耗,提高经济效益。案例主要起引入主题内容和参考的作用。

一、客房用品配备种类与标准

(一) 客房用品分类

在饭店前厅与客房用品管理中,前厅部以办公用品为主。用品相对较少,这里以客房为主,说明其物资用品管理方法。饭店客房用品很多,从不同的角度考虑客房用品有不同的种类。主要有:

(1) 按客房用品的自然属性分类。主要有7类,即棉织品、装饰用品、清洁用品、服务用品、印刷文具、办公用品、消防用品。这种分类有利于客房物资核算管理和制定消耗定额。

(2) 按客房用品的价值和消耗方式分类。可分为两大类:一是客房多次性消耗用品,如棉织品、玻璃、瓷器、暖水瓶等。这类物品可连续供客人使用,其价值补偿实际上是在较短时间内渐进完成的。另一类是客用一次性消耗物品,如茶叶、卫生纸、浴液、香皂等。这类物品的价值是一次性完成的。这种分类有利于客房用品消耗定额的制定和成本费用计算。

(3) 按客房用品使用方式分类。可分为客用物品、服务用品、清洁用品、办公用品等。其用品管理以客用物品为主。

(二) 客房用品配备标准

客房用品配备标准以客房使用的客用物品为主,至于服务人员使用的塑料垃圾袋、各型垃圾桶、清洁剂、消毒剂等,主要是根据客房清洁卫生的工作量大小、服务场所摆放需要等确定其配备标准的。

客房使用的客用物品的配备标准,主要根据饭店客房和床位数量来确定,一般以单房为基础。现以三星级饭店的标准客房为例,说明其配备标准,如表 10 - 3 所示。

表 10 - 3　客房用品配备标准

物品名称	消耗方式	配备标准	物品名称	消耗方式	配备标准
1. 客用消耗性物品					
服务指南	多次性	1 本/房	热水瓶	多次性	1 只/房
宾客意见卡	一次性	1 本/房	冷水瓶	多次性	1 只/房
电话簿	多次性	1 本/房	茶水杯	多次性	2 只/房
客房菜单	一次性	1 张/房	冷水杯	多次性	2 只/房
订餐单	一次性	1 张/房	普通信封	一次性	2 个/房
请勿打扰牌	一次性	1 个/房	航空信封	一次性	2 个/房
洗衣袋	多次性	1 个/床			
购物袋	一次性	1 个/床	信纸	一次性	6 张/房
房价表	多次性	1 张/房	便笺	一次性	10 张/房
紧急疏散图	多次性	1 张/房	圆珠笔	多次性	1 支/房
文具夹	多次性	1 个/房	针线包	多次性	1 个/房
洗衣单	一次性	1 套/房	酒水单	一次性	1 套/房
2. 床上用品					
棉褥	多次性	1 条/床	床罩	多次性	1 条/床
床单	多次性	2 条/床	枕套	多次性	1 条/枕芯
毛毯	多次性	1 条/床	备用毛毯	多次性	1 条/床
枕芯	多次性	2 个/单人床	双人床枕芯	多次性	4 个/双人床
大枕芯	多次性	6 个/特大床	晚安卡	多次性	1 个/床
记事卡	一次性	2 张/床			
3. 客用生活用品					
拖鞋	一次性	1 双/床	安全火柴	一次性	2 盒/房
擦鞋器	多次性	1 只/床	茶叶	一次性	4 袋/房
大衣刷	多次性	1 把/房	衣架	多次性	6 个/房
鞋拔子	多次性	1 把/房	烟灰缸	多次性	3 个/房

（续表）

物品名称	消耗方式	配备标准	物品名称	消耗方式	配备标准
4. 卫生间用品					
卫生纸	一次性	1卷/房	浴巾	多次性	1条/床
擦面纸	一次性	2份/房	手巾	多次性	1条/床
浴皂	一次性	1块/床	地脚巾	多次性	1条/床
香皂	一次性	1块/床	牙膏	多次性	1条/床
漱口杯	多次性	1块/床	牙膏	一次性	1条/床
浴帽	一次性	1个/床	牙刷	一次性	1把/床
浴液	一次性	1份/床	梳子	一次性	1把/床
香波	一次性	1份/床	浴衣	多次性	1条/床

二、客房物资用品定额管理

（一）客房用品定额制定的客观依据

客房用品消耗定额是指在一定时期为完成一定接待任务的物资用品消耗数量。它有两种表现形式：一是数量，如香皂、浴皂多少箱；二是价值，如一年、某月多少钱等。

合理制定客房系统物资用品消耗定额，既是保证业务需要、有计划地使用物资用品的客观要求，又是降低成本费用、加快资金周转的重要体现。其物资用品消耗定额的制定依据是：

（1）饭店等级规格。饭店星级或等级规格越高，客源层次及其消费水平越高，客房系统所配置的物资用品的质量越好，如信封、拖鞋、香皂、浴液等。由此必然要求高档饭店客房用品的消耗定额，特别是价值量定额要比低档饭店多一些。所以，饭店等级是客房用品消耗定额管理的客观依据之一。

（2）客房接待能力。客房用品消耗定额是以饭店客房及其床位数量为基础来制定的。在饭店等级规格已经确定的条件下，客房和床位数量越多，需要配备的物资用品就越多。在正常经营的条件下，其物资用品的消耗数量和制定的定额价值消耗量也必然越多。

（3）客房用品更新状况。客房客用一次性消耗物品每天换新，客用多次性消耗物品是以其更新周转期为基础来确定其何时更新的，而这些物品的更新周期又各不相同。此外，这些物品在使用过程中还会发生损坏、丢失、洗坏等需要换新。这些都是制定客房物品消耗定额的重要依据。

（4）客房出租率的高低。客房出租率越高，房间周转越快，所耗用的物资用品特别是一次性消耗物品必然越多。因而，同一时期的客房用品消耗定额，因其出租率的高低不同是不完全相同的。

（二）客房用品消耗定额制定方法

（1）编制客房用品定额消耗表。主要根据客房接待能力、单间客房或每个床位配备标准、一定时期的客房用品消耗数量等来编制。其中客用物品要分为一次性消耗物品和多次性消耗物品两大类。员工用物品则根据客房每个楼层工作间和客房服务中心等各单位的员工数量、物品种类、人均配备或需要量来确定。

(2) 核定客用一次性物品消耗定额。可以客房数量和床位数量为基础,按客房种类和定额时间来核定,其核定方法可参照下式计算:

$$Q_{(1)} = x \cdot y \cdot f \cdot t \cdot (1 - r)$$

式中:$Q_{(1)}$为一次性物品定额;x为客房或床位数;y为单房或单床配备标准;f为出租率或床位利用率;t为定额时间(或年月);r为未开封使用物品回收率。

(3) 制定客用多次性物品消耗定额。客用一次性消耗物品和客用多次性消耗物品的主要区别是:前者每天更新,消耗量较大;后者不用每天更新,需要到一定更新周期才更换。因此,客用多次性物品的消耗定额和制定方法可参照下式计算:

$$Q_{(2)} = x \cdot n \cdot h \cdot f$$

式中:$Q_{(2)}$为客用多次性物品定额(月);x为客房或床位数;n为单房或单床配备量;h为多次性物品年度更新率;f为物品月度消耗分摊率。

(4) 核定员工用物品消耗定额。客房员工用品主要分为清洁用品或服务用品两大类:前者包括各种清洁剂,如酸性、碱性清洁剂、玻璃水、三缸清洁剂等;后者以服务员使用的工具用品为主。其定额方法一般是根据前几年或月度实际用量,分析其合理程度大致确定。

(5) 汇总制定客房用品消耗定额。具体操作时,客用一次性消耗定额应以月度为基础汇总,形成全年各月各季的消耗定额;客用多次性消耗物品应以全年为基础汇总,然后分摊到各月。现以客用一部分物品为例,列表说明其形式和方法。

▶ **案例**　某饭店有客房480间。客房年度出租率86.5%,双开率42.6%。其中,1月为56.2%,2月为61.8%,3月为72.5%;双开率分别为38.4%,36.8%,45.6%。客用一次性物品未开封使用的回收率为1.5%,客用多次性物品1月、2月、3月的月度消耗分摊率分别为5.2%、4.9%和6.4%,请根据饭店客房物品配备标准核定部分客用物品年度和月度消耗定额。

案例分析:

1. 核定客房单房或单床物品配备标准。需要逐项核定,现仍以本章前面所列三星级饭店标准间客房为例说明其方法。

2. 核算客房年度和1、2、3月出租间次,为定额核算提供基础,结果见下面。

3. 列表制定客房用品消耗定额:

表 10-4 客房用品消耗定额

物品名称	单价	配备标准	数量定额				价值量定额(元)			
			1月	2月	3月	全年	1月	2月	3月	全年
客用一次性物品										
卫生纸	0.05	1卷/1床	11400卷	11193	15471	212866	570	560	744	10643
拖鞋	0.12	1双/1床	11400双	11193	15471	212866	1386	1343	1875	25544
香波	0.18	1袋/1床	11400床	11193	15471	212866	2052	2015	2785	38316
浴液	0.16	1袋/1床	11400袋	11193	15471	212866	1824	1791	2475	34059
…										
合计										
客用多次性物品										
热水瓶	4.85	1只/房	5只	5	6	96	24.5	24.25	29.1	465.6
冷水瓶	4.56	1只/房	5只	5	6	96	22.8	22.8	27.36	437.76
茶水杯	1.28	2只/房	21只	20	25	403	26.88	25.60	32	515.84
凉水杯	1.05	2只/房	21只	20	25	403	22.05	21.00	26.25	423.15
文具夹	8.52	1只/房	2个	2个	3个	48	17.04	17.04	25.56	408.96
合计										

注:客用多次性物品更新率分别按热水瓶和冷水瓶为20%,茶水杯和凉水杯为42%,文具夹为10%计算。

(三) 客房用品储备定额制定方法

客房用品消耗定额制定完成后。其用品消耗是通过物品购置、库房管理、投入使用而逐步耗用的。为此,客房用品在制定消耗定额的基础上,还应制定储备定额,以便为物品购置、日常领用和减少资金占用提供依据。客房用品储备定额的制定方法是:

(1) 客用一次性和直接消耗的物品,包括牙膏、牙刷、拖鞋、服务员使用的清洁用品等。其储备定额的制定方法,根据日均消耗量和储备天数确定的。公式为:

$$Q_{(1)} = x(t_1 + t_2)$$

式中:$Q_{(1)}$为一次性物品储备定额;x为日均耗用量;t_1为合理储备天数;t_2为安全天数。

(2) 客用多次性物品。其储备定额制定方法是根据物品配备定额和更新周期内的损耗更新率和储备天数确定的。公式为:

$$Q_{(2)} = D \cdot r + D_n$$

式中:$Q_{(2)}$为多次性物品储备定额;D为物品配备定额;r为损耗与更新率;D_n为保险储备数量。

三、客房用品日常管理方法

(一) 客房用品购置管理

客房用品购置应坚持统一领导、分级管理、集中进货、分散存放的原则和方法。具体包括以下内容和工作步骤：

(1) 部门提出购置申请，明确要求。客房物品不仅种类多、规格高，而且每种物品的规格、质地、样式、颜色、手感、质感、花纹等要求各不相同。只有由客房部门，包括楼层、洗衣房、公共卫生的主管以上人员提出购置申请，列表将各种用品的上述要求及其购置数量申报清楚，才能保证客房用品符合饭店客房等级规格，形成特色，满足客人享受需要。

(2) 采购编制采购计划，报审核批准。即在部门提出购置申请的基础上，由采购部人员编制采购计划，逐项核定，报财务部和总经理审核，纳入饭店计划之中。采购计划十分具体，每种物品的规格、质地、色彩、样式等都要明确。

(3) 掌握市场行情，确定样品与价格。客房用品中的任何一种物品，都有较多厂家或供应商。同一种客房用品在不同厂家和供应商处，其质量和价格都是各不相同的。为此，采购人员必须事先掌握市场行情，通过先购样品，多方寻价，互相比较，货比三家，特别是要将样品交房务部审查同意后，方可批量购置。

(4) 签订合同，集中进货。在掌握市场行情，确定采购品种、规格、型号、价格等基础上，由采购部与供应厂商签订供货合同。合同内容应包括货品名称、等级、规格、质地、数量、价格、包装、交货日期、地点、运输方式、货物验收、结算方法、有效期限等，并由双方签字盖章，然后集中组织进货。

(二) 客房用品库房管理

客房各种物资用品购进后，一般都要经过库房建账，再分发到各使用部门，饭店客房物资用品的库房一般分为三级管理：一是全店或客房部门设用品库房，集中管理各种用品；二是各楼层设工作间，又称楼层小库房，存放日常使用和周转的客房用品；三是客房服务中心存放每天客人需要使用的客房用品，如茶叶、小刀、圆珠笔等。因此，饭店客房库房管理需要做好四个方面的工作。

(1) 严格验收，完善三级账务登记。客房用品购进后，不管是直接投入使用或进入库房周转待用，都要先由客房用品库管人员按照品种、规格、型号、数量、单价和质量等，严格做好验收工作。直接进入各个楼层和客房服务中心用于客房用品配备的各种物品，必须按每个楼层和客房服务中心逐项登记造册，使客房用品管理一开始即形成用品库房、楼层工作间和客房服务中心三级账目或四级建账(加洗衣房)。这是客房用品管理和消耗考核的基础。具体验收和建账登记时，要把好三关，即数量记录关、质量价格关、单据填制关。而入库和三级账务登记都要做到按物资用品的品种分类，按部门和存放地点归口，账务完善。

(2) 加强保管，确保客房用品安全。客房用品验收入库后，要根据用品种类、性质、外形、体积、包装等情况，分类保管，做到分类清楚、货位明确、货架整齐、货物码放规范，各种货架、货位与货号编制统一。同时，要定期整理库房卫生，注意库房温度、湿度、气流，防止库存物品发霉、损坏、丢失和严重报损。在日常管理中要做到“六化”、“五防”、“四懂”、“四会”。

“六化”、“五防”的要求是：“六化”即管理专职化、货物固定化、码放规格化、计量标准化、库房整洁化、检验经常化；“五防”即防火、防盗、防潮、防腐、防意外事故，以保证库房物品安全。

“四懂”、“四会”的要求是：四懂即懂品种规格、懂性能用途、懂物品保养、懂业务流程;"四会"即会识别货物、会保养储存、会核算盘点、会制作账卡,以适应库房管理工作的需要。

(3) 掌握消耗定额,及时发放物资用品。库房管理是为业务经营服务的。发放物资用品,既要保证客房业务经营活动需要,又要考虑各个楼层和客房服务中心的消耗定额。因此,在制定客房用品消耗定额的基础上,一般是客房各个楼层和客房服务中心平时保存一周到10天左右的用品需要量。库房发放物品时,主要是按消耗定额和各个楼层工作间及客房服务中心的10天左右的用品周转需要量发放。每次发放都要按品种分类,按楼层和客房服务中心归口,做好账面登记,保证客房用品使用的来龙去脉清楚。

(4) 做好盘点与补充更新,保证业务发展需要。在客房物品管理过程中,无论是用品库房还是各个楼层工作间和客房服务中心,都必须每月做一次盘点工作。客房用品盘点应由饭店财务人员或库房主管人员牵头,各楼层工作间,客房服务中心,洗衣房等使用部门参加。正式盘点前,库房和各部门必须根据自己的账卡记录,事先计算出各种客房用品的账面余额。然后在每月最后一天或规定时间盘点,逐项清点客房各种用品在库房和各个楼层(包括楼层工作间和房间内)、客房服务中心、洗衣房等各处的实际储存数量,即盘存数,在做好盘点账务登记的基础上,填写盘点报表。其内容和格式如表10-5所示。

表10-5 客房用品盘点表(格式)

ITEM 项目	单位	上月记录	本月领货	本月消耗	本月盘点	与统计结果差额	备注
TOILE ROLL 厕纸							
TISSUE 面纸							
SHOWERCAP 浴帽							
SHAMPOO 洗发液							
BATHFOAM 沐浴液							
SHOESHNEMINT 擦鞋纸							
SANRTRYBAC 卷纸箱							
SOAP 香皂							
LAUNDRYBAC 洗衣袋							
GLASSWRPPER 杯纸							
TEA-BAC 茶叶袋							

（续表）

ITEM 项目	单位	上月记录	本月领货	本月消耗	本月盘点	与统计结果差额	备注
ASH TRAY 烟灰缸							
MATCHDR 火柴							
SLIPPER 拖鞋							
DOOR CARD 门卡							
FOLIO 文件夹							
IEN 圆珠笔							
LETTER HEAK(L) 信纸							
LETTER HEAK(A) 信纸(航空)							
MEMOPAD 记事本							
SEWTNG KIT 针线包							
HANGER(L) 衣架(女)							
HANGER(G) 衣架(男)							
SHOPPINGBAG 购物袋							
FLASK 水壶							
EAVELOPE(A) 信纸(航空)							
ENVELOPE(L) 信封							
GLASSES 杯							
LAUNFRYL ST 水洗衣单							

在库房物品管理过程中，随着各种用品陆续投入使用而库存量逐步减少，到了一定时间，就需要补充更新。为此，应由客房用品库管人员根据储备定额消耗情况，提出补充更新申请，报领导批准后组织进货，以保证业务发展的需要。如果补充更新的用品在规格、

型号、质地、颜色、手感、质感等方面需要调整和变化时，还应像本章前面所讲客房用品购置方法一样，先报客房部门专业领导审批后，方可办理。客房用品补充更新的申请格式如表 10－6 所示。

表 10－6　客房用品采购申报表

物品名称	规格	型号	等级	价格	申购量	金额	供应商

合计金额：

（三）客房用品日常使用管理

客房用品日常管理主要靠各楼层工作间和客房服务中心及洗衣房等使用管理部门来控制。为此，客房用品日常管理工作内容和方法是：

（1）使用部门按客房用品配备标准和周转使用要求，做好物品使用工作。使用部门包括每一个客房楼层的工作间、客房服务中心和洗衣房等部门或单位。客房用品的配备标准以楼层客房数量为准，按每间客房的配备数量领用，如标准客房、单人间、双人房、套房等。这些用品平时摆放或布置在客房之中，房间可以随时出租。客房用品周转使用量一般按每个楼层、客房服务中心和洗衣房 7—10 天的需要量领取。每次从客房用品库房领取时，各使用部门不仅要填写客房用品申领表，而且要按用品种类、存放地点（如客房、工作间、服务中心用品室、洗衣房用品室等）分别登记造册。这是使用部门物资用品管理最初的原始凭证。客房各使用部门或单位用品申领表的格式可参阅表 10－7。

表 10－7　客房用品部门用品申领表

楼层________　　　　领发日期 ________

物品名称	申领数	实发数	物品名称	申领数	实发数
便笺纸			卫生纸		
宾客意见书			面巾纸		
住客预订表			水杯		
小酒吧账卡			烟缸		
圆珠笔			火柴		
服务指南			（下列为服务员用的清洁用品）		
门把菜单					

（续表）

物品名称	申领数	实发数	物品名称	申领数	实发数
房内用膳菜单			拖把		
干洗单			什物		
湿洗单			空气清洁剂		
洗衣袋			除虫剂		
卫生袋			鞋刷		
垃圾袋			鞋油（黑）		
枕套			鞋油（棕）		
浴帽			鞋油（棕黄色）		
浴液			鞋油（自然色）		
大香皂					
小香皂					

申领者＿＿＿＿＿＿　　　　　　发放者＿＿＿＿＿＿

（2）每天使用部门根据业务和客人需要发放物资用品，落实消耗定额，具体包括三个方面：

① 客房楼层工作间。每个楼层每天由领班根据当天住房、走房、空房的清扫间数和消耗定额向服务员发放客房用品，保证客房出租业务需要。

② 客房服务中心物品室。客房服务中心每次领取的客用物品，均分类整齐地存放在物品室，同样要登记造册。每天客人来电话要求提供服务时，服务人员从中心物品室领取客用物品，送入客房。每次领用的物品记入客人消耗物品，由此控制客房用品的日常使用。

③ 洗衣房工作间。洗衣房每次从客房用品库房领取的物品，主要是各种洗涤剂。先存入洗衣房工作间，每天根据洗涤业务量的大小，由专职人员向水洗组、干洗组等各使用单位发放洗涤用品，控制消耗定额，由此形成洗衣房用品的日常使用管理。

（3）各部门做好日常使用监督，贯彻增收节支有奖，超控浪费受罚的管理制度。在客房物资用品日常管理过程中，客房部经理、各楼层主管、领班等，都要加强各种用品的使用监督，防止丢失、浪费、私拿、私分、送人等。对一些客人未使用、未开封的用品和还可以利用的物品，如茶叶、卫生纸、衣服罩等，要尽量回收或修旧利废，改作他用等，以降低成本费用开支。同时，要定期开展评比，统计用品消耗，认真贯彻增收节支有奖、超控浪费受罚的管理制度，才能调动广大员工积极性，做好客房用品管理工作。

四、客房用品消耗考核管理方法

做好客房用品消耗考核，检查各种用品消耗定额执行情况是控制客房费用开支的重要工作内容之一，其考核管理的方法和步骤如下。

（一）班组每日统计客房用品实际消耗量

客房各种物质用品消耗是以班组为基础的，其班组每日用品消耗统计包括三种情况：

（1）客房楼层班组。客房楼层班组一般是以楼层为基础的。每个楼层设一个班组，也有的饭店2—3个楼层设一个班组。其客房用品消耗的每日统计方法是:以客房服务员每日填写的工作日报表为基础,逐项统计每个楼层每天各种用品的实际消耗数量,然后汇总,形成每日统计报表。其报表格式如表10-8所示。

表10-8 客房班组每日物品消耗汇总表

文员________ 日期________

项目 / 楼层	卷纸	洗发液	淋浴剂	擦鞋纸	圆珠笔	小铅笔	明信片	箱贴	梳子	牙具	针线包	香皂
三层												
四层												
五层												
⋮												
合计												
金额												

备注________ 当日做房数________

(2) 客房服务中心。饭店客房服务中心一般三班24小时提供服务。由于每个班次的用品消耗都是由中心物品室发出的,因此,只要将中心物品室每天的物品发放记录进行分类统计即可。

(3) 洗衣房工作间。洗衣房工作间的用品消耗统计与客房服务中心基本相同,只要将工作间每天发放的物品记录进行分类统计,形成报表即可。

(二) 部门每月统计各种用品消耗情况

客房部门每月用品消耗统计是以班组每日消耗统计为基础的。将客房各个楼层班组、客房服务中心和洗衣房的每日用品消耗汇总,即可得到客房各种用品每月消耗的有关数据,从而为客房用品消耗考核提供依据。客房部门每月用品消耗统计如表10-9所示。

表10-9 客房每月用品消耗汇总分析

____年____月 制表人________ 审核者________

楼层	客房数(间天)	香皂		卫生纸		圆珠笔		购物袋		品名		品名		品名	
		总耗量(块)	平均量(块/间天)	总耗量(卷)	平均量(卷/间天)	总耗量(只)	平均量(支/间天)	总耗量(只)	平均量(只/间天)	总耗量	平均量	总耗量	平均量	总耗量	平均量
总计															

(三) 做好对比分析,考核每月用品消耗

在客房用品每月消耗统计基础上,即可运用对比分析方法,考核客房用品消耗情况,评价其管理效果。其对比分析主要包括两个方面:

(1) 月度比较。即各月各种用品消耗与上月比较、与上年同月比较、与计划消耗定额比较,便可得出当月客房用品管理的好坏,即主要成绩、存在问题,以便有针对性地找出存在问题的原因,便于改进工作。其月度比较表的格式如表 10－10 所示。

(2) 盘点比较。即根据客房用品每月盘点结果,得出当月实际消耗额,并将实际消耗量和消耗额与计划数比较,与消耗定额数比较,也可考核各月客房用品管理好坏。

表 10－10　客房用品月度考核分析表

品名	单位	单价	上月消耗	金额元	本月消耗	金额元	与上月相比	
							增%	减%
圆珠笔	支	0.24						
夹纸笔	支	0.05						
开瓶扳手	个	0.30						
卫生袋	只	0.02						
针线包	个	0.15						
擦鞋纸	张	0.01						
杯垫	张	0.01						
行李牌	张	0.12						
意见书	张	0.15						
维修单	张	0.10						
店卡	张	0.12						
明信片	张	0.08						
塑料提包	个	0.01						
牙具	个	0.51						
服务指南	本	12.5						
洗发液	袋	0.21						
沐浴液	袋	0.21						
洗衣粉	袋	0.04						
洗衣单	本	1.75						
电传纸	张	0.02						
剃须刀	个	0.30						
矿物质	瓶	0.91						
筷套	支	0.01						
菜单	本	0.79						
橡皮圈	个	0.08						
早餐卡	张	0.79						
奇妙	听	5.79						
家用蜡	听	11.12						
合计								

上月住客率	本月住客率	与上月相比		上月每间房消耗额	本月每间房消耗额
		增	减		

制表人＿＿＿＿＿＿＿　　　　时间＿＿＿＿＿＿＿

复习思考题

1. 前厅与客房的设备用品管理有哪些特点？有何重要意义？
2. 前厅与客房设备用品管理的任务是什么？需要遵循哪些原则。
3. 前厅与客房设备用品管理的要求是什么？
4. 前厅与客房设备报修处理程序是怎样的？
5. 客房用品定额制定的依据是什么？其消耗定额的制定方法分为哪几个步骤。
6. 客房用品库房管理要做好哪几个方面的工作？

案例分析题

世纪大饭店是一家有客房280间套的四星级饭店。其客房构成为单人房30间，标准房150间，套房70间，豪华大间套30间。请完成：

(1) 根据饭店房间构成，按四星级标准编制一份客房用品定额配备表(用品不少于10种)。

(2) 根据客用物品配备标准，在市场价的基础上，预测1月、2月和今年客房出租率和双开率，编制一份客房用品消耗定额表。

(3) 根据消耗定额，编制一份客房部分物品采购清单。

第十一章

客房商品出租价格管理

内容架构与学习目标

内容架构

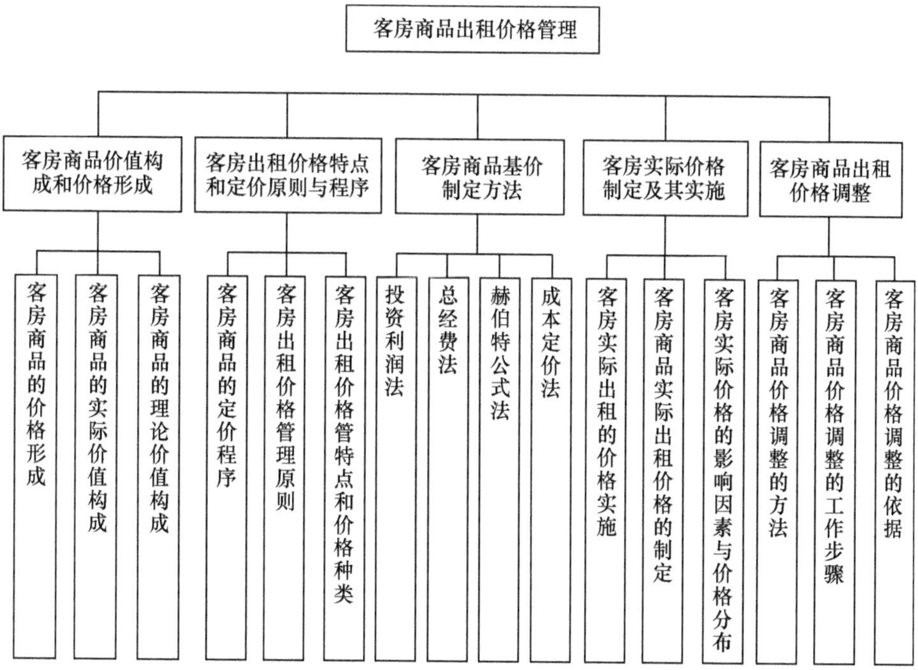

学习目标	通过本章学习,你应该达到下列目标
知识目标	技能目标
1. 掌握客房理论价值构成内容和实际价值构成的内容 2. 掌握客房商品价格形成中的费用与价值因素 3. 熟知客房价格特点和定价原则 4. 名词术语:理论成本、出租成本、客房基价、客房潜质系数	1. 熟知客房定价程序 2. 掌握客房成本定价法,赫伯特公式法,总经费法的定价步骤和方法 3. 掌握客房实际出租价格制定的工作步骤和方法运用 4. 能用边际毛益法调整客房价格

第一节　客房商品价值构成和价格形成

案　例

本田定理和吉芬效应的启示

日本本田公司创始人本田宗一郎提出了一个管理定律："没有学问做根基的生意，只能视为投机事业，也无法真正体验生意的妙趣。"

管理学家吉芬提出了一个"吉芬效应"。在一般情况下，需要随着价格下跌而增加，但也有例外，需求会随着价格上涨而增加，此效应亦称"吉芬反论"。

点　评

价格是企业开展营销活动的手段，也是前提和基础。客房管理也必须掌握其价格管理的有关原理、理论和方法。本田定律就是要求企业管理和营销人员必须以"学问"为基本来开展自己的生意或事业。"吉芬效应"则直接指出了产品价格和市场需求变化的复杂关系。这些对我们研究客房出租价格管理的原理、理论和方法等都具有指导作用。为此，我们在前厅与客房各项业务管理的基础上，研究介绍客房商品出租价格管理的"学问"，即"原理、理论和方法"，首先介绍客房商品的价值构成和价格形成的基本原理，以指导价格制定和客房销售，获得更好的经济效益。案例在此主要起到引入本章正题的作用，供大家参阅。

一、客房商品理论价值构成

客房商品是一个特殊商品，它通过出租使用价值和提供住店服务来开展其业务经营。从理论上讲，客房商品的价值是由物化劳动的转移价值、活劳动中的必要劳动价值、活劳动中的剩余劳动价值三大部分构成的。其中，物化劳动的转移价值主要通过前厅与客房系统的设施设备，客房实物形体，客房装饰布置，各种生活用品、水电能源消耗等表现出来，它有实物存在而又逐渐被消耗。活劳动中的必要劳动价值主要表现为前厅与客房系统员工为自身劳动所需要的价值，具体包括基薪工资、奖金工资、社会统筹、员工福利四个方面的价值，如养老保险、医疗保险、大病统筹、住房公积金等各种劳动力的价值。活劳动中的剩余劳动价值主要通过上交国家税金、投资人的利润分红、企业留利（依饭店性质不同而形成公积金、公益金或称发展基金、奖励基金等）等表现出来。

二、客房商品实际价值构成

饭店客房商品的理论价值还是比较抽象的。从客房商品的形成过程来看，其实际价值的构成要先后经过三个阶段，逐步形成价值构成。

（一）客房建造过程中的价值构成

饭店建造以客房为主。其建造过程是十分复杂的，但从其价值构成和形成的角度来考察，则主要包括四个部分。

（1）建筑设计中的价值。建造一家现代饭店必须进行市场调查、市场分析，必须进行可行性研究，提出可行性报告，经过论证分析、地质考察、方案设计等，才能作出决策。在经过审批立项、取得建筑用地后，还要进行专业的房屋建筑设计，包括结构设计、图纸设计、施工图设计等一系列建筑设计及其相关工作过程，没有一项是不需要花钱的。这些价值必然构成饭店客房建筑设计价值，也是客房商品价值构成中的初期投入。

（2）施工准备中的价值。饭店建筑设计完成后，还需要征地、拆迁、三通一平，然后才能进入建筑施工。征地的地价和费用既与饭店地理位置和地价密切相关，又是饭店客房价值构成的重要组成部分。拆迁费用在我国主要是由征地单位支付的。若在城市居民区，就必然会有一笔巨大开支。三通一平是建筑施工的前期准备，此外，还要为施工开通水、电、天然气、污水处理等各种市政工程。这些大量投入都是饭店客房施工准备的价值，也是饭店客房价值构成中的前期投入。

（3）建筑施工中的价值。饭店建筑施工是一项专业性、技术性很强的工作。在建筑设计和施工准备的同时，其建筑施工大多通过招标来选择建筑施工单位。在这一过程中，基础设施建设、隐蔽工程建设、房层结构建造、专业性空间建筑如前厅、餐厅、宴会厅、总统套房、豪华套房、卫生间建设等，都需要大量的建筑材料、施工材料、辅助材料、各种固定设施，并要同时投入大量人力、物力和财力。这些大量的人力、物力和财力消耗，包括施工单位建造饭店的全部投入及它们向国家和地方政府交纳的各种税金和施工建筑单位的利润，都最终转化为饭店及客房建筑施工中的价值，也必然成为客房价值构成中的重要组成部分。

（4）房屋装修中的价值。饭店主体建筑和内部空间结构建筑完成后，必然进行高质量、高水平的内外装修。从一定程度上说，饭店及客房的星级和等级高低，主要是由装修质量决定的。从价值构成的角度来看，饭店和客房的装修费用占其总投资的50%左右。在饭店内外装修过程中，装修设计、施工图设计、装修材料、装修施工、工程验收等，同样要投入大量人力、物力、财力。这些大量投入也会成为客房商品价值构成的主要组成部分。

（二）开业准备过程中的价值构成

在饭店房屋装修过程中，就已经开始了开业前的各项准备工作，从客房商品价值构成的角度来考查，在饭店开业准备过程中，除建筑装修过程中已经投入的各种固定设施、设备价值以外（如卫生间的浴缸、马桶、云台，客房接待服务的中央空调、窗台、暖气罩、壁柜等），还有以下部分必将加入到客房商品价值构成中来。

（1）客房设备价值。主要包括客房床铺、桌椅、沙发、电视、冰箱等家具用具，电器设备和客房系统使用的电脑、吸尘器、洗地机、洗地毯机等各种设备的购置、运输、安装等费用，它们是客房商品价值构成的重要组成部分。

（2）客房用品价值。饭店客房作为高级消费品，其中的配套用品很多。饭店正式开业前，各种用品必须根据客房等级规格配备齐全、完好，并成套配置，包括各种棉织品、生活用品、服务用品、卫生用品等。这些用品的价值也是客房商品价值构成中不可缺少的部分。

(3) 开业准备价值。饭店正式开业前，在配备各种设备用品的同时，还必须做好各项准备工作，包括办理营业执照、税务登记、安全合格证、卫生合格证等，特别是开业的机构设置、人员招聘、员工培训等。这些都必然产生大量支出，形成开办费用开支而加入到客房商品的价值构成中来。

(三) 客房经营过程中的价值构成

饭店客房正式开业后，房屋建造过程中的价值主要通过还本、付息、折旧等费用转化为客房成本，再通过客房商品价格得到回收，从而加入到价值构成中。开业准备过程中的价值主要通过设备折旧、开办费用递减转化为客房成本，再通过定价得到补偿，从而加入到价值构成中。除此之外，在客房经营过程中还有经营费用而使客房商品的价值构成继续大量增加。

(1) 客房商品的劳务价值。饭店客房管理以提供服务性劳动为主，这种社会化劳动又需要各级管理人员来组织。因此，客房商品的劳务价值必然成为其价值构成中的重要组成部分。

(2) 客房用品与能源消耗。客房经营管理过程中，随着客人入住和房间每天的周转使用，其水费、电费、洗涤费用等能源和各种客用品消耗，每天都会发生。它们作为变动成本也必然加入到客房商品的价值构成中来。

(3) 客房经营费用开支。客房经营过程中，除上述各种费用外，还必然产生销售费用、维修费用、管理费用、交际费用、广告费用、保险费用等各种开支。这些费用支出也是客房商品价值构成中的重要组成部分。

根据上述分析，饭店客房商品的价值构成是复杂的。这种价值构成可简单用图11－1来反映。

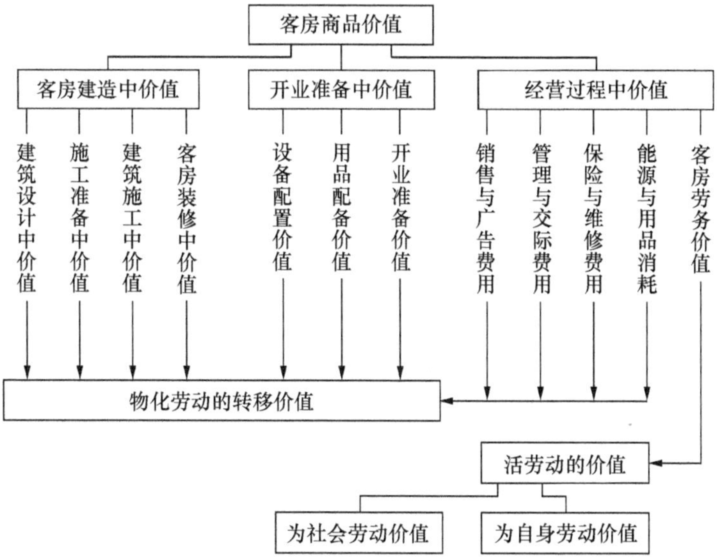

图11－1　饭店客房商品价值构成

三、客房商品的价格形成

在饭店客房商品价值构成的基础上,客房商品的价格形成也是复杂的。其价格形成主要包括两个方面,每一个方面又有较多的因素。

(一) 客房商品定价前的价值转移

(1) 客房建造过程中的价值转移。饭店客房建造过程中的各种价值,包括建筑设计、施工准备、建筑施工和内外装修中的各种基础设施、固定设施、建筑材料、装修材料和建筑单位的税金、利润、人员成本等,都转化为饭店建筑总投资。其中,凡是房屋及其固定设施,包括隐蔽工程等设备部分转化为折旧费用而加入成本,进而成为价格的组成部分。而银行贷款等投资费用则转化为还本付息而加入成本,也成为价格的组成部分。

(2) 开业准备过程中的价值转移。饭店客房开业准备中的价值主要包括设备配置、用品配备和各种劳务与手续费用开支。其中,各种家具用具、电气设备、清洁工具等设备价值,也通过设备折旧转化为成本而加入客房价格。而客房各种用品配备和筹备过程中的人员成本、培训费用、准备开业时的各种手续费用等等,都转化为开办费用而计入成本,又通过开办费用分摊而转化为客房商品价格的组成部分。

(3) 客房经营过程中的价值转移。在客房经营过程中发生的管理费用、维修费用、装饰费用、销售费用、交际费用和水电能源消耗、洗涤费用及各种用品的补充更新和每天的直接消耗等等,都转化为客房商品的经营成本。客房商品的劳务价值,一部分转化为客房管理的人事成本,一部分转化为客房税金和利润,然后作为客房商品的定价依据而转化为客房商品的价格。

(二) 客房商品定价时的价格形成

客房商品的价格形成是在其价值转移的基础上,根据经营管理中所发生的各种新的费用和盈利等因素而形成的。这些因素包括:

(1) 利息。饭店客房建筑投资很大。任何一家饭店宾馆从筹建到开业,都免不了要向银行贷款。贷款必然要支付利息。它是由资金的时间价值引起的,又受国际和国内金融市场供求关系的影响。因此,利息必然成为客房商品价格的组成部分之一。

(2) 修缮费用。饭店客房属于高档耐用消费品,其经营时间很长。为保证客房商品质量,满足客人享受需要,客房必须经常进行修缮。而到了一定时期,又要进行大修理。因此,修缮费用必然以追加劳动的方式形成价值,加入成本而形成客房商品价格的组成部分之一。

(3) 保险费用。饭店客房属于高级消费品,为预防火灾和其他重大意外事故发生可能带来的严重经济损失,必须按国家和地方政府安全与消防主管部门的要求,向保险公司投保,包括设备防火保险、意外保险、财产保险等。这些保险费用也必然加入客房成本而转化为价格的组成部分。

(4) 土地资源税,又称土地使用税。在我国土地属于国家所有。在市场经济条件下,土地不能无偿使用。由于饭店所在的地理位置、交通条件、周围地区的繁华程度及占用土地面积的合理程度不同,其客源的丰富程度区别很大,因此必然形成各饭店之间的级差收入。这些收入的差别主要是由级差地租存在而转化形成的,并不是企业的自身能力或管理水平不同造成的。因此,这部分级差收入应该通过土地资源税的形式上缴国家,才能使不同企业在公平、公正的基础上开展竞争,有利于市场经济的发展。

(5) 房产税。企业房产不管归谁所有,是谁投资,使用房产的企业单位都必须按国家规定的税率交纳房产税,饭店宾馆也不例外,这是我国现行税收政策的规定。每年的饭店房产税都是一笔不小的支出,它也会转化为饭店及客房成本而加入到客房商品的价格中来。

(6) 应纳税金。加入客房商品价格中的税金主要是指城市建设维护费(又称建设税)、营业税和教育税附加三种。其他税金有的计入企业成本而加入价格(如车船使用税、印花税等),有的从利润转化而来(如企业所得税)。所以税金也是价格的组成部分之一。

(7) 客房利润。这里的客房利润是指客房营业总收入扣除各种成本费用、各种税金后的企业留利。它也是饭店客房商品价格的重要组成部分。

根据上述分析,饭店客房商品的价格形成可以用图 11－2 来反映。

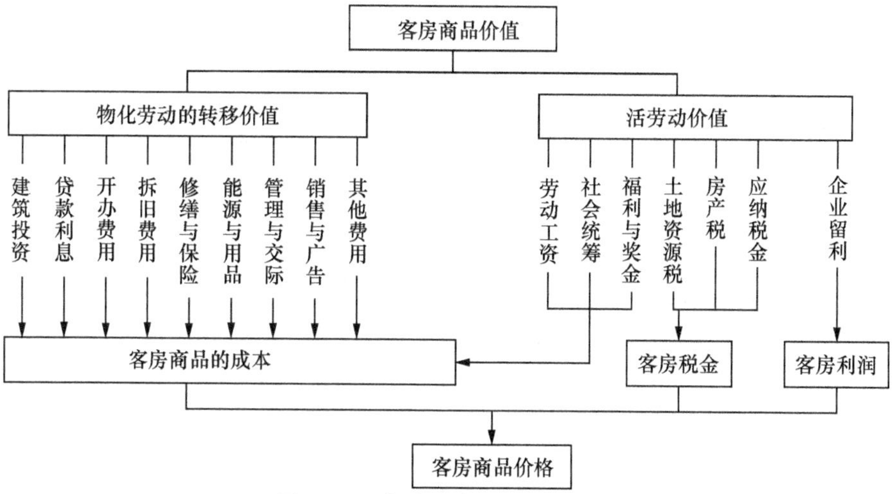

图 11－2　饭店客房商品价格形成

第二节　客房出租价格特点和定价原则与程序

案　例

富翁的遗嘱带来的启示

有一位富翁得了重病,已经无药可救,而他唯一的独生子此刻又远在异乡。当他知道自己死期将近时,怕仆人侵占财产。便立下了一份令人不解的遗嘱:“我的儿子仅可以从财产中先选择一项,其余的皆送给我的仆人。”

看到遗嘱,仆人不仅欣喜若狂。他想,主人家财万贯,却让儿子只挑一项,这不明摆着大部分财产都归我了吗。仆人欢欢喜喜地拿着遗嘱去找主人的儿子。

富翁的儿子看完了遗嘱,想了一想,就对仆人说:"我决定了只选一项,就是你。"

这个聪明的儿子立即得到了父亲所有的财产,而仆人却不名一文,仍然还是仆人。

点 评

这是一个善于思考来处理遗产的寓言故事。亿万富翁福特说过:"思考是世上最艰苦的工作,所以很少有人愿意从事它。"事实上正确的思考是理论指导行动的捷径。客房价格的特点、定价原则和程序等都是从实际出发,经过深入思考而总结出来的,又形成价格管理的指导。所以,我们在客房商品价值构成和价格形成的基础上,进一步介绍客房商品的价格特点、定价原则和工作程序。这也是指导价格制定的基本理论和深入思考的过程,是有重要作用的,希望引起广大学员和业内同仁的重视。

一、客房出租的价格特点及价格种类

(一) 客房商品的价格特点

饭店客房商品是以出租使用价值和提供服务来获得经济收入的,与一般商品价格比较具有五个特点。

(1) 价值构成的复杂性。价格是以价值为基础的,是价值的货币表现。从不同角度来考察,客房商品的价值量由多种因素构成,具有复杂性:其一,理论价值。从理论上讲,客房商品的价值是由物化劳动价值、必要劳动价值和剩余价值三部分构成的。其二,实物价值。从实物形式看,客房商品的价值是由房间形体、设施设备、生活用品、能源消耗等各种因素构成的。其三,功能价值。从客房商品对客服务的功能和效用的角度来看,其价值是由生存因素、享受因素和发展因素三个方面的功能价值构成的。其中,享受因素和发展因素是主要的,它是形成饭店客房超前消费的价值基础。其四,计量价值。从客房商品价值计量,从而制定价格的角度来看,其价值是由成本、费用、税金、利润等构成的。在上述四个方面的价值构成说明中,实物价值和功能价值最能体现客房商品的特点,而理论价值和计量价值构成则和一般商品相同。因此,研究、制定和调整客房商品的价格,重点要突出其特点,将实物价值的具体构成和功能价值的享受程度结合起来,才能收到良好效果。

(2) 价值补偿的时效性。客房商品的价格是通过零星出租表现出来的,其价值补偿必须在一个较长时期内通过房租收入才能实现,由此必然造成其价值补偿的时效性。这正如恩格斯在《论住宅问题》一书所说:"出卖商品就是商品所有者交出商品的使用价值而取得它们的交换价值。各种商品的使用价值互相差异的地方,还在于消费它们的时间的不同。一个大面包一天就吃完了,一条裤子一年就穿破了,一所房屋比方说要一百年才住得坏。因此,对于消费时间很长的商品,就有可能把使用价值零星出卖。每次有一定的期限,即将使用价值出租。"[1]这就是饭店客房商品价值补偿时效的原因所在。这种时效

① 《马克思恩格斯选集》,人民出版社,1972,第531—532页。

性的主要表现为：第一，定价方式的时效性。客房商品的价格是按间/天制定的，它和一般商品以全部价值为基础的定价方式完全不同。这种以间/天为基础的定价方式，说明客房商品的价值补偿是零星实现的，每天都必须将规定的客房出租出去，才能保证其价值回收。如果当天应该出租的客房租不出去，损失了的价值就再也收不回来了，只能用以后出租的收入补偿前面损失的价值。其二，价值补偿的时效性。客房商品属于高级消费品，享受成分比重大，因而每过5年左右必须进行装修改造，每过10年左右必须进行全面彻底改造。每次装修改造都会投入大笔资金、增加大量成本，由此就会形成不同的投资回收期。从价值补偿的角度来看，客房商品的价格水平必须保证在每一个投资回收期内能够将已经投入的价值全部回收，并获得必要的利润。所以，客房商品的价值补偿和盈利都是以不同的投资回收期为时段分期取得的，具有较强的时效性。这种特点要求客房商品的价格制定、调整、实施都必须十分重视不同投资回收期及其每天的时效性，保证其价值补偿的盈利水平。

(3) 价格水平的可比性。饭店宾馆是同时面向国际国内市场的。随着国际经济一体化和世界旅游业的大发展，饭店客房商品的价格都是参照国际、东南亚、港澳地区的价格水平，结合自身成本费用消耗来制定的。因而，其价格水平具有直观可比性。这种直观可比性主要表现在：其一，国际直观可比性。即我国饭店宾馆的客房价格与国际同一等级规格的饭店客房价格水平具有可比性。这有利于开展国际旅游竞争，吸引海外客人。其二，地区直观可比性。即我国不同地区、不同重点旅游城市的饭店客房价格水平具有可比性。这有利于地区之间的旅游竞争。地区差价是客观存在的，但客人会有比较。它会促使饭店客房提供物有所值的服务。其三，当地直观可比性。即同一地区、同一城市的同等星级和规格的饭店，其客房价格水平具有可比性。这既是同等饭店管理水平和服务质量的综合表现，又是市场竞争的必然结果。客房商品价格水平的可比性要求饭店客房价格制定、调整、实施等既要随时关心市场供求关系的变化和同行价格水平的调整，又要以我为主，力争以优质产品和优质服务赢得较高价格，并获得广大客人的认同，才能获得客房管理的优良经济效益。

(4) 价格表现的波动性。饭店客房经营受旅游市场季节变化的影响很大，而旅游又受天气、气候、节假日等多种因素的影响，必然带来客房商品价格的波动性。这种价格波动性的主要表现是：其一，季节波动。季节不同，客源变化大，价格随之变动，因而有淡季、旺季、平季价之分。其二，节假日波动。我国现在每年三个长假，都是旅游高峰期。大中城市的近郊区著名景点的饭店在旺季、周六、周日等假日期间，往往客满为患，而平日则客人较少。这些也会引起客房价格的波动。其三，重大活动波动。一个地区、一个城市赶上举办奥运会、亚运会、万国博览会、世界性大型会议等重大活动期间，必然大量增加客源，从而引起饭店客房价格的大幅向上波动。这是饭店盈利的良机。其四，脆弱性大波动。旅游和饭店业都具有风险性、随机性。当一个地区、一个城市突发重大政治风波、重大自然灾害或发生重大天灾人祸时，必然使旅游业大受其挫，必然引起饭店客房价格的大幅度下降。这虽然是极少发生的，但对饭店经营影响极大。客房价格的波动性特点要求价格制定、调整与实施都必须随时关心外界变化，树立应变观念，破除以不变应万变的僵化意识，才能收到良好效果。

(5) 价格形式的多样性。在市场经济条件下,为适应客人的消费需求、有利于开展市场竞争,饭店客房商品价格的表现形式是多种多样的。从不同角度来考察,其价格表现形式主要有以下各种:其一,从季节的变化上看,主要有淡季价、旺季价、平季价三种。其二,从客源构成角度看,有散客价(又称柜台价)、公司价、团体价、会议价、长住客人价等多种。其三,从客人住房人数看,有单开房价、双开房价两种。其四,从客房类型看,有单人房价、双人房价、标准房价、套房价和豪华套房价等。此外,同一种类的客房,还可以根据高层和低层、朝阳或不朝阳、客房面对的风景好坏、具体位置等不同,制定出不同的价格。所以,其价格表现形式是多种多样的。这就要求饭店客房价格制定、调整、实施,都要区别不同情况,善于运用价格策略和手段,有针对性地做好价格管理,才能适应市场经济发展需要,获得优良经济效益。

(二) 客房出租价格的种类

客房商品的价格种类多种多样,明确其价格种类的划分主要有三个方面的作用:一是便于饭店经营者在不同时期,针对不同的客人类型制定不同的价格,使客房价格管理具有针对性和竞争性;二是便于客人根据自己的住宿需要和支付能力选择所住的房间类型;三是便于饭店经营者合理掌握价格结构,有利于客房销售。根据考虑问题的角度不同。饭店客房价格类型的划分可参阅图 11 - 3。

二、客房出租价格管理的原则

饭店客房商品的价格涉及国家、企业、员工、客人等多方面的关系。为此,做好客房价格管理应遵循以下基本原则。

(一) 按质论价,优劣分等

饭店客房商品的质量并不是完全相同的。不同星级或等级的饭店客房,其建筑设计、空间布局、客房面积及其内部装修的质量、配备的设施设备质量和用品的质量各不相同,服务质量也有较大差别。同一星级或等级规格的饭店客房,其有形设施设备和客房用品的质量及其服务质量也不完全相同。同样,就是在一家饭店内部还有不同等级规格的客房,其质量也不完全一样。因此,客房商品的价格管理就必须按质论价、优劣分等。其中,"按质论价"中的"质"包括两层含义:一是客房商品有形设施设备与用品的质量;二是客房无形服务的质量。两者最终通过客人的满意程度表现出来。"优劣分等"中的"等"则包括两个层次:一是不同饭店星级的高低;二是同等或同一饭店中客房本身的等级。因此,贯彻按质论价、优劣分等原则的具体要求是:优等客房、优等设施、优良环境、优质服务,房租价格高;同等客房、同等设施、同样环境与服务质量,则房租价格基本相同。

(二) 区分市场,随行就市

饭店客房是以外出旅居的客人为接待对象的。客源市场有不同的种类,客人的旅行目的、身份地位、消费水平和支付能力各不相同。另一方面,从饭店市场开发和客源组织的角度来看,饭店性质、设施设备、地理位置等自身条件不同。其市场细分策略和目标市场的基本结构也不完全一样。这些反映在客房商品的价格管理上,就必然要求其房价管理要坚持区分市场、随行就市的原则。所谓"区分市场"就是首先要运用价格手段确定自

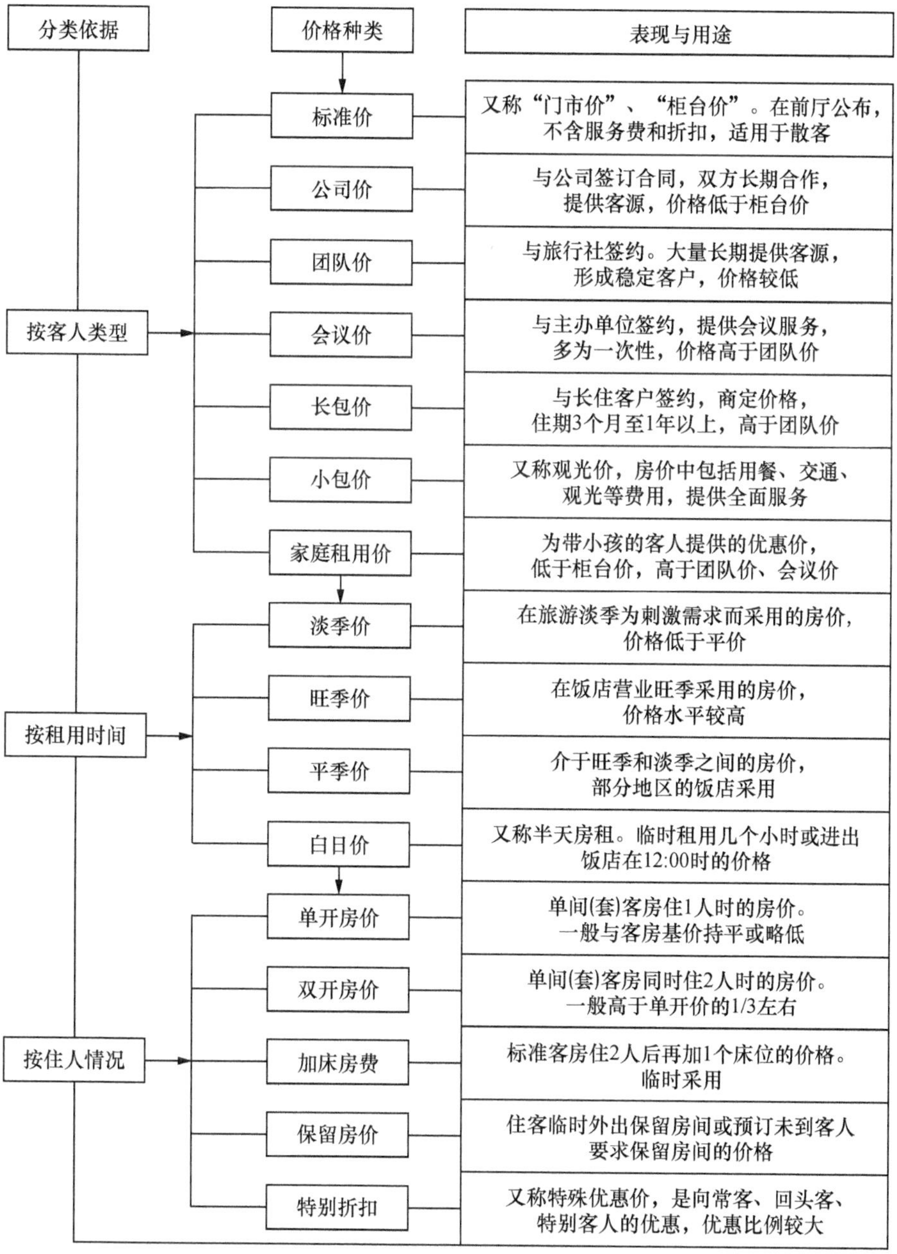

图 11－3　饭店客房价格类型

己的主要目标市场。对同一目标市场的同类客人，基本采用相同的价格，如团队价、会议价等。对不同市场的不同客人，则采用不同的价格，如公司价、优惠价等。所谓“随行就市”，就是指在价格执行过程中，随着季节、节假日、重大活动等引起的市场供求关系的变化，对已经区分市场而制定出的价格，也要水涨船高，适时调整，保证客房价格和市场的最佳适应性。

(三) 看准对象,灵活定价

饭店客源层次是多种多样的,其消费水平也有高、中、低之分。从客户关系的角度来看,旅游批发商、中间商、零售商和直接前来饭店开会、举办活动的公司社团等客户,他们为饭店组织和提供客源的能力,特别是较长时间的客源组织能力是有很大区别的。因此,饭店客房商品的价格管理就必须坚持看准对象、灵活定价的原则。所谓"看准对象"主要是通过调查研究,看准和掌握不同客户给饭店提供客源的组织能力和客源档次。客源组织能力强、客源档次高、客源数量多,就给他多优惠。反之,则少优惠或不优惠。所谓"灵活定价",就是要在上述分析的基础上制定出不同的客房价格,如散客价、公司价、会议价、团体价、长住价、协议价等。就是同一种价格,在不同时期针对不同的客户,其价格也可以有高有低。如同是团队价,对新客户和老客户、对客源多的客户和客源少的客户,其房租价格就应该有所区别。这才是市场经济在客房价格管理中的灵活运用。

(四) 有利竞争,自我调节

价格是调节市场供求关系的经济杠杆,也是开展市场竞争的重要手段。随着我国旅游业和饭店行业的发展,饭店业的市场竞争越来越激烈。其中,价格竞争是其重要表现形式之一。为此,饭店客房价格管理应该遵循有利竞争、自我调节的原则。其具体要求是:其一,在价格制定时应以同等饭店、同一地区或城市的竞争对象为基础,合理掌握其房价水平。其二,当市场供求关系发生变化,需要调整客房商品价格时,也要以同一地区、同一城市的同等饭店、同等产品为基础,瞄准竞争对手调整自己的客房价格。其三,在客房价格管理过程中,不管是价格制定还是价格调整,都要以饭店自身的实力为主,充分认识自己的长处或不足,然后确定自己的价格。该高则高,该低则低,而不一定非要比竞争对手的价格更低。只要客人能够接受,达到满意出租率(同等星级的先进平均值)就是成功的。

三、客房商品的定价程序

饭店客房商品的价值构成和价格形成是制定客房价格的理论基础,而客房商品的价格管理原则又是客房定价的指导依据。但在具体制定其价格时,还要遵循一定的程序,主要包括五个步骤。

(一) 判断市场需求

客房定价是为客人服务的。只有在价格制定前认真做好市场调查,针对已经或准备选择的目标市场的客源层次、消费水平、支付能力,分析客人的需求所在,探求他们能够接受的客房价格水平,才能合理制定客房价格。同时,饭店客房接待服务价格水平是由客人的需求水平和客源结构决定的,而价格制定又是一项很具体的工作。因此,判断市场需求,不仅要判断总体客源市场需求,而且要判断出散客市场、公司市场、团队市场、会议市场等不同细分市场的市场需求,才能为客房商品的价格制定和价格水平的掌握提供客观依据。

(二) 确定价格目标

价格目标又称定价目标,它即是制定产品价格时的基本出发点,也是定价决策人员所想要达到的目的。饭店客房经营者的定价目标不同,其价格策略和定价方法及其所定出的价格水平也不同。就客房商品的定价目标而言,主要有市场占有目标、市场渗透目标、声望定价目标、成本定价目标、利润导向目标、市场竞争目标等多种。具体采用哪种市场定价目标来制定客房商品的价格,必须根据各饭店的自身实力和定价或调价的具体情况来确定。也只有事先确定了自己的定价目标,才能正确选择定价策略和方法来制定客房商品价格。

(三) 核定客房成本

成本是影响客房商品价格的重要组成部分。客房成本种类很多。在客房商品的价值构成和价格形成中的各种成本,可以大致分两大类:一是固定成本。主要包括还本付息、房屋与设施设备和家具器具的折旧费用、各种保险费用等约束性固定费用和管理费用、销售费用、维修与修缮费用、装修费用、培训费用等各种酌量性固定费用及人员工资与社会统筹费用等。二是变动成本。主要包括水电能源费用、洗涤费用、客用消耗物品的费用消耗。在客房总成本中,固定成本的比例很大,一般要占客房总成本的65%—75%,因而它对客房价格的影响很大。另外,核定客房成本时还要注意两个问题:其一,这里所说的核定客房成本必须是定价或调价期内的客房成本数额,而不能是任意时期的成本。其二,在核定客房成本时,既要核定定价期或调价期内的客房总成本,又要核定客房接待服务中的理论成本和出租成本,并以间/天客房为单位,才能为客房商品的价格制定提供成本依据。

(四) 分析同行业竞争对手价格水平

饭店客房商品的价格是面向旅游市场的,价格水平的高低必然引起同行注意。同时,同行业竞争对手的价格又会对自己的房价制定产生影响。因此,在制定客房商品的价格时,要分析同等竞争对手的价格水平,其具体要求包括三个方面:其一,分析参照香港和东南亚地区同等饭店客房商品的价格水平,以掌握和控制自己的价格水平,使房价具有国际竞争力;其二,分析当地同星级饭店客房价格水平,使自己制定的房租价格与同行业竞争对手的价格具有可比性和竞争性;其三,分析当地同类市场的饭店客房价格水平,如同一星级的团队房价、会议房价、公司房价水平等,使其所制定出来的房价在不同客源类型中也有可比性和竞争性。

(五) 选择客房价格制定方法

饭店客房商品的价格制定方法多种多样,主要有成本定价法、目标利润法、赫伯特公式法等多种。具体选择哪种方法,要根据饭店的实际情况、成本核算资料等情况来确定,也可采用两种方法,然后作比较分析,由此制定客房商品价格。

第三节 客房商品基价的制定方法

案 例

企业产品基价和实际价格的区别和联系

在市场经济条件下，企业产品价格的制定必须经过两个阶段：一是产品基价的制定，二是实际价格的制定。那么，两种价格有什么区别和联系呢？

事实上，基价是指根据企业产品全部成本、预计税金和利润率而制定的平均价格。而实际价格则是在市场上直接销售时的价格。因此，两者的区别和联系是：产品基价是基础，实际价格是根据产品基价制定的。产品基价中的税率和利润率是分析预估的一个固定值，因而其基价也是一个比较固定的一个平均值，而实际价格是在基价的基础上根据市场行情和竞争需要确定的，因而它可以高于、等于或低于基价，是一个围绕基价而波动的价格。

点 评

在市场经济条件下，价格特别是客房商品的价格是十分复杂的。其基价和实际出租价格的制定都有不同方法和定价程序。两者的关系，包括区别和联系与上面的分析完全相同。为此，我们在客房价格特点、定价原则和程序的基础上，进一步介绍客房商品基价制定的几种方法，以便为实际出租价格的制定提供客观依据。

一、成本定价法

客房商品基价是指根据客房成本费用预算和市场对客房利润和税金的影响程度进行定量分析后而制定出来的客房平均价。客房商品基价制定方法有多种，成本定价法是其主要方法之一。

成本定价法是以客房成本为基础，通过分析成本、利润和税金的相互关系，然后根据预测客房出租率来制定客房基价的一种方法。这种方法比较充分地考虑了成本对价格的影响，比较切合饭店实际，所以是一种传统的最基本的客房基价制定方法。其具体方法包括三个步骤。

（一）核定理论成本

理论成本是指根据客房商品的价值构成和价格形成中各种成本因素而计算出来的平均每间客房每天的平均成本。饭店客房是一种高级消费品，享受成分高，价值量高，设施设备部分大多采用快速折旧。因此，其成本项目很多，包括各种折旧费用、开办费用、管理费用、人事成本和维修、保险、交际、销售、能源消耗费用，以及各种客用物品、生活用品、清洁用品与服务用品消耗等,甚至包括饭店的还本、付息费用。这些成本项目有的采用价值分摊形式计入客房理论成本,如折旧费用、开办费用、饭店还本付息费用分摊等;有的采用直接计入方式加入客房理论成本,如客房人事成本、能源消耗、低值易耗品和物料用品等。但是,这些成本又可以分为固定成本和变动成本。因此,客房理论成本计算公式为:

$$C_1 = \frac{F + C}{365m} \cdot n \tag{1}$$

式中:C_1 为客房理论成本;F 为年固定成本;C 为年变动成本;m 为客房总面积;n 为平均每间客房面积。

(二) 预算出租成本

客房理论成本虽然是以实际成本预算为基础的,但是它还是一种理想数值。因为在正常经营条件下,任何一家宾馆或饭店,都不能做到全年 365 天,每天的客房出租率都达到 100%,必然有一部分要闲置。这部分闲置客房中的固定成本必须每天照常支付。特别是到了淡季,这种固定成本的负担较重。同时,闲置客房的存在,又会使客房变动成本减少。因此,在制定客房商品基价时,就不能只考虑理论成本,还必须计算出租成本。所谓出租成本就是从客房出租的实际情况出发而预算出来的包括客房正常闲置损失在内的每间客房每天的平均成本。公式为:

$$C_2 = \frac{C_1}{1 - R \cdot f} \tag{2}$$

式中:C_2 为客房出租成本;R 为客房正常闲置率;f 为间/天客房固定成本占总成本%。

(三) 制定客房基价

客房基价又称基础平均房价,各种客房的具体房价都是以它为基础来制定和落实的。客房理论成本和出租成本的核定为客房基价的制定提供了基础,但具体定价时还要考虑客房利润、国家税金等因素。利润率是根据饭店市场供求关系分析可能的客房出租率、当地饭店同行特别是同星级饭店的利润水平,结合自身实力等多种因素来确定的。它需要考虑两个因素:第一,由利润转化而来的又从利润中支付的,并以税金形式向国家提供的公共积累,包括营业性税金、企业所得税、地方所得税等。其中,营业性税金包括营业税、城建税、教育附加税三种。第二,企业希望的利润留成。在此基础上,即可制定客房商品基价。公式为:

$$P = \frac{C_2}{1 - a - b} \tag{3}$$

式中:P 为客房基价;a 为平均税率;b 为客房利润率。

▶ **案例**　丽江大饭店是一家有 480 间客房的四星级饭店。客房系统建筑总面积为 28 610 平方米。预算客房定价期内的年度固定成本为 3 896.86 万元。单房变动成本每天 90.3 元。预算客房出租率为 82.5%,营业税税率为 5.5%,客房预算利润率为 38.6%(含企业留利和所得税),客房间/天固定成本占间/天总成本的 74.91%。请核定饭店客房基价。

案例分析：

1. 根据已知条件计算定价期内客房年度总成本 C_n（设 C_i 为间/天变动成本，X 为客房数，f_n 为出租率）

$$C_n = F + C_i \cdot x \cdot f_n \cdot 365 = 3\,896.86 + 0.00903 \times 480 \times 82.5\% \times 365$$
$$= 3\,896.86 + 1\,305.2 = 5\,202.06\text{（万元）}$$

2. 预算客房理论成本 C_1

$$C_1 = \frac{C_n}{365m} \cdot n = \frac{5\,202.06}{365 \times 28\,610} \times \frac{28\,610}{480} = 296.9\text{（元/间·天）}$$

3. 核定客房出租成本 C_2

$$C_2 = \frac{C_1}{1 - R \cdot f} = \frac{296.9}{1 - 17.5\% \times 74.91\%} = 341.70\text{（元/间·天）}$$

4. 制定客房基价 P

$$P = \frac{C_2}{1 - a - b} = \frac{341.70}{1 - 5.5\% - 38.6\%}$$
$$= 611.27\text{（元/间·天）（约等于 76.77 美元）}$$

二、赫伯特公式法

赫伯特公式法又称投资回收定价法，是美国饭店和汽车旅馆协会主席罗伊·赫伯特主持发明的。它以目标收益作为定价的出发点。其具体方法主要包括三个步骤。

（一）测算饭店年度营业总额

赫伯特公式法首先考虑的是饭店的还本付息。饭店建筑或改造过程中，一般都必须向银行贷款。这就需要还本。即使不贷款的那一部分建筑投资，也必须得到回收并取得收益。而银行贷款后又必须支付利息。在此基础上，还要分析市场供求关系，预测饭店经营中需要支出的成本费用率。一般说来，客房毛利率较高、成本率较低，而全店的成本费用率则要高一些。因此，采用赫伯特公式法，饭店年度营业额的计算公式为：

$$M_1 = \left(\frac{Q}{T} + R\right) \div r \qquad (1)$$

式中：M_1 为饭店年度营业额；Q 为饭店总投资额；R 为预算年度利息额；T 为还本付息期限；r 为饭店预算成本费用率。

（二）预算客房年度销售总额

饭店经济收入主要来自客房、餐饮、康乐、商品四大营业部门。其中，客房收入是主要的。其具体比例高低各饭店不完全相同。现阶段，我国多数饭店的客房收入占总销售额的 60% 左右。因此，客房年度销售总额是根据全店预计总销售额和客房销售份额来确定的。公式为：

$$M_2 = M_1 \cdot n\% \qquad (2)$$

式中：M_2 为客房年度总收入；n 为客房销售份额。

（三）核定客房基价

在预算客房年度销售总额的基础上，根据饭店客房数量和预测出租率，即可核定客房基价。其计算公式为：

$$P=\frac{M_2}{x\cdot f\times 365} \tag{3}$$

式中：P 为客房基价；x 为饭店客房总数；f 为预测客房出租率。

▶ **案例**　赫伯特公式法简单案例

江安宾馆是新近建成投入使用的一家拥有150间客房的二星级饭店。基建会计记录的总投资为6 728.46万元。还本付息期限10年。投资费用全部贷款。贷款年利率为5.28%。预算开业后的饭店营业利润率为32.86%，营业税税率为5.5%。预测饭店销售份额为客房62.8%、餐饮24.6%、其他12.6%。预算客房出租率为75.8%。请用赫伯特公式法制定客房基价。

案例分析：

1. 根据题目已知条件计算饭店全年营业额 M_1

$$M_1=\left(\frac{Q}{T}+R\right)\div r$$

$$=\left(\frac{6\,728.46}{10}+6\,728.46\times 5.28\%\right)\div(1-32.86\%-5.5\%)$$

$$=1\,667.93(\text{万元})$$

2. 计算客房年度营业总额 M_2

$$M_2=M_1\cdot n\%=1\,667.93\times 62.8\%=1\,047.46(\text{万元})$$

3. 核定客房基价 P

$$P=\frac{M_2}{x\cdot f\times 365}$$

$$=\frac{1\,047.46}{150\times 75.8\%\times 365}=252.4(\text{元/间}\cdot\text{天})$$

▶ **案例**　赫伯特公式法实用型案例

南方大厦是一家拥有280间客房的四星级饭店。定价期内的客房年度出租率为75%。预算主要投资与成本费用资料如下表：

资料　客房定价预测投资与成本费用　　单位：万美元

项目	预算额	项目	预算
举债投资	1 800	销售与交际费用	18.45
产权筹资	450	维修保养费用	28.48
税后投资收益率	20%	公用事业费	23.85
所得税率	33%	客房部门营业费用	92.82
折旧费用额	270	餐厅预算营业收入	286.82
应付抵押举债利率	5.8%	餐饮部门利润率	16.5%
财产税和保险费	144	其他部门利润	16.94
管理费用	52.84	—	—

案例分析：

采用赫伯特定价方法，列表逐项推算，核定客房基价。

计算项目	计算方法	预算额(万美元)
抵押举债投资	已知(预算)	1 800
产权筹资	已知(预算)	450
税后投资利润	450×20%	90
所得税前投资利润	90÷(1-33%)	134.33
贷款年利息	1 800×5.8%	104.4
税前与利息前利润	134.33+104.4	238.73
折旧费用	已知(预算)	270
财产税与保险费	已知(预算)	144
固定费用收益	238.7+270+144	652.73
未分配营业费用	52.84+18.45+23.85+24.48	123.62
其中：管理费用	已知(预算)	52.84
销售与交际费	已知(预算)	18.45
公用事业费	已知(预算)	23.85
维修保养费	已知(预算)	28.48
营业部门利润	652.73+123.62	776.35
减：餐饮部门利润	286.82×16.5%	47.33
其他部门利润	已知	16.94
客房部门利润	776.35-47.33-16.49	712.08
客房部门费用	已知(预算)	92.82
客房部门营业额	712.08+92.82	804.9
客房年度出租间天	280×75%×365	76 650 间/天
客房基价	804.9÷7.6650	105.01 美元

三、总经费定价法

总经费定价法与目标利润法类似。它同样是在客房成本预算的基础上来制定价格，但考虑问题的角度不同。基本方法是分析客房每天成本费用额和必需的营业额，然后制定客房基价。其工作步骤是：

(一) 预算年度总经费

总经费就是总成本。其成本项目和预测方法与前面所说目标利润定价法中的成本预算相同，也可将客房成本分为固定成本和变动成本两类。固定成本按月预算，客房间天变动成本按天预算。这样比较直观，特别是变动成本容易掌握。其变动成本的内容则主要包括水、电、燃料、客用物品、洗涤费用等。计算公式为：

$$C = F + C_i \cdot x \cdot f \cdot t$$

式中：C 为客房年度总经费；F 为固定成本；C_i 为间/天客房变动成本；x 为客房总数；f 为预测出租率；t 为营业天数。

（二）计算每日客房费用额

每日费用额是年度总经费的分摊。由于客房固定成本是不变的，可以按月度平均分摊。变动成本是随客房出租率的变化而变化的，可以按淡、旺季的客房出租率预测分摊，这种方法也可分别制定不同季节的客房基价。

（三）预算日均营业额

客房日均营业额是在按时完成上缴各种税金和完成计划利润的前提下，每天必须达到的营业收入。在每日客房费用额已经确定的条件下，日均营业额的高低主要受税率和利润两个因素的影响。其计算公式为：

$$M = \frac{C_n}{1 - a - b}$$

式中：M 为日均目标营业额；C_n 为日均客房总费用；a 为预算税率；b 为计划利润率。

（四）核算客房基价

在客房日均营业额已经确定的基础上，客房基价只受饭店客房数量和计划出租率两个因素的影响。因此，其基价的计算公式为：

$$P = \frac{M}{x \cdot f}$$

式中：P 为客房基价；x 为客房数量；f 为预测出租率。

▶ **案例**　太平洋大饭店是一家拥有 280 间客房的三星级饭店，地处旅游风景区。饭店预算客房固定成本 1 354.15 万元，客房间/天变动成本 42.6 元。因旅游季节波动性较大，饭店预算采用淡季价的时间为 152 天，采用旺季价的时间为 213 天。国家规定的营业性税金的税率 5.5%，地方旅游资源维护费率 3.2%。预算淡季客房平均出租率 58.4%，利润率为 8.6%；旺季客房平均出租率为89.8%，利润率为 48.5%。请核定不同季节的客房基价。

案例分析：

1. 核定不同季节的客房总经费 C_1、C_2

（1）淡季 $C_1 = F + C_i \cdot x \cdot f \cdot t$

$$= \frac{1\,354.15}{12} \times 5 + 280 \times 58.4\% \times 0.00426 \times 152$$

$$= 670.11（万元）$$

（2）旺季 $C_2 = F + C_i \cdot x \cdot f \cdot t$

$$= \frac{1\,354.15}{12} \times 7 + 280 \times 89.8\% \times 0.00426 \times 213$$

$$= 1\,018.07（万元）$$

2. 计算不同季节的客房每日费用额 C_n

（1）淡季 $C_n = \frac{C_1}{t} = \frac{670.11}{152} = 4.41（万元）$

（2）旺季 $C_n = \frac{C_2}{t} = \frac{1\,018.07}{213} = 4.78（万元）$

3. 计算淡旺季客房每日目标营业额 M

(1) 淡季 $M_1 = \frac{C_n}{1-a-b}$

$$= \frac{4.41}{1-(5.5\% + 3.2\% + 8.6\%)} = 5.33(万元)$$

(2) 旺季 $M_2 = \frac{C_n}{1-a-b}$

$$= \frac{4.78}{1-(5.5\% + 3.2\% + 48.5\%)} = 11.17(万元)$$4. 核定不同季节的客房基价 P

(1) 淡季 $P = \frac{M_1}{x \cdot f} = \frac{5.33}{280 \times 58.4\%} = 325.95$(元/间·天)

(2) 旺季 $P = \frac{M_2}{x \cdot f} = \frac{11.17}{280 \times 89.8\%} = 444.24$(元/间·天)

四、投资利润定价法

投资利润主要适用于饭店开业或改造后客房基价制定。它考虑问题的角度主要是为了还本付息、收回投资、取得必要利润。其具体方法是:

(一) 分析总投资,预算投资利润目标

饭店投资额的大小是影响客房价格水平的重要因素之一。投资额一般包括两大部分:一是建筑投资,二是开办费用。前者形成饭店形体和基本设施,是由建筑设计、房屋建设,内外装修决定的;后者形成饭店及客房的设备用品和具有一定享受成分的使用价值,是由客房各种设备和用品的价值形成的。饭店正式营业时,这些大量投资已经全部投入。既然已经投入,就必须以获得一定的利润来得到补偿。其利润额的大小由投资利润率来决定。这就是投资利润法定价考虑问题的出发点。其投资利润额的计算公式为:

$$M = \left(\frac{Q}{t} + R\right) \cdot r$$

式中:Q 为饭店客房总投资;R 为年投资利息额;t 为还本付息期;r 为年投资利润率;M 为投资利润额。

(二) 预算客房成本,保证其价值补偿

饭店总投资在经营过程中都转化为经营成本。其中,大部分转化为固定成本。但随着业务活动的开展,还会增加一些必要的成本开支,如人事成本、物资用品和能源消耗等。在实际经营过程中,这些成本和由总投资转化而来的成本一起,都会形成固定成本和变动成本两大类。因此,其客房成本预算方法与前述方法相同。公式为:

$$C = F + C_i \cdot x \cdot f \cdot t$$

式中:C 为客房总成本;F 为固定成本;C_i 为客房间/天变动成本;x 为客房总数;f 为预测出租率;t 为定价期天数。

(三) 分析投资利润额和成本关系,制定客房基价 P

投资利润额是指投入一定量的资金所应该获得的年度利润,而年度利润应该等于销售收入扣除成本费用后的余额。两者的关系可用下式来表示：

$$M = P \cdot x \cdot f \cdot t - (F + C_i \cdot x \cdot f \cdot t)$$

将 $M = \left(\frac{Q}{t} + R\right) \cdot r$ 代入上式，得到：

$$M = \left(\frac{Q}{t} + R\right) \cdot r = P \cdot x \cdot f \cdot t - (F + C_i \cdot x \cdot f \cdot t)$$

整理上式后可得到客房商品的基价 P 为：

$$P = \frac{\left(\frac{Q}{t} + R\right) \cdot r + F + C_i \cdot x \cdot f \cdot t}{x \cdot f \cdot t}$$

式中：P 为客房价格；M 为客房利润。

▶ **案例**　华南饭店是一家新建成的、拥有420间客房的五星级饭店。饭店建筑与装修到开业时的总投资为7 936.26万美元。还本付息期15年。资金贷款的年利率为4.8%。饭店开业年预算固定费用为427.08万美元，客房间天变动费用为21.8美元/间/天。饭店要求的投资利润率为18.4%，预测客房出租率为78.5%。请核定客房基价。

案例分析：

1. 根据题目条件：计算客房投资利润额

$$M = \left(\frac{Q}{t} + R\right) \cdot r = \left(\frac{7\,936.26}{15} + 7\,936.26 \times 4.8\%\right) \times 18.4\%$$

$$= 167.44（万美元）$$

2. 预算客房年度总成本 C

$$C = F + C_i \cdot x \cdot f \cdot t = 427.08 + 0.00218 \times 420 \times 78.5\% \times 365$$

$$= 689.42（万美元）$$

3. 核定客房基价 P

$$P = \frac{\left(\frac{Q}{t} + R\right) \cdot r + F + C_i \cdot x \cdot f \cdot t}{x \cdot f \cdot t} = \frac{M + C}{x \cdot f \cdot t}$$

$$= \frac{167.44 + 689.42}{420 \times 78.5\% \times 365} = 71.2（美元）$$

第四节　客房实际出租价格制定及其价格实施

案　例

珠宝的价格带来的启示

有一个年轻人在山中捡到一块大而美丽的石头，年轻人捧着这块石头，高高兴兴地向市场走去，希望卖个好价钱。

走在路上，年轻人经过一个菜市场，许多人看到这石头议论着：这是个很好的摆件，可以让孩子们玩,或者可以把它当作称菜的秤砣。于是有人愿意出钱买下这块石头。只不过他们只愿出几个硬币而已。年轻人拒绝了。

带着宝石的年轻人继续往前走,走不多远来到黄金市场。一大群人围了上来,抢着报价,有人愿出1 000元的价格。年轻人又拒绝了。最后,年轻人来到了珠宝市场。珠宝商反复观看,赞不绝口。年轻人简直不敢相信,他们乐意出50 000元的价钱买下这块石头。年轻人这回同意了,高高兴兴地带着50 000元钱回家了。

点评

产品的实际价格总是针对需要它们的既目标市场的顾客而言的。案例中的一块宝石,在菜市场的人们眼中只愿出几个硬币,黄金市场的人也只愿出1 000元。而真正的珠宝商乐于出50 000元的高价。这虽然是一个寓言故事,但它所反映的必须针对目标市场的顾客需求来制定产品的实际价格的道理却是适用的。所以,我们在客房商品基价制定的基础上,本节进一步介绍客房实际出租价格制定的工作步骤和方法及其实施,从而增强客房价格管理的实用性和可操作性。希望引起广大学员和业内同仁的重视。

一、客房商品实际价格的影响因素与价格分布

(一) 客房商品实际价格的影响因素

客房商品基价制定的各种方法都是根据客房成本、预期利润和税金来制定的。在客房基价制定的基础上,实际出租价格还受多种因素的影响。正确认识这些因素对实际价格的影响是做好实际出租价管理的必要条件,这些因素主要包括以下几种。

(1) 客房等级规格。客房等级规格包括两个方面:一是饭店星级或等级高低。饭店星级越高,客房享受程度越高,客房商品价格肯定越高;反之亦然。二是客房本身的等级。同样面积和结构的客房,装修程度和设备用品的规格和质量不同,其等级高低各不相同,因而其价格也必然不同。所以,客房等级规格也是影响其价格的重要因素。

(2) 市场供求关系。在市场经济条件下,需求决定供给,供给刺激需求。旅游客源市场的供求关系必然成为影响商品价格水平的重要因素。在卖方市场形势下,求大于供,缺乏竞争,客房价格必然较高。反之,在买方市场条件下,供大于求,竞争激烈,客房价格必然较低。市场供求关系的变化,必然引起客房商品价格的随之变化。这是市场经济条件下的必然规律,是不以人的意志为转移的。

(3) 国际市场房价水平。我国发展旅游业的方针是以国际旅游为先导,以国内旅游为重点,逐步发展出国出境旅游。饭店经营的市场范围是国际、国内两个市场,因而其价格必然具有国际可比性。事实上,我国饭店的客房价格水平都是参照东南亚等地区的国际水平制定的。反过来,国际饭店行业的房租价格水平及其波动与变化,也会影响我国饭店客房商品的价格水平。

(4) 饭店地理位置。饭店地理位置不同,其周围环境、旅游资源、交通条件及其对客人的吸引能力区别更大。在同一地区、同一城市,地处繁华闹市区又交通方便、环境优雅

的饭店与地处边缘或郊区、交通不很方便的饭店，即使其等级规格和内部装修程度相同，其客房商品的价格也有很大的区别。

（5）饭店定价目标。饭店宾馆在不同的时期，其定价目标是不同的。如刚刚投入使用的一般饭店，可能以市场占有率为定价目标；而刚投入使用的高档豪华饭店，也可能以追求利润为定价目标。价格目标不同，价格策略不同，定价或调价时所确定的客房利润率的高低也不相同。这时，即使客房成本相同，它们所制定的客房商品价格也会各不相同。所以，饭店定价目标也是影响客房商品价格水平的重要因素。

（二）客房实际出租价格分布

饭店客房商品的价格分布是以客房面积和装修质量形成的客房等级规格及其结构比例为基础的。从市场需求的角度来看，任何一家饭店的客人，其消费水平和支付能力都是有区别、分等级的，不可能完全相同。因此，其客房价格也应该分为不同的等级。这就是饭店客房商品价格分布的理论根据。为此，任何一位有经验的经营决策人员，都不应该将自己的客房只设计建设成一种类型，即所谓标准客房，而最少设计成面积和装修质量各不相同的3—5种等级，才能适应不同客人的消费需求和支付能力，有利于开展市场竞争。根据上述分析，饭店客房商品的价格分布主要有两种结构。

（1）档次一般的中小型饭店价格分布。这种饭店多为2—3星级，客房数量在100—300间左右。其客房等级应设计成以标准客房为主的三个等级，包括经济等、标准等、商务等。因而其客房商品的价格可以形成正态分布，即20%的客房的实际出租价格高于客房基价，60%的客房的实际出租价格与客房基价基本持平，其余20%的客房实际出租价格略低于客房基价。在与同等饭店客房的房价比较中，高价可以高于竞争对手，低价可以低于竞争对手，基价即60%左右的客房的价格可以适应目标市场多数客人的需要，有利于开展市场竞争。其价格分布如图11-4所示。

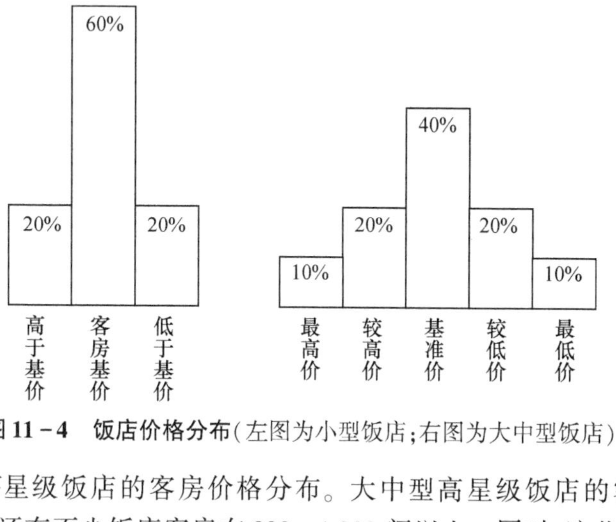

图11-4　饭店价格分布（左图为小型饭店；右图为大中型饭店）

（2）大中型高星级饭店的客房价格分布。大中型高星级饭店的客房数量大多在300—500间以上，还有不少饭店客房在800—1 000间以上。同时，这些饭店的客房种类比较齐全，一般都有单间单人房、单间双人房、单间标准房、双人单间客房、三套间客房和豪华套间客房等多种。因此，有经验的饭店经营者会采用五种客房价格分布形态。

这种饭店客房价格分布可适应目标市场多种类型的客人的消费需求，同样有利于开展市场竞争。其价格分布请参见图 11－4。

二、客房商品实际出租价格的制定

饭店客房商品实际出租价格的制定是指如何将客房基价转变成不同类型的客房的出租价格。它以柜台标准价为主要表现形式。其制定方法包括以下四个步骤。

（一）从客房基价到面积基价制定

客房基价是根据其成本、利润和税金制定出来的。它没有考虑影响客房实际出租价格的最大因素——客房面积。实际上，饭店客房一般都有单间客房、双套间客房、三套间客房等，就是单间客房也有小单间、中单间、标准间之分。客房面积不同、造价不同，其价格必然不同，在客房基价（即每间客房平均房价）的基础上，分别乘以不同面积的客房的面积系数，即可形成各种客房的面积基价。公式为：

$$P_1 = P \cdot r$$

式中：P_1 为客房面积基价；P 为核算客房基价；r 为客房面积系数。

▶ **案例**　某饭店客房基价为 328.6 元。平均每间（自然间）面积为 28.6 平方米。饭店的单间客房有小单间、中单间、标准间三种。其面积分别为 21.5 平方米、25.8 平方米和 32.4 平方米。请核定小单间、中单间、标准间三种客房的面积基价。

案例分析：

根据三种客房面积，利用公式直接计算其面积基价 P_1 为：

小单间：$P_1 = 328.6 \times \frac{21.5}{28.6} = 247.02$（元/间・天）

中单间：$P_1 = 328.6 \times \frac{25.8}{28.6} = 296.43$（元/间・天）

标准间：$P_1 = 328.6 \times \frac{32.4}{28.6} = 372.26$（元/间・天）

（二）从面积基价到床位基价制定

在制定客房面积基价的基础上，客房床位数量不同，其房租价格也应该有所区别。饭店客房的床位主要有单人床、双人床、标准床三种。因此，在客房面积基价的基础上，分别乘以不同客房的床位系数，即可得到床位基价。公式为：

$$P_2 = P_1 \cdot f$$

式中：P_2 为客房床位基价；P_1 为客房面积基价；f 为客房床位系数。

客房床位系数的确定方法是：单人房住 1 位客人的床位系数为 1，双人客房、标准客房和双床套客房住 1 位客人时的床位系数也为 1，住 2 位客人时的床位系数为 1.3 或 1.35 左右。由此形成不同客房的床位基价。

▶ **案例**　仍以前题为例。该饭店的小单间为单人客房（放一张单人床），中单间为双人客房（放一张大床，可住一人或夫妻二人），标准间放两张单人床。其床位系数分别为 1、1.3 或 1.35。请确定这三种客房的床位基价 P_2。

案例分析：

按公式直接计算为：

小单间淡季 $P_2 = P_1 \cdot f = 247.02 \times 1 = 247.02$（单开价）

中单间淡季 $P_2 = P_1 \cdot f = 296.43 \times 1.3 = 385.36$（大床双开价）

标准间淡季 $P_2 = P_1 \cdot f = 372.26 \times 1.35 = 502.55$（双床双开价）

（三）从床位基价到季节房价的制定

客房床位基价主要反映平季客房住人数量不同的价格。同样一间能够住2位客人的客房，住1人即单开时按核算出来的面积基价收费，住2位客人时则按加进床位系数后的床位基价收费。但与此同时，饭店客房是有季节波动性的。因此，只要在客房床位基价的基础上乘以季节系数，即可得到不同客房的季节房价。公式为：

$$P_3 = P_2 \cdot (1 \pm n\%)$$

式中：P_3 为季节房价；P_2 为床位基价；n 为不同季节房价浮动百分比。

▶ **案例** 仍以前题为例。该饭店的三种单间客房淡季价格向下浮动35.2%，旺季向上浮动48.6%。请核定其小单间、中单间、标准间在淡、旺季时的价格。

案例分析：

利用已知条件直接计算为：

小单间淡季 $P_3 = P_2 \cdot (1 \pm n\%) = 247.02 \times (1 - 35.2\%) = 160$（元）

旺季 $P_3 = 247.02 \times (1 + 48.6\%) = 367.07$（元）

中单间淡季 $P_3 = 385.36 \times (1 - 35.2\%) = 249.71$（元）

旺季 $P_3 = 385.36 \times (1 + 48.6\%) = 572.64$（元）

标准间淡季 $P_3 = 502.55 \times (1 - 35.2\%) = 325.65$（元）

旺季 $P_3 = 502.55 \times (1 + 48.6\%) = 746.79$（元）

（四）从季节房价到柜台出租价格的制定

在制定客房季节房价的基础上，还要考虑一个重要因素，即市场潜质系数，才能制定出客房柜台出租价格。所谓市场潜质系数主要包括客房位置、室内形象和客房吸引力对房价的影响。客房位置有高层和低层、朝阳和不朝阳、环境安静与不够安静等区别，因而其房价也有区别。客房室内形象主要取决于装修设计质量。它最终表现为客房的豪华、舒适、美观、典雅与方便程度。一间面积相同的客房，装修设计质量不同，装修布置所选用的材料和装修手法不同，则客房室内形象及舒适、美观、典雅与方便程度也不一样，同样会影响客房出租价格。上述两个方面的因素，加上客房定价期内的供求关系，必然使客房商品对客人的吸引力不同，三者共同形成客房的市场潜质系数。因此，客房季节房价乘以市场潜质系数即可得到客房商品的柜台出租价格。公式为：

$$P_4 = P_3 \cdot (1 \pm f)$$

式中：P_4 为客房柜台出租价；P_3 为客房季节房价；f 为客房市场潜质系数。

▶ **案例** 仍以上题标准间客房淡、旺季房价为例。假定该饭店两个标准间的房号及其市场潜质系数为：

301号标间，层低，不朝阳、窗外施工，潜质系数 −2.5%

802 号标间，层高，朝阳，风景好，潜质系数 +3.2%

请确定这两间客房淡、旺季的柜台出租价。

案例分析：

按公式直接计算为：

301 号标准间淡季 $P_4 = 325.65 \times (1 - 2.5\%) = 317.51$(元)

旺季 $P_4 = 746.79 \times (1 - 2.5\%) = 728.12$(元)

802 号标准间淡季 $P_4 = 325.65 \times (1 + 3.2\%) = 336.07$(元)

旺季 $P_4 = 746.79 \times (1 + 3.2\%) = 770.69$(元)

饭店客房商品实际出租价格的制定经过上述四个步骤，可以形成其价格体系，如图 11-5 所示。

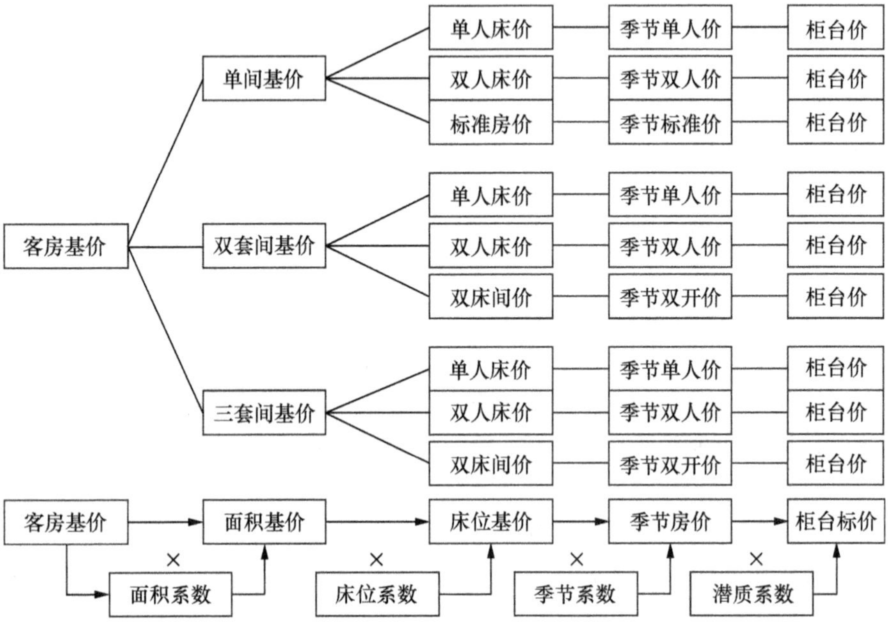

图 11-5　客房商品价格形成体系

三、客房实际出租的价格实施

在客房价格制定的基础上，其价格实施和日常管理还要注意以下几个问题。

(一) 柜台标准价格实施

柜台标准价格是指饭店已经制定出来的前厅柜台向客人公布的客房实际出租价格。这一价格要事先请示总经理批准，然后报告财务部门，并制定出不同季节的柜台客房牌价表，向客人公布，才能最后实施。

(二) 协议房租价格实施

协议房租价格是指在柜台标准牌价制定的基础上，由饭店同旅行社、公司、社团等客户签订协议或合同而向他们出租客房的一种合同价格。其形式又可分为公司价、团队价、会议价、长包房价四种。这种房租价格的实施，主要根据不同类型的客户能够提供的客源多少、档次高低和入住季节等的不同来确定。但在同一季节针对同一类型的客户，其价格水平应保持相对稳定。针对不同客户在不同时期的具体价格水平，主要由饭店销售部经理来掌握。而这种不同客户的具体价格则应该作为饭店的商业秘密，不能随意向其他客户泄露。

上述各种价格的实施，除柜台价在饭店前厅公布外，其余价格可以形成饭店内部价格实施表，由销售部、前厅部经理等主管人员掌握。同时制定饭店优惠价格权限管理制度和签约手续等有关规定，以此来控制饭店客房的价格实施，保证房价水平和房租收入。

（三）价格实施要与成本控制相结合

客房价格中有很大比重是弥补成本消耗的。客房商品定价只有首先补偿消耗，才能获得合理利润。但是，反过来说，客房价格一经制定，在价格管理和实施过程中，就必须十分重视其成本消耗和成本控制。因为在正常经营条件下，降低成本就等于增加经济效益。同时，客房的固定资产又占全部资产的很大比例，而其折旧期又较长，每次摊入成本中的折旧费用则较少，因而在价格管理中，既要安排较高的成本盈利率，又要注意设施设备，特别是重要设施设备的维护。因为一旦出现重要设施设备如电梯、空调、浴缸等的损坏和报损，就会增加大笔成本费用开支，降低经济效益。另一方面，客房成本费用控制好坏、日常消耗的合理程度，也是其经营管理水平的体现。所以，客房价格实施和成本控制相结合，也是客房商品价格管理的基本要求。

第五节　客房商品的出租价格调整

案　例

一次房租价格调整方案制定

西华酒店是一家有480间套客房的四星级酒店，从本年1月初开始，酒店采用的是淡季房价。到3月15日后，酒店按计划应该采用旺季房价，春节假期后，总经理在一次店务会议上就对今年旺季的房价调整工作做出了指示，决定由销售经理和前厅部经理负责，在3月1日拿出一个房价调整方案，先报财务部，再报总经理。

根据总经理指令，销售部经理组织销售代表进行了市场调查，并召开专门会议分析了市场供求关系、上年旺季价格水平和客户反应，前厅部则分析了分类客人上年旺季的实际平均房价。在此基础上，前厅部、销售部、客房部和财务部门共同召开了一个旺季房价价格调整专题会议，经过对市场环境、供求关系和客户状况，对年度客房预算目标和上年旺季价格执行结果分析。终于制定出了今年旺季的房价调整方案格式如下表。

客房 房价 客人	单人房(100)		标准房(300)				套房(70)				豪华套(30)			
			单开		双开		单开		双开		单开		双开	
	上年价	本年价	上年价	本年价	上年价	本年价	上年价	本年价	上年价	本年价	上年价	本年价	上年价	本年价
散客柜台价	80	88	90	98	110	128								
团队销售价	60	65	70	78	92	110								
会议销售价	70	77	80	88	104	115								
商务卡位价	65	72	68	75	88	98								

点 评

酒店客房价格调整以季节性调整为主。即淡季价调整为旺季价,旺季价下调为淡季价。节假日期间也可微调。案例反映的是将淡季价上调为旺季价。它以上年同一季节为基础。根据市场供求变化、市场竞争、预算任务等多种因素确定。为此,我们在本章最后介绍客房商品价格调整的依据、工作步骤和调价方法。案例中只列出了单人房和标准房的调价数额,可以作为调价方案报总经理批准时的参考。具体工作也是比较复杂的。需要认真学习教材内容。

一、客房商品价格调整的依据

在市场经济条件下,做好客房商品的价格调整是调节市场供求关系,更好地开展市场竞争,提高客房利用率的重要手段。其价格调整的主要依据如下。

(一) 市场供求关系的变化

需求决定供给,供给刺激需求。客房商品的价格制定后,在日常经营过程中,必然随市场供求关系的变化而调整,不能以不变应万变。如某一城市某一时期遇有大型国际国内重大活动,包括世界足球锦标赛、万国博览会、大型国际招商投资会议等,都会引起需求增加,从而需要调整饭店客房价格。又如某一地区、某一城市突然发生政治动乱、严重自然灾害等,必然引起需求严重下降,从而也需要调整饭店客房价格。再如某一地区或城市在同一时期的饭店及客房数量突然大量增加,引起市场竞争更加激烈,也会引起周围地区的饭店客房价格下浮调整。这些都是市场供求关系的必然结果。

(二) 旅游季节波动的影响

饭店是国家或地区旅游接待能力的集中体现,而旅游业的发展受季节波动的影响。由此,必然影响饭店客房商品的价格。这是市场供求关系变动在特定时期的表现形式。这种旅游季节波动的时间长短和波动程度在某一地区或城市是有规律可循的。由此,必然引起饭店客房商品价格的定期调整与浮动。

(三) 客房成本费用的变动

在市场经济条件下,饭店客房成本费用一方面会随社会商品成本费用的上涨而变化,另一方面受企业成本费用管理水平的影响。就市场发展趋势而言,饭店客房的水电能源消耗、员工的工资、奖金、社会统筹与福利费用、客房装修改造费用与各种服务用品消耗,其进价成本的上涨趋势是不可逆转的。为弥补客房成本费用上涨造成的损失,取得合理的利润,就必然要求对客房价格进行必要的调整。这既是市场经济的价值规律的要求,又是客房商品价格调整的重要依据。

二、客房商品价格调整的工作步骤

饭店客房商品的价格调整是一项比较复杂的工作,主要包括以下三个步骤。

(一) 选准调价时机

选准调价时机,就是要有预见性。在进行客房商品价格调整以前,要先分析市场供求关系的变化和成本费用变动情况,找出影响价格向上调整或向下浮动的主要因素,以便在价格调整时机到来时,及时做出决策。房价调整的时间过早或过迟都对饭店经营者不利:房价调整的时间过早,引起市场敏感反应或不必要的市场波动,可能影响饭店客源和市场声誉。房价调整的时间过迟,又会贻误战机,影响饭店经济收入。所以,看准调价时机,就需要提前做好准备,恰到好处。

(二) 分析企业实力

实力是饭店的位置、交通、声誉、形象、品牌、知名度和美誉度及饭店管理水平和服务质量的综合反映。客房商品的价格调整只有将企业实力和市场供求关系有机地结合起来,以自身实力为主,才有坚实的基础。例如,当市场供求关系发生变化、需求减少、需要向下调整价格时,如果某一饭店自身实力雄厚,即地理位置优越、品牌知名度和美誉度高、管理水平和服务质量很高而客源丰富,也可以在大家都降价时而不降价,这就是企业实力的表现。分析企业实力主要取决于客人对价格水平的接受程度,即能够达到的出租率的高低。如果不具备这种实力,价格就应该随市场关系的变化而调整。

(三) 制定调价方案

当调价时机到来时,是否调价、何时调价、怎样调价、调价幅度多少、根据是什么、采用什么具体调价方法、调价后客人的接受程度如何等等,这些都要事先认真研究、细致分析,提前制定出调价方案,做好预测,防止盲目从事,影响客房商品调价后的经营效果和经济收入。

三、客房商品价格调整方法

饭店客房商品价格调整的步骤和方法密切相关,常用方法主要有以下几种。

(一) 季节浮动法

季节浮动法主要是根据饭店所在地区客房经营的季节波动程度而调整其价格。一般是以原来房价为基础,淡季向下调整,旺季向上浮动。采用季节浮动法调整客房商品价格,关键是合理掌握上浮或下调的比例,既不宜过高,也不宜过低。具体比例以各饭店所在地区的季节波动程度和价格水平而定。调价公式为:

$$P = P_n \cdot (1 \pm n\%)$$

式中:P 为客房新价;P_n 为客房原价;n 为季节房价浮动比率。

（二）新增成本法

新增成本法主要用于饭店客房改造后的房价调整。由于客房改造，特别是全部装修改造需要大量投资，因而引起各种成本费用的大量增加。这时的房价调整实际上是重新制定客房价格，其定价方法与本章第三节所述的方法相同。

新增成本法也可用于客房部分设备更新，水电能源费用上涨，员工工资、统筹和福利费用上涨等引起的客房成本上升。这时，需要综合分析其成本费用上涨幅度，然后调整客房价格。公式为：

$$P = P_n + \frac{C_n}{1 - r - f}$$

式中：P_n 为客房原价；C_n 为新增间房出租成本；r 为利润率；f 为营业税税率。

（三）销售人员意见法

销售人员意见法主要适用于市场供求关系变化而引起的客房价格调整。其方法是召集销售部经理、各销售代表、前厅部经理、预订部和接待部经理等销售人员，分析市场供求关系的变化对客房价格调整的意见、调价比例与幅度及其调价后可能产生的效果，即调价后的客房价格与市场需求的适应程度，然后做出调价决策。由于销售人员的调价幅度与比例可能有差别，决策时可以用下列计算方法来确定其价格。公式为：

$$P_e = \sum P_n \cdot E_n$$

$$P = \frac{\sum P_e \cdot D}{\sum D}$$

式中：P_e 为销售人员个人调价值；P_n 为不同人员分析调价值；E_n 为不同调价值的市场适应概率；P 为综合分析后的房价；D 为销售人员权数值。

▶ **案例** 某饭店标准客房柜台牌价现售 328 元。根据市场分析预测，下月 20 日起当地有一重大国际商贸博览会，会期 35 天左右。会展期间，当地客房价格必然上涨。为准备调价方案，饭店选了三种市场销售人员进行预测分析，各销售人员的调价方案如表 11－1 所示，请确定饭店标准客房调价后的价格。

表 11－1 销售人员房价调整意见 单位：元

人员	调价幅度	调整后不同价	实现概率	公式	各人员综合价格
销售部经理 权数 1.8	最高 35%	442.8	0.27	$=\sum P_n \cdot E_n$	417.90
	最可能 28%	419.84	0.42		
	最低 20%	393.60	0.31		
接待部经理 权数 1.4	最高 40%	459.20	0.32	$=\sum P_n \cdot E_n$	442.14
	最可能 35%	442.80	0.38		
	最低 29%	423.12	0.30		
市场信息员 权数 0.6	最高 38%	452.64	0.29	$=\sum P_n \cdot E_n$	431.32
	最可能 32%	432.96	0.39		
	最低 25%	410.00	0.32		

案例分析：

1. 运用公式(1)确定各销售人员的综合调价值。结果见表11－1。

2. 根据不同销售人员的权数，计算标准客房的新调价格 P：

$$P=\frac{417.9\times1.8+442.14\times1.4+431.32\times0.6}{1.8+1.4+0.6}=428.95(\text{元})$$

分析结果，该饭店标准客房各销售人员的综合调价结果为428.95元，即可将柜台房价提高30.78%。

（四）边际毛益分析法

边际毛益分析法以实现企业利润最优化或最大化为调价目标。其方法是以预测客房价格和销售量为基础，分析价格、销量、边际收入和边际成本的关系，进而比较边际毛益的大小。所谓边际收入是指增加一定销售所增加的收入；而边际成本则是指增加一定销售所增加的成本。边际收入减去边际成本的余额就是边际毛益，也称边际贡献。从价格调整或制定的角度来看，当边际收入和边际成本基本相等即边际毛益最小，趋于0时，产品利润最大，这时的价格最合理。现举例说明其具体方法运用。

▶ **案例**　某饭店有客房200间。原定平均房价为425元，客房系统的人事、折旧、管理、销售等固定费用平均每月为28.65万元，水电燃料和客用物品等单位变动费用为74.8元/间·天。饭店即将进入淡季，需将价格向下调整。若房价固定为425元时，客房平均出租率只能达45.2%；若价格下调，其出租率将上升，预测结果如表11－2所示。

请以淡季四个月为限，确定其客房平均房价。

案例分析：

表11－2　根据题目已知条件直接列表计算　　单位：万元

房价	预测出租率	预计房租收入	边际收入	成本费用支出			边际成本	边际毛益	客房利润
				固定成本	变动成本	总成本			
425	45.2%	461.04	0	114.60	85.05	199.65	0	0	261.39
412	48.6%	480.56	19.52	114.60	91.45	206.05	6.40	13.12	274.51
399	52.8%	505.61	25.05	114.60	99.35	213.95	7.90	17.15	291.66
387	57.6%	534.99	29.38	114.60	108.52	223.12	9.17	20.21	311.87
374	63.2%	567.28	32.29	114.60	118.92	233.52	10.4	21.89	333.76
357	71.3%	610.90	43.62	114.60	134.16	248.76	15.24	28.38	362.14
345	75.4%	624.31	13.41	114.60	141.87	256.47	7.71	5.70	367.84
323	79.3%	614.73	0.42	114.60	149.21	263.81	7.34	－16.92	350.92
328	81.2%	663.62	8.89	114.60	152.79	267.39	3.58	5.31	356.23

分析结果表明，该饭店淡季的平均房价（标准间价格为主）拟下调至345—357元左右，这时的客房边际收入和边际成本比较接近，客房利润能够实现最大化。

复习思考题

1. 什么是物化劳动？客房物化劳动转移价值表现在什么地方？

2. 客房建筑过程中的价值构成是通过什么表现出来的？

3. 客房商品的价格主要包括哪几个方面的内容？

4. 客房商品价格有哪些特点？按客人类型和住人情况划分，其价格各有哪些表现形式？

5. 客房商品价格管理要遵循哪些原则？其定价程序包括哪几个步骤？

6. 从客房基价到实际出租价格的制定要先后经过哪几个步骤？请举例说明。

7. 从客房基价到实际出租价格的制定，客房价格水平会受哪些因素的影响。

8. 客房经营过程中为什么要进行价格调整？其价格调整的工作步骤是怎样的？

案例分析题

1. 某饭店有客房320间，建筑面积为16640平方米。开业前客房成本费用和经营核算资料如下，请用成本定价法核定开业第一年的客房基价：

(1) 客房年固定成本为2548.65万元；

(2) 间天变动成本为86.74元；

(3) 预算客房出租率为75.8%；

(4) 客房营业税率为5.5%；

(5) 预算客房利润率(含所得税)为37.59%；

(6) 间天固定成本比率为75.89%。

2. 嘉园大饭店是一家有350间客房的三星级饭店。定价期内年度计划出租率为70.89%。开业前，饭店已收集主要成本费用资料如下表，请用赫伯特公式法核定客房基价。

客房投资与成本费用　　　　单位：万美元

项目	数额	项目	数额
举债投资	2187.5	维修保养费用	26.58
产权筹资	525	交际公关费用	7.24
税后投资收益率	18.5%	公用事业费	28.76
所得税税率	33%	客房部门营业费用	148.52
折旧费用额	323.4	餐饮预算收入	315.48
应付抵押举债利率	6.2%	餐饮预算利润率	15.8%
财产税和保险税	182.6	康乐部门利润额	12.74
管理费用额	58.28	其他部门利润额	8.46
销售费用额	12.62	—	

3. 孔雀大饭店是一家有450间客房的三星级饭店。地处著名旅游风景区，客房经营季节波动性较强，根据当地市场竞争状况，饭店已收集好了年度客房成本费用资料，请用总经费法核定客房基价：

(1) 客房年固定成本2 183.4万元；

(2) 间/天变动成本48.52元；

(3) 淡季价时间5个月；

(4) 旺季价时间7个月；

(5) 淡季出租率60.5%；

(6) 旺季出租率89.6%；

(7) 淡季预算利润率9.5%；

(8) 旺季利润率46.8%；

(9) 营业税税率5.5%。

4. 某饭店核定每间客房平均面积为29.4平方米，客房基价为348.46元。其中，四种类型的客房面积、床位设置、潜质系数如下表，请确定客房实际出租价格。

资料　客房面积床位与潜质表

客房	间/套面积(平方米)	床位数	季节系数	潜质系数
单人房	21.8	单人床1张	淡季 -28.5%	+6.2%(某间)
双人房	28.5	大床1张	旺季 +36.8%	-4.89%(某间)
标准间	32.6	单人床2张	淡季 -32.6%	-5.4%(某间)
套房	58.2	大床1张	旺季 +29.4%	+2.89%(某间)

第十二章

前厅与客房部门核算与经济效益

内容架构与学习目标

内容架构

- 前厅与客房部门核算与经济效益
  - 前厅与客房部门核算的特点及其基础工作
    - 前厅与客房部门核算的基础工作
    - 前厅与客房部门核算所反映的经济关系
    - 前厅与客房部门核算的特点
    - 前厅与客房部门核算的性质
  - 前厅与客房部门核算的内容和方法
    - 前厅与客房部门核算的主要报表
    - 前厅与客房部门核算的内容和方法
    - 前厅与客房部门核算的基本要求
  - 前厅与客房管理的经济效益
    - 提高前厅与客房管理经济效益的途径
    - 影响前厅与客房经济效益的因素分析方法
    - 前厅与房客经济效益及其主要影响因素

<table>
<tr><td>学习目标</td><td colspan="2">通过本章学习，你应该能够达到下列目标</td></tr>
<tr><td colspan="2">知识目标</td><td>技能目标</td></tr>
<tr><td colspan="2">1. 掌握前厅与客房部门核算的性质、特点
2. 掌握部门核算所反映的经济关系和主要内容
3. 名词术语：经济核算，利润乘数，安全边际利润，经济效益</td><td>1. 掌握前厅与客房销售核算的计算公式和方法运用
2. 掌握成本费用核算的计算公式和方法
3. 能利用利润乘数和安全边际分析法分析客房经营中的具体问题</td></tr>
</table>

第一节　前厅与客房部门核算的特点及其基础工作

案　例

一家三星级酒店餐饮成本核算员的职责规范

北京新兴宾馆是军队系统的质量效益双优型酒店，酒店采用以部门核算为基础的两级核算管理体制，以下是该酒店餐饮（部门）成本核算员的职责规范内容摘录：

职务名称：餐饮成本核算员　　　　联系部门：餐饮部、食品库房

报告上级：成本主管　　　　　　　督导下级：新员工（需指定）

职责规范：

1. 每日收集和审核食品原料入库单、出库单、转账单、直拨单等原始记录的数量、金额是否准确齐全，并分类整理原始凭证，记好三级账。

2. 认真做好各餐厅食品、酒水成本统计工作、分摊原料成本、准确及时的编制餐饮成本报告表。

3. 每月参加厨房和库房盘点、核算月度食品饮料成本、控制成本消耗。

4. 会同各厨房厨师长编制菜点定额成本卡、监督贯彻实施，并定期或不定期抽查实行结果，发现问题及时提出改进意见。

5. 做好客单统计和资料存档工作。

6. 审核各餐厅收款员的收入报告，原始凭证，核算各餐厅食品、饮料销售收入，并定期核算出食品饮料成本率、毛利率，检查计划完成结果。发现问题及时报告成本主管，提出改进建议。

点 评

部门核算是酒店财务管理的基本要求，也是全店核算的基础。案例介绍了餐饮部门成本核算员的岗位职责。实际上，酒店前厅、客房、餐饮、商品等各部门核算的内容包括收入、成本、费用和利润等，是比较全面的。具体核算工作是根据财务部门会计人员的分工来完成的。为此，我们在本书最后一章来介绍酒店前厅与客房的部门核算和经济效益。首先介绍其部门核算的性质、特点和基础工作，以为后面的具体核算内容、方法和经济效益管理提供基础。案例可作为部门核算的参考。

一、前厅与客房部门核算的性质

部门核算属于会计核算的范围，它是利用价值形式对企业内部各部门的劳动消耗和劳动成果进行登记、核定、计算、考核的一种组织管理活动。部门核算是现代饭店宾馆组

织社会化接待服务，做好经营管理工作的一种手段和方法，也是促进饭店及各部门扩大产品销售、降低劳动消耗，获得良好经济效益的一种综合性管理方法。前厅与客房部门的核算就是这种组织管理工作在饭店中的运用。

在饭店企业中，前厅和客房有的是各自独立的两个部门，有的合二为一，形成一个独立的部门。不管属于哪一种，前厅与客房部门核算的性质都是企业内部的半独立性质的核算，而不是完全独立的部门核算。因为它们都不是独立的企业核算，而是企业内部的经营核算。同时，饭店客房出租业务是由销售部、前厅部和客房部三个部门共同完成的，因而从核算内容的角度来看，前厅和客房部门核算也只能是客房管理系统中的内部核算。这种内部核算主要是根据各饭店宾馆的管理体制，在确定部门职能和部门核算科目，做好企业内部核算的基础工作的前提下，由饭店财务部门的客房会计核算人员来完成的。

二、前厅与客房部门核算的特点

饭店前厅和客房部门核算都是围绕着客房出租业务这个中心来展开的。因而与一般部门核算比较，具有四个特点。

（一）核算时间要求的紧迫性

前厅与客房核算包括销售收入核算、成本费用消耗核算和经营效果核算。从客房销售核算的角度来看，由于客人大多住店时间短、来得快、走得快，从客人入住办理登记开始，一连串的交易行为——打电话、房租费用、客人酒水、客人用餐等，都在短时间内发生，所以，前厅与客房销售核算的时间比较紧迫。每天都有客人结账，每天都有新的账户，每天的客房销售情况都必须结算一次。因此，在前厅与客房销售核算和结算管理中，必须做到记账准确、走账迅速、结账清楚、核算及时，客人的各种销售账务核算都必须在客人离店以前完成，不应出现跑账、漏账。否则，必然会给饭店造成经济损失。

（二）核算单据收集的协作性

前厅与客房核算是以各种销售收入、劳动消耗的原始凭证为依据的。从销售收入方面看，有各类客房的房租收入。房租收入中有预订金、保证金、客房押金需要冲减。此外还有总机房的电话费、商务中心的各种收费、洗衣房的客衣收费、客房酒水账单等。这些原始凭证每天在客房系统各部门、各环节发生。除此之外，饭店销售部还会和旅行社、公司客户、旅行代理商、海外预订机构、长住客户等签订各种销售合同。这些合同、协议的客户单位的租房时间、房租价格、结算和核算方式各不相同。从劳动消耗的角度来看，又有前厅部的办公费用、客房管理中的水费、电费、各种物品采购费用、洗涤费用等等。上述各种销售收入和劳动消耗的核算及原始凭证的收集，都需要客房系统各级、各部门和各相关人员的密切配合、互相协作，才能保证核算单据收集的准确及时，防止差错发生。

（三）核算内容构成的复杂性

前厅与客房核算内容复杂性主要表现在两个方面：一是销售收入核算构成复杂。除房租收入外，还有电报、电传、电话、客房酒水、客人洗衣、委托代办各种收入。而房租收入又必须分为不同时期各类客人和各类客房的销售构成及其变化趋势，才能为客房系统各部门的经营管理工作提供信息反馈和决策参考，因而具有复杂性。二是成本费用消耗核算的复杂性。前厅与客房成本费用开支的项目很多,包括水费、电费、燃料费用、客用物品、洗涤费用、服务用品、管理费用、办公费用,订房费用、销售费用、各项人事成本等等。其费用核算的复杂性又包括两个层次:其一是费用构成复杂。如何将不同的费用项目划分到不同的费用构成之中有一定难度。二是费用分解复杂。如何将不同费用分解分摊到有关部门或一定时期也是一件比较复杂的事情。如销售费用、能源费用、交际费用等如何分摊到客房各部门中去,形成费用构成就是比较复杂的事情。因此,前厅和客房的部门核算必须在总经理领导下,根据国际惯例,结合饭店实际,由饭店财务部事先制定企业内部部门核算的财务管理制度,做出内部费用分摊和核算方式的财务决策,才能做好饭店前厅和客房部门的核算工作。

(四) 经营成果反映的不易界定性

饭店客房经营管理的成果是由销售部、前厅部、客房部三大部门的员工共同创造的,其经济核算所反映出来的劳动成果很难再具体核定到销售、前厅、客房等部门中去,因而具有核算成果反映到有关部门中的不易界定性。如某一饭店的客房出租率本期比上一结算期提高3.52%,这一成果到底应该归为销售部、前厅部还是客房部呢?同样,本期房租销售收入比上一期增加了338.65万元,这一劳动成果到底应该归为销售部,前厅部还是客房部呢?实际是很难界定的。再如某一饭店某月核算结果,实现的客房营业利润是256.84万元,这一经营利润到底应该归功于销售部、前厅部还是客房部呢?实际上也是很难界定的。前厅和客房核算成果反映的不易界定性要求饭店以总经理为首的高层管理人员必须正确对待企业内各部门的劳动成果,处理好各部门及其员工之间的利益调节关系,才能协调部门关系,广泛调动员工积极性。

三、前厅与客房部门核算所反映的经济关系

前厅与客房部门核算虽然是企业内部核算,但它也能反映饭店和前厅、客房管理需要处理的各种经济关系。这些关系包括:

(一) 客房系统和饭店之间的经济关系

现代饭店宾馆的客房管理,都是由销售部、前厅部、客房部三大部门共同完成的。这三大部门共同组成客房管理系统。同时,它们又是饭店的重要组成部分。客房管理系统的各部门要完成客源组织、旅客接待、房务管理等客房管理的各项任务,必然要消耗一定的人力、物力和财力,需要一定的经营资金投入。饭店通过部门预算、物品采购、内部调拨等形式来满足客房系统各部门的资金、物资、用品消耗需要,而客房系统各部门又通过市场开发、客源组织、前台接待、客房服务等接待服务活动的组织和客房出租来获得劳动消耗的补偿及取得盈利。这就使客房系统各部门与饭店之间发生了各种经济关系。正确反映和处理这些经济关系就需要运用经济核算方式,通过对客房系统各部门的劳动消耗和劳动成果的记账、核定、计算、考核、分析等管理方法,才能掌握客房经营中的投入和产出的合理程度,考核客房系统各部门的经营效果,促进各部门努力降低消耗、提高经济效益。

(二) 客房系统和国民经济各部门之间的经济关系

饭店客房系统各部门在经营活动和接待服务过程中所需要的各种设备和物资用品、

水电能源消耗等，都是从国内相关部门和国际市场购买的。这就必然要和国际、国内市场中各相关部门发生商品交换关系，必然要进行记账、计价、核定、计算、付款。从表面上看，这种经济关系都是由饭店财务部门出面处理记账与结算的，但实质上，这些设备物资、用品消耗的资金在饭店内部都是直接记入客房系统各部门的经营成本与费用开支上的。所以，前厅与客房经济核算必然反映客房系统与国民经济各相关部门之间的经济关系。

（三）客房系统内部各部门之间的经济关系

饭店客房系统包括销售部、前厅部、客房部三大部门。从表面看，这三大部门大多是互相独立的，但从客房系统的业务关系和经济关系，特别是经营成果的核算和考核的角度来看，这三大部门都是互相联系、互相依存、互为条件、密不可分的。如客房经济核算中的客房出租率、出租间天数、平均房价的高低和房租收入等指标，到底应核算为销售部的经营成果，还是前厅部的劳动成果或客房部的劳动成果呢？这些都需要根据各饭店的管理体制和核算体制，事先做出相关规定，然后通过经济核算才能反映客房系统内部各部门的经济关系，合理考核各部门的劳动成果，并为客房系统内部各部门的劳动报酬，特别是奖金分配提供必要的依据。

（四）客房系统管理和客人之间的经济关系

饭店客房经营管理从市场开发、客房销售、旅客接待、住店服务到客人离店，是一个完整的系统管理过程。在这一过程中，客房系统内各部门的员工，特别是前厅、客房部的员工都以提供服务性劳动为主。这种服务虽然没有创造新的实物产品，但它为客人提供了热情、主动、礼貌、舒适、卫生、方便的现场服务，创造了劳务产品的使用价值，这就必然和客人之间产生客房商品和劳务的交换关系。客房管理的经济核算，则同样通过计价、记账、核算、分析等手段来反映和考核客房管理和客人之间的经济交往，即客房商品交换的深度、广度、结构的合理程度等，从而不断推动客房系统各部门提高其管理水平、服务质量和经济效益。

四、前厅与客房部门核算的基础工作

前厅与客房部门核算的基础工作是饭店内部核算基础工作的组成部分，也是做好部门核算的前提和客观要求。其基础工作的内容主要包括四个方面。

（一）定额工作

定额既是饭店和各部门业务管理的基础，又是做好部门经济核算的依据。客房经济核算中的定额主要是指消耗定额，包括客房用品消耗定额、间房费用消耗定额、库房储备定额、洗衣房消耗定额、前厅、销售、客房部门员工的劳动定额等。有了定额，既可以为各级各部门的各种消耗提供数量标准，又可以通过经济核算来检查客房系统各部门定额管理的好坏和定额标准的合理程度，从而为客房经济核算铺平道路。

（二）原始记录

原始记录是财务管理和各种经济核算的原始凭证。它逐日、逐月、逐季将饭店及各部门发生的各种经济活动进行登记和记载，并以当时实际发生的数量为依据，真实、准确、全面地反映实际情况，所以是经济核算中最重要的基础工作之一。前厅与客房经济核算中的原始记录主要包括三个方面：一是客房销售记录，包括前厅部、销售部、客房部门签订的各种租房协议、合同，订房协议、合同，销售合同和房租收入、客房酒水、客人洗衣、前厅商务中心收入、总机房收入等等的各种原始记录和凭证；二是客房费用消耗记录，包括各部门的物品购置费用及库房入库、领取、发放、盘点记录等；三是员工劳动消耗记录，包括考勤记录、工资、奖金、福利、社会统筹、医疗看病等各种消耗记录等。这些原始记录的收集、整理，都是前厅与客房部门经济核算的重要基础工作和必要条件。

（三）核算指标

核算指标是做好经济核算的载体和表现形式。核算指标不健全或不合理，必然影响前厅与客房经济核算的科学性、系统性和合理性。经济核算指标的设置必须能够反映客房及其各部门各种经济活动和经营状况的实际情况，又能够提供各种带有分析性的指标项目，形成合理的核算指标体系，才能为客房系统各部门的经营管理和领导决策提供参考依据。如"客房出租间次"这一核算指标，如果只核算出某年、某月的客房出租间次，其作用就较单一；如果同时增加散客租用间次、团队租用间次、会议、长住、商务客人租用间次这一"出租构成"指标及其各类客人的"平均房价"，其核算指标的科学性、健全性就大大提高了，对客房系统管理人员的作用也就大不相同。为此，前厅与客房经济核算指标的设计要注意三个问题：一是综合性指标与它的分解指标的关系。综合性指标只能反映客房系统三大部门的共同劳动成果，如客房出租率、出租间次、房租收入、平均房价、客房营业利润额、利润率等。因此，在核算客房综合性指标时，必须同时核算各综合性指标的分解指标，如客房出租率、出租间次，要同时核算分类客人租用百分比、出租构成等。核算平均房价这一指标的同时应核算出各类客人的平均房价。二是以客房为中心的销售指标和客房系统各部门单项服务销售指标的关系。前者以房租收入、客房出租率指标为主，后者以商务中心的各服务项目、总机房、客房酒水、洗衣房收入等单项服务项目收费为主，操作时应分别记账核算。三是客房经营成果的界定处理关系。由于客房系统的核算成果反映具有不易定性的特点，因此，要根据饭店财务核算管理和饭店管理体制设置其核算指标。能够反映部门效果的指标，按部门设置；不能反映部门效果，只能反映客房系统综合效果的指标，不要硬性归入哪一个部门，以便协调各部门之间的关系。

（四）费用分摊决策与规定

在饭店管理和部门经济核算中，不少费用是全店统一发生的，如水费、电费、能源消耗等。还有不少费用是需要通过分摊才能反映各部门的实际消耗、进而正确核算出各业务部门的经营成果，如交际费用、维修费用、房屋折旧费用等。因此，根据饭店自身管理体制，事先做好各种费用分摊比例的规定，也是做好客房经济核算的重要基础工作。这种费用分摊的财务决策和规定必须以全店为基础，在总经理领导下，以财务部为主来制定，尽量做到比较科学、合理。如房屋折旧应以各部门占用面积为基础分摊，水费分摊应通过改造设备、增加部门水表来解决，电费应以各部门使用电器功能百分比的大小比例分摊，等等。只有事先做出这些费用分摊的决策和规定，才能将相关费用分摊到有关部门中去，为客房及各部门的经济核算提供客观数量依据。所以，费用分摊决策与规定必然成为客房经济核算的重要基础工作。

第二节　前厅与客房部门核算的内容和方法

案　例

一家五星级饭店工资表的编制程序

北京建国饭店是“全国学建国”的先进企业。饭店财务部为部门和店级核算制定了各项工作程序。其中工资表的编制程序摘录如下：

工资表的编制程序

1. 职工工资发放是根据上月考勤情况计算出来的。人事部门按时向财务部门提供升、降、缺勤工资变动表。工资员根据工资变动内容编制工资表。

2. 工资表的内容是：

岗位工资	(1)	工龄津贴	(4)
浮动工资	(2)	调整工资	±(5)
店龄津贴	(3)		

工资总额　(1)+(2)+(3)+(4)±(5)——A
职工家属副食补助　B
职工个人基金　C
实发金额　A+B−C
饭店福利金　C×2

3. 工资员以部门为核算单位编制工资表。然后填写工资汇总表，作为编制工资记账传票的凭证。

点 评

酒店前厅和客房等部门核算的内容和方法都是比较复杂的。案例反映了饭店工资核算和报表编制的程序。其实际工作大多要以会计传票、凭证制作为基础再进行具体核算和各种报表编制。为此，我们在前厅与客房部门核算的性质、特点和基础工作的基础上，介绍前厅与客房部门核算的主要内容和方法。案例可作为编制会计传票，会计凭证和报表等核算工作的参考。

一、前厅与客房部门核算的基本要求

饭店前厅与客房经济核算属于部门核算的范畴，具有半独立核算的性质。其核算工作主要是由饭店财务部门的客房会计人员完成的。核算工作的基本要求有以下几个方面。

（一）准确

前厅与客房部门核算的各项具体科目和指标，都必须以原始记录、原始凭证为基础，通过记账、登记、核定、计算、分析等手段，正确反映客房系统的前厅、客房、销售等各部门的各项指标的实际发生额，做到凭证准确，记录准确，核算、复核准确，无人为差错发生。

（二）及时

前厅与客房部门核算以销售核算和成本费用消耗核算为主。前者每天进行、逐日累计；后者每月核算填报“营业费用明细表”一次，时间性很强。因此，前厅与客房部门核算必须及时反映客房商品销售和各部门各服务项目销售的基本情况，必须及时反映每月各项成本费用的耗用情况及其存在的问题，以便为管理人员提供必要的决策参考，便于他们及时提出有针对性的改进措施。

（三）全面

前厅与客房部门核算的全面性主要包括两个方面：一是从涉及部门的角度来看，要包括销售部、前厅部、客房部三大部门。因而，每一个部门的核算内容和指标要符合这三大部门的实际，既有共同性的核算指标，又有不同指标，能够比较全面地反映部门实际情况。二是从核算内容和指标来看，要包括客房及各部门的收入、成本、费用、利润、税金等各项指标，而这些指标在前厅、客房、销售三大部门中的具体运用和指标项目又不是完全一样的，也要求比较全面，符合各部门实际情况。只有做到了每一个部门的核算内容和指标都相对全面，又符合实际，对部门管理工作能够起到反映、监督、信息反馈，进而能够为管理人员的决策提供参考或依据的作用，才能达到前厅与客房部门核算的目的。

二、前厅与客房部门核算的内容和方法

饭店前厅与客房部门核算是以客房商品的资金构成和资金运动过程为理论根据的。其具体核算内容和方法主要包括三个方面。

（一）客房商品销售核算

客房是饭店的基本设施和经济收入的主要来源，也是饭店营业利润的主要来源。做好客房商品销售核算，可以及时反映和监督客房系统的销售、前厅、客房等部门的业务经营活动的开展和经营成果。其核算内容和方法包括：

（1）客房出租率和各类客人房间租用百分比核算。要逐日、逐周、逐月、逐季做好客房商品销售记录和统计工作，分别核算不同时期的客房出租率和散客、商务、团队、会议等各类客人的出租率构成，其公式为：

$$客房出租率 = \frac{已出租客房间次}{可供出租客房间次} \times 100\%$$

$$某类客人房间租用百分比 = \frac{某类客人租用客房间次}{可供出租客房总间次} \times 100\%$$

$$客房双开率 = \frac{客房接待人次 - 出租间次}{出租间次} \times 100\%$$

(2) 客房出租总间次和出租构成核算。客房出租间次反映某一时期的出租总量,它是客房出租率高低的直接反映。客房出租构成则是某类客人租用间次占总出租间次的比例,它更能反映饭店客房销售状况的好坏和前厅与销售部门的工作业绩。因此,也要逐日、逐周、逐月、逐季地做好这些指标的核算工作。其公式为:

$$客房出租间次 = 客房数 \times 出租率 \times 营业天数$$

$$某类客人出租构成 = \frac{某类客人租房间天数}{客房出租总间天} \times 100\%$$

(3) 平均房价及其分解指标核算。平均房价是反映客人构成合理程度和影响房租收入的重要指标。在出租率一定的条件下,实际平均房价越高,则客人结构越好,房租收入越高。平均房价的分解指标是指团队、散客、公司、会议等不同客人的平均房价。它直接影响总体房价水平,因而也应随上述两个方面的指标核算而核算。其方法是:

$$平均房价 = \frac{房租总收入}{租出客房总间次}$$

$$某类客人平均房价 = \frac{某类客人房租收入}{同类客人租用间天数}$$

$$客人人均房租收入 = \frac{房租总收入}{出租间次 \times (1 + 双开率)}$$

(4) 房租收入和部门服务项目收入核算。房租收入是由销售部、前厅部、客房部等三个部门的员工共同创造的。它属于客房系统的综合性核算指标,既不能单独算为客房部的成绩,也不能单独算为销售部或前厅部的业绩。而客房系统的部门服务项目收入核算则主要是指前厅部的电话、商务中心,客房部的客房酒水、客衣洗涤等单项服务项目的销售收入。其核算方法是:

$$房租收入 = 平均房价 \times 客房数 \times 出租率 \times 营业天数$$

$$部门服务项目收入 = \sum 各营业项目实际营业额$$

(二) 前厅与客房成本费用消耗核算

客房系统的成本费用核算既包括销售部、前厅部、客房部三大部门的成本费用消耗,又包括每个部门的人事成本消耗两方面的内容。随时做好这些成本费用的核算工作,可以监督和反映客房管理劳动消耗和物资消耗的合理程度,及时发现问题,纠正偏差,从而降低消耗,提高前厅与客房管理的经济效益。因此,前厅与客房成本费用消耗核算要以部门为基础,分别按核算项目逐月、逐季核算。其核算内容和方法如下。

(1) 人事成本与劳动效率核算。人事成本主要包括员工的工资、统筹、福利、服装、劳保等各种人事费用开支。劳动效率则是反映员工创造价值的程度。做好人事成本和劳动消耗核算,可以监督和反映客房系统各部门合理用人,提高劳动效率及降低劳动消耗等方面的情况。其核算公式为:

$$部门人事费用 = \sum 部门员工各项人事费用实际发生额$$

$$工资含量 = \frac{部门人事费用总额}{部门营业总收入}$$

$$员工劳动生产率 = \frac{结算期营业收入、外汇收入、利润额}{同期员工平均人数}$$

（2）能源消耗与洗涤费用核算。客房系统的能源消耗以客房部门为主。销售部和前厅部的能源费用很少，其具体核算项目则包括水费、电费、燃料费用三种。洗涤费用也以房务部门为主。这些费用必须按月核算，逐月累计，其核算方法是根据各项费用的实际发生额计算。

$$部门能源消耗 = \sum 部门水费、电费、洗涤费用实际发生额$$

$$部门洗涤费用 = \sum 月度各项洗涤费用发生额$$

（3）物料用品和低值易耗品消耗核算。所谓物料用品是指价值 10 元以下（传统标准为 5 元，随着物价上涨一般定为 10 元）、使用年限 1 年以内的各种物品，主要包括客房系统各部门的清洁用品、服务用品、纸制用品、瓷器与玻璃器皿、文具与印刷制品、客用生活用品等。低值易耗品则是指价值 10 元以上、200 元以下、使用年限 1 年以上的各种物品，其内容包括床单、浴巾、毛毯、窗帘、相对贵重的瓷器、装饰物品、暖水瓶、部门办公用品等。前厅与客房物料用品和低值易耗品核算是以部门为基础，根据各种物料用品消耗的实际发生额（即采购额）和低值易耗品的摊销额，按月核算，记入成本的。其方法是：

$$部门物料用品消耗额 = \sum 各项物品当期购置或摊销发生额$$

$$部门低值易耗品消耗额 = \sum 各低值易耗品摊销额 \times 部门分摊\%$$

（4）销售费用与广告费用核算。销售费用以销售部、前厅部为主，主要包括交际费用、差旅费用、推销往来的邮电与通讯费用、订房费用等。广告费用则以电台、电视、报纸、杂志的广告制作、刊登费用支出为主。这些费用的核算方法都是以部门为基础，根据每次实际发生额记入部门营业费用之中。

（5）维修与修理费用核算。在客房系统的维修费用中，绝大部分的维修费用都发生在房务部的客房设备维修中，前厅部和销售部的维修费用很少。其核算方法是根据饭店工程部的维修记录所反映的维修项目、部门和费用直接记入部门维修费用项目中，也有的维修费用需要按照一定百分比摊到有关部门中去。修理费用一般是指大修理提成，主要由饭店掌握，一般不用分摊到各部门中去。因此，其核算方法是：

$$部门维修费用 = \sum 每次维修费用发生额或部门分摊额$$

$$饭店大修理费用 = 固定资产原值 \times 大修理预提百分比$$

（6）房屋与家具机器折旧费用核算。饭店各部门的房屋折旧主要根据部门占用房屋面积大小来确定，形成部门分摊折旧费用额。家具用具、设施设备、机器设备等折旧则主要采用预计使用年限和部门原值占用百分比分摊法来确定部门折旧分摊额。其计算方法是：

$$部门房屋折旧 = \frac{全店折旧额}{建筑总面积} \times 部门占用面积$$

$$部门设备折旧额 = \frac{设备原值 - 残值 + 清理费用}{预计使用年限} \times 同种设备部门原值\%$$

（7）部门费用总额与费用率核算。将部门上述各种费用核算结果和其他费用汇总，即为部门成本费用消耗总额。在此基础上即可核算部门费用率、部门费用收益率等指标。公式为：

$$部门费用总额 = \sum 各项费用核算实际发生额$$

$$部门费用率 = \frac{部门费用额}{部门营业收入} \times 100\%$$

$$部门费用收益率 = \frac{部门营业收入总额}{部门费用总额}$$

(8) 客房变动费用与费用率核算。前厅与客房变动费用以客房部门为主，只核算客房部发生的各种变动费用，具体包括水费、电费、燃料、客房洗涤费用、客用一次性消耗物品（如拖鞋、茶叶、卫生纸、牙具、浴帽、浴液、香皂等）等。将这些费用汇总，即可核算出客房变动费用额，然后即可核算客房变动费用率和单间客房每天的变动费用消耗，从而为监督客房用品消耗，改进客房管理提供客观依据和决策参考。其方法是：

$$客房变动费用额 = \sum 各项变动费用实际发生额$$

$$客房变动费用率 = \frac{客房变动费用额}{客房营业收入} \times 100\%$$

$$间/天客房变动费用 = \frac{客房变动费用额}{租出客房间天数}$$

(三) 前厅与客房经济效益核算

客房利润是客房系统各部门经营管理的经济效益的最后体现，是综合反映客房销售、接待、服务的管理水平、服务质量的重要指标。客房利润指标是由前厅部、销售部、客房部三个部门共同完成的。其核算内容和方法如下。

(1) 客房利润和利润率核算。客房利润分为税前和税后两种，一般以税后利润为主，按月核算。客房利润率也以税后利润为主。这里的税金主要指营业税、城市建筑维护费和教育附加税，而不是指所有税金。其核算公式为：

$$客房利润额 = 营业收入 - 营业费用 - 营业税金 \pm 营业外净额$$

$$客房利润率 = \frac{客房利润额}{营业收入总额} \times 100\%$$

(2) 客房资金利润率与分解指标核算。客房资金包括固定资金、流动资金和资金总额。客房资金利润率及其分解指标核算，可以从一个侧面反映和监督客房管理的资金使用，提高资金利用率和经济效益。其核算公式为：

$$客房资金利润率 = \frac{客房利润额}{固定与流动资金平均占用额} \times 100\%$$

$$客房固定资金利润率 = \frac{客房利润额}{固定资金平均占用额} \times 100\%$$

$$客房流动资金利润率 = \frac{客房利润额}{流动资金平均占用额} \times 100\%$$

(3) 客房成本利润率和间/天客房利润核算。客房成本利润率可以反映和监督客房成本费用管理的好坏及其对利润的贡献程度。而间/天客房利润额则反映客房管理的盈

利程度。两者都能促进客房管理人员改进经营管理,降低劳动消耗,提高经济效益。其核算公式为:

$$客房成本利润率 = \frac{客房利润额}{营业费用总额} \times 100\%$$

$$间/天客房利润额 = \frac{结算期客房利润额}{同期租出客房间天数}$$

三、前厅与客房部门核算主要报表

前厅与客房部门核算报表根据核算内容和项目的不同而有所不同。具体表格较多、特别是前厅与客房部门每天的收入统计可每天一张报表。从部门核算的角度来看,其主要报表有以下三种。

(一) 客房销售核算报表

饭店客房销售是由前厅部、销售部和客房部三个部门共同完成的,很难具体核算每个部门的销售成果,因而客房销售核算主要是由财务部会计人员根据前厅部门每天客房出租统计结算和原始记录来完成的。其报表格式可参阅表 12 - 1。

表 12 - 1　客房出租月度核算表　　月度:

项目	当月完成	到当月累计	完成计划%	累计完成%	上年同期
出租间天					
出租率					
平均房价					
接待人夜次					
房租收入					
散客间天					
公司间天					
团队间天					
长住间天					
人夜次收入					
服务费收入					
客房出租总收入					

(二) 前厅部门单项收入和营业费用核算报表

饭店前厅部主要负责客房预订、接待分房和各项服务。从经济核算的角度来看。除房租收入外、主要是核算部门单项收入和营业费用,每月一次。其报表内容可参见表 12 - 2。

表 12-2　前厅部门月度核算表　　月度：

项目	当月计划	当月完成	到当月累计	完成计划%	累计完成%
部门收入					
其中：电话					
商务中心					
其他					
营业费用					
人事费用					
其中：工薪					
奖金					
福利					
统筹					
其他费用					
其中：订房费					
办公费					
清洁用品					
服务用品					
差旅费用					
文具印刷					
其他费用					
营业税金					
部门收益					

（三）客房部门核算报表

饭店客房部门核算内容主要包括营业收入核算和成本费用核算。其中，营业收入包括客房主营收入和单项收入。主营房租收入既可像表 12-1 一样单独核算，也可在客房部门中核算。报表内容和格式可参阅表 12-3。

表 12-3　客房部门核算报表

项目	当月计划	当月完成	到当月累计	完成计划%	累计完成%
客房出租率					
出租间天数					
接待总人次					
平均房价					
房租收入					
服务费收入					
房租收入合计					
部门单项收入					

（续表）

项目	当月计划	当月完成	到当月累计	完成计划%	累计完成%
其中：客房酒水					
洗衣房					
其他收入					
部门总收入					
部门人事成本					
其中：当月工薪					
当月奖金					
职工福利					
员工统筹					
部门营业费用					
其中：水电能源					
清洁用品					
客用物品					
装饰费用					
棉织品					
洗涤费用					
办公用品					
差旅费用					
低值易耗品					
玻璃瓷器					
印刷与文具					
杂项开支					
其他费用					
部门总支出					
营业税金					
部门收益					

第三节　前厅与客房管理的经济效益

案　例

前后两个月的酒店盈利指标说明了什么

华西酒店是一家有320间客房的四星级酒店，财务部核算的酒店6月和7月的经营资料摘录如下表。在8月初召开的酒店经济活动分析例会上，总经理对酒店经营效果提出了一些批评意见。这是为什么呢？

酒店财务核算资料摘要

单位：万元

时间＼项目	营业收入	营业成本	资金占用	营业利润
6月	376.05	106.79	280.63	246.35
7月	428.84	129.78	333.47	269.31

点 评

从案例中的数字来看，总经理的批评是有道理的。从表面看，酒店7月份的收入比6月份增加了58.79万元，营业利润增加了22.96万元。但实际经济效益却不如6月。这主要表现在三个方面：一是营业毛利率，7月比6月低$\frac{428.84-129.78}{428.84}-\frac{376.05-106.79}{376.05}=-1.86\%$；二是营业利润率7月比6月份低$\frac{269.37}{428.84}-\frac{246.35}{376.05}=-2.71\%$；三是资金周转速度7月比6月份只快$\frac{333.47}{428.84}-\frac{280.63}{376.05}=0.031$次。因而整体经营效果7月不如6月。所以，酒店和部门经济效益的好坏不能只看绝对数，要进行具体分析。为此，我们在本章也是本书的最后研究介绍酒店前厅与客房管理的经济效益，包括经济效益的概念及其影响因素、影响经济效益的因素分析方法和提高经济效益的途径。这既是前厅和客房管理的目的所在，也是前厅与客房管理好坏的最后结果，是需要引起高度重视的。

一、前厅与客房经济效益及其主要影响因素

（一）前厅与客房经济效益

前厅与客房经济效益是指一定时期内的劳动所得扣除劳动消耗后的余额，即经营利润的高低。前厅与客房经营管理过程中的劳动消耗主要是指人力、物力和财力消耗。它包括两大部分：一是人力消耗，主要表现为客房系统的全体员工的工资、社会统筹、员工福利、医疗保险等人事成本；二是物力和财力消耗，主要表现为房屋与家具折旧、水电燃料等能源消耗、低值易耗品和物料用品消耗、洗涤费用等等，这些消耗都转化为前厅与客房费用。客房劳动所得则是通过劳动消耗所取得的成果，即前厅与客房收入，以房租收入为主。劳动所得扣除其劳动消耗后的余额就是前厅与客房经济效益，即实现利润的大小和营业利润率的高低。

在饭店管理中，对前厅与客房经济效益的认识要明确两点：一是饭店前厅与客房经济核算属于企业内部部门核算的性质。每月、每年核算出来的经济效益即利润额并不是客房部门或客房系统的纯利。因为在核算过程中，客房系统不少应该分摊的间接费用大多没有或难以分摊到各有关部门，如还本、付息、饭店保险费、交际费用等。所以，其部门核算出来的客房利润大多还带有毛利性质。二是客房每月、每年核算出来的利润是由饭店销售部、前厅部、客房部三个部门的员工共同创造的，不宜简单地归为哪一个部门。

（二）影响前厅与客房经济效益的主要因素

（1）市场供求关系。市场供求关系是影响饭店前厅与客房利润的主要因素。在一定时期和一定经营条件下，市场求大于供，以卖方市场为主，则客房出租率、双开率、实际平均房价必然越高，从而大大提高经济效益。反之，市场供大于求，竞争激烈，必然影响客房出租率、双开率和平均房价，大量降低前厅与客房经济效益。

（2）接待服务质量。接待服务质量以前厅部、客房部的服务质量为主，服务质量越高，市场声誉越好，饭店的知名度和美誉度越能吸引客源，增加回头客，从而提高客房出租率和经济效益。

（3）客房劳动组织。客房劳动组织对经济效益的影响主要表现为活劳动消耗的合理程度。客房系统的劳动组织和劳动安排越合理，员工的积极性越高。用人数量科学，劳动效率提高，必然相对降低客房系统的前厅部、销售部、客房部等各部门的人事成本，从而提高客房经济效益。

（4）成本费用消耗。前厅与客房费用又称营业费用。除人事成本消耗的合理程度外，客房系统的水电能源、洗涤费用、维修费用、管理费用、装饰费用、客用物品的各种费用消耗的合理程度，也是影响前厅与客房管理的经济效益的重要因素，应该引起高度重视。

二、影响前厅与客房经济效益的因素分析方法

影响前厅与客房经济效益的因素主要来自两个方面：一是市场方面的因素。这些因素具体表现为客房出租率、双开率、客房出租间次和平均房价。二是成本方面的因素。这些因素具体表现为前厅与客房人事成本、能源费用、各种物品（包括低值易耗品和物料用品等）消耗、维修费用、洗涤费用等。这两个方面的因素对经济效益的影响程度是完全不同的，来自市场方面的因素对前厅与客房经济效益的影响具有倍数关系，而来自成本方面的因素对经济效益的影响以等量关系为主。做好影响前厅与客房经济效益的因素分析，是掌握各种影响因素对前厅与客房利润的影响程度、提高客房管理经济效益的重要条件和客观要求。其分析方法主要有：

（一）影响因素的利润乘数分析方法

这种方法主要适用于客房利润影响因素分析，它是根据基期客房经营盈亏的实际数据，找出影响客房利润的主要因素。先计算出每个影响因素的利润乘数，然后根据实际或可能发生的各个影响因素的变动数据，分析每个因素对客房利润的影响程度和影响额。其具体方法和工作步骤如下。

第一步，编制基期客房经营损益计算表。它以饭店客房某一时期或计划期的实际发生额为准，主要包括客房销售、成本费用和客房利润。

第二步，分析每个因素变动后的客房利润变化百分比。这时，每个影响因素的变化以朝增加利润的方向变动 10%。求出新的利润，再计算出各个影响因素变动后的利润变化百分比，其公式为：

$$r_n = \frac{m_n - m}{m} \times 100\%$$

式中：r 为利润变化百分比；m_n 为因素利润；m 为基数利润。

第三步，计算各个影响因素变动后的利润乘数。这时，每一个影响因素变化后都会有利润乘数。它说明的是一个影响因素变化后对客房利润的影响程度。其计算公式为：

$$n = \frac{r}{f_n}$$

式中：n 为利润乘数；r 为利润变化百分比；f_n 为影响因素变化百分比。

第四步，运用利润乘数。即根据客房市场预测、销售和成本预算，分析各个影响因素的可能或实际变化百分比对客房利润的影响程度，从而为客房业务管理提供决策参考。

▶ **案例**　某饭店有客房450间，上年度客房出租率为72.5%，实际平均房价为386.48元，客房财务核算的损益报表如表12－4所示。

请对客房利润的主要影响因素做出分析：

1. 计算6个主要影响因素朝增加客房利润的方向变动10%后的利润乘数。

2. 经预测，本年度客房出租率、平均房价、出租间次能够提高3.5%、4.8%和5.25%，问这三个因素变化后对客房利润有何种程度的影响？其影响总额是多少？

3. 经过预算分析，本年度的客房人员成本将比上年提高2.8%，洗涤与能源消耗降低1.3%，管理与销售费用消耗增加1.6%，其他费用不变。问这些成本费用变化后会对客房利润额产生何种程度的影响，其利润总额将达到多少？

4. 如果饭店要求客房利润率要提高10%，主要通过提高客房出租率和房价来完成，现已将客房平均房价提高3.8%，问客房出租率还必须提高多少？

表12－4　客房上年度盈亏核算资料　　单位：万元

客房出租率	72.5%	维修与装饰费用	115.06
出租间/天	119 081.25	管理与销售费用	377.38
平均房价	386.48元	客用与消耗物品	140.45
房租收入	4 302.25	服务与清洁用品	85.38
人员成本	441.82	折旧与其他费用	286.24
洗涤与能源	186.24	客房利润额	3 309.68

案例分析：

1. 计算前六个主要影响因素变动10%后的利润乘数，结果如表12－5所示。

表 12-5　客房利润乘数计算表　　单位：万元

影响因素	基数	出租率↑10%	出租间天↑10%	平均价↑10%	人员成本↓10%	洗涤能源↓10%	管理与销售↓10%
出租率	72.5	82.5%	79.82%	72.5%	72.5%	72.5%	72.5%
出租天数	119 081.25	135 506.25	130 989.38	119 081.25	119 081.25	119 081.25	119 081.25
平均房价	386.48 元	386.48 元	386.48 元	425.13 元	386.48 元	386.48 元	386.48 元
房租收入	4 602.25	5 237.05	5 062.48	5 062.50	4 602.25	4 602.25	4 602.25
人员成本	441.82	441.82	441.82	441.82	397.64	441.82	441.82
洗涤能源	186.24	211.93	204.86	186.24	186.24	167.62	186.24
管理与销售	337.38	337.38	337.38	337.38	337.38	337.38	303.64
维修与装饰	115.06	115.06	115.06	115.06	115.06	115.06	115.06
客用与消耗	140.45	159.82	154.50	140.45	140.45	140.45	140.45
服务与清洁	85.38	97.16	93.92	85.38	85.38	85.38	85.38
折旧与其他	286.24	286.24	286.24	286.24	286.24	286.24	286.24
费用合计	1 592.27	1 619.41	1 633.78	1 592.68	1 548.39	1 537.95	1 528.83
客房利润	3 009.68	3 617.64	3 428.70	3 469.82	3 053.86	3 028.30	3 073.42
利润变化%	—	20.21%	13.93%	15.29%	1.47%	0.62%	2.12%
利润乘数	—	2.021	1.393	1.529	0.147	0.062	0.212

2. 计算本年度市场方面的三个因素实际变动后的利润变化百分比和利润变化额。公式为：

利润乘数×影响因素% = 利润变化% ×基数利润 = 利润变化额

(1) 出租率变化 = 2.021×3.5% = 7.07%×3 009.68 = 212.98(万元)

(2) 出租间天变化 = 1.393×4.8% = 6.69%×3 009.68 = 201.24(万元)

(3) 房价提高 = 1.529×5.2% = 7.95%×3 009.68 = 239.29(万元)

合计影响额 = 212.89 + 201.24 + 239.29 = 653.42(万元)

3. 计算本年度成本方面的三个因素变化后的利润变化百分比和利润变化额，公式同上。

(1) 人员成本增加 = 0.147×(−2.8%) = −0.41%×3 009.68 = −12.39(万元)

(2) 洗涤能源降低 = 0.062×1.3% = 0.08%×3 009.68 = 2.43(万元)

(3) 管理与销售费增加 = 0.212×(−1.6%) = −0.34%×3 009.68 = −10.21(万元)

合计影响额 = −12.39 + 2.43 + (−10.21) = −20.17(万元)

年利润总额 = 3 009.68 − 20.17 = 2 989.51(万元)

4. 计算客房出租率必须提高的百分比。

(1) 预期客房利润提高目标——10%

(2) 房价提高 3.8% 影响利润百分比 = 1.529×3.8% = 5.81%

(3) 剩余利润需增长% = 10% − 5.81% = 4.19%

(4) 客房出租率还必须提高的百分比 $= \frac{4.19\%}{2.021} = 2.07\%$

上述案例分析揭示了来自市场方面和成本方面的不同因素对客房利润的影响程度。一个影响因素的利润乘数越大,它对客房利润的影响程度也越大。管理人员只要根据这些因素的利润乘数的大小做好因素控制工作,就能不断提高客房管理的经济效益。

(二) 影响因素的安全边际分析方法

安全边际分析法是根据客房当期和前期的利润及其安全边际变动情况,分析影响客房安全边际利润的各个因素的影响程度,从而做出决策、采取必要措施,提高前厅与客房管理的经济效益的一种方法。采用安全边际分析法,其客房利润或安全边际利润的影响因素主要包括平均房价、客房出租率或出租间次、客房人事成本、客房单位变动成本和除人事成本外的客房固定成本等因素。其分析方法的计算公式为:

$$r = \frac{m_n}{x_n} \times 100\%$$

式中:r 为影响因素变动率;m_n 为安全边际利润;x_n 为影响利润因素。

▶ **案例** 某饭店有客房680间,上年客房销售与成本核算资料为:

客房出租率76.4%　　平均房价348.5元
人事成本额845.98万元　　固定成本2 337.17万元
单位变动成本48.6元　　营业税税率5%

今年饭店预算客房经营利润目标为2 302.64万元。请分析要完成今年客房利润目标的主要影响因素及其对完成预算利润的影响程度,并确定拟采取哪些措施为好。

案例分析:

1. 计算上年客房销售与成本额

(1) 上年出租间次 = 680 × 76.4% × 365 = 189 624.8(间天)

(2) 上年房租收入 = 189 624.8 × 0.03485 = 6 608.42(万元)

(3) 上年变动成本总额 = 189 624.8 × 0.00486 = 921.58(万元)

(4) 上年客房总成本 = 845.98 + 2 337.17 + 921.58 = 4 104.73(万元)

2. 计算上年利润额和今年安全边际利润

(1) 上年客房利润 = 6 608.42 − 4 104.73 − 6 608.42 × 5% = 2 173.27(万元)

(2) 今年客房安全边际利润 = 2 302.64 − 2 173.27 = 129.37(万元)

3. 分析完成今年安全边际利润的影响因素,主要包括以下五项。

(1) 提高房价。平均房价的提高百分比为 r_1,计算得:

$$r_1 = \frac{m_n}{x_n} \times 100\% = \frac{1\,293\,700}{348.5 \times 189\,624.8} \times 100\% = 1.96\%$$

(2) 增加客房出租间次。出租间增加的百分比为 r_2,计算得:

$$r_2 = \frac{m_n}{x_n} \times 100\% = \frac{1\,293\,700}{(348.5 - 48.6) \times 189\,624.8} \times 100\% = 2.27\%$$

即增加 189 624.8 × 2.27% = 4 304(间次)

相当于提高客房出租率 $\frac{4\,304}{680 \times 365} \times 100\% = 1.73\%$

（3）降低人事成本。人事成本降低率为 r_3，计算得：

$$r_3=\frac{m_n}{x_n}\times 100\%=\frac{1\,293\,700}{8\,459\,800}\times 100\%=15.29\%$$

（4）降低固定成本。客房固定成本降低率为 r_4，计算得：

$$r_4=\frac{m_n}{x_n}\times 100\%=\frac{1\,293\,700}{23\,371\,700}\times 100\%=5.54\%$$

（5）降低单位变动成本。单位变动成本降低率为 r_5，计算得：

$$r_5=\frac{m_n}{x_n}\times 100\%=\frac{1\,293\,700}{48.6\times 189\,624.8}\times 100\%=14.04\%$$

即降至 $48.6\times(1-14.04\%)=41.78$（元）

4. 案例说明

（1）分析结果，在影响客房安全边际利润的五大因素中，若平均房价能提高 1.96%，即能完成 2 302.64 万元的计划利润。同理，若客房出租间次能增加 2.72%，即出租率提高 1.73% 也能完成 2 302.64 万元的计划利润。其他影响因素的说明相同。数量变动程度见前（3）—（5）项。

（2）经过分析，在影响客房安全边际利润的五大因素中，管理人员拟设法改变出租构成，提高平均房价和增加客房出租间次。即提高客房出租率两个措施最好，降低人事成本，单位变动成本的幅度太大，可以适当降低。所以，控制影响客房利润的五大因素，特别是平均房价和出租间次两大因素，完成 2 302.64 万元的客房利润是完全可能的。

三、提高前厅与客房管理的经济效益的途径

（一）加强市场开发，提高客房出租率

饭店客房经营以出租使用价值为主，只有始终把市场放在重要位置，加强市场开发，做好客源组织，不断提高客房出租率，才能提高客房和床位利用率，增加客房收入，从而提高客房管理的经济效益。同时也增加前厅电话总机、商务中心、客房酒水和洗衣房等各项收入。在其他条件相同的情况下，客房出租率越高，则经济效益越好。为此，饭店客房系统的销售要在搞好市场定位的基础上加强目标市场营销、积极开展市场竞争，做好客户和客源开发。前厅部要大力做好客房预订及客人到店时的接待服务，以及问询、礼宾、行李、会客、商务中心、总机服务等各项工作。客房部则要以客人来、住、走三个环节的客房服务为中心，做好客房服务的组织工作，切实提高服务质量。只有整个客房系统的客房销售、客房预订、接待服务形成紧密配合、互相协调的良性循环，才能不断提高客房出租率、双开率和客房管理的经济效益。

（二）调整客源构成，提高平均房价

客源构成和平均房价是影响客房销售收入和经济效益的重要条件。在客房出租率一定的条件下，客源档次越高，出租构成越合理，则平均房价和房租收入越高，客房管理的经济效益越好。因此，适时调整饭店客源构成，提高平均房价，也是提高客房管理的经济效益的重要途径和方法。为此，客房系统管理人员，特别是主管副总经理、客房总监、销售部

和前厅部经理等人员要根据饭店自身的等级规格、地理位置、交通条件和市场状况,合理安排客源结构和出租构成,合理制定针对不同类型的客人的出租价格,并尽量增加散客、商务、公司客人的比例,适当安排会议、团队客人结构,才能改变客人消费构成,提高平均房价,从而获得优良经济效益。

(三) 做好劳动组织,提高劳动效率

前厅与客房管理的经济效益是由客房系统三大部门的员工共同创造的。因而,客房系统的销售部、前厅部、客房部三大部门的员工劳动组织的好坏、劳动效率的高低,也是影响客房经济效益的重要条件。做好客房系统的劳动组织,提高劳动效率,应重点要做好以下三个方面的工作。

一是客房系统的三大部门都要做好人员编制。在合理配备人员数量的基础上,坚持弹性用人制,实行劳动定额管理。二是每天、每周要根据客房出租率的高低,做好各岗位人员的劳动安排,合理使用劳动力,防止人浮于事和劳动力的浪费。三是要充分调动各级、各部门、各岗位员工的主动性、积极性和首创精神,提高劳动效率,降低劳动消耗和人事费用开支,从而提高经济效益。

(四) 降低费用开支,提高资金使用效果

在客房销售一定的条件下,降低费用开支,必然增加盈利,提高经济效益。客房管理中的费用开支项目很多,降低费用开支、提高资金使用效果,重点要抓住四个方面的工作:第一,要加强前厅与客房设施、设备、家具用具等固定资产的维护、保养及合理使用,以降低设备维修费用和新设备购置的资本性支出;第二,要制定客房及各部门的消耗定额,控制各种客用物品、清洁用品、服务用品、办公用品等消耗;第三,要大力节省能源,减少水、电、燃料与洗涤费用等能源消耗;第四,要以客房系统各部门预算为基础,尽量降低管理费用、销售费用、装饰费用等各种酌量性固定费用开支,从而降低客房系统费用开支,提高资金使用效果。

复习思考题

1. 在前厅与客房部门核算中,为什么说客房商品出租的经营成果具有不易界定性;举例说明。
2. 在前厅与客房部门核算中,为什么必须做好费用分摊决策与规定这一基础工作。
3. 前厅与客房部门核算的基本要求是什么,请说明其原因。
4. 影响前厅与客房管理的经济效益的主要因素是什么?它们对利润的影响是怎样的?
5. 提高前厅与客房管理经济效益的途径主要包括哪几个方面?

案例分析题

1. 某饭店有客房 328 间套,上月客房出租计划和实际完成的有关统计数据如下:

计划数	实际统计表
1. 客房出租率 78.69%	实际完成 77.2%
2. 计划双开率 45.29%	实际双开率 47.8%
3. 预算平均房价 372.8 元	实际均价 368.5 元
4. 间房/天变动成本 82.5 元	实际间天变动 79.8 元/间天
5. 分摊固定成本 69.8 万元	财务报表数分摊 71.45 万元
6. 营业税税率 5.5%	实际交税额 14.56 万元

请根据以上数据，编制客房部门核算，并将核算数据及分析数据填入表中。

2. 嘉陵江大饭店有客房 280 间，上个季度客房出租率为 68.4%，平均房价为 396.76 元。饭店财务部客房经营核算的损益情况如下表。

客房上季度损益表

客房出租率	68.4%	人员成本	105.32 万元
出租间天数	17 236.8	间房变动成本	102.5 元
平均房价	396.76 元	其他营业费用	198.6 万元
房租收入	683.89 万元	客房利润额	203.29 万元

请根据以上资料完成以下利润乘数分析。

(1) 分析人员成本、客房变动成本、其他营业费用、客房出租率、平均房价、出租间天各自朝增加利润的方向变动 10% 后的利润乘数。

(2) 下月开始进入旺季，下个季度的平均房价、客房出租率、出租间天数如果分别提高 5.2%、3.8% 和 6.4%，问这些因素变化后对客房利润各有何种程度的影响？

(3) 下个季度如果客房变动成本和人员成本分别提高 2.6% 和 3.2%，问这两个因素变化后会对客房利润产生什么影响，其影响额是多少？

(4) 如果下个季度饭店要求客房利润要提高 15.2%，经分析，出租率能够提高 2.6%，平均房价可以提高 1.8%。问客房变动成本需要降低多少？

3. 梨园大饭店有客房 365 间，上年度客房销售和成本资料如下。根据饭店财务预算，本年度饭店要求客房系统必须完成的利润为 883.22 万元，请用安全边际利润分析法确定客房经营可以采取的主要措施及其相关数额和百分比。

客房出租率 78.4%	间天客房变动成本 78.3 元
平均房价 368.4 元	分摊固定成本 1 475.4 万元
人事成本额 646.48 万元	营业税税率 5.5%

PEKING UNIVERSITY PRESS · 1902